U0936589

珍藏本·增订本

纪念版

汉译世界学术名著丛书

阿拉伯伊斯兰文化史

第三册

近午时期（二）

〔埃及〕艾哈迈德·爱敏 著

向培科　史希同　朱凯 译

纳忠　审校

SINCE 1897 商务印书馆 The Commercial Press

تأليف

أحمد أمين

الجزء الثاني

يبحث عن نشأة العلوم فى العصر العباسى الأول

الطبعة العاشرة

本书根据黎巴嫩贝鲁特阿拉伯图书出版社第十版译出

目　　录

著者序言……………………………………………………… 1

第三篇　阿拔斯王朝前期的学术活动

第一章　学术活动概述……………………………………………… 5

人类思想发展的规律　阿拉伯人思想的发展　学术发展的规律　阿拉伯学术的发展　阿拔斯时代的学术　促进思想发展的诸因素　阿拔斯时代的阿拉伯学术　不同的研究方式和著述方式　阿拔斯人对学术的影响　阿拔斯时代有无言论自由

第二章　学术机构 ………………………………………………… 54

书院　清真寺　学术讨论会　图书馆　“智慧宫”　教育的几个阶段　教学方式　教员有无薪金　学者的旅行

第三章　学术活动的中心 ………………………………………… 79

汉志地区的麦加和麦地那　伊拉克的巴士拉、库法和巴格达　埃及　叙利亚

第四章　圣训学和经注学………………………………………… 116

圣训学　阿拔斯时代的圣训学与倭马亚时代的圣训学的差别　布哈里的生平及其主张　穆斯里姆的生平及其主张　艾哈迈德·本·罕百里及《罕百里圣训集》　倭马亚人对待圣训的态度　阿拔斯人对待圣训的态度　伪造圣训　判断圣训是否可靠的原则　圣训学家与教法学家的分歧　圣训学家与教义学家的分歧　经注学　经注学的形成　编造的经注　早期的经注学家　学术对经注学的影响　《塔巴里经注》

第五章　立法……………………………………………………… 163

汉志人和伊拉克人　美化和丑化问题　圣训派的做法　意见派的做法　阿拔斯时代的伊斯兰法学　艾布·哈尼法及哈乃斐派　圣训派如何反对他　艾布·优素福的生平　《赋税》一书评述　穆罕默德·本·哈桑的生平和著作　对艾布·哈尼法的影响　马拉克·本·艾奈斯及马立克派　《圣训易读》(穆宛脱)及其影响　沙斐仪及沙斐仪派　《阿尔·温姆》及其影响　罕百里的法学观　达乌德的法学观　阿拔斯时代的法学　法学受习惯法影响的程度　意见派和圣训派争论的结果

第六章　语言、文学和语法 ……………………………………… 269

阿拉伯语和阿拉伯的方言土语　部落间的语言差异　阿拉伯语的演变及其原因　阿拉伯语是怎样收集起来的　来源　阶段　评论　哈利勒·本·艾哈迈德及其编纂辞书的主张　哈利勒编的辞书——《阿因书》　文学及其收集方式　《穆方才理诗集》《艾斯麦伊诗集》《阿拉伯诗集》　语法和词法　伊拉克的语法和词法　语法和词法中的类比　巴士拉派和库法派　语法的产生和发展　艾布·艾斯瓦德·杜艾里　巴士拉的语法学家　库法的语法学家　巴士拉派和库法派的基本分歧　巴士拉的语言、文学大师:艾布·宰德、艾斯麦伊、艾布·欧拜德　库法的语言、文学大师:穆方才理、基萨伊、法拉　口头文学　巴士拉的说书人:赫莱夫·艾哈麦尔　库法最著名的说书人:罕玛德·拉维叶

第七章　历史和历史学家……………………………………………… 351

历史是怎样与圣训学分离的?　伊斯兰史的分类:(1)穆圣传记及其作者　最著名的史学家伊本·易斯哈格和瓦基迪　(2)伊斯兰大事记　最著名的史学家艾布·穆赫奈夫、赛义福·本·欧默尔和麦达因尼　(3)宗谱学　最著名的宗谱学家穆罕默德·本·萨伊卜·凯勒比和希沙姆·凯勒比　(4)其他民族的历史　(5)名人传记　(6)史料学家与历史学家的区别　海伊赛姆·本·阿迪　伊斯兰史学家的特长与不足

结束语………………………………………………………………… 399

阿拉伯学术发展的规律

著 者 序 言

奉大仁大慈的安拉之名，求安拉赐福于先知穆罕默德。赞颂属于安拉。

关于本书的内容，在第一册的序言里已经谈过。我原计划在本册中论述阿拉伯伊斯兰文化近午时期的智力生活的其他领域，充分讨论学术活动和宗教教派。

然而，当我着手研究各门学术的产生、形成和发展时，我觉得必须对学术活动有一个总体的论述，以便探讨人类思想生活和人文科学发展的规律，并且应用这些规律去分析伊斯兰世界的智力和学术，以及近午时期各门学术的研究途径和研究方法，以及自由发表意见的情况，等等，以此作为研究各门学术活动的先导。当我触及各门学术史时，我认为应对各门学术探本溯源，以便观察其发展过程的每一阶段，探索每一位学术带头人的贡献和影响，并且对各个阶段进行比较和评介，弄清其异同。这样，涉及的范围就扩大了，我竟然写成了整整一册书。在这一册书里，极其简略而准确地论述了各门学术的产生过程。

以后接着写第三册，将论述各教派的主张。我还有一个想法，即将对安德鲁斯的学术文化、思想生活出一专集。

愿安拉襄助我们如愿以偿，使我们求得真理和正道。

艾哈迈德·爱敏

1935年1月22日

第 三 篇

阿拔斯王朝前期的学术活动

第一章　学术活动概述

阿拔斯王朝前期，伊斯兰民族在智力生活和学术活动方面都迈出了新的一步。这是伊斯兰民族当时所处的自然环境与社会环境产生的必然结果。

各民族思想发展的道路几乎如出一辙，都要经历若干阶段，又都是在时机成熟、条件具备之后自然形成的。而从一个阶段到另一个阶段的转变，不取决于人们的主观愿望，也不受任何法律制度的约束，而是瓜熟蒂落、水到渠成。

许多学者努力研究人类智力，探索人类思想发展的规律，观察各民族思想演变的根源，然后再进行比较，考察其变化的原因、过程与结果。尽管学者们的看法不完全一致，有待进一步探索，但他们还是找到了一些共同的规律。

学者们力图通过自己的研究，使思想生活也像自然界里的物质运动一样，服从于一定的规律。他们发现了万有引力和磁性定律、物体和光的运动等。他们认为人体各器官的机能也受自然规律的支配。如眼睛像镜子一样折射光线，耳朵根据声音的特性和规律来履行自己的职责，如此等等。人类及其周围环境也是一样。例如：沙漠及沙漠的特性对部落具有强烈的影响，肥沃的平原对人们的生活同样有巨大的作用。对社会制度也可以作这样的解释，因为统治人民的政府的性质，只不过是该人民的状况、周围环境及其历史和历史发展的自然产物。同样，一个民族思想的发展也要服从于一定的规律。从事这样的研究是很困难的，因为需要通晓各民族的历史，通晓其历史上的种种变革，需要深入研究使各民族不同阶段思想内容产生异同的种种因素。此外，还要了解人类特有，而其他自然物质所不具备的一个重要因素，即人的"自由意志"。人们认为有自己的"自由意志"，就可以超越客观规律，可以在瞬息之间决定"做"或者"不做"什么事，并向社会学家挑战。社会学家根据客观规律预言将发生什么事，而人们却偏偏背道而驰。社会学家逐渐掌握了这一因素的特点后，"自由意志"的重要性便大大降低了。"自由意志"表面上是"自由的"，但仍需服从一些不可逾越的规律：气候的不同、文明程度的差异，对人们的意志和思想，如同对于人的面孔和肤色一样，会发生作用和影响的。

由于种种因素，特别是经济因素的不同，各民族的智力生活史也有所不同。如有的民族以渔猎为生，有的民族靠农耕生活。这就使得他们的开化程度彼此不同。但是，尽管存在着一些局部差异，各民族思想发展的一般规律却是相同的。诚然，各民族生活在不同的自然环境里，"自然环境"也许会加速或延缓一个民族的智力生活的发展。但无论如何，各民族思想发展的趋向只有一个。不同的环境也许会给各民族的智力生活染上一些特殊的色彩，但底色却是一样的。各民族智力发展的过程，如同人的一生一样，要经过童年、少年、青年、中年和老年这几个阶段。人们尽管千差万别，每个人的肤色、习俗、气质和品德各异，但每个人都要经历这几个阶段。

一些近代学者把人类智力的发展和经济生活的发展联系起来，认为智力的发展从属于经济的发展。一个民族在风俗习惯、道德风尚、科学艺术和哲学等方面的变化，只不过是该民族经济发展的必然结果。例如，资本主义经济制度导致铁路等的发明创造。同时，科技的发明创造又对文化的发展产生不可估量的影响。根据这种理论，一些学者把人类经历的各个时代划分成不同的经济发展阶段，并从意识形态上阐明每个时代的特点。我们对于这种论点，不拟详述和讨论，只想说明：经济只是影响文化发展的诸因素之一，而非全部因素。[①]

总之，近代学者努力探索各民族智力发展的自然规律，有的学者将个人智力的发展规律运用到民族智力的发展中去。[②] 例如：人的智力发展始于儿童时期，以后随着年龄的增长，智力日渐提高。一个民族的智力发展也是如此。各民族智力的发展有迟有早，但都要经历不同的发展时期。这些学者把各民族智力的发展分成五个时期：

一、轻信和迷信时期；

二、怀疑和探索时期；

三、信仰时期；

四、理智时期；

五、衰老时期。

这五个时期依次衔接。世界上每个民族都处在这一发展的不

① 弗·米勒：《社会发展史》。

② 德雷珀：《欧洲智力发展史》。

同时期。这并不意味着:一个民族,一旦从一个时期发展到另一个时期,该民族的全体成员都同时完成了这种转变。实际上,每个民族的成员都各不相同,犹如在一个家庭里的情形一样,每个成员的年龄不同,智力成熟的程度有异。我们判断一个家庭的根据,是该家庭的整体和其中优秀成员的情况。对于一个民族,我们则根据该民族中知识分子和思想界的状况来判断。各个民族的生活及其智力发展是受许多因素影响的,如各民族的同化、一个民族与另一个民族血统上的混合等。

但用这些学者提出的原则去衡量阿拉伯人的思想,我们却感到十分困难。因为阿拉伯人所处的环境和他们的经历是其他民族很少遇到的。若用这些原则去衡量一个依靠内部力量自然发展,而不受外来因素影响的民族,那是比较容易的。如希腊民族,经历了不同的发展阶段,但它仍然是希腊民族。可是阿拉伯思想是独特的,它不同于其他民族的思想,它是"阿拉伯民族的思想"。阿拉伯民族未曾走过这段历史,或者说,阿拉伯民族没有给予历史这样的机会。因为阿拉伯人征服过波斯人、罗马人和其他许多民族,而这些被征服的民族——波斯人、东罗马人、埃及人等当时正处在智力发展的不同时期,尽管他们的社会生活千差万别,但都已经跨越了蒙昧时代的阿拉伯人未曾跨越过的发展阶段。如波斯的社会生活不同于罗马,罗马和波斯的社会生活又有别于埃及,如此等等。由于社会生活的不同,他们的智力生活自然也有差别。大批大批的阿拉伯人从阿拉伯半岛迁移到这些国家,有的迁到波斯,有的迁到埃及,有的迁到叙利亚,有的迁到伊拉克。在四大哈里发时代和倭马亚王朝时代,他们是这些国家的统治者。当时,从阿拉伯半岛移居这些国家者，比从这些国家迁居到阿拉伯半岛的人多得多。阿拉伯人在这些被征服的国家里传播阿拉伯语和伊斯兰教，因而使当地的文化染上了阿拉伯色彩。学术领域使用的语言就是阿拉伯语。由于上述种种原因，阿拉伯思想从蒙昧时代起，就没有经历过那些与外界隔绝、未受异族文化影响的民族经历过的自然进程——蒙昧时代的阿拉伯思想（除少数情况外），无论在性质方面，或从语言方面，都是一种纯粹的阿拉伯思想。到了伊斯兰时代，尽管仍称之为“阿拉伯思想”，实际上已成为以阿拉伯语为工具的各民族共同的思想，成为阿拉伯人、波斯人、罗马人以及埃及人等各民族思想的高度融合。他们以伊斯兰教为思想基础，以阿拉伯语为表达工具。波斯思想和罗马思想已经经历了阿拉伯人蒙昧时代未曾经历过的发展时期。各民族融合后，不同的成分便融为一体，并按其自然规律发展，尽管这个统一体的各部分不尽相同，其组成也较为复杂，但毕竟经历了一个隔绝的民族在历史长河中经历的发展时期。所以，研究这种种不同的现象极其困难，难于着手。

尽管如此，我们还是可以看到下述现象：

一、蒙昧时代的阿拉伯人显然还处于轻信、迷信的时期。[①] 伊斯兰教产生以前，阿拉伯人在这种环境里已生活了许多世纪，可是有关阿拉伯人蒙昧时代初期的资料很少。我们只知道伊斯兰教产生前一二百年内的一些事。其中为历史所证实者，仅为这两百年

① 详见纳忠译《阿拉伯伊斯兰文化史》（黎明时期），商务印书馆 1982 年版，第一篇第四章。——译者

末期的情况。[①] 可以看出，半岛上的阿拉伯人，特别是沙漠中的居民，在蒙昧时代的发展是极其缓慢的。他们与外界联系甚少，过着几乎是一种模式的生活，发展极为缓慢。概括地说，这种生活就是：居民中盛行偶像崇拜，向偶像求雨；靠偶像之力战胜敌人；为偶像宰牲祭供，室内供满偶像；族人如有争斗，便向偶像求签问卜；出门远行，必先抚摸偶像，祈求吉利；返回家园，进屋后也必先抚摸偶像，感谢平安归来。他们崇拜的偶像是一些石块，把石块竖起，围而拜之——他们的生活中充满着种种迷信荒诞之事。如遇久旱不雨，人们便跑到赛莱阿树、欧含尔树[②]下，牵来耕牛，将树枝系之牛尾，再将火点燃，以闪光讨吉利。如有贵人死去，人们便捉住死者的骆驼，将其脖颈倒转，弃之于洞穴之中，不给饮食，直至饥渴而死，这样主人就会得到超度。如若不然，来世将变成牲畜。他们还认为猫头鹰是从被杀害的人头里飞出来的。它在死者坟头鸣叫："用人血饮我！我口渴呀！"直至有人为被害者复仇为止。诸如此类的传说多不胜数[③]。当时，占星问卜，看相算命，乃是人们日常生活的一部分。每遇争议、纠纷，便求助于祭司和占星家。他们认为这些人与神有联系，有神的本领。著名的祭司很多，在居民中地位崇高——这种情况在各部落中普遍存在，成为各阶层人们的一种习俗。人们的祸福完全取决于吉兆或凶相，他们轻易听信传闻，难于分辨是非。这说明他们尚未超越上述轻信和迷信的时期。

① 指伊斯兰教出现的前夕，亦即公元六世纪后半期。——译者

② 两种树名。——译者

③ 俄鲁西：《阿拉伯历史、习俗与文学》，第 2 卷，第 316—408 页；第 3 卷，第 2—86 页。

但是，看来他们正处在这一时期的后期。因为在伊斯兰教产生前不久，许多人已进入探索和怀疑的时期。他们怀疑族中的宗教传说和迷信，探求真理。如宰德·本·阿慕尔就已不再崇拜偶像，不吃供物。他常说："古莱氏人啊！难道真主命苍天降雨，令大地成荫，造化牲畜使之放收，就是让你们为他人宰杀吗？"[①]

据说宰德曾到过叙利亚，向犹太教徒和基督教徒探求宗教的道理，希望解除疑窦，能够心安理得。还有瓦莱格·本·努费勒，据说他厌恶崇拜偶像，他周游四方，博览群书，寻求正道。史书上记载了当时许多人怀疑、探索的故事。在诗歌中也有所反映。他们谴责对偶像的崇拜，禁止部落的某些陈规陋习。诗云：

大旱忙求雨，无奈空手归。
点燃牛尾巴，岂能降甘霖？

这可算是怀疑和探索时期产生的思想。

二、彷徨时期过后便是信仰时期。这时，伊斯兰教应运而生。它号召人们信仰独一无二的真主。人们纷纷皈依伊斯兰教，清除了蒙昧时期的迷惘，反对崇拜偶像，并将偶像打碎。穆圣在攻克麦加之日进入清真寺时，见天房四周偶像如林，便用弯弓刺戳偶像的颜面，说："真理出现了，虚妄消除了。"随后，命左右将偶像打翻，扔出天房，付之一炬，并命哈立德·本·瓦利德及吐格勒·本·阿慕尔等人将其余偶像打碎烧毁。穆圣还揭穿了祭司的谎言，不承认他们的圣职，禁止人们听信妖言，禁止传布吉凶祸福之说——总之，伊斯兰教向阿拉伯人的虚妄和无知宣战，让伊斯兰教取

① 艾布·法拉吉：《诗歌集》，第3卷，第15页。

而代之。

人们争相皈依伊斯兰教。伊斯兰教占据了人们的心灵，成为一切事物的主宰，影响到社会生活的各个方面，学术文化也不例外。直到倭马亚王朝后期，伊斯兰教一直是一切学术活动的基础。因为穆圣的生平、穆圣的讨伐、穆斯林的远征，构成伊斯兰初期的历史，而伊斯兰教的教法则来源于《古兰经》和圣训。讲道者的训教及学者的研究无不围绕着经注、圣训和伊斯兰教法进行。但对医学、化学等自然科学的影响却很小，从事研究者多为非穆斯林。伊斯兰教学者信教虔诚，因此，他们研究的内容，或对含混的经文加以注释，或对散落的圣训进行搜集，或依据《古兰经》和圣训创制律例和处理各种事务。

三、到了阿拔斯时代，我们看到的是另一番景象——自然科学在伊斯兰帝国中蓬勃发展，希腊的哲学、医学、逻辑学、物理学、化学、天文学、数学等各种古典著作都被译为阿拉伯文。同时翻译了印度的数学和星相学，翻译了波斯、希腊、罗马等各民族的历史。我们看到了希腊神学同犹太教、基督教、拜火教等宗教齐集一堂，各派神学家在宗教问题上争论不休。所有这些现象在智力生活中造成了一种新的局面——各教信徒争相用理智和逻辑来传布自己的宗教，或为之辩护。于是，当穆斯林号召人们信奉伊斯兰教时，自然也是这样做的——初期主要采取观察宇宙天象的原始方法传布伊斯兰教。下列经文可以为证："难道我没有使大地如摇篮，使山峦如木桩吗？我曾把你们造成配偶。"[①]阿拔斯时代其他宗教学

① 马坚译：《古兰经》，78：6—8，中国社会科学出版社 1981 年版。——译者

者，则使用亚里士多德的大前提、小前提、充足条件律、结论等逻辑思维方法做出理性的证明。这样一来，宗教宣传就变成了教义学。《古兰经》注、圣训注以及教法的制定都受到了哲学的影响。学者们解释问题时，都使用理性分析和逻辑语言。宗教学如此，自然科学尤其如此。如医学、数学和天文学完全依靠实验，依靠分析和逻辑上的论证。总而言之，虽说这种种表现是人们生活和智力发展的必然结果，但是，它确是阿拔斯时代学术上的一个新现象。

* * *

另一方面，一些社会学家认为，科学在其发展的初期都是不系统的[①]。研究的问题繁多而且散乱，既不深入，又不协调。研究的主要依据是前人的传说和思想家们的主张。学术问题纷纭杂乱，学者本身，各行其是。科学仍然只是一个总的概念，无具体分科。凡是人的头脑所及，便是科学。希腊人则称之为“哲学”。研究的范围包罗了人类头脑所想到的一切。后来，科学不断发展，已知的范围逐渐扩大，未知的领域日渐缩小。每解决一个问题，就增长一分知识，为人们所了解。

科学愈发达，检验和判断愈加重要。科学不再单纯依赖昔日的传说和前人的见解了。经过这样一个漫长的过程，科学进入了系统化阶段。内容相近的问题归结为一大类，形成了一门独立的学科。开始，人类注意的是自然界的种种现象。后来，开始注意人类自身的研究。再后，各种学科就逐渐区分开来，形成各自的体系。

① 海耶：《社会学研究导言》。

根据这种观点，我们发现蒙昧时代阿拉伯人的知识是零乱的。他们对大自然和对人类的认识，彼此不相关联。后人不经验证便把前人的经验接受下来。医学、占卜和有关星象、风雨的传说，世代相传。诗歌的传述也未经研究和考证。有学问的人认为他们知道的一切都是可靠的知识。他们的言谈包罗万象，但缺乏准确性和条理性。从四大哈里发时代到阿拔斯王朝前，占主导地位的学科，如前所述，一直是宗教学。这时期对问题的研究虽较细微，但各学科之间仍无区别，既无独立的经注学，也无独立的教法学，因而，也就没有各学科自己的学者。如伊本·阿拔斯就曾在一次讲话中涉及各个学科的问题。所谓文化，是指包括经注、圣训、教法及与之相关联的语言、诗歌等多种学科的一个集合体。所有这些科目都在一门课里讲授，并不分门别类，也没有相应的名称。收集圣训者，并不将圣训分类整理，不把内容相同的圣训编集成章。所谓著述还没有后来所理解的系统整理的概念。

直到伊斯兰纪元二世纪初，才开始出现了分科倾向。到阿拔斯王朝初期，才逐渐完成。宰赫比说："伊斯兰纪元143年[①]，伊斯兰学者开始记录圣训、创造伊斯兰教法、编写《古兰经》注。麦加学者伊本·朱赖吉、麦地那学者马立克、叙利亚学者奥查尔、巴士拉学者伊本、艾比·阿鲁拜和罕玛德、也门学者迈阿麦尔、库法学者苏福扬·绍里对经注和圣训作了分类。伊本·易斯哈格对历史学分类。艾布·哈尼法对教法分类。随后不久的呼谢姆、赖易斯、伊本·莱西阿、伊本·穆巴拉克、艾布·优素福、伊本·瓦哈布都进

① 即公元760年。——译者

行过学科分类工作。于是，各学科的专著多起来了，出现了许多用阿拉伯文撰写的语言、历史和战争的著作。在这以前，各学科权威讲课时依靠的只是记忆或未经整理的文字。”①

这段话可以证实，我们提到的倭马亚时代的学术靠的是学者们的讲述，或手头上的经文。往往在同一篇文章里，既有圣训，又有教法、语法或语言问题。学者们的集会亦是如此。据传，伊脱邑曾说过：“我从未见过比伊本·阿拔斯举办的学术讨论会更高尚的了。这是一次最高尚、最严肃的集会，参加集会的都是名人、学者，有教法学家、经注学家，也有诗人。”②到了阿拔斯时代，各种学科才逐渐分开。问题按学科收集，相似的问题归为一类。

倭马亚时代学术的核心是《古兰经》和圣训。学术上的一切问题都围绕着这一核心：依靠《古兰经》和圣训创制律例，为《古兰经》和圣训吟诗作赋，为了理解《古兰经》和圣训而研究语法。总之，当时所有的学术，毫无例外地都是宗教学。到了阿拔斯时代，尽管研究的方式有所改变，但其核心依然是《古兰经》和圣训，只是又出现了另外一个核心——医学，围绕这一核心的是自然科学。景教徒在犹太人的帮助下，在君迪沙布尔③建立了一座医学院，并得到阿拔斯王朝哈里发的支持。这所东方的医院继承了希腊医学和希腊哲学，以医学研究为中心，形成了对物理、化学和天文学以及逻辑学和神学的研究。医学需要这些学科的知识，医学院的教学大纲

① 苏郁退：《历代哈里发史》，第101页。

② 《圣门弟子史考》，第4卷，第93页。

③ 此城位于现代伊朗西南部胡齐斯坦，为萨珊王朝的沙布尔一世所建。——译者

涉及所有这些学科。我们在穆斯林哲学家法拉比和伊本·西那身上就看到了这一点：二人既是医生又是哲学家。

这样，在阿拔斯时代就出现了两种研究：一种是围绕着《古兰经》和圣训的宗教学研究，另一种是围绕着医学的世俗学科的研究。这两种研究互相影响，又各有特色，研究方式也不同。

伊本·赫勒敦说得好："科学有两类：一类是自然科学，即靠人的思维而得到的科学；一类是转述科学，即向创立这一科学的人求教的科学。前者是哲理性科学，通过人的思维和意识去发现问题，是一种根据论证及传授方法而建立的科学。任何一个有思维的人，均可区分真伪，明辨是非。后者则完全靠本学科创立人的论述，只是在探讨问题的来龙去脉时，才去运用思维。"[①]

伊本·赫勒敦还有一个精辟的见解，即各民族的自然科学是共同的，因为它都是靠人的思维去发现的。"而转述科学，则全部根据以前创始人的转述，除非牵涉到一些有关原则的问题才加以思考。"[②]

正如宰赫比所看到的，阿拉伯语各门学科的基础，几乎都是在阿拔斯时代建立的。阿拔斯时代以后，几乎没有创建任何伊斯兰学科。如经注学的出现、圣训的收集和圣训学的创立，以及语法学的出现等，无不如此。在阿拔斯时代，西伯威写下了不朽的语法名著。语言学著作也已经出现。哈利勒·本·艾哈迈德编纂了语言学大纲，并创立了诗词格律。蒙昧时代的阿拉伯诗歌被收集在罕

① 伊本·赫勒敦：《历史绪论》，第 363 页。

② 同上书，第 364 页。

玛德·拉维叶所辑的《悬诗》和穆方才理所辑的《穆方才理诗集》以及艾斯马伊所辑的《艾斯马伊文集》里。查希兹奠定了阿拉伯文学的基础。伊本·古太白和木拜莱德等人也都仿效查希兹的文风从事写作。教法学被伊玛目及其弟子们记录下来。瓦格迪和伊本·易斯哈格等人撰述了历史。这是一方面，另一方面，翻译了逻辑学、数学、天文学和医学等著作，学者们围绕着这些学科，开始著书立说。后来的各种学科，只不过是扩大了阿拔斯时代已有学科的范围而已。

*　　*　　*

试问，是什么原因促使阿拔斯时代的学术迅速发展呢？这一发展，首先是各学科的系统化，并记载成书。其次，是学科分支领域的增加，并出现了新的学术核心，即世俗科学的核心。伊本·赫勒敦认为：文化建设愈发达，学术就愈繁荣。因为学术有如生产，"一个国家生产的多少取决于该国文化程度的高低，而文化生活的程度又取决于生产质量的好坏和数量的多寡。学术是物质生活以外的东西。人们一旦满足了生活的基本需要，就要去研究人类自身的特性，研究学问和研究生产了"。[①]

根据这种看法，阿拔斯王朝时期伊拉克的文化水平较倭马亚王朝时期的大马士革为高，财富更加充实。因此，伊拉克的生产较前发展了，学术也更加繁荣了。

但是，阿拔斯时代学术的繁荣，除了文明发展等一般原因外，还有另外一些原因。这些原因是：

---

① 伊本·赫勒敦：《历史绪论》，第362页。

——哈里发迁居伊拉克，定都巴格达。伊拉克是一个文明古国。自古以来就以学术成就夸耀于叙利亚，甚至在倭马亚时代也是如此，详见后述。[①]

——阿拔斯王朝时，大部分权力都操在波斯人和其他外族人的手里。阿拉伯人再也不像倭马亚时代那样掌握国家大权了。这些波斯人掌管着国家事务，其中包括学术。波斯人已经跨过了学术发展的初级阶段，正在走向学术繁荣的顶峰。景教徒和其他外族人也是如此。当他们可以自由发展学术的时候，他们就按照伊斯兰教出现以前所采取的方式来领导学术活动。

——自伊斯兰教产生以来，一个多世纪过去了。被征服的国家在阿拉伯人统治下，产生了一代在伊斯兰帝国里生长起来的波斯人、罗马人。这些人要么改奉了伊斯兰教，要么接受了伊斯兰教的教育，像阿拉伯人一样，精通阿拉伯语。此外，还继承了他们祖先的文化和语言。于是，就用阿拉伯文写出了像他们祖先过去用波斯文或希腊文所写的著作。并且，按照他们祖先记载学术的方法，把阿拉伯的各种学术记载下来。

——由于伊拉克和叙利亚的社会生活不同，创立新学科就成为一项迫切的任务。如底格里斯河和幼发拉底河的灌溉制度有别于叙利亚和阿拉伯半岛的灌溉制度，田赋制度需要重新审查。艾布·优素福所著《赋税》一书，肯定受此影响。巴士拉和库法生活上的差异，自然就成了巴士拉和库法两大派在语法、语言、文学及其他方面种种分歧的根由。

---

① 艾布·法拉吉：《诗歌集》，第 9 卷，第 171 页。

——还有一些个人的因素，也影响了学术的发展。倘若没有这些因素，学术的进步也不可能如此迅速。如哈里发曼苏尔患胃病，故重视医学。他常召集各地名医，听取意见，鼓励他们研究医学，编写医书，从而使医学成为自然科学的核心。此外，他还笃信星象学，认为星象的变化与地球上发生的事件紧密相关。因此，他很重视这方面的研究。巴格达城的规划、开工日期的择定等，都是根据星象学决定的。

——更重要的是，伊斯兰民族已经经历了各个不同的发展时期，学术上需要向更高级、更系统的阶段发展。不过应当看到，需要系统化的只是宗教学、语言学和文学等传述学科。至于伊斯兰民族的医学、逻辑学、数学等自然科学，从一开始就是系统的。因为对其局部的研究，早就在希腊、印度和波斯等国家里开展过了，已进入了整理、记载和分析阶段了。到了阿拔斯时代，这些学科都被完整地译成了阿拉伯文，无须从头做起。也许，传述学科的著述者们看到自然科学严密的体系时，照搬了它们的做法，增加了一些他们认为好的体例。

传述学科和自然科学各有自己的研究方式和独特的著述方法。前者依靠正确的叙述和引证。例如：阿拔斯时代的经注学家，依靠圣门弟子和再传弟子对《古兰经》经文的解释。如果他们增添了某些内容，那就要斟酌这些内容是否可靠了。——圣训学也是如此。圣训学家最困难的是搜集圣训和考证每段圣训的来源，辨别每段圣训的真伪。语言学和文学也有类似的情况。因为语言学和文学都受了宗教学的影响，其叙述方式与圣训学的叙述方式是一样的。例如，语言学家引用从阿拉伯人或与阿拉伯人交谈过的学者那儿听到的事情。又如文学家叙述他从游牧人或伊斯兰学者那儿听到的东西。往往有这种情况，文学家与圣训学家在旁征博引时，使用的证据是相同的。《诗歌集》一书就有这样的例子。

至于自然科学，如物理、医学，则依靠真理的正确性。检验的方法，或运用逻辑推理，或通过实验证明。如有人提出了一个真理，人们关心的不是谁发现了这一真理，而是运用逻辑推理法验证其是否正确，也可能用实验来加以判断。

此外，还有一些学科，如阿拔斯时代后期的教法学，其研究方式，则介乎传述学科和自然科学之间。许多教法学家在引证一节《古兰经》或一段圣训时，不仅要看其传述或引证的正确性，而且还需运用逻辑推理支持自己的论点，驳斥论敌的责难。阿拔斯时代后期的语法学也是如此。这样，弄清楚一个问题，不仅需要倾听游牧人的传述，而且要依靠思维的论证。

两种研究方式的不同是很自然的。因为，宗教一类问题，一旦有了可靠的原文，便没有思考的余地。而自然科学则不然，思考的范围极广，只有证据才能判断是非。今举自然科学的例子来加以说明。

自然科学的例子："必须知道，这些所谓初步认识的材料，是智者对感性事物一点一滴的研究、一部分一部分的归纳、对人物一个一个地观察分析之后才得出的结论。如果人们发现很多人都具有某种特性，尽管没有看到每个人的全部生活，也没有接触到他们中的每个具体的人，但同样可以做出上述判断。好比一个孩子，一旦长大成人，就开始对动物逐个地观察，发现每个动物都有感觉，都会活动，于是就得出动物都有感觉、都能活动的判断。同样，如果观察水——不管是什么水——都会发现水是一种流体；观察火，发现火是灼热的、能燃烧的；观察石头，发现石头是坚硬的、密实的。于是孩子就知道，凡是这类物质都具有相同的属性。这就是他的判断。这说明人通过各种感官得到的最初感性知识是不同的。”①

任何研究方式都能给研究者本人以很大的影响，无论从学术道德方面或思想品质方面。研究传述学科的学者，只注重考证传述是否正确，而不重视思考，并且不愿听取人们对他们的研究所做出的合乎逻辑的批评。从事自然科学研究的人，则能敞开思想，广开思路。他们不想使自己的工作局限于所研究的范围之内——他们一直安心地从事医学、数学和逻辑学方面的研究，但并不以此为满足，而是力图将他们的研究方法应用于教义学、教法学、语法学以至于语言学的研究。这样，两派之间就发生了激烈的争辩。后者被斥为不虔诚和叛教；而前者则被指责为教条和僵化。前者最突出的代表为圣训学家；后者的代表则是教义学家。双方的冲突有时竟达到流血的地步。后面将要谈到。

两派的冲突，在倭马亚时代并不十分激烈。主要原因是倭马亚时代的各种学术几乎都掌握在宗教人士手中。他们的思维方法是相同的或相似的。到了阿拔斯时代，以医学为中心的自然科学的范围扩大了。科学渗透到其他领域，其中有些是非宗教领域，如医学和数学。有的带有一些轻微的宗教色彩，如文学。有的人想涉及各种文化——宗教的或非宗教的，调和两者之间的矛盾，并使

① 《精诚同志社论文集》，第1卷，第138页。——作者。“精诚同志社”，又译作“精诚兄弟会”，是阿拔斯时代伊拉克哲学界的一个哲学派别。——译者

之融为一体，如教义学家。这些不同的思想和主张，引起了争论和斗争，同时，使学术的范围扩展到了前所未有的广阔领域。

*　　*　　*

总而言之，从倭马亚王朝后期到阿拔斯王朝初期，五十年间，不论是《古兰经》学、圣训学、教法学以及语言学和文学，还有数学、逻辑学、哲学和教义学等科学，大部分都已被记载下来，并系统化。

穆斯林在学术方面的活动是引人注目、令人惊叹的。只有伊斯兰教初期阿拉伯人的远征能与之相比——学者们将自己分成若干军团，每个军团负责征服一个未知或含糊的领域。如语言军团、圣训军团、语法军团、教义军团等。学者们恰似征战中的各个部落，奋勇杀敌，竞相攻占各自的学科堡垒，并将这些学科记录下来，使之系统化。于是，在科学的战场上，涌现出许多杰出的将领。他们在发明创造中争雄斗胜，各显神通。如艾布·哈尼法编纂了教法学。哈利勒·本·艾哈迈德受到了他的鼓励，发奋编写了诗词格律，并制定了语言学大纲，甚至想以他卓越的智慧，创制“一种简便的算术，可供小女孩购买物品时使用，不致受骗”。其他学科的情况也是如此。阿拔斯时代留下的这笔财富，成为穆斯林整个学术生活的基础。他们后来的工作，只是删繁就简或扩大发挥，或概括归纳，或分析整理，发明创造极少。

*　　*　　*

造纸业的发展，推动了这场学术运动。或者说，这一运动的发展和学术由口头传播转变为笔录成书的需要，促进了造纸业的繁荣。

众所周知，蒙昧时代的阿拉伯人多为文盲，读书识字的人极少。伊斯兰教初创前后，阿拉伯人将文字写在牛犊皮上。真主云："以山岳盟誓，以天经之书写于展开的皮纸者盟誓。"[①]或者写在薄薄的石片上，写在剥光了树叶的枣椰树枝上，写在骆驼或羊的肩胛骨上。当时，阿拉伯人将《古兰经》写在白石板或枣椰树枝上。宰德·本·撒比特收集《古兰经》时说过："我开始从枣椰树枝和白石板上收集《古兰经》经文。"祖赫里的《圣训实录》里也提到："穆圣死去时，《古兰经》是写在枣椰树枝上的。而圣训的一些信件可能是写在兽皮上的。"[②]

阿拉伯人使用了"古尔脱斯"一词。"古尔脱斯"是用埃及纸草做的一种纸。《阿拉伯大辞书》说，"古尔脱斯"是用埃及纸草制造的纸张。在艾尔沙所著的《百科大全》一书中，做了同样的解释。《古兰经》中有该字的单数和复数用法。"假若我把一部写在纸上的经典降示你"，"你们把那部天经抄录在一些散纸上"。[③] 格塔德将该字解释为一页书，但未加说明。塔巴里在其《经注》里也做了同样的解释。阿拉伯人很早就已知道"古尔脱斯"一词了。他们常常把古迹比作经久耐磨的纸张。麦拉尔·本·赛德在诗中说：

光阴逝去遗迹在，纸上墨迹仍清新。[④]

阿拉伯人还知道"绢纸"。《阿拉伯大辞书》将其解释为一种上胶、打光的白色绸布。"绢纸"一字是从波斯文翻译过来的。[⑤]《百

① 马坚译：《古兰经》52：2—3。——译者

② 格勒格山迪：《夜盲者的曙光》，第 2 卷，第 475 页。

③ 马坚译：《古兰经》6：7、6：91。——译者

④ 麦拉尔·本·赛德是倭马亚时代的诗人。

⑤ 《阿拉伯大辞书》，第 12 卷，第 247 页。

科大全》称诗人艾尔沙吟诗道：

请问莱拉家如何，白壁空墙可有声？

年深日久主人去，断壁残垣如帛书。

总之，枣椰树枝、白石片、犊皮纸、绢纸，都因数量少、性能差、价格高而无助于科学文化的传播。对一个决心学习、记载科学文化的民族来说，用这种纸张是不合适的。更何况学者们一般都家境贫寒，买不起这么贵的纸。

阿拉伯人征服埃及后，纸草纸的使用日增，并且传播到了伊斯兰帝国各地。[①] 古埃及的造纸业早有盛名。阿拉伯人征服埃及后，造纸厂仍在继续生产。当时哈里发瓦立德・本・阿卜杜・麦立克（伊斯兰历 86 年至 96 年）[②]使用的就是这种纸。其他哈里发也都喜欢用这种纸。因为纸草纸写上字后，若要抹去，必被发现。纸草产于尼罗河两岸，故造纸厂多设在下埃及。当时阿拉伯人已经能造各种纸张：有价格昂贵的软纸，也有廉价的粗纸，还能制造各种卷纸。肯迪在所著《埃及总督与法官传记》一书中曾经谈到一种长达 15 米的大卷纸。伊斯兰历 184 年前后，每卷上等卷纸，售价高达一个半第纳尔，相当于当时一费丹土地全年的租金。[③] 倭

① 白拉祖里在所著《各地的征服》一书第 249 页中曾说：罗马的纸是从埃及进口的。第纳尔却是阿拉伯人请罗马人铸造出来的。埃及科普特人在纸卷之首写着耶稣之名，画上十字架。哈里发马立克下令在纸卷之首写上安拉之名，取代耶稣。于是，罗马皇帝致书警告，将在第纳尔上取消先知穆罕默德之名。马立克被迫自铸阿拉伯货币——第纳尔。

② 即公元 705 年至 714 年。——译者

③ 费丹：埃及使用的面积单位，每一费丹等于 4200.83 平方米，约 7 亩。——译者

马亚王朝第五位哈里发欧麦尔·本·阿卜杜·阿齐兹曾下令节约用纸。[1] 艾布·努瓦斯曾作诗诉说缺纸之苦：

我需片纸不能得，宾朋多是纸商客，
故交情分今安在，阔绰富佬称赤贫。

当时，最重要的造纸中心在布莱城。[2] 它是一座靠近埃及底姆亚特的海滨城市。

除了纸草纸之外，埃及还有一种可以用来书写的布帛。布帛制造厂设在艾布·索尔和赛曼努德。用这种布帛写的一些文契至今仍保存在埃及图书馆里。

伊拉克也使用纸草纸书写。巴格达有一条叫做"纸巷"的街道。有些学者就出生在那里。如伊斯玛仪·盖拉推斯。自古以来，中国以造纸闻名于世。穆斯林都知道中国纸。这种纸是中国人用草木做的。伊斯兰历 134 年，哈立德·伊卜拉欣侵略中国的喀什，从当地居民手中掠去大批精美无比的镶金彩绘器皿以及马鞍、丝绸等物。这些东西都落在撒马尔罕的艾布·穆斯里姆·呼罗珊尼手里。[3] 战争中还俘虏了许多中国人，被押送到撒马尔罕。于是，撒马尔罕开始制造中国纸——阿拔斯王朝时，纸张种类繁多：有法老纸（起于埃及法老）、苏莱曼纸（起于苏莱曼·本·拉希德，他是哈里发拉希德派驻呼罗珊的田赋官员）、加法尔纸（起于加法尔、伯尔麦克）、托尔哈纸（起于托尔哈·本·塔希尔）和塔希尔

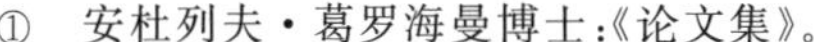

① 安杜列夫·葛罗海曼博士：《论文集》。

② 叶尔孤比：《叶尔孤比史记》，第 125、127 页。

③ 伊本·艾西尔：《全史》，第 5 卷，第 183 页。——作者。撒马尔罕在今乌兹别克境内。——译者

纸(起于塔希尔·本·哈桑)——造纸厂遍布撒马尔罕、巴格达的达鲁哈兹区、提哈玛、也门和埃及,还有大马士革、的黎波里、哈马、曼比吉、摩洛哥和安德鲁斯。这些被掳去的中国人,在伊斯兰历二世纪时用碎布造出的纸,使用之广前所未有。[①]

据《夜盲者的曙光》记载:“圣门弟子们一致同意将《古兰经》抄录在犊皮纸上。因为犊皮纸保留的时间长,或因当时他们手头上只有这种纸。这种状况一直持续到哈里发拉希德时代。当时纸张多了,人们广泛使用。于是,拉希德下令人们只能用波斯纸写字。因为皮革之类的东西易于涂改或伪造。而纸张却相反,一经涂改,其痕迹尚存,不能复原。于是,纸张就传至其他各处,远近各国都用纸写字,一直沿袭至今。”[②]

我们收集了很多种纸、犊皮和石片,把它们保存在埃及图书馆和各科学院里。东方学者中的考据家们对这些纸进行了认真的研究,大大促进了阿拉伯书法的发展;历史学家则将纸上的文字与史书上的记载进行对照,从中推论当时的社会和经济状况;化学家则对这些纸进行化学分析,研究纸的成分和制作方法等。

应当指出,造纸业的兴盛、纸价的低廉,与阿拔斯时代学术活动的繁荣有很大的关系。可以说,没有当时造纸业的发展,就没有阿拔斯时代学术的繁荣。倘若书写工具一直滞留在粗糙、昂贵的原始状况,当时的学术就不能取得那么大的成就。甚至可以说,文学的发展有赖于造纸的发展。因为有了大量而且廉价的纸,从事

---

① 参看《伊斯兰百科全书》中“古尔脱斯”条;安杜列夫·葛罗海曼博士:《论文集》。

② 格勒格山迪:《夜盲者的曙光》,第2卷,第475页。

写作的人才多了起来。他们写了大量的作品，为我们留下了宝贵的遗产。他们用纸书写官方文件、私人函件和情书等。如果没有纸，这一切都是无法做到的。假如在蒙昧时代或在伊斯兰时代初期就用纸记载了当时的重大事件，那么历史学家今天的境况就会大不相同了。

随着纸的问世，学术被记载下来，还出现了书和图书馆。自阿拔斯时代初期起，图书馆已成为文化的重要宝库。

这里不妨提一下，由于用纸张书写和著书立说的人多了，便出现了书商。书商从事抄录、校对和装订等与图书有关的工作，他们自成一种行业。当时，书店遍布各地，成为传播文化的重要手段。书商抄录图书，并负责校订、装订和销售，使书籍行销各地。读书人还常到这类书店去看书。艾布·哈范曾说过："我从未见过，也从未听说有谁比查希兹更喜欢读书、更热爱科学的了。不管什么书，一到他手里，就非读完不可。他常租用书商的书店，住在书店里从事研究。"[①]雅尔孤比（卒于伊斯兰历 278 年）曾说过，他那个时代巴格达的书商多达一百余人，其中有些是造诣很深的学者。《目录大全》的作者伊本·奈迪姆及后来的《地理辞书》和《文学家传记》的作者雅古特，就是他们之中的佼佼者。

*　　　*　　　*

研究阿拔斯时代有关学术发展的问题，引出了另外一个研究课题，即阿拔斯王朝是否给所有学术或部分学术染上了其他国家所没有的独特色彩？学术如果是在倭马亚时代，或在安德鲁斯，或

① 《文学家传记》，第 6 卷，第 56 页。

在一个什叶派国家是否会以另一种模式出现？学者们在阿拔斯政权下，能完全独立地从事著述吗？就是说，阿拔斯王朝对学术的研究有什么影响？

在我看来，阿拔斯王朝对学术研究的影响很大。有些影响一目了然，十分显著。有些又非常隐晦，需要缜密思考，细心研讨。在学术记载成书的年代，阿拔斯王朝的兴起，非同凡响。它摧毁了一个持续百年之久、一度十分强大的倭马亚王朝。这个王朝出现了许多像穆阿威叶、阿杜勒·麦立克和希沙姆那样伟大的人物。他们为王朝打下了坚实的基础。他们的权势深入到了生活的各个方面。而阿拔斯人却彻底地摧毁了这个王朝，并按照完全不同于倭马亚人的一套制度，建立起一个崭新的国家。

与阿拔斯对立的什叶派认为，阿拔斯家族从他们手中夺走了哈里发的职位。他们认为最有权继承哈里发的是艾布·塔利卜家族，而不是阿拔斯家族。

阿拔斯时代有哈瓦立及派、麦尔吉阿派等派别。表面上，这是些宗教派别，但是，它们却干预政治。这些教派的主张可能与王朝的主张格格不入，也可能不无相同之处。毫无疑问，这些主张常常与学术发生冲突，从而使问题复杂化。可是，在任何时代，任何一个民族里的学者，不可能都是秉公无私、清廉无瑕、不为利禄动心的。当然，有的学者敢于坚持真理，据理直言，不惜违抗朝廷意旨，不肯唯命是从。这样，他们不免受到迫害。有的学者则迎合朝廷，并用自己的学问支持朝廷。于是，朝廷便给他加官晋爵。文学方面的情况也是如此。当时哈里发拉希德最宠爱的诗人是麦尔旺·本·艾比·哈弗塞。这位诗人曾对什叶派讽刺谩骂，为哈里发拉希德歌功颂德。他说：

汝等无能当让路，

英雄创下功无数。

是主是奴真主定，

江山伟业另有主。

敢问天下谁听闻，

女子称王胜伯父？[①]

《诗歌集》关于曼苏尔·奈米里的传记里写道：曼苏尔想奉承哈里发拉希德，知道他最讨厌什叶派的诗歌，并坚决认为阿里家族不配继承哈里发之位，遂攻击阿里的子孙，称颂拉希德。于是曼苏尔便效仿麦尔旺，用这种办法博得了拉希德的欢心，领到大量封赏。但是，曼苏尔不像麦尔旺那样赤膊上阵，公开谩骂，而是拐弯抹角，含沙射影。当时，曼苏尔还是个什叶派的信徒。而麦尔旺与艾布·塔利卜家族的宿怨极深。他的诗表达了他要把整个世界打得落花流水的决心。[②] 诗人中，谁摸透了哈里发的脾气秉性，谁赞颂哈里发，谁攻击哈里发的仇敌最凶，谁就最能得到哈里发的恩宠。而阿里派的诗人，却成了阿拔斯人迫害、报复和驱逐的对象。

当然，并非所有的学科都与国事、政治有关并受其影响。如数学、医学、逻辑学和物理学，就是独立的，与政治和政治活动没有瓜葛。其他如历史学，则与政治联系极为紧密。在阿拔斯时代，历史成了一种宣传手段。有些历史学家，迎合哈里发的心理，编造历

① 指什叶派始祖阿里之妻法蒂玛乃“圣姑”，即先知穆罕软德的女儿。——译者

② 《诗歌集》，第 12 卷，第 17 页。

史，投其所好。塔巴里通过穆罕默德·本·欧麦尔之口，讲了哈弗斯的一件事。他说：希沙姆·凯勒比是我的朋友。我们经常聚会交谈，互相求教。那时，他总是穿着破衣烂衫，骑一匹骨瘦如柴的骡子，十分贫困。一日，忽见他骑着一匹王宫里的金色骏马，马鞍、笼头都是宫廷之物。他衣着华丽，香气宜人。见此情景，我很高兴地对他说：你真是平步青云啦！他对我说：不错，我老实告诉你吧。不过，你得替我保密。不久前的一天，过午时分，我正在家里，突然，哈里发迈赫迪的使臣来到我跟前说，哈里发召见我。我跟随使臣去到哈里发驾前。只见他一人独坐宫中，面前放着一本书。哈里发对我说：走近些，希沙姆！于是，我走上前去，坐在哈里发面前。哈里发说：你读一读这本书。即使书里有些不好听的言辞，也不妨读完它。哈里发说过之后，我就读了起来。读了几段，我就被书中的言辞激怒了。我把书扔在地上，诅咒其作者。哈里发说：我已经对你讲过了，你讨厌这本书，也不要抛弃它嘛。看在我的面上，把书读完吧。哈里发的吩咐，我只好照办。我把书读了一遍。这真是一本充满诬蔑、诽谤的书。我说：穆民的领袖啊！这个该死的说谎者是谁？哈里发说：是安德鲁斯国王。我说：穆民的领袖啊！说真的，他祖宗三代都该诅咒。接着，我历数安德鲁斯国王昏庸无道之事。哈里发说：详细地说吧！你还要将他们的恶行口授给书记官。说罢，哈里发招来一位书记官，坐在近旁，并令我靠前。于是，我便历数了安德鲁斯王族的弊政，让书记官一一做了记录。然后，我将记录呈交给哈里发过目。哈里发看后大喜，命书记官在记录上盖印加封，命邮驿火速送往安德鲁斯。哈里发吩咐完毕，赐给我一个包裹，内有锦衣十件、迪尔汗一万枚，并赏给我这匹带鞍笼的骏马。哈里发不让我将此事张扬出去。[①]

阿拔斯人攻击倭马亚人最重要的手段，是对历史学家施加影响，让他们丑化倭马亚人，列举倭马亚人的暴政与黑暗。同时，让他们美化阿拔斯人，给阿拔斯人披上漂亮华丽的外衣。

阿拔斯王朝的头几任哈里发给历史学家划了一个框框，让他们攻击、诅咒倭马亚人。历史学家秉承哈里发的意旨，唯命是从。艾布·阿拔斯曾登台演讲。他说："其后，艾布·苏福扬和麦尔旺两个家族兴起，夺取了哈里发的职位。从此两家当权执政。他们为非作歹，残害百姓，据王位为私有。真主一时任其所为，直至对他们感到失望时，真主便让我们对其进行报复，将权力交还给我们。"达乌德·本·阿里登上讲台，站在艾布·阿拔斯面前说道："该死！艾布·苏福扬家族和麦尔旺家族的人都该死！他们只图眼前，不顾后果；他们宁贪今生，不要来世；他们罪恶昭彰，涂炭生灵，奸淫妇女，无恶不作；他们以犯罪为荣，以犯罪取乐；他们不顾真主的教诲，在罪恶的道路上奔跑。于是，真主趁他们熟睡之际，大显神威。一夜之间，倭马亚人便被全歼。愿暴虐之徒滚远些吧！"[②]这是历史学家们时而可信、时而不可信的描述。不可信的虚妄之处在于这些历史学家对倭马亚人的功绩只字不提，尽说他们的坏话，甚至无中生有，肆意捏造。你能相信瓦立德·本·叶基德"想到麦加朝觐是为了能在天房上饮酒"的说法吗？[③] 或者，你能相信下述传说吗？"瓦立德用《古兰经》占卜算命"，而且得出"你

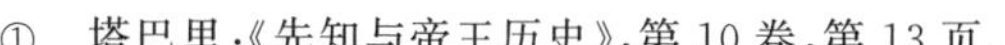

① 塔巴里:《先知与帝王历史》，第 10 卷，第 13 页。

② 同上书，第 9 卷，第 126 页。

③ 苏郁退:《历代哈里发史》，第 97 页。

们占星问卜吧！顽固的暴君总是要失败的"这样的卜辞，瓦立德读罢卜辞，将《古兰经》弃之地上并用箭射之，说：

你用顽固的暴君威吓我。
好！我就是那暴君。
如果复活日你走到主面前，
那你就对真主说：瓦立德毁了我。

不管这位哈里发如何淫乱放荡，如何腐化堕落，这种话绝不会出自他之口。对此，宰赫比说："关于瓦立德亵渎真主，不虔诚而且叛教的传闻是不可靠的。但是，他确实嗜好杯中之物，并好同性恋爱。"

另有传说：希沙姆·本·阿卜杜拉·麦立克有一次召见罕玛德，问他某句诗的出处和诗作者。罕玛德一一作答。希沙姆便命宫女把盏，款待罕玛德。宫女把罕玛德灌得酩酊大醉，云云。《诗歌集》的作者论及此事时说："希沙姆从未饮酒，更不会允许别人在他面前醉酒。相反，希沙姆反对酗酒，谴责酗酒，并惩罚酗酒的人[①]"。

艾布·欧拜德说：艾布·阿慕尔去见哈里发艾布·阿拔斯的叔叔苏莱曼。苏莱曼问艾布·阿慕尔一件事，艾布·阿慕尔直言相告，但苏莱曼却不以为然。艾布·阿慕尔只好退出。他边走边说：

不愿卑躬帝王前，纵然待我如上宾。
我若直言担惊悸，说了假话讨欢心。[②]

---

① 艾布·法拉吉：《诗歌集》，第5卷，第167页。

② 伊本·赫里康：《人物传记》，第1卷，第551页。

伊斯兰纪元 211 年，哈里发麦蒙颁布许多法令，赦颂扬过穆阿威叶者一律无罪。[①]

另一方面，历史学家对阿拔斯人则歌功颂德，大唱赞歌。而说坏话者，却遭受迫害。如海塞姆之受迫害，就是一例。据说："海塞姆消息灵通，知人底细，亦喜欢揭人隐私，四处传扬。有人说他讲了阿拔斯·本·阿卜杜拉·穆塔里布坏话，被监禁了数年之久。"[②]于是，一些关于阿拔斯父子及其族人的神话传说出现了，说欧麦尔在大旱之年令阿拔斯向真主求雨，于是便大雨滂沱，滋润了大地。欧麦尔说：指主发誓，这是主的神灵，信主吧！当人们喝着清冽的水时，纷纷拥向阿拔斯，向他颂扬：祝福你，使圣地得到甘霖的人[③]。又传说阿拔斯之子阿卜杜拉死后，人们为他送葬时，一只名叫冠鹤的白鸟，飞入棺木[④]之中不见了，云云。

尽管阿卜杜拉以学问渊博著称，但有的历史学家却把他描绘成一个远谋深算、老练卓越的政治家，说他替阿里出谋划策。

一些别有用心的学者，为了支持自己的观点，不遗余力地编造圣训，以诋毁倭马亚人，吹捧阿拔斯人。这类圣训，在他们的著作中，比比皆是。如某人向穆阿威叶宣誓效忠后，去见哈桑·本·阿里。哈桑对他说：你给信士们的脸上抹了黑。答曰：你不要责备我，因为先知看见倭马亚人站在他的讲台上，心中不悦。真主便降

① 苏郁退：《历代哈里发史》，第 121 页。

② 伊本·赫里康：《人物传记》，第 2 卷，第 302 页。

③ 伊本·艾西尔：《森林中的狮子》，第 3 卷，第 111 页。

④ 《圣门弟子史考》，第 4 卷，第 94 页。——作者。穆斯林不用棺木。此处指尸体送入坟墓时临时用的木匣。——译者

下默示："我确已赐你多福。"[①]"在那命运之夜，我降下了默示。你不知道什么是命运之夜吧。一夜胜似千年。穆罕默德呀，你之后，倭马亚人将会得到它。"[②]这些学者还利用真主的话"我所昭示你的梦兆和在《古兰经》里所诅咒的那棵树，我只以这两件事物考验众人"[③]。他们引证了许多塞赫勒·本·赛阿德和赛德·本·穆塞耶布以及叶阿拉·穆莱的考证，说魔树指的就是倭马亚人。圣训中曾多次提到此事。如"我看见倭马亚人在讲台上。他们将统治你们。你们会发现倭马亚人是些坏人"。还说"阿绮莎曾对麦尔旺·本·哈克姆说过：我听见穆圣对你父亲和祖父说，你们就是《古兰经》里提到的魔树"，云云[④]。

与此相对的是些赞颂阿拔斯人的圣训。如艾布·胡赖勒传："穆圣对阿拔斯说，未来属于你们，王国属于你们。"绍班又传："穆圣说过，看见麦尔旺人争相占用我的讲台，我心中不悦。看到阿拔斯人占用我的讲台时，我十分欢喜。"伊本·阿拔斯传："先知曾对阿拔斯说，那你们阿拔斯人就住黑色房屋，穿黑色衣衫吧。当时的追随者，多为呼罗珊人。这种情况没有持续多久，人们又纷纷改奉尔撒、玛丽亚。"[⑤]艾布·赛德·赫德里传说："穆圣说过，我们当中位居王位者，有曼苏尔，有艾布·阿拔斯，有迈赫迪。这些人将在不流血的情况下得到哈里发的职位。曼苏尔常胜不败。艾布·阿

① 马坚译：《古兰经》，108：1。——译者

② 参看同上书，97：1—3。——译者

③ 同上书，17：60。——译者

④ 俄鲁西：《目的集》，第4卷，第546页。《塔巴里经注》：《夜行章》。

⑤ 苏郁退：《历代哈里发史》，第6—7页。——作者。尔撒、玛丽亚，即基督教所信奉的救世主耶稣和圣母玛丽亚。——译者

拔斯挥霍无度,嗜杀成性。至于迈赫迪,则功过参半,有时公正,有时暴虐。”[①]详见本书《圣训》一章。

什叶派所持的立场恰恰相反。他们既不喜欢倭马亚人,也不喜欢阿拔斯人。由于阿里派的伊玛目及拥护他们的学者文人曾受过哈里发曼苏尔等人的迫害,所以,他们对阿拔斯人的反感极深。什叶派中有些人,本来有极其浓厚的宗派情绪。他们像以前攻击倭马亚人一样,攻击阿拔斯人,夸大阿拔斯人的丑行,甚至无中生有,凭空捏造。在雅尔孤比和伊本·塔巴塔巴等人的历史著作中都有记载。

此外,什叶派人还编了许多故事来歌颂阿里和阿里家族[②],把伊玛目的地位抬高到近乎神化的地步,给《古兰经》的某些章节编出许多神话。《古兰经》说:“他们为喜爱真主而赈济贫民、孤儿、俘虏。”[③]他们对这句话大做文章,说什么伊本·阿拔斯传说:哈桑和侯赛因二人病了,穆圣去探望他俩。艾布·伯克尔和欧麦尔及一些圣门弟子随行。他们对阿里说:你给两个孩子许个愿,他们的病就会好的。于是,阿里、法蒂玛和使女菲朵便许愿道:孩子病愈后,斋戒三日,以示谢忱。真主果真使两个孩子恢复了健康。当时,穆圣家一贫如洗,阿里便去犹太人沙姆欧家借了三萨阿大麦[④]。法蒂玛磨了一萨阿大麦,按人数做了五个大饼。阿里和穆圣做完昏礼,回家吃饭。这时,家门前来了一个乞丐,说道:你们好!穆罕默

① 苏郁退:《历代哈里发史》,第101页。

② 参看《阿拉伯伊斯兰文化史》(黎明时期)。

③ 马坚译:《古兰经》,76:8。——译者

④ “萨阿”,重量单位。1萨阿约合8磅。——译者

德的亲人。我是一个可怜的穆斯林，给我点吃的吧。真主会给你们天国的圣餐。于是，他们就把大饼给乞丐吃了，自己只喝了点水就睡了。这天他们就算斋戒了。第二天，又来了一个孤儿。他们跟昨天一样，把饼子给孤儿吃了，自己一点没吃。第三天，来了一个俘虏，他们也照样给他吃了，自己什么也没吃。三天之后，穆圣发现阿里、哈桑和侯赛因三人饿得像雏鸟一样战栗，便说道：哈桑的父亲啊！眼见你们成了这个样子，我是多么难受啊！于是，天使伽百利下界，为他们降下《他来了吗》一章经文。梯尔米兹和伊本·焦兹都曾指出："这个传说是编造的、虚构的。无论在词句上还是内容上，杜撰的痕迹都十分明显。"[①]此类例子很多。

由于阿拔斯和阿里派的宗派主义，是非曲直无法判断，正直诚实的历史学家也难于了解历史的真相。

*　　　*　　　*

教法学中有些问题，同样受到阿拔斯王朝的影响，因为教法是立法的根源。法律涉及国家事务，尽管程度不同，有些大法学家，对某些问题坚持真理、主持正义，往往会触犯哈里发，甚至受到哈里发的报复。如塔巴里记载过这样一件事："有一次，有人请马立克·本·艾奈斯对穆罕默德·本·阿卜杜拉的问题做出法律上的裁决，而事前已有人对他说过：我们已宣誓效忠哈里发曼苏尔了。马立克说：你们是被迫宣誓效忠的。既然是被迫，那么，誓言就不可信。于是，人们纷纷投奔到穆罕默德·本·阿卜杜拉·本·哈

① 俄鲁西：《词义精神》，第9卷，第247页。

桑处。马立克待在家里，闭门不出。”[①]这正是马立克后来受迫害的原因。据说，“有人跑到曼苏尔的叔叔加法尔·本·苏来曼处告马立克的状，说马立克根本不把宣誓效忠一事放在眼里。加法尔听罢大怒，命人把马立克抓来，用鞭子抽打，并强力拖拉马立克的手臂，致使肩胛骨脱臼。这是加法尔对马立克犯下的一大罪过。”[②]伊本·焦兹对伊斯兰历147年事件有这样的记载：“在那次事件中，马立克·本·艾奈斯解释一条法律，不符合哈里发意愿，被鞭笞七十。”实际上，他的解释涉及国家大事——即被迫拥护阿拔斯王朝的誓言是否可信的问题。艾布·哈尼法和伊本·易斯哈格的关系，也类似此事。伊本·易斯哈格平素讨厌和嫉妒艾布·哈尼法，便向哈里发曼苏尔告密，诬陷艾布·哈尼法曾在赦免分裂主义者的问题上反对过曼苏尔的祖父，因而引起曼苏尔对艾布·哈尼法的不满。[③] 可见，阿拔斯王朝的哈里发很难容忍任何一个与伊本·阿拔斯持不同意见的教法学家。同时，也不是所有的法学家都能坚持真理，为真理而承受凌辱和迫害。也许对哈里发个人的问题需要做出法学上的解释。有的历史学家曾把著名法学家艾布·优素福描写成一个善于利用立法手段做出迎合哈里发拉希德的解释的人[④]。这个问题将在教法学一章里研究。同样，国家有时需要提出意见和解释来缓和舆论。如马瓦尔迪在《伊斯兰法典》

① 《先知与帝王历史》，第9卷，第206页。——作者。穆罕默德·本·阿卜杜拉·本·哈桑是哈里发曼苏尔的反对者。——译者

② 伊本·赫里康：《人物传记》，第1卷，第626页。

③ 克尔德里：《艾布·哈尼法的功绩》，第1卷，第184页。

④ 苏郁退：《历代哈里发史》，第114页。

一书中有这样的记载：杀死了异教徒的一个穆斯林，在法官艾布·优素福处受到起诉。艾布·优素福按杀人者偿命的律例判他死刑。这时，有人带着一张布帛来到法官面前，将布帛交给法官。只见布帛上写着：

为异教徒而杀穆斯林的人啊，
你的罪恶难赦，恶贯满盈。
巴格达各地的学者、诗人啊，
想想这丑行，为信仰放声哭泣吧，
忍耐，只有忍耐唯一可行。
艾布·优素福离经叛道，
如今成了刽子手的帮凶。

艾布·优素福看罢，往谒拉希德，诉说事情经过，并读了布帛上写的字。哈里发拉希德听罢对艾布·优素福说：你必须慎重处理好此事，不要引起动乱。艾布·优素福出宫后，便要原告拿出证据，证明所控是实。但原告拿不出证据，艾布·优素福便宣布撤销原判[①]。

这类事情也许导致以后扩大立法手续，大量著述法律书籍。哈乃斐派尤其如此。据我所知，哈乃斐派乃首先据此单独著书者，详见后面专章。

阿拔斯人对语法学和语言学也施加影响。当时，巴士拉派和库法派两个语法学派的争论十分激烈。阿拔斯人站在库法派一边，反对巴士拉派。《珍闻轶事》一书有这样的记载[②]："最近，学术

① 马瓦尔底：《伊斯兰法典》，第219页。
② 《珍闻轶事》，第2卷，第208页。

中心转移到了巴格达，库法人便控制了巴格达。他们为帝王效劳，帝王也笼络这些人。人们喜读奇异怪诞的故事，以广知珍闻轶事为荣。”所谓奇异怪诞的故事，多出自库法人之手。《华枝集》一书中提到下面的情况：“库法的诗歌较巴士拉的诗歌多而且完善，但大部分诗歌都是出自不见经传之人。”[①]因此，库法人较巴士拉人更能接近哈里发宫廷。如哈里发迈赫迪的老师穆方才理是库法人。艾敏的老师基萨伊也是库法人。一方面由于库法比巴士拉距巴格达更近。另一方面，总的来说，库法人在政治上向着阿拔斯王朝，而巴士拉人则背离阿拔斯王朝——也许这就是阿拔斯人在库法人和巴士拉人就一个著名的语法问题进行的大辩论中，利用宗派主义，支持库法人基萨伊、反对巴士拉人西伯威的原因。辩论的失败是巴士拉人的奇耻大辱。此后，西伯威没能再回巴士拉。我认为，在这个问题上，政治是起了作用的。

*　　*　　*

大部分文学创作都是顺着宫廷的意旨行事，哈里发不满意的人，诗人们便去攻击；哈里发欣赏的人，诗人们就去颂扬。如穆罕默德·本·阿卜杜拉因反叛哈里发曼苏尔而被杀，伊本·哈尔麦便写诗道：

你击败了欲夺王位的人，
骗子惑众梦想空。
愚蠢胆怯丧其命，

① 苏郁退：《华枝集》，第2卷，第206页。

无人相助怎成功。
不信真主信妖道，
欺骗世人罪不轻。

*　　　*　　　*

有人不愿你登基，
真主把你扶上位。
承继穆圣先辈业，
何言根基遭人非。

哈里发穆阿台绥姆喜欢艾弗兴时，艾布·伯玛木便写诗加以歌颂。哈里发迁怒于他，并对他处以绞刑时，艾布·伯玛木又作诗谴责他，说艾弗兴大逆不道[①]。哈里发拉希德喜欢伯尔麦克家族的时候[②]，诗人们便赞扬他们功高盖世。后来，拉希德杀戮伯尔麦克人时，诗人们又将伯尔麦克家族骂得一无是处。文学，或者说大部分文学作品，都是为了讨好哈里发，为哈里发效劳而写的。倭马亚王朝时代诗人费勒兹德格作诗赞扬了哈贾吉，后来又攻击他。有人问他：你怎么先赞扬而后又攻击他呢？费勒兹德格回答说：哈贾吉信奉真主，所以我们赞扬他；后来，他背叛了真主，所以我们攻击他。其实，主要是因为哈贾吉早先有权有势，所以受到赞扬，后来势败，便遭到反对。自然，这类事情都是在暗中进行的。人们看

① 哈里发穆阿台绥姆是阿拔斯王朝第八任哈里发，公元833—842年在位。艾弗兴是他素来宠信的近臣（公元841年卒），土耳其人。当年曾率领军队在小亚细亚与罗马人战斗。后来被指控叛教，死在狱中。——译者

② 伯尔麦克族人是阿拔斯王朝初期一个权势显赫的波斯籍大臣世家。哈立德·本·伯尔麦克是首次担任大臣官职的人。这个家族在哈里发拉希德时代才衰败下来。——译者

到的，只是一些蛛丝马迹。政治交易黑幕重重，大部分人只知道些表面现象，难以体察内情。

但是，可以断定，正如有的学者热衷于政治一样，有的学者则敢于仗义执言，坚持真理。各个时代都是这样。叶海亚·阿卜杜拉事件也许最能说明问题了。叶海亚在德邑莱姆地区[①]发动了对哈里发拉希德的叛乱，声势浩大，城镇居民纷纷归顺。拉希德提出和解建议。叶海亚随即响应。拉希德便颁发了一道赦令。许多法学家、法官和哈申族的名流、长者都出席作证。叶海亚来到巴格达之初，拉希德很尊重他。后来，坏人从中挑拨，拉希德就想撕毁赦书。他召见叶海亚和一些法学家，其中有法官艾布·巴赫台里以及艾布·哈尼法的朋友穆罕默德·本·哈桑。拉希德取出以前写给叶海亚的赦书，对穆罕默德·本·哈桑说：你对这份赦书有什么意见？它对吗？答道：对的。接着，哈里发拉希德便和穆罕默德·本·哈桑争辩起来。穆罕默德·本·哈桑对拉希德说：你打算怎样处置这份赦书？如果说他过去反对你，后来不再反对，那他就应是无罪的。于是，拉希德从此便对穆罕默德·本·哈桑怀恨在心。哈里发转身问艾布·巴赫台里。艾布·巴赫台里从几方面列举了赦书自相矛盾处。拉希德听后说道：你真是一个大法官，你对法律非常精通。接着，哈里发拉希德撕毁了赦书。艾布·巴赫台里还朝着撕毁了的赦书上吐唾沫。[②] 由此可见，有些历史学家曾努力把自己确信的真实的史实记载下来，敢于批评阿拔斯人，尽管备受

---

① 德邑莱姆，今伊朗吉兰省山区，该地居民在公元917年信奉了伊斯兰教，并在哈里发军中服役。——译者

② 塔巴里：《先知与帝王历史》，第10卷，第57页。

阿拔斯统治者的压制。

同时，应该指出，阿拔斯人干预学术活动，给学术染上了某种色彩，这只是坏的一面。但阿拔斯人在鼓励学术活动、记录学术成果、奖励学术研究、促进学术发展方面，仍有不可磨灭的功绩。

*　　*　　*

让我们来研究一下和上述问题有密切关系的一个问题，即阿拔斯时代的"言论自由"问题，究竟达到什么程度。

研究这个问题，会看到一些相互矛盾的现象：既可看到许多说明人们享有广泛言论自由的现象，也可以看到相反的情况。比如，可以看到某些诗人公开地、直言不讳地谴责哈里发。据说，瓦绥勒·本·伊脱邑的朋友苏莱姆·本·叶基德在哈里发曼苏尔在位时说过：

何时起看不到正义声张？
何时起看不到法律张扬？
法官曾秉公执法，罪犯难逃法网，
叹当权者无药可救，叹盲将军率领群盲。

《诗歌集》的作者提到另一个人。他叫底阿比勒·胡扎伊。他的言论很多，是一个语言尖刻的讽刺家。他的唇枪舌剑所到之处，诸哈里发、王公大臣、王子王孙，以及名门望族，不管对他有无恩怨，也都无法幸免①。

底阿比勒·胡扎伊属什叶派，以拥护阿里及其后裔著称。他写了大量诗歌，攻击哈里发穆阿台绥姆，甚至攻击过哈里发麦蒙。

① 《诗歌集》，第18卷，第29页。

有人对麦蒙说：底阿比勒作诗讽刺你。麦蒙说：他对残暴、疯狂的艾布·阿巴德都敢挑战，骂我这样温和宽厚的人又何足奇怪！

底阿比勒的传记充满对哈里发和王公大臣的嘲讽和攻击。他自己曾说过："五十年来，我的肩上一直扛着一副十字架，但却没人把我绞死在上面。"①

有一个名叫阿里·本·艾比·塔里布的巴格达盲人，对哈里发艾敏立自己的幼子为哈里发一事说道：

宰相的欺诈、教长的决断、谋士的意见，
一起断送了哈里发的职位。
这是骄傲自大的道路，
这是邪恶、堕落的道路。
哈里发的主意算是奇迹，
宰相的行径更加稀奇，
但最令人惊讶的是，
我们向一个孩子效忠宣誓。②

艾哈迈德·本·艾比·纳伊姆曾经写下这样激昂的诗句：

只要阿拔斯家族当权执政，
世上的黑暗、暴政就不会消逝。

这类诗歌俯拾即是。假如当时哈里发对这些言论严加惩办，哪怕仅有过这样的打算，就不可能产生这么多的讽刺诗了。

脱夫尔在他所著《巴格达志》一书中说："比什尔·本·瓦立德

① 《诗歌集》，第18卷，第29页。

② 麦斯欧迪：《警戒与监督》，第2卷，第236页。

对麦蒙说:比什尔·麦里西在指桑骂槐地讽刺你、指责你呢。麦蒙说:我拿他怎么办呢?后来,麦蒙暗地里派了一个人混在比什尔举行的聚会人群之中,偷听比什尔讲些什么。事后,此人向麦蒙报告说:比什尔讲完话,说过赞词,准备站起身时说:真主啊!你诅咒麦尔旺家族的黑暗和残暴吧!诅咒那些随心所欲地抛弃你的经典和先知的训示而使你发怒的人吧!主啊!你诅咒那匹灰色大马的主人吧!麦蒙说:我就是那匹灰色大马的主人。说后表示要追究。后来,比什尔谒见麦蒙。麦蒙等他问好后说:艾布·阿卜杜·拉赫曼呀!你何时履行你诅咒灰色大马的主人的诺言?比什尔听了低头不语。此后,再也没骂过麦蒙,也没反对过他了[①]。"

阿卜杜·拉赫曼·本·齐亚德说:曼苏尔任哈里发之前,我曾同他在一起学习。他继位后,我去见他。他问我道:我的政权比倭马亚政权如何?我说:你统治下的暴政,在倭马亚人当权时是看不到的。曼苏尔说:我们孤立无援啊!我说:欧麦尔二世说过:政权和市场一样,花钱越多,收获越大。国王公正廉洁,人民就拥护。国王荒淫无道,人民就反对。曼苏尔听后,默然不语。[②]

阿慕尔·本·欧拜德也曾对曼苏尔说过:"没有一件事你是按照《古兰经》去办理的。没有一件事是遵照先知的训诫去做的。曼苏尔说:那我怎么办呢?我已对你说过,我授权给你,你和你的人来干吧!来辅佐我吧!阿慕尔说:只要你秉公执政,我们就会辅助你的。纵然你有千桩罪过,只要你能悔改,我们就知道你是可

① 脱夫尔:《巴格达史》,第 96 页。

② 苏郁退:《历代哈里发史》,第 105 页。

信的。”①

有个人对哈里发曼苏尔说:“真主命你保护穆斯林和他们的财产,可你却玩忽职守,根本不关心他们的死活,甚至在你和百姓中间筑起了一道砖石屏障,并装上道道铁门,门口有手持武器的兵士把守。你把自己囚禁在宫中,与老百姓隔绝开来。你派遣官吏到处横征暴敛,搜刮民财。你给他们配备人力和武器,还供给他们牛羊。你下令,除少数几个人外,别人一律不得进入宫门。你不派人照看那些受迫害的、命运悲惨的人,不照管那些饥寒交迫、贫病交加的人。你接近的都是有钱人,都是被你选中的人,他们可以随时谒见你。有些权贵,见你搜刮钱财自己得到好处,便说:哈里发背叛了真主,我们为什么不背叛他呢?于是,他们密谋对你封锁消息。你得不到任何情报。不听他们话的官员,当着你的面受他们指责,甚至受到了贬谪,以致地位一落千丈,无所作为。权贵们为所欲为,人们对他们诚惶诚恐、噤若寒蝉了。你手下的人为了保住地位,继续鱼肉百姓,便向这些权贵送礼行贿。继而,你手下的所有权贵都如法炮制,欺压别人。这样一来,到处是尔虞我诈,腐败不堪。这些权贵与你同掌江山,而你却被蒙在鼓里,全然不知。受害者找你申冤,连城门都进不去。有人想在你出巡时向你投书告状,却发现你置若罔闻。你派人审理案件,审理的情况却落到了你亲信的手里。他们不让受害者向你申诉冤屈,而被告却受到他们的袒护。受害人慑于压力,只得去找你派去的人,向他们喊冤呼救,却受到他们百般阻挠。最后,被强行赶走。路遇你出巡,遂当

① 伊本·古太白:《史事泉源》,第2卷,第337页。

面向你喊冤，却又遭到毒打。这分明是杀鸡给猴看，以儆效尤。对此你视而不见，无动于衷。这样下去，还有什么伊斯兰精神？[①]”

这类传说，说明当时人们享有广泛的言论自由。尤其是我们注意到大多数公开发表言论的人并没有受到迫害，顶多是受点委屈而已。

这是政治方面的情况。在学术上也有这种情况。如前所述，阿拔斯王朝尽管对历史等学科施加了一些影响，但是它并没有强迫历史学家只说他们爱听的话。因此，很多历史学家能够摆脱它的影响，坦率地发表自己的意见。塔巴里在其所著《先知与帝王历史》一书中提到几位阿拔斯时代的历史学家，说他们发表了一些使哈里发及其子孙很不满意的看法，还讲了一些历史上的故事。历史学家是在这些哈里发当政时写这段历史的。他们记述了赛发哈的残暴[②]，嘲弄了哈里发曼苏尔的吝啬，谴责他枉杀好人。他们还引用了据说是拜沙尔用来讥讽哈里发迈赫迪的诗句，还描述了哈里发们寻欢作乐的场面：某哈里发饮酒，某哈里发不饮酒；某哈里发沉溺于歌舞之中，某哈里发不喜欢歌舞。历史学家给每个哈里发都画了像。尽管这些画像不十分准确，却比较真实。尽管历史学家们有时说话比较婉转，但却尊重事实，没有颠倒是非。毫无疑问，如果当时人们不享有很大程度的言论自由，历史学家们是不敢这样写的。

下面再来看看几位作家的作品。如艾布·哈桑·艾什阿里的

① 伊本·古太白：《史事泉源》，第2卷，第335页。

② 赛发哈：阿拔斯王朝第一任哈里发艾布·阿拔斯的绰号。——译者

《伊斯兰学者论文集》、沙赫力斯坦的《宗教与教派》、巴格达迪的《教派之分歧》等著作，从中可以看到使读者惊讶的神学中的各种派别和言论。各家学派竟敢如此大胆地陈述自己的见解，而无人责难。令读者深感诧异的是，这些作者怎么能享有那么广泛的自由，可随意引用希腊哲学家的言论，并把它和伊斯兰教教义糅合在一起。他们——特别是穆阿台及勒派人——怎么能够对伊斯兰教初期的历史事件做那样的叙述，对圣门弟子的行为进行那样的分析，发表那么直率的批评意见，对他们的功过是非加以评论。持不同意见的反对派也用同样的言辞来回答。我们将在谈到教派时对这些问题加以说明。此外，伊斯兰教的法学家们，当时也能在完全自由的气氛中相互批评。如伊本·艾布·莱伊拉对艾布·哈尼法的批评就极为尖锐有力。艾布·哈尼法的门人弟子则给以还击。艾布·哈尼法、沙斐仪以及马立克等人的弟子之间的争论更加激烈。有时尚合情理，有时却于理相悖，但是没有人受到迫害。他们或虚张声势，恐吓恫吓，或针锋相对，据理力争。这难道不是一派言论自由的绝妙的写照吗？或许可以说，他们昔日敢做的事，我们今天未必敢为；他们昔日享有的自由，我们今天难望其项背。

但如果只看到阿拔斯时代历史的这一侧面，也是不全面的。因为问题还有另一个侧面。如果只看到这另一个侧面，一定会惊呼：在阿拔斯时代根本没有言论自由。因为从政治角度看，阿拔斯王朝历届宰相的历史，很难找出哪位宰相是寿终正寝的。如第一位哈里发的第一任宰相艾布·赛莱麦·赫拉勒，就是哈里发赛发哈授意艾布·穆斯林姆·呼罗珊尼把他杀死的。哈里发曼苏尔任命艾布·阿尤布·苏莱曼·毛里亚尼为宰相，后来又把他杀了，还杀了他的亲属，没收了他们的财产。

迈赫迪任命雅尔孤卜·本·达乌德为宰相，后又听信谗言，将他打入地牢。至于拉希德对伯尔麦克家族的迫害更尽人皆知。哈里发麦蒙任命法德勒·本·赛赫勒为宰相，后来又授意把他杀害了。

台努黑(伊斯兰历 384 年卒)在所著《史集》一书中讲到当时宰相遭受杀戮的严重情况。书中说伊本·阿亚什在赫勒德大街上看见一个卖艺的人带着一只经过训练的猴子，人们聚在一起围观。驯猴人对猴子说：你想当布商吗？猴子点点头。驯猴人又问：你想当一个香料商吗？猴子又点点头。驯猴人问了很多这类问题，猴子都表示乐意，当驯猴人最后问道：你想当宰相吗？猴子立即摇摇头，一面尖叫，一面从驯猴人手里跑掉了。人们见状捧腹大笑。

哈里发曼苏尔为他儿子加法尔请了一位教书先生，名叫弗代勒·本·欧姆兰。这位先生是一位正直、虔诚的教徒。出于政治原因，他受人暗算。有人在曼苏尔面前说他戏弄加法尔。曼苏尔听后信以为真，不问情由，便下令将他处以极刑。命令传出后，才弄清告密人说的全是诽谤谗言。曼苏尔急忙派人追回成命。可是，当使者赶到刑场，弗代勒已被处死。加法尔问苏沃德道：一个正直的、虔诚的、无罪的穆斯林被无辜处死，穆民的领袖(指哈里发曼苏尔)会说什么呢？苏沃德说：穆民的领袖可以为所欲为，对他自己做的事，他最清楚了。加法尔听了，训斥道：我对你说的是肺腑之言，而你却用对待路人的语言来敷衍我。来人呐，抓住他的脚，把他扔到底格里斯河里去！苏沃德说：好吧！让我也对你说吧。加法尔说：让他讲！苏沃德说：有人问过你父亲关于“弗代勒”

之事吗？[①] 曼苏尔曾杀了他的叔父阿卜杜拉，还枉杀了穆圣的子孙阿卜杜拉·本·侯赛因等。他杀死的人不可数计。在人们问他关于“杀弗代勒”之前，他早已罪恶昭彰了。[②]

从学术和宗教方面来看，阿拔斯王朝的哈里发们确实伤害了许多学者文人。如艾布·哈尼法和马立克因不愿做法官，或因对宣誓效忠有看法，便遭到哈里发的鞭笞和监禁。苏福扬·绍里之所以潜逃在外，流落四方，也是因为哈里发想让他担任库法的法官，他拒绝了。其次，为寻查和惩处所谓“不虔诚”的人而设立的机构杀害了许多无辜的人。这些人被枉杀，都是出于政治的原因。哈里发们以惩处不虔诚为名，达到笼络群众的目的。正如前面提到的迫害伊本·穆加发一样，他们还迫害萨利哈·本·阿卜杜勒·古杜斯。他以前是艾兹德族的一个释奴，又是巴士拉和大马士革的一个布道者。他写的诗都是警句格言，既不为哈里发唱赞歌，也不替王公大臣说好话。

赫忒布·巴格达迪的记载里有这样一段话：哈里发迈赫迪曾诬陷萨利哈·本·阿卜杜勒·古杜斯是“不虔诚者”，命人把他抓去。当他被带到迈赫迪面前与他对话时，迈赫迪发现他学识渊博，有高度文学修养，有出类拔萃的才华，思路敏捷，富于哲理，于是，便下令将他释放。萨利哈刚走，迈赫迪又把他叫了回来，问道：你写过一段代表你的道德观的诗吗？

萨利哈答道：是的，穆民的领袖。我写过这样的诗。迈赫迪

① “品德”一词，这里借用来指前述被枉杀的教书先生弗代勒。——译者

② 塔巴里：《先知与帝王历史》，第 9 卷，第 317 页。

说:如果你不放弃你的道德观,我只好根据你自己的格言来惩处你了。说罢,便令人将萨利哈处死,并将尸首钉在桥上示众。这个传说如果属实,说明萨利哈没有任何可以指责之处,更不用说犯什么死罪了。令人奇怪的是有人竟说:迈赫迪在梦中看到萨利哈还活着,看见他哈哈大笑,十分高兴。于是,就问他:你怎么得救未死呢?萨利哈答道:我到了明察秋毫的真主跟前,他慈爱地接见了我,并说:从哈里发对你的指控中,我知道你是清白无辜的。——梦是人们醒时意识的反映。显然,萨利哈的格言诗触犯了当时哈里发王朝制度,或者对哈里发的行为举止有所批评。于是,哈里发就给他扣上"不虔诚"的罪名。当时被诬告为"不虔诚者"颇为普遍。这说明阿拔斯时代谈不上什么言论自由,有的只是奴役和专制。——以哈里发麦蒙为例,尽管他是阿拔斯王朝诸哈里发中以宽宏大量、心胸开阔而著称者,但他的做法却很奇怪。他强迫人们接受他的主张:《古兰经》是被造之物。反对这一观点者,便受到他的迫害和杀戮。像麦蒙这样一位有远见卓识的政治家竟干出这种事来,实在令人吃惊。一般说来,当穆阿台及勒派的反对派掌权时,穆阿台及勒派人就受迫害。反之,当他们当政时,就去迫害他人。这两种情况都很难使人能说阿拔斯时代的言论是自由的。

这两种截然相反的情况是否能协调起来呢?是否能找出一些共同的准则来撰写当时的历史,并且有助于划清自由和奴役之间的界限呢?

我认为,从这些互相矛盾的现象中,可以归纳出如下几个结论:

第一,阿拔斯王朝头几位哈里发,特别是曼苏尔,奠定了王朝的基础。主要表现在:(1)提高了哈里发在人们心中的地位。如曼苏尔看到很多人反对阿拔斯王朝,便不容许任何人图谋反叛,稍有嫌疑,即遭屠杀。下面这个传说最能说明问题。据说:阿卜杜·索姆德·本·阿里对曼苏尔说:你只知道惩罚,好像你不知道什么叫宽恕。曼苏尔说:这是因为麦尔旺人还没死绝,艾布·塔利卜家族的人还没有刀枪入库。昨天,我们是他们的顺民;今天,我们成了他们的哈里发。因此,只有用惩罚,而不是宽容,才能在他们心中树立起我们的尊严①。

与此有关的是哈里发的职位染上了宗教色彩。哈里发扮演了宗教保护人和宗教卫道士的角色。哈里发成了真主在人间的化身。一切权力来自哈里发。例如,在倭马亚王朝时期,没有一个法官,能像艾布·优素福那样,与哈里发拉希德在宗教和政治方面有直接的联系。这样,阿拔斯王朝的哈里发就给自己带上了神权政治的色彩。其表现之一,就是把向哈里发宣誓效忠一事搞得极为神圣。阿拔斯王朝的政权衰败后,王公大臣、地方官吏掌握了实权,但在人们的心目中,哈里发仍然是神圣不可侵犯的。

正因为如此,我们看到阿拔斯王朝的哈里发无论如何也不允许削弱王权,甚至连任何可能导致削弱王权的言行都不能容忍。哈里发曼苏尔说过这样的话:哈里发王朝绝不容许泄露机密、侮辱妇女、诋毁王权等三种行为。如果说阿拔斯王朝的哈里发允许人们在各方面都享有自由,那么在刚才提到的三个方面是绝无自由的。学术若涉及这几方面的问题,惩罚将是严厉的。我认为,艾

① 苏郁退:《历代哈里发史》,第104页。

布·哈尼法、马立克和苏福扬·绍里三位教长之所以受到惩处，不是人们常说的由于他们不愿意出任法官，而是因为他们拒绝当法官，就意味着拒绝与阿拔斯王朝合作，从而使人们认为，他们之所以不与王朝合作，是由于王朝黑暗、治国不公。还因为他们拒不合作，就同时意味着他们暗中支持阿拔斯王朝的政敌，如什叶派人。这样一来，就把"不虔诚"的问题搞得过分了，并设立了专门机构。于是，阿拔斯王朝的哈里发们就承担了保护宗教问题的责任，给哈里发的职位染上了宗教色彩，并使王权和宗教结合起来了。他们在王权和宗教问题上是寸步不让的。当时，受迫害最深的是摩尼派教徒。他们表面上信奉伊斯兰教，暗地里却破坏伊斯兰教——当然，迫害的先例一开，就收不住了。无辜的人也会受控告，成为罪犯。学术若不涉及王权和宗教，那么，正如他们自己所说的，阿拔斯时代的学者是自由的。

第二，当时的言论自由与哈里发的性格有很大关系。如曼苏尔在政治上心胸狭窄，在学术上却胸襟开阔。事关王权，他的疑心特大，而且惩办极严。他凭个人的主观臆测，动辄杀人，草菅人命。对背叛他的人绝不宽恕；对图谋不轨、有叛心或篡位企图的人，即使是开国元勋，也绝不放过。但在学术上，曼苏尔却有广阔的胸怀，他允许穆阿台及勒派及其学说存在，他还拉拢一位从他身边逃走的穆阿台及勒派的首领阿慕尔·本·欧拜德。曼苏尔鼓励星相学家和医生，鼓励各种流派的哲学家。哈里发迈赫迪却对"不虔诚者"异常敏感，审视极严，惩办极凶。他认为他们的学说危及王朝的安全。因为马兹德派的社会主义和摩尼派的哲学，是当时"不虔诚者"所信仰的学说。迈赫迪感到这种学说一旦蔓延，就将瓦解人民的力量，败坏道德，腐蚀社会，破坏王权。因此，迈赫迪大肆惩处那些被指控为“不虔诚者”。但除此之外，迈赫迪在学术上却兼容并收，允许学术上各种不同见解、不同学派共存。尽管哈里发拉希德有敌视及迫害穆阿台及勒派之嫌，但他在鼓励文学和学术活动方面是极其重要的人物。除麦蒙外，无人能与之相提并论。在这方面，麦蒙比拉希德更为突出。因为麦蒙不仅对科学和文学有很深的造诣，他还是一位哲学家。而且，他在听取不同意见或进行争辩时心胸开阔。这一点，对学术和文学艺术活动的发展起了很大的推动作用。唯一可指摘的是，他在《古兰经》是被造之物的问题上，背离了他对言论自由的一贯立场，而采取了奇怪的态度。这方面的事我们以后再谈。

总之，可以说阿拔斯时代是伊斯兰历史上在学术上享有广泛言论自由的光荣时代，尽管这个时代有这些专制独裁的现象。但哈里发穆台瓦基勒掌权时，便迫害穆阿台及勒派人，驱逐他们，消除他们的权势和影响，对他们进行报复。这比穆阿台及勒派人在麦蒙当权时的做法还厉害。哈里发穆台瓦基勒把他们革职不用，并逮捕了穆阿台及勒派的支持者艾哈迈德·本·艾比·杜瓦德法官，将他关进监牢。他极力支持逊尼派，并像迫害主张言论自由的领导者——穆阿台及勒派人那样，迫害基督教徒和犹太人，开除他们的公职，给他们制定必须遵循的极其严厉的规章条例。这样，以穆阿台及勒派为首的教义学家，以景教徒为首的各派哲学家都销声匿迹了，圣训派得胜了，圣训学家所代表的研究方式占了上风，这就是前面提到的传述引证方式。总而言之，从穆台瓦基勒当政起，言论自由时代就结束了。禁锢言论和思想的时代开始了。保守的法学家和圣训学家得势了。这些我们将在以后叙述。

第二章　学术机构

直到哈里发穆台瓦基勒时代末，还没有建立从事学术研究的正规学校，建立学校是后来的事。辛赫比说过：曾于伊斯兰历 456 年至 485 年任塞尔柱人宰相的尼扎姆·穆勒克，是第一位创办学校的人。他在巴格达、巴里黑、内沙布尔、赫拉特、伊斯法罕、巴士拉、木鹿、塔巴里斯坦的阿莫勒和摩苏尔各地都建立了学校。[①] 据说，伊拉克和呼罗珊各市镇中，都有他建立的学校。但是，有些历史学家，如苏卜基和苏郁退等人，对这种说法持有异议。他们认为，内沙布尔地方的拜赫格叶学校，早在尼扎姆出生前就已经存在了。内沙布尔地区的赛德学校，是马哈茂德苏丹之弟埃米尔奈斯尔·本·苏卜肯京建立的。[②]

麦格里基说："哈里发穆阿台迪德·比拉(伊斯兰历 279—289 年在位)在巴格达舍玛西亚区建立行宫时，完成了行宫建筑面积的初步估算，后来，又扩大了面积。有人问他为什么要扩大建筑面积，他说：他要建造若干庭院、住宅和角楼，让各行各业、各种学术派别的首要人物安居其间，给他们以优厚的俸禄，让学徒们随意拜

---

① 巴里黑在今阿富汗境内，内沙布尔、伊斯法罕在今伊朗境内，木鹿在今土库曼境内。——译者

② 苏卜基：《沙斐仪教派名人传》，第 3 卷，第 137 页。

师学艺。”[①]

麦格里基还说:“在伊斯兰教初期是没有学校的。在直传弟子和再传弟子时代,尚无人知晓。穆圣迁徙四百年后,学校才创办起来。最早创办学校的是内沙布尔人。他们办起了伊斯兰历史上的拜赫格叶学校。”

总之,阿拔斯王朝前期,还没有出现正规学校,只有一些学习场所。

第一,书院或小学。“库塔布”一词的含义,语言学家有不同的解释。《阿拉伯大辞书》的解释是:“库塔布”是教育的场所。这个词有两个复数,一为“卡塔梯卜”,一为“麦卡梯卜”。穆拜莱德说:“‘迈克塔布’,指教书的场所;‘穆克梯卜’,指教书先生。‘库塔布’指受教育的孩童。谁若把‘库塔布’误解为教书的场所,那就错了。”但是,看来“库塔布”和“迈克塔布”这两个字,当时都指教书的地方。《诗歌集》引用易斯哈格·摩苏里的话说:他父亲伊卜拉欣·摩苏里被送进“库塔布”,可他什么也没学到,反而经常挨打,被关在房子里,但这对他都不起作用。后来,他逃到摩苏尔。在那里,他学会了唱歌。[②]《诗歌集》另一处又说,阿里·本·杰白勒成人后,被送进书院。[③] 查希兹在《修辞与阐释》一书中,引用了当时的一句谚语,形容书院的老师:“没有比书院的老师更愚蠢的了。”[④]伊本·赫里康在《艾布·穆斯里姆传》中说:“艾布·穆斯里姆在尔萨·

① 麦格里基:《埃及志》,第2卷,第362页。

② 《诗歌集》,第5卷,第3页。

③ 同上书,第18卷,第101页。

④ 查希兹:《修辞与阐释》,第2卷,第208页。

本·马格尔家长大后，常随他父亲去书院。”[①]这样做，在倭马亚时代是必须的。有些书院，教授读书写字和《古兰经》。有些书院也教授些语言方面的知识。伊本·古太白说：“教师中阿绮莎的释奴阿勒盖麦·本·艾比·阿勒盖麦，马立克·本·艾奈斯曾引用过他讲的圣训。”阿勒盖麦有一所书院，教授阿拉伯语、语法和诗词格律。他死于哈里发曼苏尔时代。[②] 有的教师把教育作为善行，不收学费。伊本·古太白说：“达哈克·本·穆扎黑姆和阿卜杜拉·本·哈里斯两人都教书，不收学费。”[③]也有的人教书是收学费的。有的人接受学生的面包。哈加吉和他父亲优素福在塔伊夫任教时，哈加吉曾写诗嘲笑部分教师收取学生面包的现象。

据说，沙斐仪曾经说过：“我是靠母亲抚养的孤儿。母亲送我去书院上学，可是没钱交学费。教员愿意接受我，让我继承他的事业。我学完了《古兰经》，就进了清真寺。我常常听学者们讲学。每听到一段圣训或一个问题，我就把它背下来。母亲没钱给我买纸，我就捡些骨头，磨光后用来写字。”

当时，书院对学生实行体罚和禁闭。《诗歌集》叙述了伊卜拉欣·摩苏里的遭遇。艾布·努瓦斯对书院的学生挨打的情景有一段有趣的描写：

我见一个人，有意不理人，
端坐讲台上，学生坐周围，
斜眼看见我，装着寻别人。

① 伊本·赫里康：《人物传记》，第1卷，第397页。
② 伊本·古太白：《知识书》，第185页。
③ 同上。

原来在书院，老师叫哈夫苏。
老师叫声打，打我的哈比毕。[①]
自从进书院，天天逃学去。
衣服解开了，外套扔一边。
众人举起鞭，幸好没用棍，
宝贝求师尊，再也不逃学。
我说算了吧，他会做个好学生。

第二，清真寺。清真寺是当时最大的教学机构。它不仅是礼拜寺，也是发表演说的地方，还是打官司的法庭。我们最感兴趣的是，清真寺在当时作为教学机构，而且是最大的教学研究机构所起的作用。埃及的阿慕尔清真寺、巴士拉清真寺、库法清真寺、麦加和麦地那清真寺等，都是那个时代的普通学校或高等学府。

伊斯兰初期，穆圣把清真寺当作讲学的场所。《布哈里圣训实录》引述了艾布·瓦格迪·莱斯的话。他说："正当穆圣在清真寺讲道时，进来了三个人。两个走到穆圣的身边，站着听讲，其中一人，看见有个空位子，便坐了下来。另一个人则坐在众人身后。"[②]

倭马亚时代，清真寺一直用来教授《古兰经》和圣训，用来讲道和传授伊斯兰教法律。伊本·赫里康说："勒比尔·赖伊常在麦地那的'先知寺'里讲学。到场听讲者，有马立克·本·艾奈斯、哈桑和麦地那的贵族。人们围坐在他的四周。[③] 巴士拉清真寺，以哈桑·巴士里及其讲座为中心，开展教义学的研究。瓦绥勒·本·

---

① 阿拉伯语"哈比毕"一词，即"我所疼爱的人"。——译者
② 《布哈里圣训实录》中艾布·瓦格迪·莱斯引述的圣训。
③ 伊本·赫里康：《人物传记》，第 1 卷，第 257 页。

伊脱邑没有参加他的讲座，而是自己设座讲学。除了宗教学的许多讲座外，还有语言学讲座。雅古特说：罕玛德在清真寺里经过哈桑·巴士里的讲座时，没去听他讲学，而去听语言大师们的讲座，向他们学习阿拉伯语。”[①]

到了阿拔斯时代，各种学术已经分科，所以学术讲座也就各具特色。有的专讲语法学。雅古特谈到艾赫发什时指出，他曾说过：“我到巴格达时，看到基萨伊在清真寺里，便和他一起做了晨礼。祈祷完毕，他坐下讲学。他的学生中，有法拉、艾哈麦尔、伊本·赛阿达。我向他致意并问了他一百个问题，他逐一解答，但都被我否定了。[②]”当时，穆阿台及勒派在巴格达的曼苏尔清真寺里教授教义学。[③] 同时，在清真寺里还有诗歌、文学等讲座。伊斯兰历253年，塔巴里赴埃及，在阿慕尔清真寺里讲授提尔马哈的诗歌。[④] 当时，在清真寺里吟诗，包括情诗在内，人们并不反对。克尔巴·本·祖海尔在晨礼前去见穆圣。他先到穆圣面前，吟诗道：“苏阿德走了，我的心碎了。”[⑤]不仅如此，当时的清真寺还是吟诗、论诗以至用诗相互咒骂的场所。《诗歌集》说：“库迈特·本·宰德和说书人罕玛德·拉维在库法清真寺里相遇，谈起了阿拉伯人的诗歌和《阿拉伯人的日子》[⑥]，两人意见不一，发生争执。库迈特便对罕玛德说：‘你以为你比我更了解《阿拉伯人的日子》和阿拉伯人的诗

---

① 雅古特：《文学家传记》，第 4 卷，第 135 页。

② 同上书，第 243 页。

③ 参看《伊斯兰百科全书》中“清真寺”条目。

④ 雅古特：《文学家传记》，第 6 卷，第 432 页。

⑤ 伊本·阿卜杜·莱比：《罕世璎珞》，第 3 卷，第 126 页。

⑥ 《阿拉伯人的日子》记述了阿拉伯部落战争的历史。——译者

歌吗？'罕玛德答道：'这还有疑问吗？这是肯定的。'两个人就你一言我一语地争论起来，最后，约定日后再议。"[①]麦尔祖巴尼在《二重韵诗集》一书中说：穆斯里姆·本·瓦立德曾经在清真寺内讲授他的诗词。人们对他的诗，常有争论。[②]艾布·阿塔希叶也常在清真寺聚众讲学。[③]艾布·穆罕默德·叶齐迪说：艾布·欧拜德总是坐在巴士拉清真寺里的一根柱子下讲学，我和赫莱夫·艾哈麦尔则坐在另一边听讲。[④]

总之，当时清真寺是伊斯兰文化最重要的研究机构。

*　　　*　　　*

当时的哈里发、王公大臣和富人，多为自己的儿女聘请家庭教师。谢里基·本·古塔米"是一位文学造诣很深的学者，对谱录学颇有研究。哈里发曼苏尔聘他为宫廷教师，专教王子迈赫迪学文学"。[⑤]穆方才理也是迈赫迪的老师，他曾专门为迈赫迪编纂了一部古诗选读《穆方才理诗集》。基萨伊是哈里发拉希德之子爱敏的老师，教授文学。[⑥]艾布·穆罕默德·叶齐迪，外号叫"叶基迪"，他做过哈里发曼苏尔之子叶齐迪的老师多年，故有此称号。他后来投奔哈里发拉希德，做了麦蒙的老师。法拉是麦蒙两个孩子的老师。伊本·西基特教过伊本·塔赫尔的孩子，开始时束脩为五百迪尔汗，后来加至一千迪尔汗。这类例子很多，不胜枚举。

---

① 《诗歌集》，第 15 卷，第 113 页。
② 麦尔祖巴尼：《二重韵诗集》，第 289 页。
③ 《诗歌集》，第 3 卷，第 148 页。
④ 同上书，第 18 卷，第 79 页。
⑤ 伊本·安巴里：《文学家传》，第 42 页。
⑥ 伊本·赫里康：《人物传记》，第 1 卷，第 469 页。

学术讨论会：书院、宫廷和清真寺常常成为讨论学术的场所，也是当时重要的学术机构。学者们在哈里发面前讨论教法、语法、词法、语言学及宗教等问题。我们所掌握的情况表明，随着学术热潮的兴起，学者们出于追求真理的愿望，并希望得到哈里发和王公大臣的赐予和恩宠，这种学术讨论会在阿拔斯时代呈现出一派百花盛开的繁荣景象。此外，当时大部分学术问题尚无定论，不成体系。所以，从纯学术的角度看，必然需要展开辩论。哈里发和王公大臣为了推动学术发展，亲自参加学术活动，发表意见，支持一派，反对一派。学者们为了博取恩宠和声誉，常常为每次辩论进行充分的准备。当时伊斯兰教法各派的分歧很大，意见派和圣训派之间的论战十分激烈。各个地区之间的争论如巴士拉人、库法人和汉志人之间的争论，巴格达人、叙利亚人和埃及人之间的争论，都很激烈。各地强烈的宗派情绪以及学术风格上的偏见等等，都为辩论之风火上加油。

教法方面的书籍和法学家的著作，为我们提供了大量的史料，介绍了马立克派和哈尼法派、教法学家和圣训学家、沙裴仪派和穆罕默德·本·哈桑派之间的多次论战。我们将在立法部分叙述其中的一些辩论。

有些语法书籍，为我们描述了语法学家、词法学家和语言学家之间的辩论情况。苏郁退的名著《相似和类比》中，有一章很有价值，题为“辩论、座谈、释疑、书信”。[①] 还有书记官伊本·恒扎伯的

① 苏郁退：《相似和类比》，第 3 卷，第 15 页。

专著《学者论坛》[1]等。

在这类例子中，还有语法学家西伯威和基萨伊两人在叶海亚·伯尔麦克座前进行的那场著名的辩论。即围绕着"我认为，蝎子比黄蜂蜇人更凶"这句话在语法表达的问题上进行辩论。我们感兴趣的是，这个传闻说明了当时的辩论风气。

基萨伊和耶吉迪当着迈赫迪（哈伦·拉希德）就一些语言问题辩论，当时迈赫迪离继承哈里发位仅差四个月。问题之一说："'巴林'和'侯苏奈伊'变化为形容词该怎么说？答案是'巴赫拉尼'和'侯苏尼'"；再如问题："'最好的部族扎耶德'这句话中'扎耶德'一词是宾格还是主格？"两人各执一词，只好去求教阿拉伯部落人。

一次，基萨伊和艾斯麦伊在一个牧人家里当着哈里发拉希德探讨诗文："杀害奥斯曼无耻至极，此罪世人皆唾弃"中"无耻至极"一词的具体含义，基萨伊说：该词来源于"禁止"，是说凶手被禁止朝觐。艾斯麦伊嘲笑这种解释，认为该词是指"不讲道义"，奥斯曼正在履行宗教功课，任何人都不能在此时杀害他。正如诗人阿迪所言：

他们趁黑夜无耻地杀害了波斯皇帝，
弃尸荒野不加遮盖便离开了那里。

拉希德支持了艾斯麦伊的说法，类似的例子很多。

《学者论坛》一书的作者还提到："基萨伊和艾斯麦伊经常与哈里发拉希德在一起，比肩而坐，同乘轿辇。"……

---

① 伊本·恒扎伯：《学者论坛》。

艾布·阿拔斯·艾哈迈德和伊本·埃厄拉比经常在艾哈迈德·本·赛义德·本·萨勒姆王子[①]的聚会上为一些诗文辩论得不可开交,这里汇聚了大批文化名人。

艾布·阿拔斯·塞阿拉布和穆拜莱德在呼罗珊总督穆罕默德·本·阿卜杜拉·塔希尔之处谈论《古兰经》"光明"章第63节中"真主确是认识你们中溜走者"[②]中"溜走"一词的含义。据此书称,塔希尔是一个对学问一丝不苟的人,常常将巴士拉和库法两派学者聚在一起辩论学术问题。

据说学者库迈特到清真寺参加周五聚礼,库法的学者和口传家纷纷聚拢过来,问个不停,其中有哈马德和忒尔马赫,直到问完了,才轮到库迈特问他们。

哈里发本人也举行辩论会。特别是麦蒙,他知识渊博,通晓多种学术,经常参加学术辩论。脱夫尔在《巴格达史》一书中对这类辩论多有记述。

例如,他说:麦蒙在巴格达住定后,曾下令为他物色一批教法学家、教义学家及学术界人士与之交谈。经过层层筛选,麦蒙从一百个候选者中只选中十人,其中包括艾哈迈德·本·艾比·杜瓦德和比什尔·麦里西[③]。此外,麦蒙还同一些文学家交谈讨论。侯赛因·本·达哈克便是其中的一个。[④]

看来,麦蒙召集这类辩论会,抱有更深的意图。他常有意挑起

① 萨勒姆,又译赛勒姆,智慧宫主管。

② 马坚译:《古兰经》,24:63。

③ 脱夫尔:《巴格达史》,第47页。

④ 同上书,第48页。

一些宗教问题，逐一听取各派意见和论证。然后便根据这些论证，对分歧之处加以剖析，以便通过辩论，达到消除分歧的目的。叶海亚·本·艾克苏姆说："麦蒙进入巴格达后，责令我召集巴格达知名的教法家和学者。我选了四十人。麦蒙召见了他们，提了许多问题，并详述了对圣训及其他学术问题的看法。这是一次专门研究宗教问题的座谈会。会后，麦蒙说：'艾布·穆罕默德，各教派讨厌这种讨论会。在真主庇佑和支持下，我希望我们的座谈会能促成各派对宗教最关心而又最有利于宗教的问题，有一个明确的认识，取得一致意见，使怀疑者都明白真相，坚定信念，心悦诚服；对固执己见者，晓以正义，使之心服。'[①]麦蒙想使座谈会成为一种学术集会，并有权讨论各种分歧，然后做出裁决。换句话说，麦蒙想使这种座谈会，成为进行争论的法庭，各方可以各抒己见。争辩人是学者，争论的内容是宗教问题。法庭一旦裁决，必须执行，有如对世俗问题的判决必须执行一样。争论的各方，对学术法庭的裁决都应服从。不能对法庭的裁决提出异议。

但是，麦蒙根本没有想到，宗教上的争论和学术上的辩论，远非他想象的那样简单。同一个论据，有的人信服，有的人不服。某个学者自认为自己的论点无懈可击，可是，另一位学者却又成功地使研究家们注意到他们本来未曾注意的另一种论点。在座谈会上做出的裁判，不可能让没有参加座谈会的人去执行。他们在宗教问题上发表意见、接受意见，以致论证某种意见时，比他们在世俗的司法事务上的自由大得多。麦蒙这一不成功的做法，使他自己

① 脱夫尔：《巴格达史》，第75页。

陷入了困境，他强迫人们接受《古兰经》是被造之物的观点，并对持异议者加以迫害。对此我们将在以后予以说明。

叶海亚·本·艾克苏姆看到了这个苗头。据说，麦蒙曾想撰写一文，攻击穆阿威叶，并当众宣读。叶海亚·本·艾克苏姆遂提出异议说：穆民的领袖啊！老百姓特别是呼罗珊人他们是不会同意的。如果他们反感，你就得不到安宁了。还是让人们自由选择，不要让他们看出，你赞成一派而反对另一派。这样做，政治上有好处，处理也较适当。但是，素玛迈·本·艾什莱斯不同意叶海亚的看法。他在麦蒙面前，贬低老百姓的作用。”①

总而言之，这种座谈会和辩论会，是促进当时学术发展的一个重要因素。它激励学者们研究和考虑问题，以便在讨论会上，能以研究精湛的专家、权威面目出现，而不致失败出丑，因为讨论会上的失败等于毁灭自己。因此，学者们对每次辩论，都深思熟虑，长期准备。教义学家阿卜杜勒·阿齐兹·迈基说：我和比什尔·麦里西在麦蒙前聚会，哈里发说：“你俩已一致否定了把真主人格化的说法，并批驳了伪造的圣训。现在，你俩谈谈信教和不信教的问题吧……迈基在讲过一大段话以后对比什尔说：还记得任何可以靠它鉴别类比中可靠之点与矛盾之点的根据吗？比什尔说：我没有别的可说了。迈基说：但是，我有。穆民的领袖呀！这是我足足准备了三十年的心血啊！”②

*　　*　　*

① 脱夫尔：《巴格达史》，第 91 页。

② 同上书，第 79 页。

重要的学术机构还有：

图书馆——阿拉伯人向岛外扩张前，后来成为伊斯兰世界的地区已经建立了众多的图书馆。如在亚历山大城就有一座著名的图书馆。后来有人指责阿拉伯人在征服亚历山大时，烧毁了这座图书馆。在这里，我们且不去考察这种指控是否可靠，我们要知道的是当初在亚历山大确有一座图书馆。这是毫无疑问的。

处在两河流域之间的古叙利亚约有五十所学校，教授古叙利亚和希腊文化。最著名的是鲁哈学校、京斯里学校和奈绥宾学校，这些学校都附设有图书馆。

我们前面已讲过波斯王科斯洛埃斯在君迪沙普尔建立了一所学校，教授医学及与之有关的哲学课。布罗克尔曼说："自亚历山大时代起，阿拉伯半岛和伊拉克就受到希腊文化的影响。在古叙利亚的教堂中，翻译的图书多得很，不仅有基督教的文学著作，而且还有学术泰斗亚里士多德、盖伦和柏拉图的译著。古叙利亚人在萨珊王朝时代就把希腊文化传到了波斯帝国……于是，希腊文化的种子，逐渐开花结果。到了阿拔斯时代，更是硕果累累了。古叙利亚人说，波斯人在进攻埃及和希腊时，带回了一些图书。"①

前面曾经提到，在木鹿有一座波斯书库。这座书库是波斯国王叶兹达吉尔带去的。伊本·奈迪姆讲述了下面一段话："艾布·麦阿希尔在《天文历表差异》一书中说，历代波斯国王均十分重视对学术的保护。为了使学术著作能永久保存，免受气候灾害的影

① 《大英百科全书》中"图书馆"条目。

响，他们建造了图书馆，并选用最坚固、最耐用、最能防腐和虫蛀的赫当克树的树皮写书。这种树皮人们叫做‘突兹’。印度人和中国人，以及一些有波斯人的国家，都向波斯人学习，效仿他们的榜样……由于多年以前这座图书馆的一隅倒塌，露出了干裂的泥拱门。人们从中发现了许多前人的著作。这些著作都是写在赫当克树皮上的。这些用古波斯文书写的著作，把前人的各种学问都保存下来了。”①

伊本·奈迪姆还说过：“我亲眼看见艾布·法德勒·本·阿米德在伊斯兰历四十几年，把许多希腊文书籍运到巴格达。这些书是在伊斯法罕发现的。这些书籍原先装箱藏在该地的城墙里，被著名学者叙利亚主教约翰等人挖掘出来了。”②

这些书，在倭马亚时代先后被译为阿拉伯文。我们知道哈立德·本·叶齐德·本·穆阿威叶令人翻译了其中的一部分，欧麦尔·阿卜杜·阿齐兹又令人翻译了一部分。③

此外，还有一些宗教书籍是学者们从阿拉伯人和宗教人士手中收集来的。据说，于伊斯兰历 70 年出生的艾布·阿慕尔收集的图书，堆满了整整一间屋子。后来，他出家隐居，将这些书付之一炬。但是，倭马亚时代的书籍数量并不多，不可能形成大规模的图书馆。到了阿拔斯时代，著书、译书的活动十分活跃，造纸业日益发展，随之便出现了抄书的风气，有了书商和书店。这些书店变成了文人学者们吸取知识、进行学术活动的场所。这样，图书馆就多

① 伊本·奈迪姆：《目录大全》，第 240 页。

② 同上书，第 141 页。

③ 参看《阿拉伯伊斯兰文化史》（黎明时期），第五篇第二章。——译者

起来了，储存了大批图书。

我们所知道的阿拔斯时代的大图书馆是“智慧宝库”或“智慧宫”。但是，奇怪的是这个“库”或“宫”，至今仍是谜团。考据家们只找到一些只鳞片爪的史料。它仅仅是个图书馆呢？还是既是图书馆，又是研究院和天文台？馆址何在？是拉希德建造的还是麦蒙建造的？它的组织机构如何？工作范围多大？这些问题都是难以回答的。至今我们尚未掌握能够作出明确回答的史料。

看来，“智慧宫”的建造人是哈里发拉希德。是他使之初具规模，后来，麦蒙加以发展和充实。据说，拉希德曾命约翰·本·玛斯威翻译了一批古代医书。这些书是拉希德在穆斯林攻占安卡拉和阿姆里亚等罗马属地时发现的。拉希德任命约翰为翻译总管，并给他配备了许多能干的书记官为他抄写。[①]

伊本·奈迪姆说得更清楚。他说，艾布·赛赫勒·法德勒·本·努卜哈特曾在拉希德的“智慧宫”里工作过。[②] 在另一处，他还提到阿拉乌·舒欧比曾在“智慧宫”为拉希德、麦蒙和伯尔麦克家族誊录抄写。[③]

由此，我们可以得出这样的结论：“智慧宫”出现在拉希德时代。有精通各种文化知识的文人学者在里面工作。如约翰·本·玛斯威是一位古叙利亚的基督教徒，精通希腊书籍的翻译。伊本·努卜哈特是一位波斯人。正如格夫退所说的：“伊本·努卜哈特将他找到的波斯哲理书籍全都译成了阿拉伯文。他依靠这批波

① 格夫迪：《哲学家传记》，第380页。

② 伊本·奈迪姆：《目录大全》，第284页。

③ 同上书，第105页。

斯著作，著书立说。”阿拉乌·舒欧比是一位波斯籍的传述家和谱录学家。拉希德时代的“智慧宫”，是一个藏书之所，有主事人及其助手，从事希腊文与波斯文书籍的抄写和翻译工作。

到了麦蒙时代，由于麦蒙对哲学和理性学科的兴趣极浓，“智慧宫”的工作范围随之扩大。伊本·奈迪姆说，当时麦蒙与东罗马国王有书信往来，麦蒙战败东罗马后，曾致书东罗马皇帝，要求获得一些藏在罗马的古书。东罗马皇帝起初不肯，后来同意了麦蒙的要求。于是，麦蒙便派哈贾吉·本·麦特尔、伊本·伯特里格和“智慧宫”主事赛勒姆等人前往君士坦丁堡挑选书籍。这批图书运回后，麦蒙命他们译成阿拉伯文。据说，约翰·本·玛斯威也是当时派往东罗马的成员之一。[①]

伊本·尼巴塔在提到赛赫勒·本·哈伦时曾说过：麦蒙任命他为“智慧宫”的书记官。[②] 书库中藏有从塞浦路斯运送给麦蒙的哲学书籍。麦蒙与塞浦路斯停战时，曾要求得到书库里的一批希腊文书籍。这批书存放在一栋无人居住的房里。……于是，塞浦路斯国王便把这批书送给了麦蒙。麦蒙得书后十分高兴，命赛赫勒·本·哈伦保管。[③]

由此可以推定，麦蒙曾派“智慧宫”主事赛勒姆等人往君士坦丁堡索取希腊文的医学、哲学书籍。众所周知，当时在君士坦丁堡确有一座建于公元 336 年的大图书馆。后来经过一些国王的充

① 伊本·奈迪姆：《目录大全》，第 243 页。

② 赛赫勒·本·哈伦：阿拉伯诗人，原籍波斯，多民族主义者，公元 830 年卒。——译者

③ 伊本·奈迪姆：《目录大全》，第 190 页。

实，该馆藏书达十万册之多。在罗马有些皇帝为了坚持其宗教主张，曾烧毁了一些教派观点不同的宗教书籍。尽管如此，后来又补充了新书，扩大了藏书。到了麦蒙时代，藏书最多。同时，还可以得出这样的结论："智慧宫"曾由赛勒姆和赛赫勒·本·哈伦两人经管。他俩也许是同时代人，在书库各管一部分，各司其职；也可能是先后经管书库。从伊本·尼巴塔的一段话来看，"智慧宫"有书库数座。每一批书，有一个书库。赛赫勒·本·哈伦经管由派往君士坦丁堡的代表团带回的那些图书。人们一般都认为，拉希德的书籍单独放在一座书库里。麦蒙的书籍单独放在另一书库。我们看到，伊本·奈迪姆有时用麦蒙的书库；有时又使用拉希德的书库。[①]

至于书库的名称，学者们有时称为"智慧之宫"，如伊本·奈迪姆和格夫退就是这么称呼的；有时又叫做"智慧宝库"，如雅古特就是这样叫的。仓库一词，顾名思义，是存放东西的地方。《古兰经》中有这样的经文："每一种事物，我这里都有其仓库。""我不对你们说：我有真主的一切宝藏。"[②]于是，人们就用书库一词表示存放图书的地方。阿拔斯时代的库房一词，指的就是这个意思。据说，查希兹打算把西伯威的语法书送给哈里发穆阿台绥姆的首相时，首相伊本·齐亚德对他说：你以为我们书库里没有这本书吗？查希兹说：我不是这个意思。但这本书是由法拉抄写、基萨伊校对，查希兹——即他自己——润色的。于是首相收下了该书。[②]

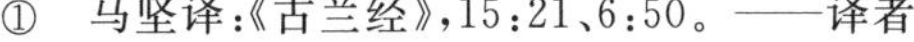

① 马坚译：《古兰经》，15：21、6：50。——译者

② 伊本·赫里康：《人物传记》，第1卷，第549页。

“家”这个词,有时指住宅或店铺,有时用于商场或公共场所。

阿拔斯时代,用于国库、书库,也可以称之为智慧之家。智慧一词实为哲学的同义词。因此,人们将存放这批书的地方,称之为智慧之库、智慧之家,其道理是显而易见的。因为这批书,大部或全部,都是外国哲学书籍的译本,而非宗教书籍,其中不乏古书和珍本书。伊本·奈迪姆说,他曾在麦蒙的书库里缮写过埃塞俄比亚书法。

有些人夸大其词,把智慧之家说成是一所附设图书馆和天文台的大学,但我们手头没有任何材料支持这种说法。目前只能说它是一座图书馆,而且很可能是一座附属于哈里发王宫的图书馆,在宫内而不是在宫外。因为在巴格达城的规划图中,没有提到这座图书馆。但是,哈里发们在宫内建图书馆早已成为惯例。如科尔多瓦宫中,就有一座图书馆。法蒂玛王朝的阿齐兹·比拉的宫内,也有一座图书馆[①]。前面,我们已引用过麦格里基的话,他说,哈里发穆阿台迪达·比拉想扩大王宫建筑面积。关于这件事,伊本·安巴里在《文学家传》一书中的叙述,也许更贴切一些。他说:麦蒙曾命法拉将其收集的语法规则和阿拉伯人的语言著书成册,为此下令为他专拨一间房子,并派使女和仆从侍候,使他心无牵挂……此外,还有人专门为他抄写,有人做他的书记和管账。抄书者无所不抄,甚至语法论文都一一誊写清楚。写成之后,麦蒙便命人将书存入库后,法拉才离去。[②]

---

① 麦格里基:《埃及志》,第 1 卷,第 408 页。

② 伊本·安巴里:《文学家传》,第 127、166 页。

这座图书馆用以从事抄写和翻译。阿拉乌·舒欧从事抄写，而约翰·本·玛斯威和伊本·努卜哈特则从事翻译。这座图书馆中，有总管和助理，有馆长和助手，还有负责装订的人。伊本·奈迪姆说：伊本·艾比·哈里什曾在麦蒙的“智慧书库”中做过装订工作。[①] 以上这些，就是我们从手头掌握的材料中了解的全部情况。

这座图书馆的历史一直延续到伊本·奈迪姆的时代。伊本·奈迪姆提到过这座图书馆，他对临摹埃塞俄比亚书法的记述便是证明。伊本·奈迪姆的书写于伊斯兰历377年。另外，在以一个使女的口吻写的《恕罪书》中有这样一段话：“阿里·本·曼苏尔，你知道我是谁吗？我是陶菲克·苏达伊，在艾布·曼苏尔·穆罕默德·本·阿里任司库时，我曾在巴格达知识之家服务，我的工作是把书送到抄书人的手里。”[②]这个知识之家，是否就是智慧之家呢？

《伊斯兰百科全书》写道：第一座大众图书馆就是麦蒙在巴格达建立的智慧之家。它收集来自拜占庭帝国的希腊图书，并把它译成了阿拉伯文。图书馆藏有阿拉伯人当时所从事的各种学科的图书。该图书馆一直存在到伊斯兰教历656年蒙古人攻占巴格达时为止。[③]

*　　*　　*

一些有钱的学者、文人效仿哈里发和王公大臣的做法，设立私人图书馆。塞阿莱卜说：“我见易斯哈格·摩苏里有书千册，记录

① 伊本·奈迪姆：《目录大全》，第10页。

② 《恕罪书》，第73页。

③ 这一年即公元1258年，蒙古人攻陷巴格达城。——译者

了各地阿拉伯人的方言，且都可吟唱。”[1]伊本·艾比·俄赛邑巴说：穆萨·本·沙克里的两个孩子穆罕默德和艾哈迈德，加害饱学之士。……致使哲学家肯迪受到哈里发穆台瓦科勒的责打。二人奔至肯迪家中，将藏书全部掠走，存放一处，名曰：“肯迪书库”。[2]

据我看，当时的教育，尚未分阶段进行。既无启蒙教育即初等教育，亦无中等教育。当时的教育，开始时在私塾或在家中请家庭教师，最后，在清真寺有各种讲座。求学者能坚持到底者为数极少。大部分人中途辍学，有的甚至只能学到四分之一的学程。有些人在私塾学习读书写字，背记一些简短的《古兰经》经文，了解一些宗教事务。以后便去从事工商。有些人，则追随学者学习知识，从一个老师转到另一个老师，甚至从一个国家转到另一个国家，直至完成学业、自己设座讲学为止。

当时，并没有全国遵循的教育大纲，有的私塾，只教读书写字和《古兰经》。私塾里的教员，有时也教语言、语法和诗歌。清真寺的学者，更是各行其是。意见派的法学家多用演绎和推理法，即使对莫须有之事，也给以假设，加以分析。圣训派人，则反其道而行之。大的清真寺里，设有各种学术讲座。有教法讲座，有语法学讲座，有初级班，有念诗班，有历史学，有圣训学等。学员可以自己选择，跟随某位学者学完后，再改学其他学科或另求他师。专攻教义学的人，听了某人的劝告，可以去做一个教法学家，如此等等。

原因就是教育自由化。国家不花分文，除了哈里发、王公大臣

---

① 伊本·赫里康：《人物传记》，第1卷，第92页。

② 伊本·艾比·俄赛邑巴：《医学家传记》，第1卷，第207页。

及富贾大户，给有关的文人学者以赠予外，没有专门的教育经费。反过来，国家也无权干预教育大纲的制定，无权监督教师的工作。除非有人被控为不虔诚、叛教，国家才加以干涉。学员和教员，各尽其职，费用自理。有的学员交纳学费。如传说穆拜莱德就是收学费的。祖查吉曾说过：我想学语法，就拜穆拜莱德为师。他是按学员的财力收费的。穆拜莱德对我说：你干什么行业？我说：切镟玻璃，每天收入一个迪尔汗和两个达尼克，或一个半迪尔汗。[①] 我每日给你一个迪尔汗，望多多教诲。以后，不管我学不学，保证每日给你一个迪尔汗。后来，我便跟他学习，为他干活，并付给他钱，他教我知识，直到我学成自立。这时，索拉特的马兹迈族人写信给穆拜莱德，请他派一教师，教他们孩子学习语法。于是，我对穆说：让我去吧！穆便推荐我去。我赴索拉特教书后，每月仍给他寄三十个迪尔汗。后来，我还酌量多付了一些。[②]

也许有的教师是为施舍、行善而施教。教宗教学科的教师大都是这样。如圣训学家兼法学家伊卜拉欣·哈尔比说过："我生平只有一次教授知识时，收取了学费。那次我遇见一个卖菜的小贩，买了一个吉拉特的菜，但我差一菲勒斯。于是，小贩问了我一个问题，我回答了。小贩便对小伙计说：给他称一个吉拉特的菜，不得少给。结果，小伙计又给我称了一个菲勒斯的菜。"[③]

当然，教师也有义务教学，另有谋财之路。如艾布·哈尼法原

① 一个达尼克等于六分之一个迪尔汗。——译者

② 雅古特：《文学家传记》，第1卷，第47页。

③ 同上书，第40页。——作者。吉拉特，钱币。一个吉拉特等于十六分之一迪尔汗。菲勒斯，钱币的最小单位，约值半分。——译者

是一个布商，同时，又在清真寺里教书。

同样，当时的教育大门是为每个愿意受教育者敞开的。只要缴得起学费并有饭吃，就能求学。因此，当时的穷苦人中，出了许多文人、学者。如艾布·阿塔希叶曾是一个陶瓷工。艾布·泰玛姆曾在埃及阿慕尔清真寺里给人送水。法官艾布·优素福小时候是一个漂布工人，后来跑去听艾布·哈尼法的课。这类例子很多。

当时，对完成学业、经过考试的人，也没有什么学位。所谓考试，就是听听考生周围的学者和学生对考生的意见。谁觉得自己能设座讲学，就设座讲学。但要受到学者的质问并要进行答辩。这就保证了学者不会是些不学无术之徒。瓦绥勒·伊脱邑与哈桑·巴士里发生意见分歧后，便不去听哈桑的课，而自己设座讲学了。他觉得自己有能力开课授业。艾布·优素福也曾设座讲学，后来有人问了他一个教法问题，他回答不了，便重新听艾布·哈尼法的课。[①] 对于这种制度的利弊，让教育家们去评论吧。

至于教学大纲，则因学生学习目的的不同而有差异。培养书记官的教学大纲不同于培养圣训学家的教学大纲。医学或哲学家的大纲当然又不一样。书记官阿卜杜·哈米德培养书记官的教学大纲是，先学习《古兰经》和礼仪，要求精通书法，善于朗诵诗，了解阿拉伯人和其他民族的战争和历史，并且要学习算术。从查希兹对书记官的批评说明，他们的教学大纲包括背记警句、箴言，熟知学术上的趣事逸闻，了解布祖尔·基姆海尔的格言，通晓艾尔德希尔的践约和阿卜杜·哈米德的书信、伊本·穆加发的文学，阅读马

① 克尔德里:《艾布·哈尼法的功绩》。

兹德教的经书和“印度寓言”的哲理箴言。

拉希德为其子爱敏制定的教学大纲，则要求基萨伊教给爱敏最纯洁的诗句、讲述圣训中的美德以及波斯和印度的文学。

哈桑·本·赛赫勒说：文学家的教学大纲要求文学家精通琴、棋，并能打曲棍球，会作诗，懂得谱录学和历史，对医学、几何学和骑术也要有所了解，还要学会夜谈和演讲。

从许多学者的传记中，我们发现他们均先上私塾，然后根据各自的爱好去听讲座；有的学诗，有的学圣训和经注学，有的学教义学。更多的人兼收并蓄，各科都学。跟某学者学完后，再向另一位学者求教。由此可见，当时的教学大纲，五花八门，完全由学生自己选择，由教员自行安排。

学者旅行——这里研究的是学者们在地区之间、国家之间的旅行和迁徙。为了求学，他们不畏艰险，饱受磨难。艾布·达尔达对此有一段精彩的描述。他说：我若遇到一段难懂的《古兰经》经文，只要有人能给指点，哪怕他远在天边，我也要马上去找他。[①]

贾比尔·本·阿卜杜拉听说某人有一段直传弟子传述的圣训，便买了一头骆驼，打点好行李，跋山涉水一个月，赶到叙利亚去听这段圣训。[②] 布斯尔·本·欧拜德拉也说：哪怕仅仅为了一段圣训，我也要远走他乡而求之。[③] 麦斯鲁格和艾布·赛德往往为

① 原文引用圣训中的一段话：萨阿德和穆格达德对穆圣说：大海挡路闯大海，远在也门也奔往。其中也门只提到一个不出名的地方。意即远在天边。

② 《学术释明集》，第1卷，第93页。

③ 同上书，第45页。

了弄清一个字母而长途跋涉。[①] 沙耳比说:若有人为听一句格言,从叙利亚之北跑到也门之南,我不认为他是得不偿失。[②]

就这样,语言学家跑到沙漠中游牧人居住的地方收集语言和文学素材。圣经学家云游四方去收集圣训。文学家们为了向各地文学家求教学艺,他们的足迹遍及伊斯兰国家。学哲学的人跑到君士坦丁堡等地寻找希腊书籍以便进行翻译。——各门学科的情况无不如此。

哈利勒·本·艾哈迈德、艾布·阿慕尔、艾布·宰德·安萨里、艾斯马尔和基萨伊等人,都曾去沙漠听游牧人谈话和讲故事,并作了记录。

圣训学家是旅行最多、吃苦最大的人。这是因为圣门弟子在传播伊斯兰教时期,分散到了各地,有的定居波斯,有的定居伊拉克,有的定居埃及或叙利亚,有的远到马格里布。他们都保存着一些圣训,并且传给了其他再传弟子和三传弟子们。每个地方都有些不为其他地方所知的圣训。于是,圣训学家便奔走四方,向当地人学习圣训,并把各地的圣训收集起来。其宗教热情,使他们排除万难、化险为夷。例如,出身于柏柏尔人、长在安德鲁斯的叶海亚·本·叶海亚·赖易斯,二十八岁便远行到西亚地区。他在麦地那听马立克讲《穆宛脱圣训实录》;在麦加听了苏福扬的讲学。到了埃及,他又听了赖易斯·本·赛阿德、阿卜杜拉·本·瓦哈布和阿卜杜·拉赫曼·本·戈西姆等人的课。[③] 圣训实录的作者穆

① 《学术释明集》,第 1 卷,第 44 页。

② 同上书,第 95 页。

③ 伊本·赫里康:《人物传记》,第 2 卷,第 321 页。

斯里姆·本·哈查吉原居尼沙浦尔，后遍游汉志、伊拉克、叙利亚和埃及等地，最后死于尼沙浦尔。[①] 另一位圣训实录的作者布哈里，为学得圣训，游遍了圣训学家云集的地区，并在呼罗珊、吉巴里、伊拉克、汉志、叙利亚和埃及等地从事著述。后来到巴格达，受到当地人的欢迎。[②]

哲学方面，麦蒙派人前往君士坦丁堡取回希腊著作，并译成了阿拉伯文。另有人说，麦蒙还派人去过西西里岛和塞浦路斯。

如前所述，胡奈尼·本·易斯哈格赴罗马学会了希腊语，回到巴士拉，周游了伊拉克各地。他还长途跋涉，去叙利亚和亚历山大收集珍本。

雅古特说：艾布·赛德·艾哈迈德·本·赛赫勒年轻时，离开巴尔赫，赴伊拉克，向该地学者求教，后又徒步去麦加朝圣。他在外度过了八个春秋，足迹遍及邻近各地，会晤了达官显贵及各界名流，并拜艾布·优素福·叶尔孤卜·本·易斯哈格为师，学得了各种学问，深攻哲学，涉猎星象、天文，研究了宗教原旨。他在医学和物理方面的造诣也是出类拔萃的。[③]

这类例子，举不胜举。当时，学者们在伊斯兰帝国各地旅行，好像是棋子在棋盘上移动，十分方便。今天你在阿拉伯东方见到的学者，明天，突然在西方的安德鲁斯出现了。不久，又跑到了伊拉克。今天还在伊拉克，转眼间又到了埃及、到了叙利亚。贫困不能阻，艰险不能移，沙漠的酷热，大海的惊涛，他们都视之坦途。因

① 伊本·赫里康：《人物传记》，第 2 卷，第 133 页。

② 同上书，第 1 卷，第 649 页。

③ 雅古特：《文学家传记》，第 1 卷，第 145 页。

为在他们心中已深深扎下了求知即是圣战的信念。为求知而死，就是为宗教献身。以致在许多人眼中，学问就是生活的目的，而不是手段。不管结果是富是穷，也要去追求。不管是生是死，也要去满足其求知的乐趣。艾布·阿慕尔说：有人问过门才尔·本·瓦绥勒：你对文学的兴趣如何？门才尔说：只要我听到一个未曾听到过的字，我的全身就像长了耳朵，乐不可言。又有人问道：你怎样求得知识呢？答：像失去孩子的母亲寻找其独生子那样。又有人问道：你怎样珍惜它呢？答：像一个食不果腹的饿汉珍惜他的钱财一样。[①]

① 雅古特：《文学家传记》，第1卷，第19页。

第三章　学术活动的中心

本书第一册《阿拉伯伊斯兰文化史》(黎明时期),已经叙述了从伊斯兰教初期到倭马亚王朝后期各地学术活动的产生和演变。[①] 那时最重要的学术活动中心是汉志(麦加和麦地那)、伊拉克(巴士拉和库法)、叙利亚和埃及。继而简略地探讨了各地学术活动的情况和学者的情况,研究了各地学术、艺术生活的各个方面。到了阿拔斯时代,上述地区仍然是当时学术活动的中心,并且增加了哈里发曼苏尔在伊拉克建造的新城巴格达和倭马亚人占领后发展起来的重要的文化中心安德鲁斯。现在,我们继续叙述这些地区的学术活动情况。安德鲁斯的情况以后专门讲述。[②]

希贾兹(汉志):麦加和麦地那在阿拔斯时代的学术活动,仍像倭马亚时代一样。两地的学术活动仍以圣训和教法而著称,其依据是《古兰经》和圣训。

在麦加,学术一代一代往下传授。麦加的直传弟子中,杰出的学者如穆加赫德·本·杰伯尔和伊脱邑·本·艾比·拉巴哈等人。其后一批人中著名者有阿慕尔·本·迪纳尔,他是一位圣训

① 参看《阿拉伯伊斯兰文化史》(黎明时期),第六篇“宗教学活动”。

② 此处我们仅略述各地的学术活动情况。详情留待以后论及各门学术时再说。

学权威，收集了许多圣训，是麦加的教法权威。他既是教法学家，又是圣训学家，卒于伊斯兰历126年。接替他在麦加担任穆夫梯的是阿卜杜拉·本·艾比·奈吉哈。此人卒于伊斯兰历132年。继这批学者之后，便是阿拔斯时代的学者了，其中最著名的是阿卜杜·麦立克·本·阿卜杜·阿齐兹·本·久莱吉。他是罗马人，收集了很多圣训。瓦格底讽刺他道：阿卜杜·麦立克曾请艾布·伯克尔·本·艾比·赛卜拉把圣训写给他。艾布·伯克尔便给他写了一千段圣训，寄给了他，而没有读给他听。但他事后却说：艾布·伯克尔对我们讲了这些圣训。[①] 阿卜杜·迈立克是最早收集圣训的学者之一，也有人说他是第一个搜集圣训的人。不管怎么说，阿卜杜·麦立克是麦加学派的知名人士。奥查尔、苏福扬·绍里、苏福扬·本·欧叶奈等许多人都曾受教于他的门下。他卒于伊斯兰历150年。[②]

继之出现的一代新人中，苏福扬·本·欧叶奈是一位著名的圣训学家。他原籍库法，后来移居麦加。他于伊斯兰历198年卒于麦加。沙斐仪、艾哈迈德·本·罕百里、穆罕默德·本·易斯哈格和法官叶海亚·本·艾克苏姆等人都向他学习过。沙斐仪说过：倘若没有马立克和苏福扬·本·欧叶奈两人，汉志的学术就不存在了。苏福扬收集的圣训多达七千段。

与苏福扬同时代的人中，有一位著名的苦行者，名叫福代勒·本·尔亚德。他祖居艾比吾尔德，后迁至库法，最后定居麦加，外

① 伊本·赛德：《人物传记》，第5卷，第361页。

② 关于两圣城的学者的情况，依据是伊本·赛德的《人物传记》、伊本·赫里康的《人物传记》及伊本·哈哲尔的《训导录》和《训导录概论》。

号圣地长老，于伊斯兰历 187 年卒。他收集的圣训很多，弟子甚众。

麦地那派的学术活动也同样在发展。我们在本书《阿拉伯伊斯兰文化史》(黎明时期)中提到了一些学者。后来，又出现了勒比尔·赖伊。他是麦地那人中的教法学家。他常坐在清真寺内，四周均是当地的显贵名流向他求教。赖易斯·本·赛阿德和叶海亚·本·赛德·格唐都曾向他求教。勒比尔最著名的弟子是马立克·本·艾奈斯。马立克说过：勒比尔一死，教法学便失去了它的光辉。勒比尔卒于伊斯兰历 136 年。

勒比尔死后，马立克·本·艾奈斯便成为麦地那学术界的泰斗。关于马立克派的情况，将在立法章里加以说明。

当时，在麦地那的众学者当中，出现了一位具有另外一种学术倾向的学者，即历史学家之父穆罕默德·本·欧麦尔·瓦格迪。他通晓穆圣的传记和伊斯兰征战史，了解人们在圣训和法学方面的分歧。他在这方面写了很多被认为是历史学基础的著作。——哈里发拉希德访问麦地那时，曾向他请教，了解城中伊斯兰文化古迹和名胜。他与拉希德和伯尔麦克人有这种关系，后来迁居伊拉克。

总而言之，汉志地区麦加学派和麦地那学派，是圣训学及在圣训学基础上发展起来的教法学、历史学、传记学的主要发源地。这是很自然的。因为，麦加是先知的故乡，麦地那是先知迁徙之地。从这两地成长了一代直传弟子，包括迁士和辅士。他们与先知生活在同一个时代，跟他有过直接的交谈。他们所传述的先知的言行，经过再传弟子，一代一代地流传下来。

经常不断的朝觐活动,更促进了整个伊斯兰世界和麦加、麦地那两地学者的联系。人们利用这个机会,与两地的学者聚会,进行学术交流,了解先知的言行,然后,带着学到的知识,回到各地,逐渐传开。圣训学家和历史学家的传记都证明了这一点。

*　　　*　　　*

倭马亚王朝时代,汉志的音乐和说书活动早已名扬四方。其原因我们在《阿拉伯伊斯兰文化史》(黎明时期)中已经阐述过了。这种情况一直延续到阿拔斯王朝初期。过去一直是汉志向伊拉克输送歌手。《诗歌集》一书的作者告诉我们:艾哈迈德·本·赛达格的父亲原是汉志的歌手。后来投奔了拉希德。① 伊拉克著名的女歌手达娜尼尔,原籍麦地那。② 叶海亚·麦基也是一位歌手。他是汉志人,③迈赫迪登基时去到巴格达。歌手伊本·加米阿是麦加古莱氏人。④ 叶齐德·豪拉原是麦地那的歌手,迈赫迪登基后,曾为他演唱。⑤

但是,据我看来,汉志的文艺盛况,到了阿拔斯王朝便明显地衰落下来了。阿拔斯王朝初期来到伊拉克的艺术家们,只不过是倭马亚时代艺术繁荣的余波而已。造成这种状况的原因很多,我认为主要是:

(1) 汉志人追随穆罕默德·本·阿卜杜拉·本·哈桑叛离哈

① 艾布·法拉吉:《诗歌集》,第 19 卷,第 138 页。
② 同上书,第 16 卷,第 137 页。
③ 同上书,第 6 卷,第 18 页。
④ 同上书,第 6 卷,第 80 页。
⑤ 同上书,第 3 卷,第 73 页。

里发曼苏尔，结果遭到失败。穆罕默德·本·阿卜杜拉本人被杀。曼苏尔严厉地惩罚了汉志人，断绝了他们的财路，使之陷于贫困之中。而贫困，无疑会损害、摧残艺术和艺术家。纵然圣训学和教法学未受到很大影响，但音乐却受到很大影响，这是十分自然的。因为不管人们多么贫穷，多么忍饥挨饿，怀着宗教的动机，还是会使人们去追求宗教知识的。但音乐则不然，它是一种奢侈和享乐。贫困会窒息音乐，饥饿更会使音乐毁灭。《诗歌集》里有这样一段话："迈赫迪当上哈里发到麦加朝觐时，在古莱氏人、辅士和平民中，慷慨施舍，使他们得到许多赏赐，他们的境况才有所好转。迈赫迪父亲在位时，他们由于追随穆罕默德·本·阿卜杜拉·本·哈桑进行叛乱，因而受尽了磨难。"[1]

（2）另一个原因，正如我们阐明的那样，倭马亚王朝是阿拉伯人主宰的王朝，哈里发的权位全在倭马亚家族手中，古莱氏人中的青年人跑去寻欢作乐，过着骄奢淫逸的生活。倭马亚人为了防止他们生事作乱，使其不问政治，便广舍钱财，助长了这种贪图安逸、纸醉金迷的倾向。阿拔斯人上台后，金钱、财富、高位都落到了波斯人手里，帝国的京都迁移到了伊拉克。这样，阿拉伯人和阿拉伯半岛的价值便随之大减。阿拉伯士兵在军队中的人数很少。在哈里发的面前，阿拉伯人不像波斯人那样受宠。诸如宰相之类的高官显爵都被波斯人把持。阿拉伯人的地位一落千丈。所有这些，都使流向阿拉伯半岛的金钱越来越少。阿拉伯人的重要性和他们在哈里发眼中的地位日渐降低。于是，艺术便大受影响，艺术活动

---

① 艾布·法拉吉：《诗歌集》，第2卷，第94页。

的中心终于从阿拉伯半岛转到了伊拉克。因为伊拉克国库充盈，生活富足。

实际上，我们看到阿拔斯时代的阿拉伯半岛，已经开始向其原来的游牧状态倒退，与其他地区的政治、社会联系减少，因而，其财政收入锐减，艺术濒临毁灭。只有宗教，依靠真主得以生存。人们的信仰，总是越穷越虔诚，越穷越希望得到真主的恩泽。

伊拉克：伊拉克确实是阿拔斯时代最重要的思想生活的中心。从经注学、圣训学和教法学到语言、语法和词法学；从对哲学著作的翻译、理解和评论到教义学的各派学说；医学、数学、音乐、雕刻和绘画所有这些学科和艺术的著述，其中心都在伊拉克。我们在前面已经指出其前因后果了。[①]

麦格迪希在《伊拉克地志》一书中指出："伊拉克风景宜人，山清水秀，是文人雅士的故乡，学者名人的泉源，又是阿拔斯王朝历代哈里发的国都。它培育了法学家的鼻祖艾布·哈尼法，读经人的泰斗苏福扬以及艾布·欧拜德、法拉、艾布·阿慕尔、哈姆扎和基萨伊等法学家、诵经者、文人学士、智者贤人、隐士等各路精英……誉满世界的巴士拉、举世称赞的巴格达以及雄伟壮丽的库法和萨迈拉不都在伊拉克境内吗？"[②]

倭马亚时代伊拉克最重要的学术中心是巴士拉城和库法城，两地的竞争非常激烈。到了阿拔斯时代，这种竞争仍未停止，而且还增加了新的竞争对手，这就是哈里发曼苏尔修建的名城巴格达。

---

① 参看《阿拉伯伊斯兰文化史》（黎明时期）有关部分及本册第一章。——译者

② 《全国各地区最好的分类》，第113页。

由于学术活动的发展，三城的学术竞争，较倭马亚时代尤甚。三城的学者们，无论在语法、词法、语言学方面，还是在文学、教义学等学术领域内，地域观念和宗派意识均十分强烈。巴士拉人艾布·阿慕尔·本·阿拉对库法人说："你们有奈伯特人的骄矜和傲慢，我们有波斯人的智慧和深沉。"[1]在阿拔斯时代，巴士拉人和库法人常常相互夸耀争荣。也许伊本·法吉在其《地志》一书中的描述最能说明问题。地理、历史、学术都是他们引以为荣、相互夸耀的范围。他们当着哈里发的面，或在王公大臣的家里，进行辩论。例如在哈里发赛发哈座前[2]和叶基德·本·欧麦尔·本·胡贝尔家中[3]，曾进行过辩论。此外，他们还在私人聚会上，[4]在自己的著作中和文章里进行辩论。让我们在这里简要地谈一下巴士拉和库法两地相互夸耀的主要内容吧：

库法人引以自豪的是：它的士兵在反对波斯战争的初期，贡献最大，为驱逐波斯国王和消灭波斯王国起了很大的作用。在骆驼战役中，库法人以九千之众援助了阿里·本·艾比·塔里布。库法培育了来自泰米姆族的名人穆罕默德·欧麦尔·本·欧塔里德和德高望重的直传弟子、哈里发欧麦尔时代穆斯林军队的统帅努阿曼·本·穆加林，以及率领巴士拉人与麦斯阿布·本·祖白尔

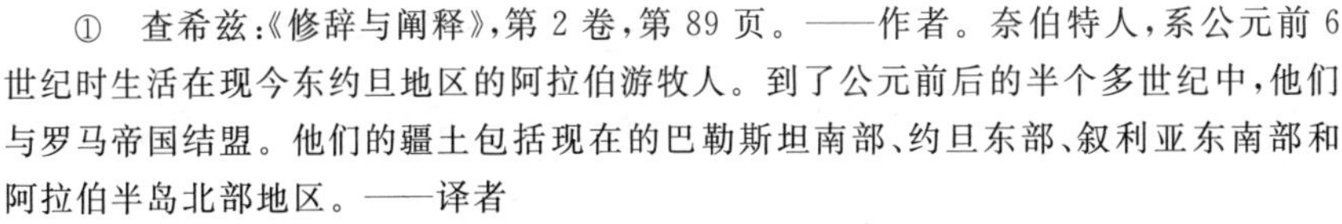

① 查希兹：《修辞与阐释》，第 2 卷，第 89 页。——作者。奈伯特人，系公元前 6 世纪时生活在现今东约旦地区的阿拉伯游牧人。到了公元前后的半个多世纪中，他们与罗马帝国结盟。他们的疆土包括现在的巴勒斯坦南部、约旦东部、叙利亚东南部和阿拉伯半岛北部地区。——译者

② 伊本·法吉：《地志》，第 167 页。

③ 同上书，第 175 页。

④ 伊本·古太白：《史事泉源》，第 1 卷，第 217、308 页。

一起攻打穆赫塔尔的大将、泰米姆族人舍卜斯·本·里卜伊。库法人还夸耀说：阿里·本·艾比·塔利卜是靠他们的支持才站住脚的。他们说：阿卜杜拉·本·麦斯欧德是他们的宣礼员和教师，舒莱哈是他们的法官。约有七十名直传弟子住在库法城。库法的再传弟子中也出了不少学者志士。他们是乌韦斯·格尔尼、赖比尔·本·海赛姆、艾斯沃德·本·叶基德、阿勒格麦、麦斯鲁格、赛德·本·朱贝尔等人。熟记《古兰经》的法学家和圣训学家阿米尔·本·雪拉赫里·沙耳比也是库法人。他通晓阿拉伯征战史，熟悉天课的教义以及奇闻轶事和诗歌。库法有阿拉伯的四大骑士，即阿慕尔、阿拔斯、突莱哈和艾布·米哈坚。在卡迪西亚战役中，库法人是大将赛阿德·本·艾比·宛葛斯的将士。在骆驼战役、绥芬战役和奈哈宛德战役中，库法人更是冲锋陷阵之人。他们之中有艾什特尔·奈赫伊、阿尔瓦·本·宰德、阿卜杜拉·赫曼等猛将和诗人。库法人指责巴士拉人在骆驼战役中反对阿里，甚至把巴士拉在伊拉克的地位比作人体中积纳排泄物的膀胱。

库法人还以其土地肥沃、地理位置优越夸耀于巴士拉人。他们说："库法居于叙利亚之南，无严寒；位于巴士拉之北，无酷热。该地属大陆海洋性气候，河水清甜，草地肥沃。北来的季风，持续一月，带来了樟脑的芳香；南来的季风，带来了伊拉克南部的热风和玫瑰、茉莉的芬芳，以及佛手柑的馨香。"[①]巴士拉人艾哈奈弗·本·盖斯说："库法人住的是科斯拉·本·霍尔姆兹的宅邸，四周庭院环绕，流水潺潺，树果累累，鲜嫩无比，而我们却居住在沙漠荒

---

① 伊本·法吉：《地志》，第164页。

丘之中。一边是荒凉的不毛之地，一边是白茫茫的盐碱，土地潮湿，寸草不生，得到的只是些类似鸵鸟吃的食物。”①

库法人引以自豪的还有它那宏伟的清真寺和毗邻该城的幼发拉底河。

巴士拉人也竞相夸耀。他们为有一批库法无法比拟的杰出的学者而感到骄傲。如艾哈努弗·本·盖斯(巴士拉特米姆族的领袖)、哈克姆·本·贾鲁德(巴士拉阿卜杜·盖斯族的领袖)和马立克·本·米斯迈尔(巴士拉伯克尔族的领袖)以及古太白·本·穆斯林姆(巴士拉盖斯族的领袖)。此外，穆圣的仆人艾奈斯·本·马立克、再传弟子的首领哈桑·巴士里和伊本·西林也都是巴士拉人引以为荣的学者。他们谴责库法人追随穆赫塔尔直至巴士拉人将他当众处死方休，还谴责库法人背弃阿里之子侯赛因，使他惨遭杀害。

巴士拉人还为其“人多财广、对君王最驯服、对伊斯兰的礼仪最精通”而自豪。

他们引以为荣的，还有蒙昧时代奥卡兹式的集市“米尔拜德”。该地对于巴士拉人的思想生活，特别是他们的语言影响极大。“米尔拜德”位于巴士拉西郊，处于沙漠的边缘，与该市相距约三英里。阿拉伯人把集市设在这个地方，不进城就能把事情办妥，买到必需的商品。——伊斯兰时代的“米尔拜德”是蒙昧时代的奥卡兹的标准模式——各地的阿拉伯人到该地聚会、赛诗和做买卖。

在四大哈里发时代和倭马亚时代，“米尔拜德”一直是政治、文

① 伊本·法吉:《地志》,第166页。

化中心。穆民之母阿绮莎在奥斯曼被杀后，曾到此鼓动人们反对阿里，为奥斯曼报仇。“米尔拜德”还是大诗人杰里尔、费勒兹德格、艾赫脱勒赛诗的场所，最好的讽刺诗就产生在这里。当时，这些诗人，各有各的诗坛。人们围成圆圈，听他们诵诗。《诗歌集》里说：“牧驼人[①]和费勒兹德格两人的诗坛设在巴士拉‘米尔拜德’集市的最高处。”[②]

到了阿拔斯时代，“米尔拜德”集市依然存在，但其作用较之倭马亚时代已截然不同了。在阿拔斯时代，由于波斯人得势，部落的宗派观念已逐渐淡薄。全体阿拉伯人，无论是南方的阿德南人，还是北方的葛哈唐人，都感到整个民族面临着难于抗拒的危险。波斯人的势力日益增大，以致压倒了阿拉伯人。巴士拉等城镇中的居民开始过着更加接近波斯式的社会生活。哈里发和王公大臣对于诗人们的赛诗已无多大兴趣。学术更加繁荣，而文学和诗歌却相形见绌。信奉伊斯兰教的释奴，在使用阿拉伯语时，错误百出，严重影响了阿拉伯人语言的规范性。为了与这种新的社会生活相适应，“米尔拜德”开始发挥新的作用。

诗人们去“米尔拜德”，不再相互嘲讽，而是从沙漠游牧人那里汲取诗的灵感，模仿他们的语言。拜沙尔和艾布·努瓦斯等诗人去“米尔拜德”，语言学家也去，记下他们从当地人那儿听到的言谈话语。语言学家高利在《演讲集》中，引述艾斯马伊的话说：“我去找艾布·阿慕尔·本·阿拉。他见我便问：艾斯马伊，你从何而

① 牧驼人系倭马亚时代诗人艾布·兼德勒·尼迈里的绰号，因其擅长描写骆驼而得名。他因欣赏费勒兹德格的诗而受到杰里尔的攻击。——译者

② 艾布·法拉吉：《诗歌集》，第7卷，第49页。

来？我说：从'米尔拜德'来。他说：把你学到的东西告诉我吧。于是，我便把记录的材料读给他听。其中有六个他不知道的虚词。听罢，他便往外跑。他边跑边说：'我得宝了'，即'我服输了'"。①

语法学家们去"米尔拜德"听人们谈话，修改他们制定的语法，争取人们的支持。这样，巴士拉派和库法派在语法学上的分歧更大了，宗派情绪也更加强烈。巴士拉派最重要的支柱就是"米尔拜德"集市。在语法学家的传说中，我们发现很多人都曾去那里，向当地人求教。文学家也去那儿学习文学，学习沙漠游牧人世代相传的隽永语句和优美的诗歌，以及格言和警句。正如查希兹所做的那样。雅古特说："查希兹跟艾赫发什学习了语法，跟奈扎姆学习了教义学，跟'米尔拜德'的阿拉伯人学习了地道的口头语言。"②

巴格达加入巴士拉和库法的竞争后，后来居上。巴格达人自豪地说："巴格达地处世界中心，地域宽广，是整个阿拉伯世界无与伦比的大都市。市内屋宇成林，各国人众汇聚其间。巴格达是哈申人的都市，帝王宫殿、政府机关的所在地。巴格达气候温和，水质甘美。居民的品德高尚，面目清秀，心灵聪慧。他们的学术水平、文学造诣、对学问的理解力、观察力、辨别力较其他地方的人胜过一筹。外地学者、说书人、教义学家、语法学家、读经人、医生、歌手、工匠均难望其项背。"③巴格达学者云集，各地区文人学者接踵而至。历史学家赫忒卜·巴格达迪曾专著《巴格达志》一书，记载

① 木尔台底：《演讲集》，第3卷，第182页。

② 雅古特：《文学家传记》，第6卷，第56页。

③ 伊本·莱斯特：《珍品集》，第233页。

了七千八百三十一位学者隐士和文学家的传记。查希兹亦曾借士兵之口赞美巴格达城说:“一城系全球,为世界之极地,四方之楷模。各地居民,三教九流,各行各业,不论其地位和职业,均以巴格达人为榜样。”①

*　　　　*　　　　*

由此,我们看到了一种新的现象,即一个地区乃至一个国家的地方宗派观念。伊拉克人颂扬伊拉克,汉志人倾向汉志,库法人爱库法,巴士拉人爱巴士拉,巴格达人爱巴格达。这种地域观念,到了阿拔斯时代日益强烈,取代了曾经左右阿拉伯人生活的部族观念。显然,他们是受了波斯人的影响。因为我们知道,波斯人的地域观念历来极强,而部族观念薄弱。这一点前已提及。如呼罗珊人颂扬呼罗珊,锡斯坦人颂扬锡斯坦,迪奈瓦尔人颂扬迪奈瓦尔,如此等等。到了阿拔斯时代,这种地域观念,便借阿拉伯人势力日衰、波斯人的权势日盛之机,控制了阿拉伯人。而且,我们发现这种影响也波及到学术领域。如伊拉克的教法学与汉志的教法学相抗衡。每一种学术都有自己的派系,都有自己的特色。巴士拉派的语法学家与库法派的语法学家相争,两派各有各自的追随者。后来出现的巴格达派,也独具一格,也有自己的追随者。巴士拉和巴格达的穆阿台及勒派的信徒,也彼此争论不休。两派对问题的看法,都有其独到之处,都有各自的信徒。其他学术领域的情况,也是如此。我们将在后面讨论学术问题时,进一步阐述。

这种宗派观念,在写历史时,在列述各地的优、缺点时,影响更

① 查希兹:《书信集》,欧洲版,第16页。

大，出现了互相矛盾的说法：同一个地方，有的颂扬，有的贬斥。有些说法真实可靠，有些说法纯系谎言。有些论及人的品德，有些涉及学术问题。有些是如实的记载，有些却是传说与臆测。——有些说法出现在叙利亚和伊拉克人发生战争之后。因为叙利亚人站在穆阿威叶一边，而伊拉克人则与阿里为伍，因而他们之间的唇枪舌剑，恰似在战场上用弓箭厮杀。有些说法出现在叙利亚人和伊拉克人的学术纷争之后。下面我们举例说明。

传说阿里对伊拉克人说过："以真主的名义起誓，我若想用迪尔汗兑换第纳尔一样兑换你们的话，则你们十个人仅能换一个叙利亚人。"这一传说证明：叙利亚人是一致支持穆阿威叶的，而伊拉克人对阿里的支持却有分歧。又如："倘若一个人具有汉志人的学识、伊拉克人的品德和叙利亚人的驯服——此人就是一个完人。"人们说："真主创造了四件东西，接着又创造了另外四件东西。真主在汉志创造了干旱，又创造了苦修；在也门创造了清廉，又创造了疏忽；在叙利亚创造了农村，又创造了瘟疫；在伊拉克创造了淫荡，又创造了金钱。"查希兹写道："宗教曰：我定居两圣城。忠诚曰：我与你同住。富贵曰：我定居于埃及。卑贱曰：我与你同住。慷慨曰：我定居于叙利亚。勇敢曰：我与你同住。智慧曰：我定居伊拉克。豪侠曰：我与你同住。商业曰：我定居于锡斯坦和伊斯法汗。怯懦曰：我与你同住。糟粕曰：我定居于马格里布。愚昧曰：我与你同住。贫穷曰：我定居于也门。满足曰：我与你同住。"

在学术方面，人们说："谁想目睹朝觐的盛典，就去找麦加人；谁想了解礼拜的时辰，就去找麦地那人；谁想了解名人传记，就去找叙利亚人；谁要是非不分，就应去找伊拉克人。"据说，有人问过

一位圣训学家:据你看,哪里的圣训最可靠?答曰:汉志人的。又问:其次呢?答曰:巴士拉人的。再问:再次呢?答曰:库法人的。又问:再次呢?那位圣训学家听罢拂袖而去,不予理睬。——人们还相互起绰号:麦地那人被称为歌场老手;麦加人被称为花花公子;伊拉克人被称为酒囊饭袋,叙利亚人被称为道学先生。[1] 这类例子很多,它说明了两个问题:

(1) 人们考察了各地区学术上和道德上的优劣;

(2) 各地区的人对自己的家乡都有地域观念,他们标榜自己家乡而不惜贬低其他地方的人。

埃及:[2]埃及当时的宗教活动,范围广,规模大,中心是弗斯塔特的阿慕尔清真寺。宗教活动的中心人物,就是那些征服埃及后定居下来的直传弟子。有些人隐退后专门从事写作,如穆罕默德·本·赖比尔·基兹。他曾写过一本书,记述了进入埃及的直传弟子一百四十余人的事迹,记载了他们的言行。以后,又有人步其后尘,补上他遗漏的人物。[3] 这批定居于埃及的直传弟子中,最有名者为艾布·扎尔、祖白尔·本·阿瓦姆和赛阿德·本·艾比·苑葛斯。他们传下的圣训,都是直接从穆圣那里听来的。有的人记了一段,有的人记了两段,有的人记得更多。有些圣训是旁人从未听过的。例如,据说住在麦地那的贾比尔·本·阿卜杜拉听说,住在埃及的俄格白·本·阿米尔曾听过一段有"抵偿人命"的圣训,便购买了一头骆驼,走了一个月,去到埃及,找到俄格白。俄格白

① 参看伊本·古太白所著《史事泉源》和伊本·阿撒克尔所著《史集》。

② 参看《阿拉伯伊斯兰文化史》(黎明时期)中有关部分,该处已详述。

③ 参看伊本·赛德:《人物传记》及《埃及史》,第1卷,第78页。

问他:“找我有什么事?”答道:“听说你听穆圣说过一段关于‘抵偿人命’的训示。除你之外,没有他人知道。故特赶来登门求教,一定要在你我去世前,亲自听到这段圣训。”[1]许多再传弟子,通过这些直传弟子得到了这些圣训,后来形成了一个学派。这一派的启蒙老师就是这批直传弟子。再传弟子以他们为师,又传给了下一代。这批在埃及定居的直传弟子就被视为埃及人了。圣训学家也称他们为埃及人。他们收集的圣训,均取自直传弟子和再传弟子,六大《圣训实录》中均有记载。这一学派开始时很幼稚、简单,每听到一段圣训,就把它背下来或写下来,后来便日渐发展起来,专门进行学术研究。他们既研究《古兰经》,也研究圣训,从中引出经律。——这个埃及学派造就了一大批伊斯兰教公认的权威学者。其中最早和最知名的人物是苏莱姆·本·阿特尔·突捷比。他是一位再传弟子。伊斯兰历39年,他成为埃及第一位说书人。伊斯兰历40年,哈里发穆阿威叶委任他为法官,从此他便做了二十年法官。在埃及他是第一个为遗产造册的人。伊斯兰历75年卒于迪姆亚特。[2] 人们称他为“埃及的学者和法官”。[3] 苏莱姆说书、讲故事时,便对人们说教劝诫。他担任法官之后,对他的裁决,有口皆碑。[4] 对于审判的组织工作,如供词的记录,颇有影响。总而言之,苏莱姆是伊斯兰初期埃及杰出的人物之一。他看到了埃及的被征服。奥斯曼任哈里发时,他在埃及建立了埃及的地租法。他

---

① 有人说不是俄格白,而是阿卜杜拉·本·艾尼斯·久海尼。

② 《埃及史》,第1卷,第129页。

③ 《埃及历代国王本纪》,第1卷,第194页。

④ 肯迪:《埃及总督与法官传记》,第309、317页。

还担任过穆阿威叶的法官。苏莱姆有两种才能：一是他在说书、讲故事和仲裁中的文学才能；一是他在管理地租和司法上的行政才能。

埃及学派的知名学者还有阿卜杜·拉赫曼·本·朱海拉·艾比·阿卜杜拉·豪兰。他担任过阿卜杜·阿齐兹·本·麦尔旺的法官，集司法、司库和说书于一身。他对许多疑难问题[①]的裁决，成为后人的楷模。他主持司法达十二年之久，卒于伊斯兰历83年。穆斯里姆在其《圣训实录》中引述过他讲的圣训。奈萨依认为他讲的圣训是可信的。

到过埃及的还有伊本·欧麦尔的释奴纳费尔。他是伊本·欧麦尔的得意门生，是汉志的法学家，也是马立克的老师。欧麦尔·本·阿卜杜·阿齐兹把他派往埃及传授圣训。他在埃及住了一段时间。[②]

埃及学术史上有一位显赫的人物，名叫叶基德·本·艾比·哈比布，他是当时埃及的大学者。赖易斯·本·赛阿德说过：叶基德是学者，是我们的老师。他是哈里发欧麦尔·阿卜杜·阿齐兹任命的埃及三位伊斯兰法典说明官之一。叶基德是两个学科的大师：一是历史学。有关埃及被征服及埃及内乱的历史，都以他的记述为依据。一是法学。他对合法与非法的知识非常渊博，被认为是第一个在埃及传播法学和解释合法与非法的人。在他之前，人们所谈论的只是诱导、说教、征战和骚乱之事。[③] 这证明，正是叶

① 肯迪：《埃及总督与法官传记》，第309、317页。

② 《埃及史》，第1卷，第130页。

③ 同上书，第131页。

基德使埃及学派染上了法学色彩。过去，只是劝导，也就是人们常说的“说教”。另外，他还使埃及学派染上了历史的色彩，即关于征战和动乱的历史。很清楚，这种新的色彩并不是叶基德凭空创造的，而是原来就有的，叶基德只不过加以强调，使之更加鲜明。叶基德卒于伊斯兰历128年，他为培养埃及学术史上两个著名学者作了很大贡献。这两个人是阿拔斯时代埃及学派的佼佼者：阿卜杜拉·本·莱西阿和赖易斯·本·赛阿德。

伊本·莱西阿是哈达拉毛地区的阿拉伯人，他收集的圣训很多，博古通今，传述很多。他是什叶派人，因此，有些圣训学家不信任他。从伊斯兰历155年至164年，他奉哈里发曼苏尔之命，主持埃及司法近十年之久。许多有关埃及的历史、征战、事变及历史人物，都以他的记述为依据。宰赫比说：“伊本·莱西阿是圣训的抄录人，也是博学多才的学者和大旅行家。舒凯尔曾对我说：优素福·本·穆斯里姆引证比什尔·本·门才尔的话说，伊本·莱西阿外号‘活地图’，因为他老是在脖子上挂着一幅地图。他周游埃及各地，每有群众来访，必和他们围坐而谈。每遇年长之人，必询问道：见过何人？写过何人事迹？”[①]伊本·莱西阿卒于伊斯兰历174年。

另一位学者赖易斯·本·赛阿德原籍波斯伊斯法罕，后举家迁居埃及，成为法哈姆部落的释奴。赖易斯于伊斯兰历94年出生在埃及盖勒盖山达村（盖勒尤卜省），就读于埃及学者门下，其中最著名者为叶基德·本·艾比·哈比布。后来，赖易斯去汉志求学，

① 《埃及历代国王本纪》，第1卷，第77页。

随伊脱邑·本·艾比·拉巴哈、纳费尔和希沙姆·本·阿尔瓦等汉志学者听课，后又赴伊拉克，就学于伊拉克学者门下。他富有而慷慨，在基扎省广有资产。据说，赖易斯的年收入达五千第纳尔之多。他交游甚广，常与学者和有求于他的人往来。一次，他从亚历山大城出游，乘坐三船组成的船队：一船为炊事，一船载家属，一船载宾客。他常周济圣训学家和法学家。赖易斯曾多次为汉志的马立克解囊。一次在给马立克的信的末尾写道："你不能不给我写信，把你的情况告诉我吧。你的孩子和家里人情况如何？你或你的学友对我有什么要求？我将乐于效劳。写此信时，我们一切均好，身体健康。感谢真主。愿真主给我们衣食、安乐。感谢你对我的关怀。我们万事如意。祝你平安，并求真主怜悯我们。"①有一次，马立克把欠债的事告诉了他。他便寄去五百第纳尔。又有一次，伊本·莱西阿的住房失火被焚，赖易斯便馈赠一千第纳尔。——就这样，赖易斯慷慨好施。据说，他曾说过："我富有钱财，捐助别人，理所应当。"他的确很富有。

在学术方面，赖易斯也是才华横溢。叶海亚·本·白基尔说："我所见过的人，未有比他更完善者。他是当地的教法学家，善于辞令，熟谙《古兰经》和圣训，精通语法、诗词和教学。"叶海亚历数他十五种美德，②圣训学家对他收集的圣训深信不疑。六大《圣训实录》都引述了他收集的圣训。艾哈迈德·本·罕百里说："埃及学者中，他最稳重……他所收集的圣训翔实可靠。"

① 伊本·盖伊姆：《掌印官传记》。
② 伊本·哈哲尔：《仁慈书》，第6页。

赖易斯在教法学方面才能出众，可与马立克相媲美。沙斐仪甚至说：“在教法学方面，赖易斯胜过马立克，然而他的朋友对此却估计不足。有的人认为，他被本族人忽视了。有的说他被朋友毁了。”实际上，倘若埃及人互相尊重，就一定会把赖易斯的学说保存下来，并且会成为他的门徒。但是，正如俗话所说：本地的笛手不吹笛，学者不被亲人亲。加之赖易斯本人没有著书立说，没有培养弟子，没有像艾布·哈尼法那样的弟子艾布·优素福和穆罕默德，也没有沙斐仪那样的弟子布韦提、穆赞尼和赖比尔。因而，他的学说失传了。留给我们的，只有写给马立克的一封短信。在信中，他与马立克评论麦地那的某些学者，意见相同。他思路清晰，有说服力，语言稳健平和。他写道：“你会记得，穆圣只给祖白尔·本·阿瓦姆一匹马的份额。但是，大家都说穆圣给了他四份，算两匹马的份额，没有把第三匹马算上。对于这一段圣训，所有阿拉伯人的意见是一致的，叙利亚人、埃及人、伊拉克人及非洲人均无异议。”

哈里发曼苏尔曾要求赖易斯出任法官，他拒绝了，并且说：“我是一个释奴，无力承担这项重任。”曼苏尔说：“你跟我在一起，还有什么做不到的呢？你体弱是实，难道你想得到比我更大的权势吗？如你不愿承担，望给推荐一人。”曼苏尔并没因此而惩罚赖易斯，没有像对待马立克和艾布·哈尼法那样对待他。由此证明，马立克和艾布·哈尼法之所以受罚，不仅是由于拒绝接受法官的职务，而且是由于他俩被指控为什叶派信徒，故曼苏尔得出结论：他俩不愿效忠于哈里发国家。（这点将在以后叙述）——对于赖易斯说来，就无此嫌疑了。

赖易斯在王公大臣中，声望极高。他们常就重大问题向他咨询。《埃及历代国王本纪》一书中写道："赖易斯是埃及达官贵人的座上宾和头面人物，所有的法官和检察官均听命于他。沙斐仪因未能与他会晤而感叹不已。"[①]对此激愤不平者曾上书曼苏尔告发赖易斯说：

穆民领袖啊！注意埃及吧！

赖易斯·本·赛阿德成了埃及的领袖了。

埃及艾米尔瓦立德·本·里法阿死时，在遗嘱中写道："我的遗嘱托付给阿卜杜·拉赫曼和赖易斯·本·赛阿德。若无赖易斯的意见和忠告，阿卜杜·拉赫曼无权独断专行。"

据他本人说：他曾在伊拉克面见哈里发拉希德。拉希德问他："你的国家是如何治理的？"答："穆民的领袖啊，国家之治靠尼罗河长流不息，靠埃米尔的贤能清明。水源不清，则泉水浑浊；水源洁净，则泉水清澈。"[②]

艾什海布·本·阿卜杜·阿齐兹说：赖易斯每天有四次讲座：一次为满足国家之需（埃米尔向他征询国事意见），一次为圣训学家而设，一次为解答教法学问题（对法律上的合法与非法发表意见），一次为满足平民百姓之需。赖易斯对埃及历史学贡献甚大，许多有关征战的史料和埃及的历史人物和历史事件，均引用他的记述。

总之，无论学识、品德和贡献，赖易斯在埃及都是首屈一指的。赖易斯于伊斯兰历175年卒。一位参加他的葬礼的人说：我亲眼

---

① 《埃及历代国王本纪》，第2卷，第82页。

② 伊本·哈哲尔：《仁慈书》，第8页。

见到人们为失去他而悲恸，他们互相安慰。见此情景，我对父亲说：爸爸，你看这些人如丧考妣。父亲对我说：孩子，你知道吗？他是一位德高望重的学者，聪颖智慧，乐善好施。像他这样的人难得呀！

*　　*　　*

艾布·哈尼法和马立克学派形成后，两派各执己见，致使埃及学者陷于分裂。伊斯兰历164年，伊斯玛仪·本·叶塞阿·肯迪出任埃及法官。他是埃及第一位依据艾布·哈尼法派的学说执法的法官。埃及人，包括赖易斯在内，都对其不满。因为他赞同艾布·哈尼法废止宗教慈善基金的意见。而赖易斯却认为宗教慈善基金是必要的。于是，他写信给哈里发迈赫迪，伊斯玛仪便被免职了。[①] 埃及的学者，有些追随艾布·哈尼法学派。后来，又出现了一个叫阿卜杜拉·本·瓦哈卜的学者。他去麦地那，向马立克求教，追随左右。马立克死后，阿卜杜拉返回埃及，宣扬马立克的教法，从者甚众。其中阿卜杜·拉赫曼·本·卡塞姆和艾什海布·本·阿卜杜勒·阿齐兹两人成为日后埃及马立克派的领袖。马立克和哈尼法两派，在立法和教法学诸问题上争论不休。沙斐仪到埃及后，一住五年，宣传他的学说。布韦推·穆赞尼和鲁伯欧·穆拉第等人都是他的埃及弟子。他的学术讲堂，十分活跃，产生了如下成果：《阿尔·温姆》、《穆赞尼文摘》、《布韦推文摘》。由于他是纯粹的阿拉伯古莱氏族人，擅长辞令，富于雄辩，很多埃及人追随他。他和他的弟子不顾马立克派的敌视，坚持在埃及传播自己的

① 肯迪：《埃及总督与法官传记》，第371页。

观点。不过，除沙斐仪派外，艾布·哈尼法和马立克派的教法学家一直在埃及活动。他们之间的敌对情绪十分强烈，有时甚至演变成相互罗织罪名，相互攻讦。伊斯兰历226年至230年间担任埃及法官的穆罕默德·本·艾布·莱斯，是哈尼法派人。他曾利用《古兰经》是被造之物这一灾难，惩治了马立克派和沙斐仪派的人。他明令禁止这两派的教法学家在清真寺中讲学。[①] 当时的埃及诗人侯赛因·阿卜杜·萨拉姆曾吟诗对莱斯说道：

手执穆民司法权，会见穆民不厌烦，
对待穆民不粗暴，主持公道不偏斜。
传授学业费辛勤，学术花开弟子中，
潜心开发新生代，捍卫师道哈尼法。
遵循穆圣、优素福，击败沙斐仪派人。
平息了伊本·欧莱叶，吹散了马立克。

这种敌对情绪，有时也对学术的发展有所促进。我们将在谈到法律问题时详述。

总之，当时埃及的宗教活动的确很活跃，既研究《古兰经》、圣训、教法和经文诵读，也重视说教，包括劝善和诫恶等等。当时宗教活动的中心，在弗斯塔特的阿慕尔清真寺。对于那些信奉了伊斯兰教的正直的埃及人，这场宗教运动的影响是很深的。科普特奥斯曼·本·赛德，由于创造了奥斯曼读经法而出了名。他原是祖白尔·本·阿瓦姆家族的释奴，以精力充沛而著称。他精通阿

① 肯迪：《埃及总督与法官传记》，第450页。

拉伯语，常在达官贵人家里领诵《古兰经》。卒于伊斯兰历 197 年。[①] 他死后，取代他的是一个出身努比亚、有埃及式鼻音的艾赫密米族人。他是苏菲派的首领之一，是苏菲派在埃及的创始人，卒于伊斯兰历 245 年，享年近九十岁。

我们还要提及的一点是，这场宗教运动，涉及埃及的历史和许多历史事件。因为埃及的历史，像其他伊斯兰史一样，是以编撰圣训的模式，由圣训学家开始撰写的。只要读一下麦格里基的著作——《埃及志》，或《埃及历代国王本纪》，或肯迪写的《埃及的总督与法官》，就会看到许多由叶基德·本·艾比·哈比卜、伊本·莱西阿和赖易斯等埃及圣训学家传述的历史史料。这些史料是他们收集的圣训的一部分。后来，把有关埃及历史的内容抽出来，另编成册。如阿卜杜·拉赫曼·本·阿卜杜拉所著《埃及的征服》一书，以及穆罕默德·本·赖比尔·基兹写的《埃及的直传弟子》等。后来，其他人均步其后尘。

埃及著名的历史学、语言学和宗谱学的学者中，有名叫艾布·穆罕默德·阿卜杜勒·麦立克·本·希沙姆者，写了《先知传》一书。这本书是根据伊本·易斯哈格写的《穆圣传》缩写的。伊本·希沙姆原籍也门，长在巴士拉，后定居开罗，伊斯兰历 213 年卒。他所著《先知传》，受到埃及的影响。他常在书中提到埃及学者。他写道："阿卜杜勒·本·瓦哈布传述伊本·莱西阿从格弗拉的释奴欧麦尔那儿听来的话说，使者曾说过：遵循真主的教导，真主与受保护的人们同在，与卷发的黑肤人同在。欧麦尔说：追溯他们的

① 《埃及史》，第 1 卷，第 224 页。

家谱，易斯玛仪的母亲是他们的族人。伊本·莱西阿说：易斯玛仪的母亲哈哲尔，来自埃及法赖玛地方一个叫乌姆·阿拉布的村子。[①] 伊卜拉欣的母亲玛丽叶是穆高格斯大臣送给先知的女奴，是安绥巴地区哈夫奈村人。”如此等等。[②]

除阿卜杜拉·本·瓦哈卜和伊本·莱西阿外，伊本·西沙米在《先知传》和其他著作中，还引述了其他一些埃及学者的言行。

实际上，这场宗教学术运动仅限于弗斯塔特和亚历山大城区。麦格里基说过：“穆斯林进入埃及时，整个埃及都是科普特人和罗马人的天下。直传弟子们只进到现在称为开罗的弗斯塔特和亚历山大城两地。广大乡村仍在科普特人之手，没有穆斯林住在乡村。乡村是通向上埃及的通道。春天来了，仆人们出外放牧，主人也有随同前往的。直到直传弟子和再传弟子时代之后，穆斯林才分散到各地，但也没能在村镇里兴建清真寺……当哈里发麦蒙严厉镇压科普特人时（科普特人在伊斯兰历 216 年举行暴动），穆斯林才征服了广大农村。”[③]由此我们可以断定，这场宗教学术运动，直到麦蒙时代仍仅限于弗斯塔特和亚历山大城。

与宗教运动并行不悖的，还有阿拉伯文学运动。尽管这个题目超出了本书讨论的范围，但我们不妨略谈一二。这场文学运动的中坚是征服埃及时或征服埃及后到达埃及的阿拉伯人。他们有许多脍炙人口的语言在埃及广为流传，如阿慕尔·本·阿斯的演

---

① “乌姆·阿拉布”意为阿拉伯人的母亲。——译者

② 伊本·希沙姆：《先知传》，第 3 页。

③ 麦格里基：《埃及志》，第 2 卷，第 259 页。

说、书信和言论[1]，俄塔伯·本·艾比·苏福扬的演说等等。每当春回大地，阿拉伯人便奔走四方。阿慕尔·本·阿斯和阿卜杜拉·本·赛阿德家族的人去麦努夫和伍西姆。侯载勒部落去伯巴和布塞尔。阿德旺部落去布塞尔。法赫姆部落去伊特利卜、艾因·谢姆斯、麦努夫等地。[2] 这些阿拉伯人住在哪里，便在哪里传播阿拉伯语。整个春季都是如此——这里应该指出的是，宗教文化中包含了语言和文学。《古兰经》和圣训，既是宗教的经典，也是生动的语言文学。而且，埃及被阿拉伯人征服后，产生了许多著名的阿拉伯诗人。特别是在阿卜杜勒·阿齐兹·本·麦尔旺时代，朱麦勒·普塞莱去到埃及，写了不少优美的情诗，最后死于埃及。此外还有卡西尔·阿扎、努绥卜·阿卜杜拉·本·盖斯、艾曼·本·胡莱姆等有名的诗人。阿拔斯时代的大诗人艾布·努瓦斯曾去埃及找伊本·赫隋卜。大诗人艾布·泰玛姆在埃及长大，曾在阿慕尔清真寺给人送水。当时，他还去听文学家们的讲课，向他们求教，后来终于成为杰出的诗人。

这些人对埃及诗歌的发展颇有影响。但是，埃及本土未见出现过什么杰出的诗人。我们听到的倭马亚时代和阿拔斯时代的埃及诗，只是一些讽刺短诗，讽刺的对象是当时的统治者和法官。诗的作者大都是出自埃及的阿拉伯部落。——比较著名的有阿拔斯时代的赛义德·本·欧费尔。其诗强劲有力，有真正的阿拉伯气

① 阿慕尔·本·阿斯，阿拉伯名将。他奉哈里发欧麦尔之命，率军征服了埃及，在尼罗河畔建立了弗斯塔特城——即开罗城的旧称。在城中兴建了第一座清真寺，即阿慕尔清真寺。——译者

② 麦格里基：《埃及志》，第2卷，第260页。

息。肯迪在所著《埃及的总督与法官》一书中引述了他的一些诗。诗人穆阿里·塔伊在拉希德时代曾住在埃及,[①]他写过如下著名诗句:

若无美女你挨我,好似鸟儿叫喳喳,
此方天宽地亦广,何须心绪乱如麻。
但愿儿女身边跑,心肝宝贝绕膝下。
唯恐狂风将谁抢,圆圆睁眼不敢眨。[②]

当时著名的诗人还有沙斐仪的学生侯赛因·本·阿卜杜·萨拉姆·杰麦勒。他活到图伦王朝,并赞扬过伊本·图伦,卒于伊斯兰历 258 年。

图伦王朝时期,埃及独立了。从此,埃及的诗歌进入繁荣时期。

除诗歌外,还有其他学术方面的活动。学术活动是埃及被征服前亚历山大学派活动的继续,包括神学、医学和哲学三方面,使用古叙利亚语。当地的学者,跟叙利亚和伊拉克的学者一样,都精通这种语言。

如前所述,这种学术活动在整个倭马亚时代从未间断,并且一直延续到阿拔斯时代。伊本·艾布·俄赛邑巴记载:伯里提延是埃及著名的医生,通晓基督教法学。这位亚历山大城大主教,[③]在哈里发曼苏尔和拉希德时代均住在埃及,曾应拉希德之命前往巴

① 参看肯迪所著《埃及总督与法官传记》一书前言。

② 参看哈塔·本·穆阿里的《坚贞诗集》。

③ 他是基督教麦勒卡派的法学家。这一教派分布于叙利亚、巴勒斯坦和埃及等地。——译者

格达，为宫中一名埃及女奴治好了病。拉希德赠予大笔金钱，并为他颁发了一道敕令，将雅各派独占的天主教堂还给他。他卒于伊斯兰历 186 年[①]。到了图伦时代，这种学术活动终于繁荣起来。详情以后再谈。

如前所述，伊斯兰运动开始时仅限于开罗和亚历山大城，其他各地和广大农村人民的文化是科普特式的。科普特人的骚乱被镇压下去后，穆斯林便移居全国各地。伊斯兰历 216 年后，更深入到边远地区。于是，宗教文化和语言也随之传布全国。

宗教文化包括语言、文学、散文和诗歌，加上亚历山大学派留传下来的医学、神学和哲学，所有这些就是阿拔斯时代埃及文化的状况。

叙利亚：叙利亚地区的宗教学术运动，也是研究《古兰经》和传述圣训，然后从中引出经律。其核心人物是那些征服叙利亚时和以后进入叙利亚地区的直传弟子。活动的中心是大马士革清真寺。最著名的学者为穆阿兹·本·杰百勒·赫兹里吉。他是直传弟子中最精通合法与非法教律的学者之一，是也门地区的军事法官，教给人们《古兰经》和伊斯兰法律。哈里发欧麦尔在位时期，他到叙利亚，后死于阿姆亚斯瘟疫。据艾布·穆斯林·豪拉尼说："我走进霍姆斯清真寺，发现三十来个中年人，都是先知的直传弟子。其中有一个青年，面目黝黑，两眼炯炯有神，沉默无语。人们遇到问题就去找他请教。我问邻座的人：这位是谁？他说：穆阿

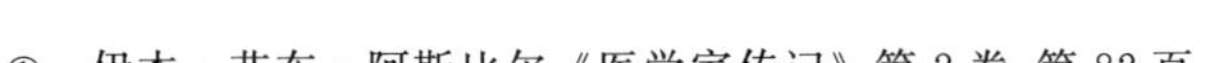

① 伊本·艾布·阿斯比尔：《医学家传记》，第 2 卷，第 82 页。

兹·本·杰百勒。”[1]

还有艾布·达尔达·安萨里·赫兹里吉，在学术上可与穆阿兹·本·杰百勒相提并论。阿卜杜拉·本·欧麦尔说，人们告诉我们有两位智者。有人问道：哪两位？他说，就是穆阿兹和艾布·达尔达。欧麦尔在位时，穆阿威叶曾委任艾布·达尔达为大马士革的法官。他卒于哈里发奥斯曼时代。艾布·达尔达把读经的人，每十人分为一组，每组指定一人负责。晨礼后，他读一段《古兰经》，让那些负责人听。读完后便各就各位，领着全组诵读。[2] 还有泰米姆·达里，他原是一个基督教徒，到麦地那后，皈依了伊斯兰教。艾布·奈伊姆说：泰米姆·达里是个修士，是巴勒斯坦人中最虔诚的崇拜者。他是在清真寺中点燃长明灯的第一个人，[3]也是第一个说书劝善的人。看来，他皈依伊斯兰教前，已经有了丰富的基督教文化知识。真主说“认识天经的人”，[4]泰米姆·达里正是真主所说的这种人，这是大家公认的。信奉伊斯兰教之后，他能叙述形形色色的关于奸贼、骗子、魔鬼、死神、天堂、火狱等故事和传说。[5] 泰米姆·达里对于学术，乃至整个穆斯林的学术都有很大的影响。他曾追随先知，四处征战。他原来一直住在麦地那。哈里发奥斯曼被杀后，迁至叙利亚。

到达叙利亚的直传弟子中还有不少学者。他们在那里宣讲先

① 伊本·赛德：《人物传记》，第 7 卷，第 115 页。
② 伊本·尔撒克耳：《史集》，第 1 卷，第 69 页。
③ 《直传弟子传记》，第 1 卷，第 18 页。
④ 马坚译：《古兰经》，13：43。——译者
⑤ 伊本·尔撒克耳：《史集》，第 3 卷，第 344 页。

知的事迹，传述种种历史事件以及关于“合法”与“非法”的教律。

直传弟子之后，一批再传弟子继承了直传弟子的学问，并有新的创造和解释。阿卜杜·拉赫曼·本·艾奈姆就是其中之一。哈里发欧麦尔派他去叙利亚，为人们解释教律。他曾会见穆阿兹，并引用他的著作。[①] 叙利亚地区许多再传弟子向他学习伊斯兰教法。

做过大马士革的法官和说书人的艾布·伊德里斯·豪拉尼，也曾向穆阿兹等直传弟子求教。

卡尔白·艾哈巴尔原是犹太人，后改奉伊斯兰教。到叙利亚后，定居霍姆斯。他把犹太教的故事和传说，传遍叙利亚及伊斯兰各地，就像泰米姆·达里传播基督教的故事和传说一样。

继这批再传弟子之后，又有一批学者来到叙利亚，其中最著名者为麦克胡勒和莱贾·伊本·海伊沃。前者原籍信德，曾去埃及、麦地那和库法等地求学。他讲话是信德口音，有些字音发不清楚，但他的学问和教法释义却享有盛名。他是叙利亚公认的伊玛目，与麦地那的伊玛目赛德·本·穆赛耶布、库法的伊玛目沙耳比、巴士拉的伊玛目哈桑·巴士里等人齐名。据说，他还宣扬天命，但他搜集的圣训和传说却遭到圣训学家的贬斥。

莱贾·伊本·海伊沃是叙利亚的著名学者，德高望重，有人当着他的面向麦克胡勒提问时，麦克胡勒总是说，问问我们的长者和先生吧，指的就是莱贾，他是欧麦尔·本·阿卜杜勒·阿齐兹的朋友和幕僚。

---

① 伊本·赛德：《人物传记》，第2卷，第152页。

类似的学者，还有欧麦尔·本·阿卜杜勒·阿齐兹。他有独到的学术见解，是一位教法学家，熟谙伊斯兰教律，远近各处的法官常常求教于他。他鼓励学者们收集、传布和解释圣训。

叙利亚地区的学术权威是奥查尔。他与汉志的马立克、伊拉克的艾布·哈尼法和埃及的赖易斯，齐名于世。

奥查尔的全名是阿卜杜·拉赫曼·本·阿慕尔。奥查尔生于也门的哈姆丹地区。因此，伊本·赫里康说他是也门籍的阿拉伯人。[①] 伊斯兰历88年生于巴勒贝克，后到叶玛迈求学。又到麦加求教于伊脱邑·本·艾比·拉巴哈和伊本·希哈布·祖赫里。然后，又到巴士拉继续深造。最后，他定居在大马士革和贝鲁特，伊斯兰历157年卒于贝鲁特。

奥查尔个性很强，虔诚笃信，刚正不阿。面对哈里发和王公大臣敢于坚持真理，直言进谏。关于他对哈里发曼苏尔等人的谏诤，传说甚多。据说，以真主之名摧毁了倭马亚王朝并把倭马亚人驱逐出叙利亚的阿拔斯王朝哈里发赛发哈要见奥查尔。奥查尔却三天没有露面。当他去见哈里发时，哈里发问他道：我们把暴虐的统治者赶下了台，你有何看法？这是不是一种圣战？奥查尔说：叶海亚·本·赛义德·安萨里说，他曾听哈里发欧麦尔说，他听穆圣说过这样一句话："行为的善恶，看其动机，每人的想法是不同的。"哈里发听罢用手杖击地道：你对倭马亚人被诛有何评论？奥查尔说：真主的使者说过：穆民只在下列三种情况流血才算合法：——以命

① 宰赫比说：他原籍信德。麦斯欧迪在所著《金牧场》中说：他家住奥查尔，但不是该地人。雅古特说：奥查尔原为也门一个部落的名称。这个部落后来迁居叙利亚，因而这个地区便以该部落的称号命名。

抵命、与已婚的人通奸、离开众人而背弃宗教。哈里发听后又以杖击地厉声道：倭马亚人的财产该如何处置？奥查尔说：如果是不义之财，你取之也是不义。如并非不义之财，则你必须取之合法。[①]奥查尔还在叙利亚见过哈里发曼苏尔，对他直陈进谏。当奥查尔离去时，曾请求曼苏尔允许他不穿黑色的国服。曼苏尔同意了。但又暗中派人去问奥：你为何讨厌黑色？奥查尔说：因我没见过受戒的人以黑布做戒衣。只见用黑布裹尸，也没见过新娘子穿黑礼服。因此，我讨厌黑色。[②] 此外，《史事泉源》和《罕世璎珞》中，还记有奥查尔的劝谏。

黎巴嫩山区有一批被保护民，为了抗税，造当地税官的反，结果遭到了萨利赫·本·阿里的镇压，被剥夺了财产和家园，赶出了黎巴嫩。奥查尔抗议这种做法，言辞激烈地说："为何因少数人的过错连累大家，剥夺所有人的财产和家园，让他们背井离乡？真主从不让人替别人受过，真主的裁决才是公正的裁决，值得效仿。最好的忠告是穆圣的忠告：谁侵犯了信教者，让他难以生存，谁就是我的敌人。"[③]

奥查尔还以善于辞令、笔锋强健而出名。据说他写的书，"哈里发曼苏尔拿到手后，反复阅读，仔细推敲，盛赞其笔墨酣畅，文字优美"。据说，"他每说一句话，听者均极为佩服"。

最后，谈谈他在圣训及教法学等学术领域中的成就。奥查尔在教法学上同马立克和艾布·哈尼法一样，自成一派。在圣训派

① 《奥查尔德行录》，第 80 页。

② 同上书，第 118 页。

③ 白拉祖里：《各地的征服》，第 169 页。

和意见派两派中，他倾向于圣训派。据说，他讲过批评伊拉克人的话。[①] 最有代表性的是他说过："学问凡不出自穆圣弟子者，皆不算学问。""坚持教律，跟众人在一起，言其所言，行其所行，戒其所戒。"艾布·哈帖姆说："奥查尔是公认的权威。"他厌恶对天命和真主的品德等进行议论，认为那些议论纯属无中生有。奥查尔与麦地那的马立克一样，被认为是首先着手编辑圣训者。他的教法观点流传甚广。如他曾说：污秽之物与水混在一起，无论多少，水都不会变污。但是，软底鞋上若沾上了秽物，在地上蹭几下，就能把秽污东西去掉，然后就可以穿着它去做礼拜了，等等。

叙利亚人一度曾信奉奥查尔的主张。后来，有人迁居安德鲁斯，奥查尔的主张便随之在安德鲁斯流传开来了。在叙利亚地区，则由沙斐仪派取代了奥查尔派。后来，还取代了安德鲁斯的马立克派。

综上所述，奥查尔是叙利亚地区的知名学者，人中豪杰。有人问乌迈耶·本·宰德道：奥查尔较之麦克胡勒如何？答：在我们心目中，奥查尔高于麦克胡勒，"他集宗教信仰、学术和真理于一身"。

叙利亚的宗教运动与埃及的宗教运动一样，包含许多征服叙利亚的历史内容。所以，叙利亚人素以通晓人物传记而享有盛名。沙斐仪在《阿尔·温姆》一书中，记叙了奥查尔的生平，[②]介绍了穆斯林的军事体制。征服过程中的种种事件构成了叙利亚历史的核心内容，这与埃及史的大致相同。

---

① 参看赫忒布·巴格达迪：《艾布·哈尼法传》。

② 沙斐仪：《阿尔·温姆》，第 7 卷，第 303 页。

叙利亚地区与巴士拉的情况相似，出现了对命运和真主品德的种种议论。传布这种议论的头面人物，便是大马士革人艾伊拉尼。他是“意志自由派”，认为命运不会迫使人去从事某项工作。他的议论在叙利亚掀起了一场运动。哈里发欧麦尔二世召见了他，与他进行商讨。后来，这场运动同穆阿台及勒派合流。倭马亚王朝后期的几位哈里发都信仰这个流派。这将在叙述阿拔斯时代穆阿台及勒派一章中加以阐述。

总而言之，叙利亚的宗教运动是广泛而强大的。艾布·阿慕尔·凯勒比说过：“大马士革清真寺有几根柱子，就有几位长老。人们跟随他们学习。”奥查尔说：“叙利亚的哈里发，有时请教叙利亚和麦地那的学者，而伊拉克的圣训，却没有超出伊拉克的范围。”①

除宗教活动外，还有文学活动。活动的骨干也是那些定居叙利亚的阿拉伯人。文学活动以散文和诗歌为主，但比埃及的文学活动更为有力。因为倭马亚时代的埃及，诗人不多，只有一些从阿拉伯半岛和叙利亚去投奔王公大臣的诗人。但在叙利亚，诗人多，作品也多。原因很多，最重要的是，叙利亚比埃及更接近阿拉伯半岛。自蒙昧时代起，大批阿拉伯人先后移居叙利亚地区，不少有才华的诗人投奔加萨尼人。如艾尔沙和汉萨等，他们为加萨尼人写了很多诗，因此，阿拉伯人对叙利亚的了解，早在蒙昧时代就比对埃及的了解更多些。同样，叙利亚人也比埃及人更了解阿拉伯人。

① 伊本·尔撒克耳：《史集》，第1卷，第69页。

到了倭马亚时代，大马士革成了伊斯兰国家的京都。哈里发和王公大臣都是地道的阿拉伯人，他们的血统和嗜好都是阿拉伯的。他们喜好闲谈，喜好回忆阿拉伯人的征战史，同时也爱聆听阿拉伯诗人吟诗。他们感觉敏锐，修养极高，乐于论诗改诗，并给诗人种种赏赐。当时，叙利亚的政治派别很多，各派诗人都用诗歌支持自己那一派。倭马亚时代执诗坛牛耳者，乃是那些当地的叙利亚人或后来迁居叙利亚的人。叙利亚成为诗人赛诗的舞台。在诗坛角逐的诗人有杰里尔、费勒兹德格、艾赫脱里、米斯钦·达尔密、艾哈瓦斯、牧驼人、拉吉兹·阿吉里等人。

到了阿拔斯时代，随着伊斯兰国家的京都从大马士革迁到巴格达，诗坛也就从叙利亚转到了伊拉克。诗坛新秀的代表人物是拜沙尔、穆斯里姆·本·瓦立德、艾布·阿塔西叶、麦尔旺·本·艾比·哈弗塞、艾布·努瓦斯等人，他们都是伊拉克人。他们的诗是叙利亚和埃及人望尘莫及的。阿拉伯颂诗只能围绕着宫廷的繁荣而产生。宫廷是财富和赏赐的泉源。当时的伊拉克在这方面是举世无双的。

赛阿里比在《稀世明珠》一书中说："蒙昧时代和伊斯兰时代，叙利亚及其邻近地区的阿拉伯人比伊拉克地区的阿拉伯诗人成就更高。他们之中的佼佼者，不胜枚举。更有阿塔比、曼苏尔·奈米里、艾什杰尔·苏莱密、穆罕默德·本·宰阿、勒比尔·拉基等后起之秀。在这方面，只要看一看他们之中才华横溢的旗手艾布·泰玛姆和布赫突里两人的情况就足够了。无论在古代或近代，叙利亚诗人比其他地区的诗人成就都高，其原因在于他们更接近阿拉伯人，特别是接近汉志人，而远离非阿拉伯人。相反，伊拉克人由于接近波斯人和奈伯特人，并且和他们杂居共处，他们的语言被腐蚀了。”[①]这种说法是对的。但是却不能说明叙利亚在阿拔斯时代仍执诗坛牛耳。这是地区宗派主义造成的。其实，叙利亚诗人，怎能与伊拉克诗人相比呢？曼苏尔·奈米里怎么比得上拜沙尔？穆罕默德·本·宰阿怎么比得上艾布·努瓦斯？还是拜沙尔说得好：

鸟落食多处，人奔慷慨家。

阿拔斯时代的巴格达，财富何其多！相比之下，叙利亚又是何其少啊！

诗歌的发展并不仅仅由于接近汉志而远离波斯。波斯人拜沙尔和算半个波斯人的艾布·努瓦斯，无论是诗的意境及用词的优美和丰富，都不是任何一个汉志人比得上的。影响诗才的因素甚多，如自然环境的熏陶、诗歌的想象能力及语言表达能力等，这些都是可以通过学习和训练获得的。如果说，接近汉志就容易些，那么，伊拉克与沙漠游牧人为邻，做到这一点也并不太困难。诗歌，特别是阿拉伯诗歌，只要有充分的物质基础，就会大量产生。当时的伊拉克，就具备了这种条件。

散文的情况也一样，它产生于叙利亚的宫廷、官府之中。大散文家阿卜杜·哈米德就是倭马亚王朝哈里发麦尔旺的书记官。他的散文格调新颖，奔放流畅。后来，随着迁都和诗歌中心的转移，散文的中心也转移到了伊拉克。当时的大散文家伊本·穆加发、阿慕尔·本·麦斯阿德、查希兹等人，都是伊拉克人。

*　　　*　　　*

① 赛阿里化：《稀世明珠》，第1卷，第6页。

当时的神学、医学和哲学活动，是希腊、罗马学术的延续，学术活动的带头人物是古叙利亚的基督教徒。他们用古叙利亚文取代了希腊文和拉丁文。他们在阿勒颇、京斯里等地创办了学校。[①]从穆阿威叶·本·艾比·苏福扬时代起，与大马士革的哈里发就有联系。伊本·艾比·阿斯比尔曾历数他们当中的医学家和哲学家。在阿拔斯时代，他们中出现了不少杰出的翻译家。最著名的有巴勒贝克人古斯塔·本·卢高和霍姆斯人阿卜杜·麦西哈·本·阿卜杜拉。

此外，叙利亚还创办了教授罗马法律的法律学校，最著名的一所学校就是贝鲁特学校，许多叙利亚人毕业于该校。它教给人们断案的方法和法规，后为远征后的伊斯兰帝国所吸收。其风俗习惯也供伊斯兰教选择，可接受的予以接收，不可接受的则一概摒弃。

*　　*　　*

总而言之，叙利亚与伊拉克由来已久的争执，在阿里和穆阿威叶时代愈加剧烈。因为叙利亚人支持穆阿威叶，而伊拉克人却支持阿里。穆阿威叶上台后，叙利亚占了上风，并迫使伊拉克屈服于叙利亚的统治。倭马亚王朝时期的情况就是如此。他们派出哈查吉一类人去伊拉克惩治和虐待他们。叙利亚政治上的胜利带来了学术和艺术的胜利，只有宗教学，未曾从属于政治。后来，时过境迁，阿拔斯人战胜了倭马亚人，即伊拉克战胜了叙利亚。伊拉克人便对叙利亚人实行报复，严厉地惩治他们。时而指控他们政治上

① 库尔德·阿里:《叙利亚地志》,第4卷,第12页。

不忠,时而谴责他们叛教。对于萨利哈·本·阿卜杜·古笃斯等人,他们就是这样做的。哈里发迈赫迪远征拜占庭时,途经阿勒颇,听说那个地区有叛教者,便将他们聚而杀之,并且毁掉了他们的著作。[①] 他们根据这种指控,屠杀、放逐叙利亚人。于是,叙利亚的学术便自然而然地衰落了。到了阿拔斯时代,叙利亚在学术和艺术上的优势已不复存在。有所成就的杰出叙利亚学者,仅限于带有修行色彩的宗教学领域。而在其他领域,如诗歌、散文、医学、哲学,等等,有成就者都已离开了叙利亚而奔往伊拉克,在那里著书立说,发挥他们的聪明才智。这是他们出人头地的唯一途径。

下面,我们将详述各门学科的情况。

① 库尔德·阿里:《叙利亚地志》,第 4 卷,第 29 页。

第四章　圣训学和经注学[①]

倭马亚时代末期和阿拔斯时代，圣训学研究的主要方式是记录圣训。可是，收集和记录圣训，究竟是否有益，在直传弟子之间以及直传弟子和再传弟子之间意见分歧，莫衷一是。后来，消除了分歧，大家一致同意记录圣训。欧麦尔二世也许是在这方面迈出第一步的人。《圣训易读》中有如下一段记载：欧麦尔二世曾写信给艾布·伯克尔·本·穆罕默德·本·阿慕尔·哈兹姆。他说：你看看先知的训示或告诫，把它记录下来。我担心这门学问会随着学者的逝去而失传。他嘱咐艾布·伯克尔把阿卜杜·拉赫曼·安萨里的女儿阿姆莱和戈西姆·本·穆罕默德·本·艾比·伯克尔两人收集的圣训全部记录下来。[②] 艾布·奈斯姆在所著《伊斯法罕史》一书中说：欧麦尔二世曾通知各地，要求人们注意收集先知的训示。

艾布·伯克尔·本·穆罕默德是麦地那的基督教徒。在哈里发苏莱曼和欧麦尔二世时代，曾主持麦地那的司法。他卒于伊斯兰历 120 年。欧麦尔二世曾于伊斯兰历 99 年至 101 年间，担任麦

① 参看《阿拉伯伊斯兰文化史》(黎明时期)，第六篇第二章。——译者

② 这句话，记载在《圣训易读》中，是穆罕默德·本·哈桑传述的。

地那总督。根据这个传说，艾布・伯克尔・本・穆罕默德可能在伊斯兰历100年时受令收集圣训。他是否收集，无从知道。不过这批圣训并没有流传下来，后来也没有任何圣训收集家提到过他收集的圣训。因此，有些"东方学"学者很怀疑这个传说。他们认为，这批圣训倘若收集起来了，那一定是圣训收集家最重要的依据。不过，倒也无须怀疑，因为这个传说仅说明欧麦尔曾下令收集圣训，没有说收集圣训的工作是否完成。或许欧麦尔的早逝，使圣训的收集没有完成。

阿拔斯王朝开始时，正是伊斯兰历二世纪中叶，圣训及其他学术的编纂活动刚刚开始。当时各地相继开始记录圣训。在麦加有伊本・朱赖吉，原拜占庭人，卒于伊斯兰历150年。布哈里不信任他，曾说过：朱赖吉收集的圣训，传述世系不连贯，不足为据。其他各地收集圣训的人有：麦地那的穆罕默德・本・易斯哈格（151年卒）、马立克・本・艾奈斯（179年卒），巴士拉的赖比尔・本・索比哈（160年卒）、赛义德・本・艾比・阿鲁拜（156年卒）、罕马德・本・赛莱曼（176年卒），库法的苏福扬・绍里（161年卒），叙利亚的奥查尔（156年卒），也门的迈阿麦尔（153年卒），呼罗珊的伊本・穆巴拉克（181年卒），埃及的赖易斯・本・赛阿德（175年卒）。

由此可见，收集圣训的工作大体上始于伊斯兰纪元第二世纪中叶之初。范围遍及各地。但是，究竟哪一个地区最早开始，尚难确定。不过，看来麦加的伊本・朱赖吉是圣训学者中最先去世的（150年卒），应该是最早编辑圣训者。也许他正是后来大家的楷模。这种活动，通过一年一次的朝觐传布到四面八方。到达麦加的学者，在朝觐期间受到启发，回去之后，也仿照伊本・朱赖吉的做法，收集了本地区的圣训。

不过，这些圣训集流存至今的只有马立克的《穆宛脱圣训实录》。其他一些圣训集，则只有简单的介绍。介绍说明收集圣训的首要目标，是为了简化律例法规，为了立法。《圣训易读》是按教法分类编写的。据说，其他圣训集也类似，收集了直传弟子和再传弟子关于律例的言论和解释。

因此，我认为圣训学家收集圣训，其目的是为了回答伊拉克类比派法学家的活动。马立克·本·艾奈斯、奥查尔、苏福扬·绍里、赖易斯·本·赛阿德等学者都是圣训派教法学家。他们对圣训推崇备至，纵然是少数人传说的圣训，也认为对立法的作用在"类比"之上。他们收集圣训，是为了把圣训作为立法依据——关于马立克的《圣训易读》，以后在谈到法律时，再加以说明，将更恰当。在此，我们要指出的是，《圣训易读》中的圣训，并不都是确凿可靠的。我的意思是说，这些圣训的传述世系并不逐一相连。马立克听某人传述，某人又听某人传述，追根溯源，直至先知本人。有些圣训则是再传弟子传述的，没有提到对他传述的那位直传弟子。（在传述世系中，失掉一个或多个传述人。）因此，后来编辑《布哈里圣训实录》和《穆斯里姆圣训实录》时，有些圣训的真伪受到这些学者的怀疑，就没有全部引述。伊本·哈兹姆说：《圣训易读》中有些圣训是虚弱的，不能取信于人。伊本·阿卜杜·比尔写过一本书，收集了由再传弟子和直传弟子传述的圣训，包括传述世系不完整和道听途说的圣训（即那些"听说"或"据权威说"一类的圣训），其中只有四条圣训，没有传述世系。

*　　　*　　　*

伊斯兰纪元二世纪初，记录圣训的活动迈出了第二步。伊本·哈哲尔在《布哈里圣训实录注释》一书中，首先说明了早期编撰圣训的情况，即按章目编撰，将圣训和直传弟子的言论及再传弟子的意见混合编在一处。然后指出：伊斯兰纪元二世纪初，有些伊玛目主张，圣训应独立成集。库法学者欧拜德拉·本·穆萨编辑了一部圣训专集。巴士拉学者穆赛达德·本·穆赛尔海德也编辑了一部圣训集。艾赛德·本·穆萨和定居埃及的奈伊姆·本·罕玛德也各编辑了一部圣训集。后来的伊玛目，便纷纷仿效他们。凡能背诵全部《古兰经》的伊玛目，无不按这种办法编撰圣训集。“按传述世系编撰法”与“按章目编撰法”不同。前面已有说明，章目编撰法是先列出全书章目，如圣洁章，然后把有关的圣训列其后。而传述世系编撰方式，则根据传述圣训的直传弟子依次编排。如欧麦尔·本·赫塔布传述的圣训，不管其内容是关于礼拜、天课或遗产，都收集在一起。前者以内容为基础，后者则以传述人为中心。后来，艾哈迈德·本·罕百里就是按照后一种方式编辑圣训的，他的书被称为《穆斯奈德圣训集》。

这一步的特点是使圣训在一定程度上从教法独立出来，单独编辑成集。直传弟子的言论、再传弟子所提出的法律意见，都未编入，只注重圣训本身而不管从中创制的律例问题。

这样一来，所有的圣训，可靠的和不可靠的，统统收集起来。每个直传弟子引述的圣训，不管是否可靠，都加以收集。结果，这部《穆斯奈德圣训集》反而不能成为第一流的圣训集了。

到了伊斯兰历三世纪，收集、评论、甄别圣训，剖析、判断圣训收集家的活动才活跃起来，成为伊斯兰历史上一个重要的世纪。

在这个世纪中，编撰了最重要的圣训集。后来编撰的书籍，都以这批书为依据。圣训学如此，其他学科如教法学、语法学、语言学等也均如此。

布哈里（伊斯兰历256年卒）、穆斯里姆（261年卒）、伊本·马吉（273年卒）、艾布·达乌德（275年卒）、梯尔米兹（279年卒）和奈萨伊（303年卒）等六人各编了一部圣训集，是公认为最可靠的六大《圣训集》。

此外，还有艾哈迈德·本·罕百里的（241年卒）《穆斯奈德圣训集》。圣训学家认为，布哈里和穆斯里姆的圣训实录最翔实可靠，余者次之。与阿拔斯时代联系最多的是布哈里、穆斯里姆和艾哈迈德·本·罕百里三人的圣训集，今分别叙述如下：

布哈里：全名穆罕默德·本·易斯玛仪·本·伊卜拉欣·本·麦恩莱·本·百尔迪兹拜。祖先是波斯人，信奉袄教。他们之中首先皈依伊斯兰教者为麦恩莱，他是经布哈拉总督叶玛努·朱阿菲介绍信奉伊斯兰教的。麦恩莱为叶玛努的释奴。这种依附关系一直延续到他的子女。故布哈里被称为穆罕默德·本·伊斯玛仪·艾布·阿卜杜拉·朱阿菲。布哈里于伊斯兰历194年生于布哈拉，其父是圣训学家。他小时候父亲就去世了，给他留下了一笔可观的遗产。布哈里在母亲抚育下长大，后被送进学堂。十岁时，便开始背诵圣训。十六岁时已能背诵伊本·穆巴拉克和瓦基阿两位著名的圣训学家的著作了。

布哈里为收集圣训迈出了新的一步。早期的圣训学家，仅限于收集本地区流传的圣训。如马立克·本·艾奈斯，他收集了汉志地区，特别是麦地那居民中流传的圣训。伊本·朱赖吉收集了流传于汉志地区特别是麦加人手中的圣训。当然，当时的圣训学家也有去外地收集的。但是，布哈里扩大了收集的范围，并为后来的圣训学家制定了一个寻求知识而奔走四方的成规。所谓寻求知识，就是寻求圣训。布哈里在本地收集完圣训后，便到巴里黑①聆听那里的圣训学家所传述的圣训。后来，又到木鹿、内沙布尔、雷伊、巴格达、巴士拉、库法、麦加、麦地那、埃及、大马士革、盖萨里亚、阿斯格兰、霍姆斯等地继续收集。布哈里为此制定了一个收集散失在各地的圣训的计划。他游历四方，整整度过了十六个年头。其间遭遇常人难以忍受的千难万险，最后返回故乡，于伊斯兰历256年逝世。

与此同时，布哈里在鉴别圣训的真伪方面也迈出了新的一步。以前的圣训集，对此均不重视。那些圣训学家，只注重收集圣训，至于传述人和圣训可靠性的研究，则让读者或听众自己去鉴别。在这方面，甚至《穆宛脱圣训实录》都不免受到人们的指责。

根据圣训传述世系的研究来决定圣训真伪的工作，需要付出无比艰辛的努力。既要广泛地了解传述人的历史和生卒年代，以确定传述人和被传述人是否见过面，又要细致了解从直传弟子直到布哈里时代的圣训学家们诚实、可信的程度，以确定谁诚实，谁一般，谁撒谎。有的人虽老实却无知。正如人们所说，“他的主张虽可信，但他的传说却不能接受。”此外，还要对各地的圣训进行比较，以便了解其异同。还要弄清他究竟是哈瓦立及派，还是穆阿台及勒派，是麦尔吉阿派还是什叶派，以便查清教派观点对某段圣训

① 参看本书第54页注①。巴里黑在今阿富汗。——译者

或某种圣训释义的影响——由此可见，这是十分艰巨的工作。因为它往往涉及个人的意图和良心，涉及灵魂深处的隐秘。有多少人表里不符，有多少人言行不一。看起来冠冕堂皇，实际上卑鄙丑恶。有的人装作虔诚、善良，其实只不过是玩弄手段。有的人害怕公众或权贵，隐藏了自己的信仰。有的人却以假象欺骗人，以达到自己卑鄙的目的。

布哈里具有两个突出的特点，使他接近了自己预定的目标。这两个特点是：

(1) 惊人的记忆力，特别是记忆圣训的能力。有些传述人，对布哈里背诵的圣训和传述世系大为夸张。传说布哈里幼年时便记住了七万多条圣训。他引述传自直传弟子和再传弟子传述的圣训，连同他们大多数人的生卒年月和居住的地方，都了如指掌。[①]有人甚至说，布哈里背记了二十万条圣训云云。不管这些传说如何夸张，却说明了布哈里具有惊人的记忆力。他勤于思考，通过记录和多思来增强记忆力。据说，布哈里曾说过："我把巴士拉的每一条圣训都笔录下来了。"有位书商说，布哈里曾说过："我把收集的圣训数了一下，共得二十万条。"还有人说，布哈里夜晚常起身数次，点起灯，把圣训标上符号，然后再睡。

(2) 善于评介人物。布哈里写过一本历史人物传。据说，他曾说过："所有历史人物，都已收在我这本书中了。"一次，有人在布哈里面前传述了一段伊脱邑·卡哈拉尼传述的圣训。有人便问

① 参看苏卜基的《沙斐仪教派名人传》，第 3 卷，第 5 页；赫忒布·巴格达迪的《巴格达志》，第 2 卷，第 24 页。

"卡哈拉尼"一词的意思。布哈里说,卡哈拉尼为也门的一个村名,穆阿威叶·本·艾比·苏福扬曾派遣直传弟子伊脱邑去也门,伊脱邑从该地听到了两段圣训。[①] 布哈里对人有精细的了解,他对人物的评介很有分寸。每当提到他不满意的人或说过谎的人时,也只是说"人们对某人有看法",或者说"人们对某人不加评论"。布哈里极少用"骗子"或"伪造者"这类字样,而只是说某人谎言被揭穿了,或某人被指责过。这样,就算评介了人。最直率的说法也不过是"某人不了解这段圣训",其实这样的评介也很少。

《布哈里圣训实录》:布哈里只想在书中收集真实的圣训。所谓"真实的圣训",在圣训学家的术语中指的是传述世系完整的圣训——即从传述人上溯到先知本人——而且每个传述人都是正直谨慎的人。为编撰此书,布哈里耗费了十六年时间。最后,将此书定名为《至圣实录》。据伊本·哈哲尔说,布哈里在书中共收集了7397段圣训,其中有些是重复的,但不包括省去传述世系中第一个传述人和两个传述者传自同一个被传述人的圣训,以及并非先知言行而是直传弟子和再传弟子言行的"圣训"。

若把上述两项圣训计算在内,则总数达9082段。除去重复的,传述世系完整的圣训计2762段。

圣训学家们指出:布哈里的《至圣实录》规定了若干条件,人们称之为"布哈里条件"。穆斯里姆在其《圣训实录》中也规定了若干条件,但与"布哈里条件"略有不同,人们称之为"穆斯里姆条件"。两者的共同点是:其传述世系必须连续不断;传述者必须是忠实可

① 赫忒布·巴格达迪:《巴格达志》,第2卷,第8页。

信、品德公正、谨慎认真、思维正常、观点正确的穆斯林。[①]

布哈里对圣训不仅有非凡的才能,而且还是一位教法学家。苏卜基认为布哈里是沙斐仪派学者,因而把他列入了《沙斐仪教派名人传》一书中。但是,这一点尚有怀疑。表面上看,布哈里是一位有独立见解的学术权威,他的见解有时和哈乃斐派的观点相同,有时又与沙斐仪派的观点近似;有时则与两派的观点都不相同。有时他倾向伊本·阿拔斯派;有时又倾向于穆加希德和伊脱邑。布哈里认为无大净者可以读《古兰经》,因健康不好而怕用冷水者可用土净。他还认为着鞋礼拜是可以的。布哈里认为做买卖可遵循常法惯例,认为穆斯林可以向基督教徒和犹太教徒教授《古兰经》。由此可见,布哈里并不拘泥于某一派的观点。

这种法学观,对布哈里的《至圣实录》有显著的影响。他这部著作,跟马立克的《圣训易读》一样,按教法学观点编撰。《天启章》开始,接着为"信仰"和"学术"两章。然后是《洁净章》、《礼拜章》、《天堂章》、《斋戒》和《朝觐》两章。哪一章在前,哪一章在后,不同的抄本有不同的编排。然后才是《买卖章》等。直到《交际章》之后,才是《诉讼章》。然后是《作证章》、《和解章》、《遗嘱章》和《慈善经费章》,最后以《圣战章》结束,再转到教法以外的部分。他谈到了"创世"、"天堂"和"火狱",提到了众先知们的传记、古莱氏族的功绩、直传弟子、迁士和辅士们的美德。接着,记叙了先知的生平和征战,其后是《经注章》,然后又回到"结婚"、"离婚"等有关教法的内容。再接着,依次为"食物"、"饮料"、"医学"、"礼仪"、"孝道"、

① 此处略去十二行有关圣训收集家分若干等级的文字。——译者

"契约"、"请求允许"以及"许愿"、"赎罪"、"强制"、"圆梦"、"灾难"、"律例"等章。布哈里还记叙了王公贵族和法官的事迹，记述了在法学原理中可能涉及的事物。如个别人的传闻，创制的律例，以及从《古兰经》和教法中做出的推论。最后以《一神教章》结束全书。

布哈里把书中各章都细分为若干节。全书总计97章，3450节。这种编排有些奇怪。注释家们费尽心机，想了解其逻辑基础。更为困难的是，有些章节圣训很多，而有些章节，只有一段圣训或一句《古兰经》经文；还有一些章节，章目之下既无经文，又无圣训；有些章节，读者难于理解题目与其内容之间的联系——对布哈里的这种编排众说纷纭，看法各异。最明显的是，布哈里有时只列出了章目，却没有放入圣训，因为他还没有查证出可放在该章中的真实可靠的圣训。结果，这一章便是空白。布哈里本人没有完成该书的定稿工作。有些抄书人把没有圣训的章节也列入书中。哈菲兹·艾布·易斯哈格·伊卜拉欣·本·艾哈迈德·穆斯坦姆利说："我抄写的布哈里的《至圣实录》，其原本是布哈里的好友穆罕默德·本·优素福·费拉卜里保存的本子。其中有些内容尚未写完，有些还是空白，有些传记未曾定稿，有些圣训则未曾为传述者作传。于是，我把一些圣训放在一起。"[①]巴吉说："此话一点不错。虽然同一来源，但书中不少叙述前后倒置。因为每个抄书的人都根据自己的认识把某些圣训列入某些章节了。"

无论怎么说，布哈里编撰的这部著作确是众所公认的最好的一部"圣训实录"。当然，有些人更加推崇穆斯里姆的《圣训实录》，

① 伊本·哈哲尔:《夜行指南》，第1卷，第5页。

我们将在以后说及。

当然，这并不是说这部著作完美无瑕了。杰出的圣训学家中，有些善于背诵和评论圣训的人曾经坦率地从下述几方面批评了这部著作：

第一，书的编排以及各章之间的联系问题。这在上面已经提到。

第二，布哈里割裂了某些圣训，如同一段圣训在某章中传述了一部分，在另一章中传述了另一部分。传述人可能对圣训不同段落有不同的传述，致使有的段落有传述世系，有些段落则缺乏完整世系。看来，这是布哈里的法学观点使他这样做的。如某段圣训中有涉及“礼拜”的内容，布哈里便在“礼拜章”中引用，而把另外涉及“买卖”的内容，放到“买卖章”中叙述。也许是传述人对同一圣训有不同的传述，布哈里便在每章中只引用其中一种说法。有时候，圣训的传述世系已提及了，再出现时便不再重叙传述世系。布哈里在这方面受到指责，他的支持者也无言以对。

第三，熟记圣训的人，对书中一百一十段圣训提出了疑问。其中有三十二段，布哈里和穆斯里姆共同传述了；另外七十八段，只有布哈里一人传述。圣训学家认为，这些圣训中有错误。

第四，布哈里引用的一些传述人不是权威人士。熟记圣训的人认为，书中约有八十人不可靠。的确，这是一个困难问题。因为要了解这些人的真实情况是不可能的。诚然，对有明显过失的人易于判断。但对于情况不明的人就不易判断了。其次，人们对这些人的判断不同。有人认为可信，有人则视为极不可信。凡此种种，不胜枚举，而且这些圣训学家判断传述的圣训是否可靠的原则也不一致。有人断然拒绝异端者传述的圣训，如哈瓦立及派和穆阿台及勒派的圣训学家。有人则接受那些不涉及其异端的圣训。有的则说，传述人如鼓吹异端，其传述便不能接受，如不鼓吹异端，其传述可以接受。有些圣训学家的条件更为苛刻。他们认为凡与政治当局有联系者、步入世俗事物者，无论他多么诚实、谨慎，他们所传述的圣训皆不可取。有的圣训学家则认为，只要传述人公正、诚实，他的传述就可接受。有的圣训学家严肃指责那些开玩笑的圣训学家。据说巴士拉的一些无赖，常常把钱袋丢在路上，然后躲藏起来。看到过路人弯腰拾钱袋时，便狂呼乱叫，过路人只好羞愧地丢下钱袋。这些无赖便上前取笑过路人。对此，有的圣训学家便做出了这样一个裁决：将碎玻璃装入一个袋子内，如果无赖们呼叫起来，就丢下手中的碎玻璃袋，而将钱袋拿走，以示惩罚。对于这样的裁决，有的圣训学家反对，并加以指责。有的圣训学家则主持公道，认为这样做并无不可。类似情况，说来话长。可见，在如何评价传述者的问题上，圣训学家之间有着严重分歧。继之，在对其传述圣训的真实性及能否引述等问题，看法也不一致。对于伊本·阿拔斯的释奴伊克里迈的看法，就是一个最明显的例子。伊克里迈传述了大量的圣训，并对《古兰经》做了大量注释，因而有人攻击他，说他骗人，说他赞同哈瓦立及派的观点，说他接受过王公大臣的赏赐。对他的不可信，议论甚多。如传说赛义德·本·穆赛耶布曾经对其释奴布尔德说："你可别像伊克里迈骗他的主人伊本·阿拔斯那样骗我呀！"赛德·本·穆赛耶布戳穿了伊克里迈所传述的圣训中的谎言。戈西姆说："伊克里迈是一个骗子，早晨说的圣训，晚上讲时就变了样。"伊本·赛阿德说："伊克里迈口若悬

河，受人责难。他传述的圣训不足取。”可是，也有一些人信任他，说他正直可信。塔巴里对伊克里迈十分信任。在他写的《塔巴里经注》、《先知与帝王历史》中，大量引用了伊克里迈的话和他所传述的圣训。艾哈迈德·本·罕百里、易斯哈格·本·拉赫威叶、叶海亚·本·麦因等著名圣训学家也十分信任伊克里迈。由于这个原因，几部《圣训实录》的著者对伊克里迈的态度不尽相同。布哈里比较相信他，因此，在他著的《至圣实录》中，引用了许多他传述的圣训。而穆斯里姆则倾向否定他，故在其《圣训实录》中只引用了一段他所传述的关于朝觐的圣训，而且还是作为唯一的依据引用，只是为了肯定赛德·本·朱贝尔传述的同一内容的圣训。

上述例子说明，判断情况不明的圣训学家是困难的。人们的种种分歧所带来的影响，连《圣训实录》的几位作者也难于避免。

总之，无论怎样批评布哈里，无论他有过什么差错，在编撰《至圣实录》时，他确实做出了巨大的努力，进行了力所能及的考察。读过布哈里的《至圣实录》的人，都能体会到他工作的细致入微。他对圣训传说中的微小差异，都做了记载，并且对每段圣训都做过精细的评论。评论总是以“艾布·阿卜杜拉说”这样的词句开始的。布哈里的评论，也许是从某段圣训作出的推论，或是对某条只有一人传述的圣训加以解释等。此外，我们注意到：布哈里是第一个对圣训的传述进行细致审订的人。他只收集那些他认为真实可靠的圣训。布哈里的这种编辑方法，对圣训学和圣训学家做出的贡献，是有目共睹的。

穆斯里姆：全名穆斯里姆·本·哈查吉，是一位在古谢尔出生的阿拉伯人，家住内沙布尔。穆斯里姆收集圣训始于自己的家乡，后赴伊拉克、汉志、叙利亚、埃及等地。穆斯里姆曾多次到巴格达讲授圣训。布哈里在内沙布尔定居时，穆斯里姆曾拜在布哈里的门下求教，受其影响，获益匪浅。穆斯里姆于伊斯兰历261年卒于内沙布尔。他的著作很多，最重要的是《穆斯里姆圣训实录》。

《穆斯里姆圣训实录》：这部著作以其权威性和可靠性与布哈里《至圣实录》相提并论。穆斯里姆在该集子的前言中写道："他将这部集子分为三个部分。第一部分是熟记并精通圣训的人所传述的；第二部分是对圣训的记忆与研究均一般的人传述的；第三部分是较差的人和人们不重视的人传述的。"

人们对布哈里和穆斯里姆两部"圣训实录"的评价各不相同，但是，比较起来，人们更推崇布哈里的集子。其主要原因是：

（1）穆斯里姆的集子里，不可靠的传述者更多。布哈里集子中提到了八十人，而穆斯里姆集子里多达一百六十人。

（2）对这些不可靠的传述者，布哈里引述的不多，最多一两段，而穆斯里姆却大量引用。

（3）布哈里以引述第一流圣训学家传述的圣训为前提条件，这点前已指出。

（4）穆斯里姆将传述圣训的先后两人均加以研究，看其是否生活在同一时代，以此判断传述世系衔接的准确性。[①] 而布哈里却以圣训传述的先后两人是否会过面——哪怕见过一次面也好，以此作为判断传述的标准。尽管布哈里并不总坚持这一点，但他

① 这种做法，不提"某某对我传述"或"我听某某说"一类言词。穆斯里姆与布哈里磋商，说明他这样做的原因。他为了答复意见不同的人，常常详加论述。

还是喜欢这样做的。穆斯里姆的《圣训实录》，有一些为艾布·阿里·内沙布尔等学者和马格里布的部分学者所推崇的特点，主要有：

（1）伊本·哈哲尔说："穆斯里姆是在自己家乡写成该书的。许多精通《古兰经》的学者均健在人世。他用词谨慎，反复推敲。不像布哈里，为了分章编写而摘引圣训，甚至把一段圣训割裂开编入不同的章节。穆斯里姆坚持整段编排，而且只选编穆圣的训示，不收入直传弟子的言行。只有在照顾上下文的个别情况下，才在某些地方提两句直传弟子的言行。"

这里有一个例子。据说伊本·哈兹姆对穆斯里姆十分推崇。"因为书中除了编者的话之外，全是引用的圣训。"因此，从纯圣训的角度看，《穆斯里姆圣训实录》确实高人一等。因为穆斯里姆不像布哈里那样割裂圣训，而是将整段圣训连同各种传述世系都放在一起。布哈里则往往用一个传述线索引述一段圣训中的一部分，在另外一个地方又用另一个传述线索引述同一段圣训中的另一部分。这样一来，连圣训学家也难于了解完整的圣训及其传述世系了。布哈里之所以这么做，是他的法学观决定的，而穆斯里姆考虑的则是圣训本身。布哈里的目的是甄别圣训的真伪，并从中引出创制法律条例，弄清先知和直传弟子的生平，推断出对《古兰经》的注释。穆斯里姆虽然也甄别圣训的真伪，但是，他为了使圣训便于记忆，将同一段圣训的各种传述都集中起来，以便弄清圣训本文和传述世系的差异。

（2）有人说，穆斯里姆比布哈里好，因为"布哈里曾在涉及叙利亚人的名字中出过差错。他曾研究过叙利亚人的著作，故在谈

及某人时，可能在此处只提他的绰号，彼处又提他的真名，把一个人当成了两个人，而穆斯里姆则很少出过这种差错”。[1]

不管怎么说，《穆斯里姆圣训实录》也是十分精确的，它一字不漏地指出了圣训中的细微差异，而且常常说明传述人的特点及其谱系。《穆斯里姆圣训实录》除文字简练优美外，还证明了作者本人确是一位高明的教法学家。

人们都说穆斯里姆收集的圣训，包括重复部分，共达 7275 条之多。除去重复的部分，尚有约四千条。其编排方法基本上也是按照教法学内容分类的，只不过没有像布哈里那样夸张。

艾哈迈德·本·罕百里及其《圣训集》：罕百里的生平，我们将在法律章叙述。前面提到，他的《圣训集》属于通常按直传弟子的传述世系编排的另一种《圣训集》。即某直传弟子所传述的圣训，全部编在一起。接着是另一直传弟子传述的圣训，全皆依次类推。举例来说，哈里发欧麦尔传述的一章，包括了传自他的所有圣训。如某人向我们传述了一段圣训，这段圣训传自某人，某人又传自某人，一直追溯到欧麦尔。同样，传自赛阿德·本·艾比·宛葛斯的圣训，也一段不漏地编集于一处。按照这种编排方式，凡欧麦尔传述的圣训，无论是关于“礼拜”、“朝觐”、“信仰”等内容的圣训，都可收集在一起。因为章节不是按内容，而是按传述圣训的直传弟子划分的。这种编排方式的好处在于集中地介绍每个直传弟子所传述的圣训的数量和内容。人们说，《罕百里圣训集》，收有四万条圣训，其中约一万条是重复的。

---

① 赫忒布·巴格达迪：《沙斐仪教派名人传》，第 13 卷，第 102 页。

罕百里收集的圣训，其准确程度不及布哈里的《至圣实录》和穆斯里姆的《圣训实录》。圣训学家指出，《罕百里圣训集》中很多圣训是不可靠的。

东方学家指出，《罕百里圣训集》表现了他自己对阿拔斯人勇敢无畏的精神，因为他提到了在叙利亚人中间流传的赞扬倭马亚人美德的圣训。这一点与布哈里和穆斯里姆两人恰恰相反。布哈里和穆斯里姆两人为了讨好阿拔斯人，只字未提这类圣训。不仅如此，《罕百里圣训集》还收集了赞扬阿里和什叶派人美德的大量圣训。

《罕百里圣训集》等于是对布哈里和穆斯里姆两人的严厉裁判。是的，很多赞扬倭马亚人和什叶派人的圣训，在《罕百里圣训集》中都有，而在《布哈里至圣实录》中却不见踪迹。但是，我们在布哈里的《至圣实录》和穆斯里姆的《圣训实录》中发现了一些圣训，可以对此作出部分回答。如“据说先知对阿里说过，难道你不愿意跟我保持哈伦与穆萨那样的关系吗？我之后再无先知。”[①]这段圣训布哈里和穆斯里姆都传述了。穆斯里姆还传述了另一段圣训：“明日我定授给一个热爱真主及其使者，并得到真主和使者喜爱的人一面旗帜。人们便盼望见到这面旗帜。穆圣道：把阿里给我叫来。”[②]穆斯里姆还传述说：“阿里说过，创造了谷物和空气的真主命文盲的先知为我证明，只有信士才会喜爱我，只有伪君子才

① 穆萨多数学者认为即《圣经》中的摩西。《旧约》载哈伦为先知摩西之兄，忠于摩西。——译者

② 指先知所指受旗的人，即阿里。——译者

讨厌我。”布哈里和穆斯里姆还都引述了拜拉的话:“我见使者背着哈桑[①]说:真主啊！我爱他,请你也爱他吧!”布哈里和穆斯里姆的《圣训实录》中关于倭马亚人的圣训确实寥寥无几。穆斯里姆引述伊本·阿拔斯的一段圣训说:艾布·苏福扬无论问先知何事,得到的回答总是“是的”。诚然,关于先知的伯父阿拔斯及其子阿卜杜拉·本·阿拔斯的品德和功绩的圣训很少,而二人都是阿拔斯人的祖先。因此,那些关于倭马亚人的品德和功绩的圣训,在布哈里和穆斯里姆看来,也许都不可靠,故没有收。但罕百里收集圣训时,没有依照布哈里和穆斯里姆提出的先决条件,而是采取了宽容的态度,将他认为正确的圣训一概收集。由此看来,这并不是一个勇敢或胆怯、直率或讨好的问题。是的,喜欢奉迎、善于巴结的圣训学家是有的,他们伪造了一些为阿拔斯人歌功颂德、贬低倭马亚人的圣训。不过,这种指责对布哈里和穆斯里姆两人是不适用的。

*　　*　　*

说到这里,我们不得不提一下倭马亚人的事。他们确实编造过圣训。也有人为他们编造过一些圣训为其政治服务。有些圣训对四大哈里发中的奥斯曼倍加赞扬,因为奥斯曼属于倭马亚族,和族人来往密切。有一段圣训说:奥斯曼把三百头驮鞍齐全的骆驼赠给了泰布克战役中的穆斯林军队,于是,先知便从讲台上走下来,边走边说:“此后,奥斯曼再没有别的义务了,再没有别的义务了。”塔巴里说:当穆恩拉·本·舒阿拜于伊斯兰纪元41年5月担任库法省省长时,穆阿威叶召见了他。穆阿威叶在赞颂安拉之后,

① 先知的外孙,阿里的长子。——译者

称赞穆恩拉说："……我要托付给你许多事。我相信你的学识。你能使我放心，为国家造福，让臣民满意。我让你自行其是，没有让你咒骂和谴责阿里而偏袒奥斯曼，没有让你挖苦阿里和阿里一派的人，从而疏远他们，不理睬他们，而去赞扬和亲近奥斯曼一派的人，偏听他们的主张。……"穆恩拉作为穆阿威叶的代表，在库法为官七年多。为人正派，酷爱和平，不许谴责、诽谤阿里，不许责备、诅咒那些杀害奥斯曼的人，他为奥斯曼祈福，为奥斯曼祈主宽恕，并为奥斯曼一派的人澄清事实。[①]

奥斯曼被杀、骆驼战役、哈瓦立及派的动乱以及伊本·祖百尔之乱，都成了为倭马亚人编造圣训的口实。有些圣训，夸大叙利亚的作用，对叙利亚倍加赞扬。因为叙利亚是倭马亚人的中心。如有一段圣训说："愿叙利亚得福"。于是有人问道：真主的使者，何出此言？穆圣道："因为天使们为叙利亚展开了翅膀。"还有赞扬耶路撒冷和岩石圆顶清真寺的圣训。其动机无须掩饰，都是为了颂扬倭马亚哈里发的都城及城中的居民。美化叙利亚人的那些圣训，都属于这一类。如艾布·达乌德曾传述这么一段圣训说："伊本·哈瓦莱对先知说：为我选一安身之地吧。"先知说："你应该去叙利亚，那是真主的最美好的土地。真主择信徒中优秀者送往那儿。"这类圣训很多，不胜枚举，都是在倭马亚时代，在当地编造出来之后，流传开来的。阿拔斯人上台后，情况完全改变。倭马亚人受到迫害，那些吹捧倭马亚人的圣训也遭到厄运。他们甚至转过来编造许多贬低倭马亚人、抬高阿拔斯人的圣训。苏郁退著的《历

① 塔巴里：《先知与帝王历史》，第6卷，第141页。

代哈里发史》一书中，有一章名为“防止倭马亚人做哈里发的圣训”。还有一章名为“预料阿拔斯人将继承哈里发的圣训”。从标题就可看出是编造之作，连编造的时间也可看出来是阿拔斯时代的产物。这两章充满伪造的圣训，前者贬低倭马亚人，后者抬高阿拔斯人。类似情况，前面叙述阿拔斯人对学术的影响时已提到。

同样，阿拔斯人和阿里派的分歧日趋严重，谁最有权继任哈里发的问题被提了出来。那时，诗歌十分繁荣，有些诗人便靠诗歌巴结阿拔斯人，另一些诗人则用文墨向阿里派靠近。

当时，诗人们接近哈里发的最有效手法，就是高唱阿拔斯人比阿里派更有权继承哈里发王位的调子。苏里讲过一个故事。他说：诗人艾巴奈谴责伯尔麦克家族，让拉希德赏给诗人们大量钱财，而他自己虽为伯尔麦克家族效力，却过着贫困的生活。法德勒便对他说：只要你走麦尔旺的路，我就会把你的诗呈献给哈里发。（麦尔旺即麦尔旺·本·艾比·哈费赛。麦尔旺的路即写诗诋毁艾布·塔里布家族。）艾巴奈答道：凭真主起誓，这是不合法的。法德勒说：我们大家都在做不法之事。你真可算是众人的楷模。艾巴奈听后便赋诗一首：

问天下苍生，谁能担正名，
叔叔辈分高，侄儿当权从，
谁应上大位，谁有权继承，
阿里须靠后，阿拔斯先登，
叔侄难相继，阿氏当称雄。

艾巴奈把诗念给拉希德听，一次得到二万迪尔汗的恩赏。从此两人有了来往。[①]

当时，圣训学的情况和文学的情况相同。哈里发的王位，成了各式各样的圣训学家根据各自教派的观点编造圣训的领域。逊尼派认为先知并未将哈里发的宝座授予某人，"先知"和"哈里发"都不能被继承。正如先知们的钱财不能继承一样。有段圣训说："我们是一群先知先觉者。我们是不能被继承的。我们的遗产乃施济之物。"而什叶派却不这么看。他们认为阿里及其后人已被指定为哈里发继承人。逊尼派认为，伊玛目应由古莱氏族人担任。哈瓦立及派则认为伊玛目存在于全体穆斯林之中，应从中选择，就是埃塞俄比亚黑奴也有权当选。各教派都有自己的诗人和圣训学家，正如用杜撰诗歌的办法来支持各派的观点一样，支持各教派的圣训也被编造出来了。各派人士之中，阿拔斯人最有钱有势，大权在握，故巴结奉承者最多。贪婪者也易于得势。这样一来，为阿拔斯人编造的圣训也最多。如梯尔米兹传自伊本·阿拔斯的一段圣训说：先知对阿拔斯说："星期一拂晓你带着孩子来找我。我为你祈福，求真主赐福于你父子。"是日晨，往之。使者给我们穿上衣服说："主啊！饶恕阿拔斯父子吧！饶恕他们吧！主啊！保佑他父子平安。"

脱百拉尼传述先知说过："哈里发宝座在我侄子辈手中。"书中不少这类圣训，均为阿里派的伪造。

更有甚者，连有人期望某人当权的圣训也被编造出来了。奈

① 苏里：《笔记》，第14页。

伊姆·本·罕马德·麦尔瓦兹(布哈里和穆斯里姆的老师)在其《动乱》[①]一书中,曾转述伊本·莱西阿传述的圣训,阿里说:"穆罕默德家族的政权在先知死后的167年又31天,真主将使之衰败。"先知卒于伊斯兰历11年,故这一年应为伊斯兰历178年。

有些东方学家发现,178年正是伯尔麦克家族掌握伊斯兰帝国的大权之年。塔巴里在谈到伊斯兰历178年的事件时说:"这一年,哈里发拉希德把国家政务全部委托给了叶海亚·本·哈里德·伯尔麦克。"因此,编造了这段为一定政治目的服务的圣训,表示对伯尔麦克家族的憎恶。

除了为一定的政治目的而编造圣训外,还有许多其他原因。如教义学派领域分裂为穆阿台及勒派、麦尔吉阿派、什叶派、哈瓦立及派和逊尼派。于是各自伪造圣训,让别人支持他们的主张。

同时,法学家当中圣训派和意见派之间的分歧,使得圣训派中的某些法学家也编造圣训,来填补那些没有圣训的空白。他们编造的圣训,可能符合意见派的观点。于是便以此为掩护,从而证明他们的主张是符合圣训的。他们编造的圣训也可能与意见派的观点不符,于是,圣训便成了攻击意见派的武器。教法中引用的许多圣训未被圣训学权威认可,便足以证明这一点。这些权威写了不少书,阐明自己的论据。我们将在立法章继续研究这种情况。

还有另外一个编造圣训的原因,即人们对于有关劝善和惩戒的圣训采取了宽容态度,致使伪造者有机可乘。这类圣训劝善

① 《动乱》一书,在英国博物馆存有一份,编号9449。该书记载了布哈里和穆斯里姆以前的圣训的情况,未受日后的教法观点的影响,颇有价值。奈伊姆本人原住埃及,后被押送巴格达。他不说《古兰经》是被造之物。伊斯兰历228年死于监牢之中。

戒恶,符合人们的愿望。《宗教学的复活》一书记述了很多类似的圣训。[1]

此外,说书人也编造圣训。圣训学家指出:“说书人编造的圣训,只有在讲明编造情况后,才可传述。这是与那些不可靠的圣训不同之处。只要不涉及法律和教义,还是允许传述的。”

过去,说书人传述了许多没有根据的圣训,权威的圣训学家不得不揭露其谬误,但却往往引起大众的愤怒和惩罚。伊本·焦兹在《说书人和回忆者》一书中写道:沙耳比曾在阿卜杜勒·麦立克时代到过台德穆尔,[2]听到一位长须老人说:“真主创造了两个号角,每个号角有两个口,一个口发出雷电之声,一个口宣告末日之到来。”沙耳比说:“我反驳老人说:真主只创造了一个号角,它确有两个口。”可是,老人对我嚷道:“你这个无耻之徒,这是某某传述给某某,然后传述给我的。”说毕,脱下鞋子向我打来,周围的人也一拥而上,直到我对他们说,真主创造了三十个号角,他们才住手。

伊本·焦兹在《伪造的圣训》一书中说:“伪造的圣训大都出自说书人。因为他们需要的是那些能打动人们心弦、便于传述的圣训,故真实的圣训寥寥无几。”

赫忒布·巴格达迪引述穆罕默德·本·尤努斯的话说:我在阿瓦兹听一位老人说书。他说,当先知为阿里和法蒂玛完婚时,曾令天堂里的幸福树撒下晶莹的珍珠。天国的人将珍珠放在盘内互相赠送。听罢,我便对老人说:老人家,这是诬蔑先知的话。老人

---

① 参看《阿拉伯伊斯兰文化史》(黎明时期),第七篇“宗教学派”。——译者

② 台德穆尔,地名,在今叙利亚霍姆斯之东。——译者

听罢，怒斥道：住嘴，该死的！大家都这么对我说的。我问道：谁对你说的？老人便对众人讲述了传述世系，原来是先知伯父伊本·阿拔斯的传述。

据说，赖易斯·本·萨阿德说过：有一位亚历山大城的长者找到我们，声称要传述当时还健在的纳费尔所讲述的圣训。我们便记了下来，足足写了两大张纸。长者走后，我们将记录寄请纳费尔过目，纳费尔对这些圣训一无所知。

直传弟子、再传弟子及三传弟子，如欧麦尔·本·赫塔布、阿卜杜拉·本·欧麦尔和马立克·本·艾奈斯都很讨厌这类故事传说。对此，伊本·焦兹做了分析。他指出了说书人讲述圣训的种种弊端。“那些有关古人传说的故事，可信者极少。传自以色列人的故事更不可信。”“许多说书人在讲故事中掺进了一些伤风败俗、腐蚀人心的内容和情节。”“说书人缺乏知识，又不诚实，不辨真伪。”①

这些例子告诉我们，布哈里和穆斯里姆在整理、鉴别和评价圣训真伪的过程中确实困难重重。使人感到奇怪的是，倘若我们把收集起来的圣训图表化，就会出现一个金字塔形的画面：塔尖是先知在世的时代，表示圣训很少。随着时间的推移，塔身越往下越扩大，圣训也越多了，到了塔的最底层时，正是距离先知最远的时期，而圣训却最多。实际上，这个图表应倒置过来才合乎情理。因为，先知的直传弟子最了解先知的训示。后来，随着部分直传弟子的

---

① 这方面的著作甚多。如伊拉基的《为什么要摆脱说书人的编造》、伊本·焦兹的著作及苏郁退的《警惕说书人的谎言》等。其中有些著作已再版。我们从中引用了上述一些传说。

死去，传述者日少，圣训自然日益减少。但我们却发现倭马亚时代的圣训比四大哈里发时代的多，阿拔斯时代的圣训比倭马亚时代的更多。造成这种情况的原因之一，可能是阿拔斯时代寻求散失在各地的圣训的活动范围更广、更活跃了。但是，这并不是全部原因。圣训越来越多的重要原因之一是有意杜撰、有意编造。如犹太教、基督教、袄教及其他宗教信徒，在圣训中塞进了许多他们宗教中的传说。《旧约》及其注释中的内容、基督教中的一些传说在圣训中随处可见。我们在谈到基督教和犹太教文化时已经提到。圣训中还出现反阿拉伯人的多民族主义者所散布的许多颂扬波斯人和罗马人的说教。①

事实上，圣训学权威历尽千辛万苦，多方探索，力求对传述圣训的再传弟子及三传弟子做出尽可能准确的评价，对每个传述者的历史和生平进行分析和了解，并制定出鉴别传述者及所传圣训的原则。

叶海亚·本·赛德·盖脱奈（伊斯兰历108年卒）和阿卜杜·拉赫曼·本·迈赫迪（198年卒）在这方面享有盛名，人们信任他俩，对他俩的判断乐于接受，他俩认为真者自真，伪者自伪，大众是可以辨别的。继二人之后又出现了叶海亚·本·麦因（233年卒）、艾哈迈德·本·罕百里（241年卒）和穆罕默德·本·赛阿德（230年卒）。他们对传述人严加评判，对其所传圣训的真伪、优劣均有说明。后来的圣训学家都以他们为榜样。——布哈里在这方面有三部著作，都称为“布哈里史”：大卷本按词典字母顺序排列，

① 参看《伊斯兰百科全书》，“圣训”条目。

但将以“穆罕默德”命名的人全排在卷首。中卷本按年代顺序排列。还有小卷本。有的著作家把可靠的圣训学家编为专册；把不可靠者或编造圣训者，也编为专册。圣训学家们在这一时期还为鉴别圣训制定了一些原则：哪些圣训最可靠？哪些最次？哪些居中？将圣训分为若干等级，按类划分，分别给以专名，称之为“圣训术语”。同时，对那些只有一个人传述的圣训也很重视，著有《单传圣训》一书。还有人研究相互矛盾的圣训，设法使之协调起来，称之为“有争议的圣训”，等等。

正如他们下功夫收集圣训一样，这些圣训学家对圣训的考证也是不遗余力的。一般有两种考证方法：一是着眼于传述是否可靠，以及传述人可信任的程度；一是着眼于圣训本身，即要搞清圣训的含义是否正确？是否符合当时的社会条件？是否出于政治、教派或个人的原因？是否有伪造的可能？是否符合伊斯兰基本教义？西方人把第一种方法称为外因考证，因为它不涉及圣训原文；把后一种方法称为内因考证，因为它根据圣训原文本身。实际上，圣训学家们很重视外因考证，对内因考证并不十分重视。他们通过考证传述人来断定圣训是否可靠。如考证传述人是不是权威人士，说明传述人可信任的程度，研究传述人和被传述人是否会过面，由此将圣训分为真实的、良好的和虚弱的三大类。虚弱的圣训又分为再传弟子传述的、传述世系有一处中断或有一传述者情况不明的、异常的和单传的等。

但是，圣训学家对内因的考证也不全面。他们没有研究圣训的本义是否与客观实际相符合。如梯尔密兹传自艾布·胡赖勒的一段圣训称先知曾说过：“木密树下的蘑菇汁可治眼疾；天堂里的蜜枣可以解毒。"圣训学家们是否要拿蘑菇做试验呢？蘑菇里是否含有可以医治眼疾的物质呢？椰枣中是否有解毒的药物呢？是的，他们说艾布·胡赖勒说过："我取了三个蘑菇（或五个，或七个），放在一曲颈瓶内，榨出汁液，敷在患眼疾的使女眼中，眼疾竟然医好了。但这还不足以证明这个结论是正确的。因为仅仅一次局部试验，不足以证明某物质的药性。因此，正确的做法是要反复试验，最好能分析出它的各种成分。如果这种分析当时还办不到，那么，就应该边试验边研究，这才是了解圣训真伪的方法。还有，圣训学家们并没有认真研究伪造圣训的政治原因。我发现，那些支持倭马亚王朝或阿拔斯王朝或阿里派人的圣训，并没有受到圣训学家的怀疑。对先知时代、四大哈里发时代、倭马亚时代和阿拔斯时代的社会环境和由此而产生的分歧也没有进行充分的研究，没有考虑某段圣训是否与产生该圣训的社会环境相吻合。也没有认真研究传述人个人所处的环境，他是否可能伪造圣训。"

诚然，对此曾有过一些议论。如伊本·赫勒敦曾就艾布·哈尼法传述圣训少的原因有过评论："艾布·哈尼法只要他个人觉得某段圣训不真实，就认定这段圣训不可靠。"[①]这句话虽然笼统，而且费解，但却说明当时的确有这种倾向，即不满足于有传述世系，开始注意心理特征和社会环境了。

还有一个例子，这是一段传自伊本·欧麦尔的圣训。"养狗者，每日扣工钱两个基拉特，但猎狗与牧羊狗除外。"可是，艾布·胡赖勒传述的圣训却说："……猎狗或牧羊狗或护庄犬除外。"即多

① 伊本·赫勒敦：《历史绪论》，第371页。

了一个护庄犬。有人告诉伊本·欧麦尔，欧麦尔答道："那是因为艾布·胡赖勒自己有庄园。"[①]这句话是伊本·欧麦尔对心理因素的婉转批评。这类例子还有一些，但就其数量和重要性而言，均未达到外因考证的水准。倘若内因考证受到了重视，能像外因考证那样深入研讨，就一定会发现更多的伪造圣训了。如关于"美德"的许多圣训，都是为赞扬人物、部落、民族或地方而产生的，于是，凡属同一部落或同一民族或来自同一地方的人，便竞相杜撰圣训。在圣训书中这类圣训很多。伊本·赫勒敦说得好："历史学家、经注学家、传述圣训的人常常陷入谬误，其原因在于他们不管可靠与否，生搬硬套。既不追根溯源，也不分析比较。既不根据理智标准加以考虑，也不去了解事物的本质。对传说的东西不加分析估量，结果，他们背离了真实，落入谬误的茫茫荒原，不辨东西南北了。"[②]

这种情况，教义学家们大约是注意到了。他们要使圣训符合情理和事物的本质。查希兹在《动物志》一书中，列举了不少例子。当他提到很多有关壁虎的圣训后说："所有这些圣训都是那些无知的人编造的。他们胡说万物都会讲话，说万物都像人那样生活。"[③]

有段圣训说："养狗者，若不养保护庄稼的狗，不养牧羊狗，也不养猎狗那便为有罪之人。"查希兹对这段圣训认真思考，做了长篇论述。他说："牧羊狗是看守牲畜的。此外，其他金钱财物也需

① 奈瓦威：《论穆斯里姆》，第 4 卷，第 96 页。
② 伊本·赫勒敦：《历史绪论》，第 7 页。
③ 查希兹：《动物志》，第 4 卷，第 96 页。

要狗的看护。既然牲畜可由狗看护，那其他东西也需要狗的保卫。"经过一番议论后，查希兹的结论是："因此，先知的话也许是针对人们的某种议论，答复当时的某种谬论而说的。后来，人们丢弃谬误，讲述了这个不带偏见的故事。也许听到这段圣训的人，开始不在场，后来才知道的。或许是先知在与他左右的人谈论某件事时，讲了此话。这种种情况都有可能，都说得过去，并非不可理解。"①

*　　　*　　　*

由此可以看出，查希兹怎样用思维来检验圣训，如何通过思维使用教义学观点以及如何对圣训严加评论的。

有些直传弟子和再传弟子以及他们的门人弟子，认为可以只传述圣训的内容，而不必死扣先知当时使用的词句。伊本·赛阿德在《人物传记》一书中对此有很多的记载。不过，书中也记载了许多拘泥于词句的人的情况。这就出现了许多用词各异的圣训。如下面这段圣训的词句就是不同的："因为你有《古兰经》，我把她许配给你了。""因为你有《古兰经》，我把她送给你了。""因为你有《古兰经》，你就娶她吧。"之所以产生这种情况，就是因为最初的传述人，只记住了内容，便用自己的话语表达的缘故。

为此，早期的语法学家是不以圣训为例句说明语法规则的。伊本·达伊阿说："传述圣训时可以传意。我认为这是西伯威等语法大师不引用圣训原文来说明语言现象的原因。他们依据《古兰经》，或直接引用阿拉伯人的语言。倘若不是学者们准许只传述圣

① 查希兹：《动物志》，第1卷，第148页。

训的内容，那最能说明语言规则的便是先知使用的语言了，因为那是最地道的阿拉伯语。”

阿卜杜·卡德尔·巴格达迪说：“传述圣训的人可以只传述其内容。所以，你会发现穆圣时代发生的事，使用的却是当时并不使用的词句……甚至不能说这只是部分语言才有的情况。可能一人使用了一个同义词，后来的传述人却用了另一同义词，结果，就不是原来的词句了。因为要求的是内容，而不是字句。尤其是时间久远又无文字记录、仅靠记忆相传的东西，更是如此。校勘圣训的人，也只注重其内容。至于注重词句的人，为数甚少，特别是对长段的圣训，逐字校正就更困难了。”苏福扬·绍里说过：“如果我对你们说，我是怎么听来的我就怎么讲，你们千万别相信。我讲的只是大意。”研究圣训的人，只要稍为留心，就会清楚地知道，传述人传述的只是大意……传述的圣训中有很多语法错误，因为许多传述人不是真正的阿拉伯人，他们是通过语法来学习阿拉伯语的，因而在他们的言语中，不自觉地就出现了语法错误。他们在言谈中，以及在传述的圣训中，就掺入了不地道的阿拉伯语。毫无疑问，我们大家都知道，先知是最善于辞令的，他讲的都是最标准、最完美的阿拉伯语。①

*　　*　　*

当时圣训学家和意见派的教法学家彼此对立，挑起这种对立情绪的是圣训学家。他们指责意见派根据某个意见或某种比较就引出经律条规，而极少引用圣训。马立克和艾布·哈尼法时代的

① 《文学宝库》，第1卷，第5、6页。

汉志人和伊拉克人之间的对立表现得尤为突出。因为汉志人大都是圣训派，而伊拉克人则多是意见派。这种对立持续了相当长的时间。所以，圣训学家很少引用哈乃斐派传述的圣训。

但是，圣训学家和教义学家之间存在着更为严重、更为尖锐的对立。其原因是教义学家的治学法重理性，而圣训学家则重传述。两种方法的差别极大。穆阿台及勒派在坚持理性方面走得更远。伊本·古太白在《不同的圣训注释》一书的前言中指出："你来信告诉了我，教义学家对圣训学家的诽谤和鄙视，连篇累牍地责难圣训学家，说他们散布谎言，传述了矛盾百出的圣训。这就造成了穆斯林派系林立、互相隔绝、相互敌对、攻击对方离经叛道的局面。各派都有自己尊奉的圣训。"接着，伊本·古太白历数哈瓦立及派、麦尔吉阿派、反宿命论派、宿命论派、拒绝派等各教派的情况，并说："这些教派，由于坚持的原则不同，各自传述的圣训也就互异。各派就用这些圣训支持自己一派的观点。此外，喜欢富贵的人有推崇富贵的圣训，以贫为贵者重视提倡清贫的圣训。汉志人和伊拉克人各自都有支持自己教法学观点的圣训。可是他们传述了不少拙劣的圣训，使有疑虑的人更添疑团。例如说，'某人读了某章《古兰经》，在天国就有了万处住所'。又如'耗子有犹太属性，它不喝奶，正如犹太人不喝驼奶。''燕子是狮子打出来的喷嚏'。"……诸如此类的伪圣训，不一而足。教义学家反驳圣训学家说："艾布·胡赖勒传述的圣训没有一个直传弟子赞同，早被欧麦尔、奥斯曼和阿绮莎否定了。"圣训学家被说成是"最无知、最卑劣的人"。

这是伊本·古太白所讲的教义学家中伤圣训学家的简单情况。他编撰该书，主要为了驳斥教义学家的诽谤。伊本·古太白

认为圣训学家之间分歧虽多,可是,教义学家们自己之间的分歧更多、更严重。其实,教义学家本来不应该有什么分歧,因为他们使用比较法,依靠理性,而不是传述。他们的逻辑法也是相同的。为什么发生尖锐的对立呢?为什么他们之中任何两个头面人物不能就任何宗教问题有一致的观点?如艾布·胡载勒反对奈扎姆,而奈贾尔又反对艾布·胡载勒和奈扎姆,希沙姆·本·哈克姆对他们三人都加以反对。他们之间的分歧不是枝节问题,而是根本问题。如对伊斯兰教的认一论、对真主的品德和能力都有不同的看法。伊本·古太白对重要的教义学家逐一进行批驳。如驳斥奈扎姆贬低直传弟子的地位。他还提到艾布·胡载勒,驳斥他在有关真主能力等问题上的言论。伊本·古太白批评和驳斥意见派教法学家的观点,批评了艾布·哈尼法的某些教法学观点。他还指责查希兹,说他"蔑视圣训"。这在学术界已不是秘密。如他曾提到过鲸的肝脏、魔鬼的触角,提到天房上的黑石,说黑石原是白色的,后来,多神教徒把它弄黑了,穆斯林在皈依伊斯兰教时,本应把它还原为白色等等。伊本·古太白还说:"至于圣训派人,则用正确的方法追求真理,排除疑难。他们遵循使者的训示,寻求先知的言行和传记,因而接近了至高无上的真主……他们一直在寻找和研究种种有关先知的言行,以甄别其真伪,弄清律例的渊源,并了解哪个法学家反对这些圣训,发表过什么意见,直到被抹杀的真理清晰如初,消失的权威重新恢复。那时,反对圣训者将肃然起敬,忽视圣训者将幡然醒悟,过去依照某人或某人的言论做出裁决者将按圣训行事。"伊本·古太白还为所有搜集圣训的圣训学家辩护,说他们只选收他们经过辨别后认可的圣训。他提到那些表面上有

矛盾的圣训，并作了解释。

以上所述，就是教义学家和圣训学家尖锐对立的一个缩影。教义学家在哈里发麦蒙、穆阿台绥姆、瓦西格在位时期是占优势的。当时关于《古兰经》是“被造之物”或“非被造之物”的辩论，就是圣训学家和教义学家尖锐对立的突出表现。圣训学家坚持《古兰经》不是“被造之物”。他们对这个问题的看法几乎是完全一致的。与此相反，穆阿台及勒派几乎一致认为《古兰经》是“被造之物”。这场斗争主要是在教义学家和圣训学家之间进行的。穆阿台及勒派由于得到当局的支持，他们总是胜利者。直到哈里发穆台瓦科勒上台后，他们的权势才开始丧失。从此，以罕百里派为首的圣训学家掌握了大权。《文萃》一书指出：“哈里发穆台瓦科勒是阿拔斯王朝首位随心所欲的哈里发，他的左右都是懦弱无能之辈。他常与清客们争论，骄矜傲慢。尽管如此，他在人们心目中仍是受欢迎的。因为他把哈里发瓦西格重新扶持起来的穆阿台及勒派置于死地，把瓦西格支持的论战扼杀了。”①

经　注　学

谈完圣训，我们现在谈一谈经注学。经注学从开始时起，直到阿拔斯时代，都采用圣训的形式，是圣训学的一部分。当时的圣训学，是一个几乎包括了所有宗教知识的广泛学科。它包括经注、法律、历史等。这些学科是完全融合在一起的。传述圣训的人，传述

① 《文萃》，第1卷，第253页。

一段圣训后，必用一节《古兰经》注释。传述一段圣训，必有一则法学律例。有时一段圣训紧接一段圣战事迹。有的解释先知或直传弟子或再传弟子时代的社会情况——后来，倭马亚时代末期和阿拔斯时代初期的作者，便把与同一问题有关的圣训都收集在一起，分门别类汇编成册。如马立克编的《圣训易读》就是把有关教法学的圣训收集整理而成的。还有，穆罕默德·本·易斯哈格把有关先知传记方面的圣训抽出来，加上流传的诗歌和传说编成了先知生平的专著等，因此，圣训学在宗教学中的地位，如同理性学科中的哲学。最初哲学包括了理性研究的一切领域，后来，心理学、自然科学、社会科学等才逐渐从理性研究中分离出来。

后来，宗教学与圣训学脱离，自成一体。但是，在圣训学家眼中，圣训学仍然一如既往——包罗了全部宗教学领域，其中就有经注学。因此，在布哈里和穆斯里姆的圣训实录中，就有经注学的专门章节。

可见，经注学起源于圣训学，是圣训学的一个分支。它传述先知有关《古兰经》的言论，先知的功绩和对部分经文的注释。如布哈里和穆斯里姆引自艾布·胡赖勒的一段圣训说：复活日将有一位肥硕之人降临。此人在至高无上的真主那儿，不及蚊子翅翼重。如果你们愿意，就读吧："复活日我不为他们树立权衡。"[①]又如祖白尔传述的至高无上的真主的话说："在那日，你们必为恩泽而被审问。"祖白尔问先知，"恩泽"究竟是什么呢？是枣和水吗？穆圣

① 意即先知曾对一句较隐晦的《古兰经》经文加以注解为"真主抛弃他们"。（中译文见马坚译：《古兰经》，18：105。——译者）

说,难道不就是这些吗?[①]

先知在这方面的言论不多。据说,阿绮莎曾说过:“先知只解释过《古兰经》中少数几章。这几章的解释,是天使伽百利教给他的[②]。”后来,阿里·本·艾比·塔利卜、阿卜杜拉·本·阿拔斯、阿卜杜拉·本·麦斯欧德、艾布·本·克尔卜等直传弟子解释过几章经文。他们的解释,或根据他们自己的见解,或是从先知处听来的,其内容是某章某节《古兰经》勅降的背景。伊本·阿拔斯传述的一段可资证明。真主说:“必使你复返故乡。”[③]他解释道,此处指转回麦加。艾布·胡赖勒传述的一节《古兰经》经文是:“你必定不能使你所喜爱的人遵循正道。”[④]他解释道,这节经文敕降给使者,当时使者正劝他的叔父信奉伊斯兰教。

后来,再传弟子把直传弟子提及的各种情况都传述下来了——他们之中也有人解释了《古兰经》中的某些章节或敕降的原因,其解释也不外乎自己的创造或听来的。后来,三传弟子又传述了再传弟子们说过的话。如赛德·本·朱贝尔传述说:我对伊本·阿拔斯说:故意杀死信徒的人能忏悔吗?答:不能。于是,我给他念了一节经文。伊本·阿拔斯说:“这一节是《麦加章》,曾被一段《麦地那章》废止了,《麦地那章》的原文是:‘谁故意杀害一个信士,谁要受火狱的报酬而永居其中,且受真主的谴怒和弃绝,真主

① 意即人们贪图享受真主的恩泽,不顾正义,故末日必被审问。(中译文见马坚译:《古兰经》,102:8,可参看王静斋译《古兰经译解》,18:106及104:8。——译者)

② 《塔巴里经注》,第1卷,第29页。

③ 马坚译:《古兰经》,28:85。——译者

④ 同上书,28:56。——译者

已为他预备重大的刑罚。’”①

经注学就这样一代一代地不断膨胀起来。后代传述前代，不免添枝加叶。每一代人中，都有人同伊斯兰化了的犹太教徒、基督教徒和袄教徒有联系。如直传弟子中有人与瓦哈布·本·穆奈比哈、卡尔白·艾哈巴尔和阿卜杜拉·本·赛拉姆等人有来往。再传弟子则接触过伊本·朱赖吉。这些伊斯兰化了的异教徒通晓《旧约》、《新约》中的传说、注释和旁证。穆斯林认为，在传述《古兰经》经文时，讲述一些情况是可以的。于是，这些传说充斥经注，成为经注的重要源泉。详细情况在《阿拉伯伊斯兰文化史》（黎明时期）一书中已经提到了。

但是，这些注释开始时也不是系统的。它并未遵循《古兰经》的章节次序编排，也并非章章都附有注释。所谓注释，乃是一些不连贯的圣训。圣训是零散传述的，经注也是零散的。如讲“礼拜”的圣训、讲“遗产”的圣训、讲“婚姻”的圣训、解释经文的圣训，都混编在一起。人们不能以《伊本·阿拔斯经注》一书为由，驳斥我们的这种看法，因为权威学者们尚未确定此书出自他的手笔。

到了第二阶段，才把先知和直传弟子传述的圣训中的经注部分单编成册，这项工作是再传弟子做的。他们各自收集本地区学者的经注。如麦加的穆贾赫德、伊克里迈、赛义德·本·朱贝尔等再传弟子传述麦加学者伊本·阿拔斯的经注。库法的再传弟子阿勒盖麦·本·盖斯、艾斯沃德·本·叶基德、伊卜拉欣·奈赫伊和沙耳比等人关心的则是库法学者伊本·麦斯欧迪的经注。

① 马坚译：《古兰经》，4：93。——译者

到了三传弟子时，便把各地直传弟子和再传弟子的言论统统收集起来了。他们的做法与圣训学家的做法如出一辙。圣训学家从本地区开始，然后才远游他乡。经注学是圣训学的一部分，故而情况相似。有些门弟子在各地收集圣训时，也收集经注。如苏福扬·本·欧叶奈（伊斯兰历198年卒）、瓦基阿·本·杰拉哈（196年卒）、叔阿白·本·哈贾吉（160年卒）和易斯哈格·本·拉胡威（238年卒），都是圣训学大师，他们收集的经注，就是他们收集的圣训中的一章。

到了第三阶段，经注学才从圣训学中脱离出来，自成系统，成为一门独立的学科。《古兰经》中的每一节，或某一部分都有了注释，并且按照经文的次序加以编排。例如《塔巴里经注》就是这样编排的。

伊本·奈迪姆说过："欧麦尔·本·伯基尔写信给法拉，告诉他哈桑·本·赛赫勒似曾问过我《古兰经》中某些章节，我都没能给予回答。你若愿为我收集一些资料，或编出一本可供查询的书，就请着手办吧。"于是，法拉命弟子们聚集一堂，对他们口授经注。当时，清真寺里负责宣礼和读经的人也在场。法拉命读经人读《古兰经·法谛海章》，读毕，他加以解释。如此把《古兰经》读完。每读一章，法拉解释一章。艾布·阿拔斯说："法拉开了一个先例。我认为，谁也不能做得比他更好些。"[①]

从这段话，我们能得出法拉（伊斯兰历207年卒）是第一个按照《古兰经》的章节次序注释《古兰经》的人。在他以前，人们只是

① 伊本·奈迪姆：《目录大全》，第66页。

对经文疑难之处作些解释。我认为在法拉注经之前，伊本·阿拔斯和苏迪也这样注解过《古兰经》，也都属于法拉注经的类型。尽管伊本·奈迪姆对此没有给予肯定。

当然，这并不是说，每前进一步，就把过去已经做的工作统统抹杀或否定了。我只不过是说，经注学也是逐步发展起来的。即使在经注学发展的第三阶段，也仍然有经注学家因袭第二阶段的做法，将经注作为圣训中的一章。而且，只收先知、直传弟子和再传弟子为部分经文所作的注释。

正如圣训有真实的、较真实的和虚构的，传述圣训的人，也有可信者、不可信者和编造者三类。艾哈迈德·本·罕百里教长说："有三件东西是没有源头的，即经注、传说和征战。"[①]从字面上看，这句话是说，经注中提到的圣训都是没有根据的，因而是不真实的。而且——据某些人说——罕百里指的是经注中那些引自先知的圣训。至于那些由直传弟子和再传弟子传述的圣训，那是无可非议的。罕百里教长本人已认可了一部分。编造的经注大都假借伊本·阿拔斯和阿里二人的名义传下来的。其原因我们在《阿拉伯伊斯兰文化史》(黎明时期)一书中已做了说明。

伊本·阿拔斯传述的经注甚多。圣训学家努力了解其传述世系，研究传述人是否可靠。他们说：阿里·本·艾比塔尔哈(伊斯兰历 143 年卒)是一位最公正可靠的传述人。伊本·哈哲尔说：这一部抄本(即传自伊本·阿拔斯的《伊本·艾比·塔尔哈经注集》)原在艾布·萨利哈手里。他是赖易斯即埃及的赖易斯·本·赛阿

① 苏郁退：《古兰经学》，第 2 卷，第 210 页。

德的文书，是他从穆阿威叶那儿传述的。穆阿威叶·本·萨利哈是从伊本·艾比·塔尔哈那儿传述来的。后者是从伊本·阿拔斯处听到的。……布哈里在其《至圣实录》中有关伊本·阿拔斯的评论大部引自此书。艾哈迈德·本·罕百里说过："埃及有一页传自伊本·艾比·塔尔哈的经注，伊本·艾比·塔尔哈本人没有从伊本·阿拔斯那儿听到过这页经注，但却相信他的传述。除了伊本·阿拔斯的传述外，还有其他许多伪造的传述。据说，与阿拔斯人有联系的著名史学家穆罕默德·本·易斯哈格，有一份传自伊本·阿拔斯的经注，就是最不可靠的。凯勒比和穆戈梯勒·本·苏莱曼的传述也都不可靠，大都遭到圣训派的批评。"

*　　　　*　　　　*

有些经注集，在《塔巴里经注》出现之前，就享有盛名。其中包括刚才提到的《伊本·阿拔斯经注》。他的传述有些是可靠的，有些是不可靠的，还有《伊本·朱赖吉经注集》。他的情况与早期的圣训学家收集圣训的情况相似，即只要是经注，他就收集，而不考虑其是否真实。经注学家们指出："伊本·朱赖吉不求真实，只管注释。真实也罢，不真实也罢，一概传述。"[①]苏迪（伊斯兰历127年卒）的经注集，传述了可以上溯到伊本·买斯欧德、伊本·阿拔斯和其他直传弟子的经注。可是，人们对苏迪本人的信任程度并不一致。甚至对于引述他的经注集的人，如艾斯巴塔·本·奈斯尔，人们的看法也不一致。因而，他俩传述的经注，许多权威的圣

① 苏郁退：《古兰经学》，第2卷，第224页。

训学家是不引用的。[1] 至于穆戈梯勒・本・苏莱曼(伊斯兰历 150 年卒)的经注集,有人说他的《古兰经》知识,是从犹太人那儿学来的。艾布・哈尼法指责他是将真主人格化的骗子。伊本・穆巴拉克对他的评价是:"他若是可靠,他的经注就太好了。"此外,还有穆罕默德・本・易斯哈格的经注集。他引述了瓦哈布・本・穆奈比哈、卡尔白・艾哈巴尔等人关于犹太教和基督教的材料。这些经注集都已经失传,塔巴里(伊斯兰历 310 年卒)却将大部分经注收集起来,编入了他的著作。

这里,我们必须注意到一个重要的事实,即不管在经注和圣训中有多少伪造,这些伪造指的是传述本身。人们也许传述了伊本・阿拔斯或者阿里或者伊本・买斯欧德并没有说过的话,但是被传述的内容本身并没有失去其学术价值。例如,某段经注传自伊本・阿拔斯。这条经注绝不会是凭空捏造的,绝不会与某节《古兰经》经文的解释全然无关。它起码是一种创见,是值得尊重的意见。毫无价值的倒是把伪造的责任归之于伊本・阿拔斯或是伊本・买斯欧德。至于注释本身,作为解释某节经文的意见或创见来看,还是值得尊重的。经过某种思考的见解,往往是正确的。但是,有经典的人(犹太教徒和基督教徒)杜撰的某节经文的注释,说成是某直传弟子说的,那是不正确的。即使如此,从说明当时有经典的人中间种种的传说,说明穆斯林与他们的联系程度,说明犹太教徒和基督教徒在皈依伊斯兰教后把哪些思想带进了圣训和经注等方面来说,都有其学术价值。——因为它,既非空想,亦非虚构,而是有

① 伊本・哈哲尔:《训导录概论》。

其根据的。这一点应引起研究家的重视。尽管它不能作为传述世系的依据，但却有其自身的价值。

另一种较好的经注，是传自先知和直传弟子的经注，他们解释了部分意义隐晦的经文。经文离先知和直传弟子生活的时代越远，意义越模糊。因为许多人，特别是城市居民，对阿拉伯语并不熟悉。所以，经注家必须对隐晦的经文加以注释，以弥补这一缺陷。再传弟子及三传弟子都曾做出努力。他们用阿拉伯人的语言，依靠历史上记载的先知时代发生的事件，为所有的经文完成了加注的工作。

对此，人们采取了两种不同的态度，颇似教法界分裂为圣训派和意见派时人们所采取的态度。一部分人对经注持严峻的态度。凡对先知和直传弟子没有解释过的经文做出的注释，他们一概不加传述。据说，欧拜德拉·本·欧麦尔曾经说过："我赶上了麦地那的教法家生活的时代。他们十分重视经注中的用词。这些教法家有萨里姆·阿卜杜拉、戈西姆·本·穆罕默德、赛德·本·穆赛耶布和纳费尔。"沙耳比说："对三件东西，我至死不敢杜撰一个字，即《古兰经》、灵魂和意见。"[①]还有人甚至忌讳谈起与《古兰经》经文有关的事情。艾斯马伊就是一个例子。他语言知识虽然十分渊博，"但他对《古兰经》和箴言的解释却极为谨慎。如果有人问到这方面的某个问题，他常说：阿拉伯人就是这么说的。我不明白这个字在《古兰经》和箴言中指的是什么。"[②]艾布·塔伊卜说："艾斯马伊对

① 《塔巴里经注》，第1卷，第29页。

② 伊本·赫里康：《人物传记》，第1卷，第409页。

真主崇拜之至，他从不随意解释经文，也不随意解释经文中出现的近义词和派生词。对圣训也是如此。”[①]他们攻击意见派的法学家，恰似圣训派法学家攻击意见派的法学家一样。他们引述圣训说：“随便解释《古兰经》的人，即使说对了，也应该说是一个错误。”

另一部分人恰恰相反。他们认为可以根据创制来注释经文。马沃尔迪说：“有些人顾虑重重，只看经文字面的含义，拒绝用创制解释《古兰经》经义。即使有旁证或经文与旁证不矛盾都不行。这样是不能理解经文和创制律例的。真主曾说过：‘他们中能推理的人，必定知道如何创制。’[②]倘若他们的主张能成立，那就谈不到引申经律，也谈不到理解大部分《古兰经》经文了，而只能说：根据自己的创制来解释《古兰经》的人完全错了。可是许多经注学家不理会这种情况。他们做出创制，提出看法。他们要求自己在精通阿拉伯语的表达方式之前，在弄清《古兰经》敕降的原因之前，在肯定其为何被当作法律根据之前，不随便发表意见。他们敢于对《古兰经》经文做出解释。伊拉克的学者，即教法学领域意见派的故乡的学者们，在这方面最活跃。后来，便产生了经注和经文解释之间的差别。他们解释《古兰经》的依据是有关先知和伊斯兰初期的传说，对于不需多加思考的难点，解释更多些。如互不关联的字母、经文敕降的原因、可否作为法律的依据等，经文字义的解释，则主要靠创制，靠理解阿拉伯语单词的词义和应用，靠掌握阿拉伯语的

① 苏郁退：《花枝集》，第2卷，第204页。

② 中译文另参看马坚译：《古兰经》，4：83。——译者

表达方式，从而了解其派生字义。

一切经注书籍不外两大类。其根本差异在于本书前面提到的两种研究方法。有的学者采用圣训学家的方法，只引述别人讲的话。有的学者则采用哲理学家采用的方法，即靠自己的创制做出注释。

当语言学、语法学和教法学都分别记录下来之后，教义学问题便在阿拔斯时代显得突出了。经注学受到了很大的影响，如语法学家把《古兰经》作为研究语法理论和实践的素材。他们分析经文的语法结构，为经注帮了大忙。语言学家们，如艾布·欧拜德对《古兰经》中僻词难句写了很多著作，这是注解经文迈出的一大步。语言学家和语法学家写了很多书籍，统称《古兰经词义辨析》。在这方面著书立说的语言大师有基萨伊、尤努斯、伊本·哈比卜、古突鲁卜、法拉、穆方才理、赫勒夫·奈赫韦和艾布·欧拜德等人。他们著书的方法各异。如古突鲁卜，注重经文中的难点和不同的释义，并注重研究字面上有矛盾的经文。下面两节有矛盾的经文可作为他们解释的例子：一句是："他们之间的亲属关系，就不存在了，他们也不能互相询问。"[①]另一句是："于是他们走向前来，互相谈论。"[②]另外有些人却偏重于说明经文中的隐喻。下面的几节经文可作例子："直到战争放下他的重担。"[③]"让他去召集他的会

① 马坚译：《古兰经》，23：101。——译者

② 同上书，37：50。——译者

③ 同上书，47：4。——译者

众吧！”[①]“你应当以痛苦的刑罚向他们报喜。”[②]等等。还有的人，注重研究语法问题，下面的几节经文可以证明：“这两个确是两个术士。”[③]“信道者、犹太教徒。”[④]“和谨守拜功的、完纳天课的。”[⑤]等等。

教法学家们重视经文中的律例，从中引出教法学论断，为此写了很多书。如马立克派的《〈古兰经〉律例》、伊拉克派的艾布·伯克尔、拉齐写的《〈古兰经〉律例》律例，沙斐仪教长的《〈古兰经〉律例》和达乌德·本·阿里·扎海里的《〈古兰经〉律例》等等。[⑥]

这些著作从各方面丰富了经注学的内容。此外，还有史学家写的犹太人、基督教人、波斯人的历史，为解释经文中的历史章节提供了史料。

教义学家——他们是学术运动中理性最强的——不大主张引述，也不像圣训学家那么相信引述的内容。教义学家们在有关公正、认主唯一、真主的品德、人的行为等方面，都有自己的观点。并且通过自己的研究，证明这些观点是正确的。因而便想用理性认识这种信念去解释《古兰经》的字义。

自然，教义学家们的这种做法，是不会使那些在经注上依赖传述的人和逊尼派人满意的。因而，在这两种做法之间存在着斗争。伊本·古太白像攻击他们的圣训一样，曾猛烈抨击他们的经注。

---

① 马坚译：《古兰经》，96：17。——译者

② 同上书，3：21。——译者

③ 同上书，20：63。——译者

④ 同上书，22：17。——译者

⑤ 同上书，4：162。——译者

⑥ 伊本·奈迪姆：《目录大全》，第38页。

他说:“他们这些人,对《古兰经》做了最离奇的解释,妄想使《古兰经》符合他们的口味和教派观点。更有甚者,他们之中竟有人把‘他的知觉,包罗天地’解释为‘他的知识包罗天地。’……他们还有人把《古兰经》中‘她确已向往他,他也向往她’[①],解释为她想与他私通,而他想逃跑。真主说:‘要不是他看见他的主的明证。’[②]难道从中可以看出他是想逃走吗?当他见到主的明证后,就在她那儿住下了。……他们还把‘真主曾把易卜拉欣当做至交’,解释为一个需要他慈爱的人。他们不愿使真主成为人的知己。……”[③]

总而言之,从直传弟子、再传弟子和三传弟子传述下来的文献,阿拔斯王朝时代写下的语法学、词法学、修辞学、教法学、圣训学、历史学和教义学等,都是为经注学服务的,流传至今的《塔巴里经注》也许是最好的见证,这部经注,集前人经注之大成,吸收其最好的传述资料,选择了其中最好的例证。概括了伊本·阿拔斯、阿里、伊本·麦斯欧德和艾布·本·卡阿卜等学派的观点,还采撷了伊本·朱赖吉、苏迪和伊本·易斯哈格等人经注中的长处。此外,还得益于和他同时代的语法和教法的成就。他既传述了直传弟子和再传弟子的成果,也传述了当时改奉伊斯兰教的基督教徒的著作。塔巴里说:赛勒迈对我说,他听穆罕默德·本·易斯哈格说,穆罕默德又听艾布·阿塔卜说——他是台格里卜人,原是一个基督教徒,后来皈依了伊斯兰教。他研读了《古兰经》和教法——据传他曾做

① 马坚译:《古兰经》,12:24。——译者

② 同上。——译者

③ 此处,著者引证圣训学家与教法学家之间的许多关于“词”“句”释义之争,十分烦琐,不便译为中文,故略去约一页。——译者

了四十年的基督教徒，皈依伊斯兰教后，又活了四十年。在下列经文注释中，传述了关于末代以色列人的情况。[①] 真主说："如果你们行善，那么，你们是为自己而行善；如果你们作恶，那么，你们是为自己而作恶。当第二次作乱的约期来临的时候，〔我又派遣他们〕，以便他们使你们变成为愁眉苦脸的……以便他们把自己所占领的地方加以摧毁。"[②]他在经注中，引述了许多以色列各地关于艾斯巴塔人的传说。这些传说是由苏迪和伊本·朱赖吉等人逐代流传下来的。塔巴里在另一处还记载过，这些传说是传自那些已经皈依了伊斯兰教的有经典的人。[③] 接着他还谈到了马其顿王亚历山大。

在同一处，塔巴里还传述了穆罕默德·本·易斯哈格说的另一段话。穆罕默德·本·易斯哈格说：一个我认为没有瑕疵的人，向我谈到也门人瓦赫卜·本·穆奈比海，说他了解先人的很多传说，后又传述了他讲的有关马其顿王亚历山大的事。[④]

在塔巴里的经注中，我们还发现许多巴士拉和库法派关于语法、词法及其在《古兰经》中应用的资料。塔巴里说：有些库法语法家如此说，有些巴士拉语法学家又如此说。同时，该书中还有有关教法的资料[⑤]，以及教义学家讨论天命等问题的记载。此外，书中还有对词义的解释和引证的诗句——总之，这是一部丰富的遗产，

① 《塔巴里经注》，第 15 卷，第 33—34 页。

② 马坚译：《古兰经》，17：7。——译者

③ "有经典的人"，指犹太教徒和基督教徒。——译者

④ 《塔巴里经注》，第 16 卷，第 13 页。

⑤ 同上书，第 14 卷，第 38 页。

它介绍了那些靠传述解释经文的前辈的功绩，展示了阿拔斯时代的学者在记录各种学术并以此为“古兰经”效力的贡献。要说这部书有什么缺陷的话，就是它没有涉及当时的教义学家，特别是穆阿台及勒派。这是因为塔巴里本人是一个具有宗教学、语言学及历史学知识的人，他没有卷入教义学家的争论浪潮中去，也没有参加有关天命等问题的讨论。他的材料来自圣训学家。圣训学家们遇到了“天命”问题，并阐明了他们的观点，驳斥了杰赫米派之流的观点。

第五章　立法

在谈及倭马亚王朝的情况时，我们曾谈过立法问题。当时，立法最显著的特点是，立法界分成意见派和圣训派两大派。这一特点在倭马亚王朝末期和阿拔斯王朝初期表现得尤为突出。随着时间的推移，两派的分歧越来越大，区别也越来越明显。两派的旗帜在其标志和特色上均与另一派迥然不同。以马立克·本·艾奈斯及其弟子为首的汉志人，特别是麦地那人，高举着圣训派的大旗。意见派的大旗则由艾布·哈尼法·努尔曼为首的伊拉克人，特别是库法人擎掌着。

伊拉克人引以自豪的是，他们拥有许多著名的直传弟子，如阿卜杜勒·本·麦斯欧迪、阿里·本·艾比·塔利卜、萨阿德·本·艾比·宛葛斯、阿马尔·本·亚西尔以及艾布·穆萨·艾什阿里等人。而汉志人则声言散居在各地的直传弟子远比留在汉志的少。因为先知从侯乃尼[①]返回麦地那后，在麦地那留下了大约一万二千名直传弟子。其后，约一万人死在麦地那，分散到各地的直传弟子仅二千人左右。

---

① 山谷名，位于麦加和塔伊夫之间。公元 630 年穆罕默德曾在此地战胜哈瓦津部落，史称侯乃尼战役。——译者

实际上,如果仅从圣训的角度讲,汉志人是占优势的。因为大部分直传弟子原来都在麦地那,他们对穆圣的言行知道最多、了解最清楚,即使是那些到了伊拉克和其他地方的直传弟子也都来自汉志。这些人,如阿里·本·艾比·塔利卜和阿卜杜拉·本·麦斯欧迪,他们在麦地那留下了圣训,同样,在伊拉克也留下了圣训。因此,汉志人在这方面的功绩是无可否认的。故一旦汉志人和伊拉克人在圣训问题上发生争执,汉志人就占有明显的优势。他们甚至谴责伊拉克人随意篡改正确的圣训,大肆编造假圣训。马立克说:"圣训一旦越过黑石区,可靠程度就减三分。"①马立克还把库法称之为"铸造厂",意即库法像铸造迪尔汗和第纳尔一样,随意编造、杜撰圣训。伊本·谢哈布说:"汉志圣训一寸,伊(拉克)地陡成一尺。"

造成这种状况的原因在于圣训始终出自汉志。在汉志,听过穆圣讲道的大有人在,对于众人目睹的事件、耳闻的言论,是难以假造的。但是,在伊拉克就不同了,伊拉克远离汉志,这使编造圣训成为可能。此外,伊拉克的穆斯林与其他民族的接触最多。有的穆斯林信仰不深,只要能抬高自己的身价,有利于自己的主张,便会肆无忌惮地编造圣训,散布不可靠的传说。另一个原因是,在伊拉克出现了各种教派,如穆阿台及勒派、麦尔及阿派以及教义学家的各个派别等。在这方面,汉志人因生活简朴、思想单纯而无法与伊拉克人相比。如前所述,各个教派都要靠注释《古兰经》和杜

① 黑石指黑色凝灰岩,这里所说的黑石区意指麦地那。因为麦地那位于两大黑色凝灰岩区之间。——译者

撰圣训来为该派的论点和主张进行辩护。

汉志人虽然在圣训上胜伊拉克人一筹，但在“意见”和“类比”上却被伊拉克人领先。其实，这也是很自然的。因为事件发生的多少，取决于文明程度的高低。如果一个民族的生活简朴而单纯，像汉志那样，它的经济问题、刑事问题及家庭问题就会简单得多。但如果像伊拉克那样生活复杂、文明发达，其经济问题、刑事问题、社会问题就会纷繁复杂、五花八门，所有这些事件都需要立法。在汉志，有众所周知的圣训可以依循，各种事件基本上都能从中找到所需要的立法依据。因为马立克所处的时代与穆圣的时代极其相似，而伊拉克则不同。伊拉克的事件种类繁多，情节复杂：伊拉克有底格里斯河和幼发拉底河，这就需要有不同于汉志的灌溉系统和赋税制度；伊拉克有大量的金钱，于是，豪华享乐随之而至，骄奢淫逸，以致犯罪事件伴之而生，造成了许多不同于汉志的、需要做出法律判断的新问题；杂居在伊拉克的波斯人、罗马人、奈伯特人，各有一套本民族的经济、社会习惯，而在汉志就没有这些问题。如果说，在汉志因其需求少而圣训多尚能满足需求的话，在伊拉克则因需求多而经训少就无法应付了。因此，伊拉克人不得不在没有圣训明文可循的情况下使用“意见”，并用杜撰的办法编造圣训了。——我们看到，关于能否使用“类比”的争论激化了，变成了一场大论战。对于这场论战可做如下概括：“类比”在阿拔斯时代发挥了重大作用，在学术上占有重要地位。伊斯兰教的法学原理、教法学、语言学、语法学及逻辑学中都使用“类比”。这里，我们只谈谈“类比”对立法的影响。

“类比”的原意是：用对某件事的法律裁决，作为处理因同样原

因而产生的其他事件的法律依据。但是，伊拉克人有时扩大了“类比”的含义，把对没有经训明文可据的问题的研究和讨论，也叫做“类比”；有时又把个人的创制也称为“类比”。换句话说，他们把“类比”当成个人意见的同义词了。伊拉克人之所以如此认识“意见”和“类比”，是因为他们认为：教法学家因长期从事司法工作，因而在观察事物时，便具有一种内在的法学观点和一种凭直觉了解事情前因后果的本领，因而能对没有明文可循的问题提出符合法律要求、合乎法律原则的意见。为此，伊拉克人对那些不能做出个人创制的法学家提出的意见、对那些没有以宗教原则作为依据的意见是持批评态度的。这种“意见”或“类比”自倭马亚时代起就是学者们争论不休的问题。在《黎明时期》一书里，我们已经谈到过这个问题。就是在直传弟子之间，争论也很激烈。有的直传弟子十分严格，认为没有经训明文的依据，不能做出裁决。阿卜杜拉·本·欧麦尔就是如此。有的直传弟子，如欧麦尔和阿卜杜拉·本·麦斯欧迪等人，却对没有经训明文可据的事件提出个人的“意见”。对此，传说很多。到了阿拔斯时代，圣训派和意见派的争论更加激烈。库法的法学家成了意见派的领袖，麦地那人则做了圣训派的首领。但是，实际上没有一个教长——不管他是哪一派的——不使用个人意见做裁决。因为文明的进步和发展，使新事物层出不穷，需要法学家做出法律上的判断。不能做出这种判断的人是不能被称为法学家的。但是，法学家们使用和依靠个人意见的程度是不同的。有的把使用的范围限制得很窄，有的却比较放手，有的则取中庸之道。这在后面还要谈到。这是教长们在立法问题上产生分歧的最重要根源之一。

当教长们在使用“意见”上有这些分歧时，另外一个与“意见”和“类比”密切相关的问题，即“思想上的美化与丑化”的问题被提出来了。问题是由穆阿台及勒派挑起的。争论的焦点是：人的行为中是否有使立法人加以倡导或予以禁止的美、丑之分？如若诚实不是一种好的品质，立法人就不会倡导人们要忠诚老实了。如若欺诈不是一种坏的品质，那立法人也就不会禁止它了。是由于立法人主张要诚实才使其成为美，因其禁止欺诈才使之成为丑，还是相反？这是一个与“意见”和“类比”同时产生的问题。笔者认为这是两个相辅相成、互为依存的问题。谁如果认为行为本身有美、丑之分，认为立法人以此来决定取舍，谁就会说，美和丑是可以通过大脑思维来鉴别的。因此，使用“意见”就能发现美和丑，就能做出判断，这种观点使立法人在立法上有很大的自由。谁否认人的行为本身具有不同的性质，认为美和丑都是由立法人决定的，谁在使用创制时自然就只有依靠经训明文了，在做出立法裁决时只能是照猫画虎了。哈乃斐派自然是持第一种意见的，他们认为思维能够了解和掌握事物中的美或丑。任何受过启示的人在理智证明造物主存在时仍无视其存在就是不可原谅的了。人应该弃恶行善，因为理智要求如此。这个问题成为教法学中的根本问题之一。[①]

美与丑这个问题，在两派的辩论中占了很大的比重。比如，否定人的理智能够判断美与丑的一派说：我们看到教法在两个相似的问题上做出了不同的裁决，而对两个不同问题的裁决却是一致

① 参看赛布特：《穆斯林圣训实录注释》，第1卷，第25页。

的。如果说对事情的裁决取决于理智，那对相似的问题就应做出相应的裁决，对不同的问题就应做出不同的处置。但实际上，立法人责令月经期的妇女把斋而不做礼拜，尽管礼拜更应得到遵守；立法人禁止人们去看面容丑陋的、具有自由人身份的老媪，却允许人们凝目注视年轻貌美的女奴；有两个证人出庭作证，杀人的指控就能成立，但通奸罪却不行；被休的妻子除非与别人结婚，否则不能与原夫重修旧好，其实这两种情况对女人都是一样；尽管男女双方都有欲念，但却允许男人娶四个妻子，而女子只能嫁给一个男人；小偷的手因系作恶的工具要被砍掉，使其失去害人的肢体，但是，诽谤、诬陷有夫之妇的人的舌头和用以犯奸情的阳物却不用割掉；有五只骆驼财产的人必须缴纳课税，而拥有数千匹马的富户却可免缴税款。凡此种种，不一而足。所以说，如果事情取决于理智，那律例就不是这样的了。因此，我们怎么能用个人意见做出决断，定出律例呢？怎么能用理智和思维判断美丑呢？

另一派人对这些人的看法做了全面、细致的批驳，先后发表了各种看法和主张。如有人取中庸之道，把思维当成是获取除信仰之外的知识的一种能力，认为在信仰问题上，思维是无能为力的。[①]

总而言之，如果用若干个圆圈来表示各教派使用“意见”的多寡，那扎希里派[②]的圆圈最小。罕百里派次之，然后依次为马立克派，沙斐仪派和哈乃斐派。

---

① 参看伊本·盖伊姆：《名人传记》，第2卷，第13页。

② 按《古兰经》字面意义解释法律的学派，反对任何意见、类比、注释和引申。——译者

意见派中有人使用了一些特殊名词，如“抉择”、“公益”。对“抉择”一词他们做了各种解释。其中最易于理解的说法是：一个问题与另一个经训明文曾提到过的问题有某些相似之处，法学家本应将这两个问题进行对照、比较。但是，法学家不做这种类比，而是根据公正的原则去处理，即寻找问题中的绝对公正之处，并以此做出裁决。可见，这在使用“意见”制定律例上又前进了一步。哈乃斐派是主张使用“抉择”的，沙斐仪派则反对。据说沙斐仪曾批评说：“抉择者，立法者也。”①

与“抉择”相近似的另一种说法，叫做“公益”。“公益”系指立法人在立法过程中应记住的五件事：宗教、灵魂、理智、后裔和金钱。如果我们研究一下法律条款，就会发现这些条款均未超出这五项内容；如果再仔细推敲一下法律规定，就会发现制定这些规定的理由也不外这五点。因此，如果提出了一个经训均未提到过的问题，那就要慎重考虑，权衡利弊，然后做出该问题是否合法的判断。为此，他们举了一个例子：一群异教徒驱赶一批穆斯林俘虏，令其在前面开路，做他们的挡箭牌。在这种情况下，如果我们不发起进攻，放过这群异教徒，那他们就会向我们开战，攻打伊斯兰国家，屠杀穆斯林。但如果进攻，则会杀伤那些无辜的穆斯林俘虏。于是，他们说：“公益”需要战斗，即使“挡箭牌”被杀，也要战斗。因为立法的宗旨是减少杀戮，或者只要可能就禁止杀戮。进攻这些异教徒，把他们消灭了，就能实现这一宗旨。因为如果不向异教徒开战，他们就会伤害更多的穆斯林，然后再杀死俘虏。总之，俘虏

① 参看盖扎里：《艾勒·穆斯塔索菲》，第1卷，第274页。

终将是要被杀掉的。减少伤亡的最好办法就是进攻，即使异教徒以穆斯林俘虏为“挡箭牌”也在所不惜。从这个例子可以看出，这些意见派人说的“公益”，是以整体利益，或者是以立法人的基本目的，或法律的基本原则为出发点的。

意见派的这种解释说明，为了主持公道，伸张正义，立法需要享有某种程度的自由。[①]

*　　　*　　　*

现在，让我们简单回顾一下圣训派和意见派走过的历程。

穆圣去世，留下了《古兰经》和他自己的言行录，这些言行是他的弟子们耳闻目睹的。但有的直传弟子只听到穆圣的部分言论，有的只目睹了穆圣的部分行为。后来，在伊斯兰教向外扩张时，这些直传弟子便分散到伊拉克、叙利亚、埃及等地。各地的直传弟子只能讲述他们各自耳闻目睹的穆圣的言行，而且除少数人外，都是心记口述，并无文字记载。后来，又出现了另外一个立法来源，即一些著名的直传弟子及其中的学者在遇到了一些经训没有明文提及的事件时，便讲出自己的意见，做出个人的解释，后来，这些意见也成为立法的依据之一。因为它出自与穆圣一起生活多年，并且通晓法律程序的著名直传弟子之口。当然，有时会出现这样的情况：直传弟子在不知道穆圣当年已对某事做过裁决的情况下，做出了与之相似的判断。如传说阿卜杜勒·本·麦斯欧迪在被问及一女子的丈夫死时没有为其明确应享有的妆奁一事时说：我没见穆圣断过此事。但众人一再求他做出裁决。于是，麦斯欧迪便提

① 参看盖扎里：《艾勒·穆斯塔索菲》，第1卷，第284页。

出了他的意见，判该妇人享有不少于、也不超过其他妇人享有的妆奁，并应为其夫“守限”[①]，同时享受其夫的遗产。麦阿格勒·本·叶萨尔听后站起，证明穆圣曾对这样的妇女做过类似的裁决。麦斯欧迪闻之大喜，自信奉伊斯兰教以来，他从未这样高兴过。[②] 当然，有时也会出现与直传弟子的意见相左的圣训。这时，直传弟子便弃己见而遵圣训。相传艾布·胡赖勒曾认为“房事后无大净者不得把斋”。后经穆圣的妻子说明，艾布·胡赖勒便更正了自己的看法。

总而言之，立法又增加了一个依据，即直传弟子做出的“法特瓦”[③]。直传弟子的贡献不只是这些，还有另外一种情况，即某段圣训可能已被证实是穆圣所述，但众弟子对该段圣训的解释不尽相同；或者某段圣训已被另一段圣训所取代，但有的直传弟子并不知道。关于前一种情况，如相传穆圣一次在转绕天房克尔白时曾疾行奔走。于是，许多人便认为绕天房疾行是一条教律。但伊本·阿拔斯认为并非“逊奈”，因为穆圣的疾行是由于偶然的原因——穆圣得知多神教徒声称麦地那的热病已将穆斯林粉碎了，穆圣便以疾行向多神教徒显示力量和活力，故不能称为“逊奈”。又如穆圣在赫伊拜尔战役和奥塔斯战役时曾允许“临时性婚姻”，后来又禁止了。直传弟子对此众说纷纭。穆圣也许做过允许“临时性婚姻”的训示，但众弟子对其缘由却说法不一。再如传说穆圣

① 妇女在丈夫死后或者离婚后，必须等待四个月，才能嫁人，称为“守限”。——译者

② 据尼萨依传述。

③ 即穆夫梯——伊斯兰教教法说明官——做出的法律意见。——译者

曾在灵柩经过时起立，众弟子对此有各种解释。有的说，穆圣是为崇敬天使，保护死者；或因畏惧死亡而肃然起立，不管死者是穆斯林，还是异教徒。有的则说，那是一个犹太人的灵柩。穆圣是因为不愿灵柩高过自己的头才站起来的，故那次是专为异教徒而站立的，等等。

到了再传弟子时代，立法又增加了一个来源。因为著名的再传弟子对穆圣时代和直传弟子时代都未曾发生过的事件做出了自己的法律判断，他们对《古兰经》某些章节的解释、对圣训的解释以及对直传弟子做出的法律判断，都有自己的看法和主张。同时，他们对直传弟子在教法上的造诣评价并不一致。因而，有的再传弟子同意阿卜杜勒・本・麦斯欧迪的主张，有的却赞同阿里和伊本・阿拔斯的言论。产生这种偏爱的原因大概是由于这些直传弟子、再传弟子及三传弟子都来自同一个地区。因为再传弟子往往以本地区的直传弟子为师，学习他们的言论，听信他们的传述。

继再传弟子之后，又有一批人以再传弟子为师，如此代代相传。如欧麦尔、奥斯曼、阿卜杜勒・本・欧麦尔、阿绮莎、伊本・阿拔斯、宰德・本・萨比特均做过麦地那教长，他们的弟子中著名的有赛德・本・穆赛伊布、萨里姆・本・阿卜杜勒・本・欧麦尔以及后来的祖赫尔、叶海亚・本・赛德、赖比阿・莱阿伊，继这些人之后是马立克。因此，马立克对欧麦尔处理的案件，对阿卜杜勒・本・欧麦尔和阿绮莎等人的言论最了解、最精通。而阿卜杜勒・本・麦斯欧迪和阿里则为库法的教长，其后有叔莱赫和谢阿比，接下去是阿勒格麦和易卜拉欣・奈赫伊，一直延续到艾布・哈尼法。各派的宗派观念十分强烈，各自遵循本派先辈确定的准则。马立克是这样，艾布·哈尼法也是这样。有一次，艾布·哈尼法对其辩论对手说："易卜拉欣在教法上胜过萨里姆；如果不是论资排辈的话，那应该说，阿勒格麦比伊本·欧麦尔强。"如同马立克对麦地那的圣训、麦地那的直传弟子和再传弟子处理过的案件以及他们的裁决和意见了解得一清二楚一样，艾布·哈尼法对阿卜杜勒·本·麦斯欧迪、阿里·本·艾比·塔利卜等伊拉克的直传弟子所经办的案件及其裁决、对库法的再传弟子们的主张也是深知底细的。到了阿拔斯王朝撰写学术著作时，马立克便把上述情况都收集在他编撰的《圣训易读》一书中了。伊拉克的学者则将该派教长们的"法特瓦"编辑成册。

麦地那有许多学者，如赛德·本·穆赛伊布和祖赫尔都反对"意见"，对"法特瓦"更是望而生畏，视为灾难。他们只是靠其掌握的圣训多，而发生的事件少才得以实行他们的主张。麦地那人的这种做法促使他们到伊拉克、叙利亚和埃及等地去收集那些不为麦地那人所知的圣训。如有教法问题请他们裁决时，他们就到《古兰经》中去查找，如找到明文，就依照明文做出裁决。如没找到明文，则去查看圣训以做决断。但如发现圣训多条，说法不一时，就选用学问渊博、诚实可信的传述人传述的圣训。如在圣训中也找不到答案，就只有以直传弟子和再传弟子的言论作为裁决的依据了。如众弟子的说法各异，就选用本地教长们的言论。但如果在弟子们的言论中也无案可循，那就要到经训原文中去查找、去仔细研究其中的指示、标记和背景，或许能从中找到类似的解答，或从中悟出一个明行止、断是非的哲理或格言来。

除上述圣训派人之外还有一些意见派人，特别是伊拉克人，他们怕用"圣训"立法，犹如圣训派怕用"意见"立法。他们轻易不说"穆圣云……"一类的话，犹如圣训派不轻易说："我的意见是……"一类的话。其原因也许是他们知道确定和查明圣训传述线索是很难的。库法的一位学者易卜拉欣·奈赫尔说过："我们最喜欢的说法是：阿卜杜勒（即伊本·麦斯欧迪）说，阿勒格麦说，……"这样一来，他们就很少引述圣训，但却敢于使用"意见"。他们不仅对所发生的事件做出法律上的判断——这类事件在伊拉克太多了，而且还要提出种种案情的假设。例如：倘若一个男人对其妻子说：你有一半或者四分之一被休掉了，那该如何裁决呢？假如他说，你被休两次，那又该怎么办呢？等等。对他们来说，处理这类问题就好像是进行算术、代数和几何演算一样熟练，下面将要提到的艾布·哈尼法在这方面尤为突出。他们在对相似的案件进行类比、查找缘由、发现异同点这一方面的能力是十分高超的。他们与圣训派一样，在断案上依靠经训明文和直传弟子及再传弟子的言论，但他们在下述诸点上与圣训派不同：

——如前所述，意见派确定圣训真伪的条件十分苛刻，他们认为正确的圣训很少，但他们对使用"意见"却毫无顾忌；

——伊拉克人有自己的教长和弟子，麦地那人也有自己的教长和弟子；

——伊拉克人仿效逻辑学将教法哲理化，扩大思维分析和推论的范围，仔细找出相似处和不同点。他们的做法是：收集和掌握在伊拉克的著名直传弟子和再传弟子所传述的圣训、所做出的教法解释和推论。一旦遇到问题，经训中有明文的就依照明文裁决；如没有明文，而有教长们的意见，就考虑这些意见。否则，就根据所做出的教法解释的情由或建议和暗示推断出裁决；或者用从裁决中找出的哲理来处理案件；或者用制造情由或哲理的办法推断出律例；或者努力找出案件中的相似点加以类比。如果上述做法都不能解决问题的话，那就只有求助于教法权威的阅历和经验了。这种阅历和经验我们可以称之为“法律修养”。用它来决定哪个律例更接近于公正，带来的益处更多。伊拉克人把这种创制的方法叫做“推论法”。[①]

当时，每个学派里都有一些极端分子，当然也有温和的中间人物。圣训派中的偏激分子严禁使用“类比”和“意见”、只对有经训明文的问题做出“法特瓦”，而对那些在经训中找不到答案的案件一概拒不受理。但也有的人持中间立场，允许在一定范围内使用“意见”。意见派中的极端分子，甚至不用圣训审理案件，认为圣训充满疑团，因为传述人在传述中定有混淆、遗漏和错误之处。[②] 但有的意见派人取中庸之道，在一定范围内使用圣训，如不具备使用圣训的充足条件就以“意见”断案。

前面我们已经看到伊本·穆加发对当时的立法学家曾提出过批评，说有的立法学家过分使用“逊奈”，声称自己是在按“逊奈”行事；有的立法学家则随意使用“意见”，自作主张，以至于到了对重大问题做出的裁决竟无一人赞同的地步。为改变这种状况，穆加发认为应当由权威人士制定出一项各地法官都应遵照执行的法律。

① 参看《真主论证大全》，第1卷，第151页及前页。

② 这种看法请看沙斐仪的法学著作《阿尔·温姆》一节，第8卷，第250页。

* * *

如果想把立法在阿拔斯时代发生的变化记载下来的话，我们可以看到下列一些现象：

一、首先我们发现倭马亚人——欧麦尔·本·阿卜杜勒·阿齐兹[①]除外——除了在极个别的情况下（如祖赫尔曾与倭马亚人有过接触）同立法和宗教人士一般都没有密切的联系，哈里发只管处理对内镇压叛乱、对外实行扩张以及组织国家财政等政务。在学术上则让学者们去研究、去发表自己的看法。在司法方面，哈里发只是任命法官，具体工作则放手让法官们自己处理。看上去好像是政教分离，哈里发的职责完全是政治性的。当爆发了反对倭马亚人的革命，阿拔斯人取得政权后，国家便被就染上了宗教色彩。阿拔斯王朝初期的几位哈里发的宗教意识十分明显，他们与学者、宗教人士的联系十分密切。哈里发艾布·加法尔·曼苏尔结交学者、馈送钱财；哈里发迈赫迪严厉镇压伪信者，成立了搜寻和处置伪信者的专门机构；哈里发拉希德与法官艾布·优素福朝夕相处、形影不离；哈里发麦蒙颁布了有关《古兰经》是"被造之作"的"法令"，他用了不少时间与学者们讨论这个问题，对那些持不同意见的人横加迫害。麦蒙还研究了临时婚姻的问题，并想就此颁布一项命令。所有这些在倭马亚时代是没有的。一般来说，阿拔斯人不仅想成为政治家，同时也想成为宗教学家。这种做法的后果之一，就是一批学者如马立克、艾布·哈尼法和苏福扬·绍里，因不同意哈里发的观点、不屈服于他们的权势而受到迫害。但是，

① 倭马亚王朝第八任哈里发。——译者

我们看到在倭马亚时代，哈桑·巴士里曾在清真寺里讲学、谈论政治并对哈里发和王公贵族做出过有关教律的裁断，而且严厉批评他们，但却没因此受到迫害。这里我们所关心的是立法问题，因为阿拔斯人的这种做法对立法产生了明显的影响，即把一切国家事务都染上了宗教色彩。如灌溉制度、赋税制度、开挖沟渠、征收捐税、办公制度等都成了宗教问题。法官艾布·优素福将这些都写入了他撰写的《赋税》一书，教法学家对这些问题都要做出合乎教律的解释，做出宗教上的创制。这样一来，事无巨细都要靠穆夫梯的决定和宗教人士的裁决了。无疑，这使得法学家的任务变得广泛而又艰巨了。

二、与此相关联的是，阿拔斯时代的教法研究繁荣并有了很大的发展。其原因是多方面的，其中有前面提到的阿拔斯人把所有问题都染上了宗教色彩；还有，教法学家们所采用的类比、创制一类的办法使得名言警句日渐增多，如直传弟子时代的名言是穆圣的训示；到了再传弟子时代就要加上直传弟子的言论了，到了三传弟子时代则又加上了著名的再传弟子的言论。这样，每一代新人都承袭了上一代法学权威的意见、穆夫梯的法特瓦（法律解释）和法官的裁决。教法膨胀的第三个原因是：意见派对处理日常发生的事件已感到不满足，它好像更喜欢运用它所掌握的创制方法、类比和使用“推断法”的能力，因此，意见派允许提出各种假想问题，甚至是一些不可能或极难发生的问题，以便得到提出意见、使用类比的机会。意见派人在奴隶、休妻、信仰和许愿等问题上提出的假设多得不可数计。在这个问题上打头炮的是伊拉克人，沙斐仪派和马立克派步其后尘、竞相效仿。教法膨胀的另一个原因是，伊斯兰帝国在阿拔斯王朝初期已成为一个包括不同民族的幅员辽阔的国家，每个民族都有自己的社会习惯和法律制度，都有自己的交往方式、自己的宗教和传统。当这些民族皈依了伊斯兰教，当阿拔斯王朝稳定下来、各种事务都被染上了宗教色彩、教长们也都分散到全国各地去了以后，这些习惯和传统便呈现在教长们面前。如伊拉克的问题都提交给了艾布·哈尼法等人，这里面有波斯习惯、奈巴特习惯等；叙利亚的问题都交给了奥查尔等人，这里有罗马等国的习惯和罗马的司法制度以及风俗人情、诉讼方式等；埃及出现的问题要请莱斯·本·萨阿德和沙斐仪等人裁决，其中有埃及和罗马的风俗习惯等。在这种情况下，教长们就有一个把这些不同的习惯和传统伊斯兰化的问题，即用伊斯兰教的基本原则来研究这些习俗，肯定一部分，否定一部分，还要修正一部分。毫无疑问，这是使教法得到充实、使之膨胀的一个重要渠道，这也使得各地的立法都有了自己独特的风格。过去，麦加是靠朝觐仪式和贸易业务来造就法学家的；麦地那则更侧重于农业和穆圣在该地的事迹。各地被征服以后，情况依旧。如底格里斯河和幼发拉底河及其灌溉制度使艾布·优素福写出了《赋税》一书。伊拉克人在利用土地、引水灌溉和商品制造上的做法形成了伊拉克的法典，尼罗河的灌溉制度和埃及人的风俗习惯造就了下面将要提到的沙斐仪的新学派。总而言之，在阿拉伯半岛有阿拉伯人的风俗习惯，在伊拉克有波斯人的风俗习惯，在叙利亚有罗马人的风俗习惯，在埃及有罗马人、古希腊人和埃及人的风俗习惯，所有这一切都出现在教长们面前，并被伊斯兰化了。

前面我们已经讲过，当学者之间的旅行访问日渐频繁，到各地旅行向当地的学者求教已成为求学者的首要任务之一的时候，各地区教法学家派别之间的壁垒和界限就消失了。因为伊拉克的学者向汉志的学者求教，埃及的学者又从伊拉克和汉志的学者处受益，各地学者相互取长补短、相得益彰。这样，旅行交往便起到了浇灌、培育学术之花的作用。同时，还起到了使各种学术观点和主张——其中包括立法——相互接近的作用。如麦地那的莱比阿·莱俄伊到过伊拉克，后又返回麦地那；艾布·哈尼法的朋友伊拉克的穆罕默德·本·哈桑到麦地那读了马立克写的《圣训易读》，又回到伊拉克；而沙斐仪则周游了麦地那、伊拉克和埃及等地。由于圣训派和意见派之间的相互学习，随着时间的推移，两派之间的分歧逐渐缩小了。而且各派的著作多有相似之处，各家对假设案例的运用都有增加。总之，各派都学习了对方的长处，受到对方的影响。

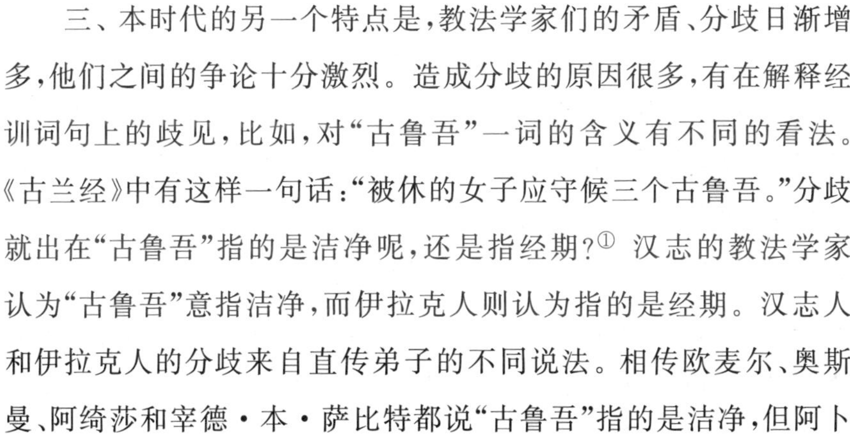

三、本时代的另一个特点是，教法学家们的矛盾、分歧日渐增多，他们之间的争论十分激烈。造成分歧的原因很多，有在解释经训词句上的歧见，比如，对“古鲁吾”一词的含义有不同的看法。《古兰经》中有这样一句话：“被休的女子应守候三个古鲁吾。”分歧就出在“古鲁吾”指的是洁净呢，还是指经期？[①] 汉志的教法学家认为“古鲁吾”意指洁净，而伊拉克人则认为指的是经期。汉志人和伊拉克人的分歧来自直传弟子的不同说法。相传欧麦尔、奥斯曼、阿绮莎和宰德·本·萨比特都说“古鲁吾”指的是洁净，但阿卜

① 按伊斯兰教法规规定，被休妇女要在她过三次经期之后，才能再婚，以证明该妇女无孕。——译者

杜勒·本·麦斯欧迪却说“古鲁吾”意指经期。这正好成为前面提到的伊拉克人属于伊本·麦斯欧迪派，汉志人追随麦地那的直传弟子这一说法的佐证。分歧也许是因为语言结构和句子组成上的区别；也许是语言的真意和隐喻上的差异；也许是词句源于《古兰经》或圣训的说法不同。如果经训相混，那对是否应做出结论的认识就不一致了。分歧也许是由同一问题在圣训中的不同提法造成的，每个教法学权威都只掌握一部分圣训，或者说，教法学权威掌握的圣训只有一部分是正确的。如相传阿卜杜勒·瓦里斯·本·赛德说过：“我来到麦加，见到了艾布·哈尼法，便问他：‘你对卖东西又讲条件一事有何见教？’艾布·哈尼法回答说：‘卖东西不对，讲条件也不对。’于是，我跑到伊本·艾比·莱伊拉处向他请教这个问题。他说：‘卖东西是可以的，但讲条件不对。’后来，我又去问伊本·舒布鲁麦，答曰：‘卖东西可以，讲条件也可以。’听罢，我自语道：‘赞美真主。伊拉克的三位法学家对同一问题竟各执一词。’于是，我又回到艾布·哈尼法处，将他两个朋友的解答告诉了他。他说：‘我不知道他俩对你说了些什么，但阿慕尔·本·舒阿布对我说，他父亲听他爷爷说过：穆圣曾禁止卖东西，也禁止讲条件。听罢，我又跑到伊本·艾比·莱伊拉处，把他的两个朋友说的话告诉了他。”莱伊拉说：“我不知道他俩对你说了些什么，但希沙姆·本·欧尔瓦对我说过，他父亲听阿绮莎说：‘穆圣命我把白里莱买下释放，使她成为自由人。但白里莱的家人却提出了该女子归属他们的条件’，于是穆圣说：‘《古兰经》里没有讲条件之说，因而讲条件是不对的，卖东西是可以的。’”希沙姆说过之后，我便回到伊本·舒布鲁麦处，把他的两个朋友说的话告诉了他。他说：“我不知道他俩对你说了些什么，但米斯阿尔·本·基达姆对我说过，穆哈里布·本·底沙尔听加比尔说：我卖给先知一只骆驼。先知讲好让我把骆驼赶到麦地那去。由此看来，卖东西是可以的，讲条件也是可以的。”此外，造成分歧的原因也许是因为圣训里的话对某些人是适合的，而对另一些人则是不适合的。有的人对验证圣训是否正确规定了许多条件，如不能满足这些条件就宁用类比而不用圣训。有的人则没有这些限制，即使证据不足也宁用圣训而不用类比。产生分歧的另一个原因也许是教法学家们使用类比和推论的能力不同，或因他们语言水平的差别和对阿拉伯人表达方式掌握程度的深浅引起的。当然，也可能是因观点的不同以及每个教长受其所处自然和社会环境的影响各异而造成的。[①] 凡此种种，不一而足。

总而言之，教法学家之间的分歧是很多的，而且也是由来已久的。早在直传弟子之间就有分歧，如艾布·伯克尔和欧麦尔在征讨拒纳天课税的人的问题上就有不同的看法；奥斯曼、宰德·本·萨比特和阿里在对待男奴娶自由女为妻的问题上也有歧见：是按丈夫的奴隶身份只能两次休妻，还是按妻子的自由人身份可以休三次呢？奥斯曼和宰德主张前者，而阿里则持后一种看法。又如，教法学家们在祖父和兄弟谁应继承遗产问题上有不同的主张。诸如此类，不胜枚举。每有一代新人出现，分歧就会因问题和穆夫梯的增多而加剧。最终，在汉志形成了以马立克为首的圣训派，在伊拉克出现了以艾布·哈尼法为首的意见派。从此，教法学家之间

① 参看拜特鲁斯写的《公正评说》一书。

的分歧就更大了，争论也更多了，斗争持续不断。使辩论激化的主要原因来自艾布·哈尼法派，因为该派对很多问题都做了推论、演绎，对没有明文可据的案例毫无顾忌地发表意见，致使圣训派的教法学家严厉批评他们，说他们无视圣训而使用“意见”是错误的。同时，伊拉克人对作为逻辑的一种表现形式的“类比”的使用给逻辑学向教法渗入，开了绿灯，并且在争论中使用了逻辑推论的形式，从而使争论更加激烈了。笔者认为，正是这种争论才使得像沙斐仪那样的大教长制定了教法原理。因为当时的辩论多是围绕着词义的确定，句子的构成、经训的相互作用、直传弟子的行为能否作为法律根据、类比及其使用范围和时机等，沙斐仪等人把这些分歧很大的问题都挑明了，并尽量把争论中的局部问题引到实质问题、原则问题上去，由此便产生了教法原理。

总之，当时的分歧很多。到阿拔斯时代意见派和圣训派形成时，分歧就更多了。他们在清真寺里、在讲堂上、在家中、在去麦加朝觐时都在辩论，在旅途之中也在辩论，甚至偶然相遇也要争辩不休。书中充满了这种辩论的记载，让我们举个例子：艾勒法赫勒·拉基曾讲过：艾布·哈尼法的朋友穆罕默德·本·哈桑有一天对沙斐仪说：“听说你在强占他人之物的问题上同我们有分歧。”[①]沙斐仪说：“愿安拉教化你。这是我在辩论中讲过的问题，你来同我

① 哈尼法派在强占问题上的主要观点是：如强占者在被强占物上有所增添，比如有人抢了一件衣服以后把衣服染了。这时，物主可以任选下列两种解决办法：要么付清染料费，将衣服收回；要么强占者赔偿衣服的价钱，衣服归强占者所有。沙斐仪派则主张：物主如果愿意，可以收取被强占物的价钱，否则，要命强占者将其增添之物去掉再送还物主。关于这个问题的处理还有许多细节，这里无暇述及。

辩论吧!”穆罕默德说:“某人强占了一个庭院,并在里面砌了一面墙,耗资一千第纳尔。后庭院的主人找来两个证人,证明该庭院是他的财产。你对此事有何高见?”沙斐仪答道:“我要对庭院的主人说:你如愿要钱,就付钱给你。如不要,我就拆墙还院。”穆罕默德·本·哈桑又问道:“某人抢了一块木板,将木板钉在一条船上,船航行在大海上。这块木板的主人带来了两个公证人。对此,你如何处置?把木板从船上拆下来吗?”沙斐仪答:“不。”穆罕默德说:“大哉安拉!你已经放弃了你的观点了。”接着,穆罕默德又问:“某人抢了一根丝线。后来他的肚子破了,就用该线缝合了伤口。线的主人带来两个证人,证明该线是被抢去的。你把这丝线从他肚子上取走吗?”沙斐仪答:“不。”穆罕默德·本·哈桑说:“大哉安拉!你已经放弃了你的观点了。”穆罕默德的朋友也说:“你放弃了你的观点了。”沙斐仪回答说:“且慢!倘若确是他的木板,他想把木板从正行驶在汪洋大海上的船上取走,你能允许吗?”穆罕默德答:“不允许。”沙斐仪接着说:“倘若该线缝在他的身上,他要把线从自己的肚子上取下,杀死自己,你允许吗?”穆罕默德答:“不允许,这是非法的。”沙斐仪说:“如果庭院的主人来了,想把墙拆掉,你看可以吗?”穆罕默德说:“可以拆掉。”沙斐仪说:“你怎么这样混淆是非呢?”穆罕默德说:“那你如何处置船主?”沙斐仪答:“命他把船驶向最近的海岸,靠岸后对他说:将木板拆下归还原主。”穆罕默德说:“先知说过:伊斯兰教不受损,也不损人。”沙斐仪说:“谁损害他了?是他自己害自己。”接着,沙斐仪又说:“某贵族以极其卑劣的手段霸占了一个黑人的女奴。女奴为他生了十个孩子。孩子长大后都成了法官、首领、贵族、演说家。后来,该女奴的主人带来两

个证人，证明身为这些孩子母亲的女奴是属于他的。你如何处置？"穆罕默德答："我判那些孩子都是黑人的奴隶。"沙斐仪说："指安拉发誓，你说说看，拆掉墙，把庭院归还原主和将这些孩子判为奴隶这两个判决哪个损害大？"穆罕默德·本·哈桑听后无言以对。[①] 哈乃斐派、马立克派和沙斐仪各派之间的这类辩论的例子是很多的。

这种辩论——使各派都带有宗派情绪——扩大了教法活动的范围，创造出一些有价值的法律主张，并且使很多教法学家用对手的观点来武装自己。如类比学家和圣训学家分别用圣训和"意见"把自己武装起来，从而使一些原来分歧很大的观点相互接近了。这方面最好的例子也许要算沙斐仪和哈尼法派的穆罕默德·本·哈桑了，他俩都深知对方的观点，都备有圣训和"意见"两种武器。

辩论不只局限在口头上，而且发展到通过书信进行辩论。莱伊斯·本·萨阿德从埃及写信给麦地那的马立克，同他辩论麦地那公议的根据问题，马立克复信做答。[②]

这些辩论对当时和后来的许多著作产生了很大的影响。读者如把沙斐仪的《阿尔·温姆》一书和西伯威的语法书比较一下，就会发现两者的文风有很大的区别。《阿尔·温姆》一书大部分是对话和辩论，常常是平铺直叙，有言必录，把不同的意见都摆出来，理由也讲出来，然后予以驳斥。书中有一章题为《答穆罕默德·本·哈桑》，另一章题为《伊拉克人的分歧》等。这就是哈尼法派的写作

---

① 法赫尔·拉兹：《沙斐仪的功绩》，第185页。书中有二十三个类似的问题。

② 关于这场辩论，参看《签署者传记》一书。

风格，但在西伯威的著作中却见不到这种文笔。西伯威喜欢确定法则，并把法则具体化，然后加以论证。当时在教法主张上发生的大革命、哈尼法派在使用“意见”上所表现的自由以及对手在辩论中所持的要把哈尼法派驳得哑口无言的认真态度等，是造成选种区别的主要原因。这样一来，在衡量语法分歧和进行语法辩论时都不以西伯威为依据，因为西伯威著作中的大部分内容是传述他人的言论，并从具体内容中总结出一般规则。

四、阿拔斯时代立法的另一个特点是“记载”。当时出现了一个把各种学问，其中包括教法都记录下来的记载运动。不错，在倭马亚时代已有了记载的萌芽，但真正的记载运动是在阿拔斯时代发展和扩大起来的。当时各学派都有自己的记载方式。如麦地那法学家的做法是：收集和研究阿卜杜拉·本·欧麦尔、阿绮莎和伊本·阿拔斯以及麦地那的著名再传弟子所作的法特瓦，然后从中作出推断并予以分类。正如伊拉克人做的那样，他们收集阿卜杜拉·本·麦斯欧迪作的法特瓦、阿里处理的案件和所作的法特瓦以及舒莱哈等人经办的库法案例，然后从中筛选，作出推断。倭马亚时代的教法始于圣训，因为圣训被认为是教法的依据，对圣训派来说更是如此。后来，按教法对圣训进行分类，整理出有关小净的圣训、有关礼拜的圣训、有关天课的圣训等。然后，再把圣训中涉及的问题加以分类。如扎哈比说：阿卜杜拉·本·穆巴拉克“记下各种学问和教法”。扎哈比又说：艾布·绍尔“对图书进行分类，对逊奈按系统进行归纳”。意思是说将有关同一题目的圣训收集在一章里。现有的这类书中最好的要算是马立克教长的《圣训易读》了。马立克在该书中，在将圣训法律化方面迈出了新的一步。

这是麦地那的情况。至于伊拉克的教法学家则倾向于意见派。易卜拉欣、奈赫尔和艾布·哈尼法的老师哈马德·本·艾比·苏莱曼都是其中最有名的学者。相传易卜拉欣把教长们的法特瓦和意见以及他们的法律原则都收集在一本书里,又传说该书的一部分在哈马德手里。我们有一本穆罕默德·本·哈桑写的《名言录》一书。该书收集了这些学者的名言和主张。我们找到的一部伊拉克最古老的法学书是艾布·优素福写的《赋税》,其次,就是穆罕默德·本·哈桑的著作。我们还有沙斐仪写的《阿尔·温姆》一书。沙斐仪在书中采用了一种既受汉志圣训派影响、又受伊拉克意见派影响的新风格。我们将在后面谈到这些书。

总之,当时的教法是被编撰成书了。这些书除了带有以前的圣训色彩之外,又被打上了法律的烙印,各教派的分歧和争论的痕迹也清晰可见。这些书,特别是伊拉克的著作,还带有逻辑学的色彩。

五、阿拔斯时代像倭马亚时代一样,是享有创制自由的时代,学术研究的大门是为一切有志之士敞开着的。有真才实学和勤奋刻苦的人可以通过学术提高自己的地位,反之,就会被人看不起。谁完全掌握了创制本领,谁就有权做出创制;谁没掌握这些本领,就可以追随任何一位教法学家或向任何一位穆夫梯求教。一旦有事件发生,法官就用自己的创制,而不是根据某一派别的观点进行裁决。如果某人遇到问题,他可以请他想请的学者做出合乎教律的解释。穆夫梯根据他掌握的创制做出判断。除了受习俗的约束之外,具有相当水平的法官或穆夫梯可以不受任何限制地做出裁决和法特瓦。这样,各地的法官因没有一部全国公认的法律,对同一个事件会做出不同的裁决，对法特瓦的解释也是各行其是，对有关信仰问题的态度也是如此。如教法学权威根据他对教律的解释而崇信礼拜和天课，而其他人的崇信对象则要视其向之求学的学者而定了。直到阿拔斯时代以前，还没有为大家共同遵循的某一教派，有的只是各地都有的为数众多的解释教律的学者。到了阿拔斯时代，教派开始形成。以前，学者们只是对一些零散的问题做出创制，现在则扩大了研究范围，涉及教法的各个方面。与此同时，还写下了相应的著作。这样，教法学权威的一切主张便为人们所熟知了。再有，教法学家之间的争论也随之多了起来，这就使每个教长都有了自己进行推断的原则、范围和方法，从而促成了各教派的形成。各教派都自成体系，每个教长周围都有向之求教、学习的信徒和弟子。总之，教派的出现和形成、教派的偏见、各教派对伊斯兰教法的全面研究和教法著作的问世以及各独立教派的产生等等，是阿拔斯时代的特征之一。

尽管如此，不要以为在我们所写的这个时代，穆斯林已完全分为现有的四大法学教派了。不，当时仅仅是个开始，四大教法学派只是到了伊斯兰历四世纪时才真正形成。麦加的艾布·塔列布在《心灵的粮食》一书中说："书籍、言论集和评论都是新出现的事物。那种按照某个人的主张和观点去解释教律、处理问题以至于成为这一派的法学家的事情在一、二世纪是没有的。"教法学派的形成始于阿拔斯时代，当时除了哈尼法、马立克、沙斐仪和罕百里四个教法学派之外，还有许多其他教法学派。其中有些教法学派的价值和力量并不亚于这四个教法学派，如哈桑·巴士里派、奥查尔派、苏福扬·绍里派、莱伊斯·本·萨阿德派、苏福扬·本·欧耶依奈派以及后来的易斯哈格·本·拉赫瓦依派、艾布·绍尔派、达乌德·扎希里派和伊本·捷里尔·塔巴里派等。各教法学派都有自己进行创制的主张和方法，各教法学派都有分散在各地的信徒。但是，有些教法学派因受外界因素的影响而消失了。例如，没有传播和捍卫该派主张的得力弟子、没有得到有权势的人及其追随者的支持等。有些教法学派则受内因的影响，如扎希里派。该派因拒不使用"意见"和绝对依赖经训明文等原因而把自己推上了绝路。在这众多的教法学派中，注定要保存下来的就是四大教派，但这是四世纪及其以后的事情了。在二、三世纪，所有我们列举的这十三个教派和其他教派都还存在，都有自己的信徒。当时，进行创制是绝对自由的。有的学者就不受这些教派的任何限制，而是我行我素，自成一家。如有他认为是正确的圣训便援引之；如遇到两种不同的主张就自选一种；有时采用麦地那教派的观点，有时又采用伊拉克教派的主张。甚至属于某一教派的人也可以加入另一教派，如穆罕默德·本·哈桑是艾布·哈尼法派的，但这并不妨碍他加入马立克派的行列。这种进行创制的自由在使伊斯兰教法律得到令人钦佩的发展、法律意见受到尊重、案件得到细致的分析、使法学家照顾到本民族、本地区的特点和具体情况等方面都起到了有益的作用。对每个问题的处理几乎都有多种意见，每种意见都有自己的论据和论点。尽管有些人的见解不那么高明，但总是有其正确和可取之处。

在阿拔斯时代前期，学者们应受到指责的是他们没有制定出一部为全国遵守的法律。当时，他们是有这个想法的，但是没去实行。曼苏尔曾向马立克提出，要将他的《圣训易读》定为法律，传说拉希德也这样说过。伊本·穆加发在他呈给曼苏尔的上书中曾要求根据一致公认的明文和公正的原则为穆斯林制定一部通典。[①]但这一切，都没能实现，解释教律的自由交给了法官和穆夫梯，同时，也交给了著述家和注释家。当然，最好是用一部人在打官司，法官在裁决前就已知晓的法律来制约法官。这部法律可以作为根据时代和具体情况的变化而加以修改的蓝本。然后，让学者和教法学家各抒己见，进行辩论。这样，他们记录下来的"意见"、他们之间进行的对话和开展的批评就是这部通典的养料，是修改法律的依据。当时如果这样做了，一定会对穆斯林的司法制度产生深远的影响。

伊斯兰教法的特点之一是研究范围广泛，它包括商法、民法，刑法，还包括宗教信仰。这些法律有的归行政部门执行，有的则要受到安拉的处治——教法涉及人们从小净到遗产的一切问题——这是因为伊斯兰教的法律是建立在《古兰经》和圣训的基础上的，经训谈到了所有这些问题，如经训中有关于贞操的明文，有关于债务的条例和惩罚偷窃的规定等等。毫无疑问，这使教法学家的任务变得更艰巨、更微妙了，他必须精通法律的一切领域，必须知道各个细目的法规和准则，这样才能对那些不断出现的新问题做出推断和裁决。假如有人专管信仰，有人专理财务，有人专司刑事案件，事情就好办得多、容易得多。但是，世界上的专业分工只是近代的事情。当时的教法学家是一切都管的，正如当时的医生要医治百病一样。

① 即伊本·穆加发写的《圣门弟子论文集》——译者

*　　　*　　　*

回顾一下当时及在那以后所写的有关伊斯兰教法的著作，就会发现教法学家和著作家已把有关同一内容的问题单独收集在一起了。但是，他们往往是罗列具体问题而没有提出规律和原则。例如，提到交易，就写出具体细节，如“某人出售一堆粮食，每盖非兹[①]售价一迪尔汗，成交。某人卖羊一群，每只要价一迪尔汗，未果。某人以十迪尔汗价钱买一件十腕尺的衣服，后见尺寸不足，买主可做如下选择：如要衣服，就付全价，如不要，可以退货。”等等，无疑，这些具体交易是要归结到做买卖的原则上去的，但是，这些原则却很少被提到。本来是可以在具体交易之外列出贸易法规的，如在每个栏目里提出作为解决具体问题依据的一般原则。但是，当时记载下来的教法不是这样，而是罗列一些在买卖、租赁等方面进行创制的方法而非一般原则。因为记述的主要内容——如前所述是教法学家之间进行的辩论，后来虽然有人试图在每个栏目里都列出一些普遍适用的一般原则，但他们没能坚持到底。

伊斯兰教法注重研究具体问题的原因是：教法的记载是从收集穆圣的言行和直传弟子及再传弟子所作的法特瓦开始的，后来，才分门别类地进行归纳。这样，教法就很自然地成为对具体问题的叙述了。以后又成了教法学权威根据各自所持的法理、受业的老师和进行创制的方法对这些案例的看法了。

现在，我们来看看著名教法学派及其重要人物和各教法学派的立法方法。

---

① 量器名，约容8加仑。——译者

一、艾布·哈尼法及其学派

艾布·哈尼法即努尔曼·本·萨比特·本·祖托，原籍波斯。他的祖父祖出生于喀布尔。关于他父亲萨比特的出生地点说法不一：一说生于安巴尔[①]，一说生于奈萨[②]。艾布·哈尼法本人则出生在库法。[③] 萨比特原是莱比阿家族某人的奴隶，该家族属于台伊姆拉·本·赛阿莱拜部落，台伊姆拉部落又是法赫兹部落的一个分支，被称为古夫勒人。因此，艾布·哈尼法原是台伊姆拉人的释奴，故有艾布·哈尼法·台伊姆之称，意即艾布·哈尼法隶属于台伊姆拉人。有些哈尼法派人觉得这种隶属关系有损艾布·哈尼法的尊严，便称他是波斯的自由人，说他从未有过为奴的经历。其实，这些人不知道学问和宗教与夸耀宗系、耻于隶属等是风马牛不相及的。须知部落、金钱和地位都决定不了一个人的价值，决定一个人价值的是他本身，是他的学识和智慧。在艾布·哈尼法之前有很多法学权威就是释奴，如纳费尔就是伊本·欧麦尔的释奴，麦加的法学家阿塔·本·艾比·里巴哈、也门的教法学家塔乌斯·本·基萨尼、伊拉克的两位教法学家哈桑·巴士里和伊本·西林等人都是释奴。此外，教派的偏见使得各教派的一些信徒采用伪造历史的办法来抬高本派教长的地位，有人引述圣训，说先知曾为

① 今伊拉克境内。——译者

② 今伊朗境内。——译者

③ 参看伊本·阿卜杜勒·拜尔：《精选》一书，第122页和伊本·哈吉尔：《艾布·哈尼法传》（手抄本）。

各教长传播福音。传说先知在谈到伊拉克人时曾说过:“安拉设学术之库于其民之中。”又传先知还说过:“吾民族中有一人,名叫努尔曼·本·萨比特,号艾布·哈尼法,安拉将假其手复兴我所行的伊斯兰教正道”等,甚至有人佯称《摩西五经》里曾提到过艾布·哈尼法。沙斐仪派人对沙斐仪,马立克派人对马立克俱是如此,概莫能外。这样一来,研究者就很难弄清各个教长的历史了。每当一代新人出现,就要对本派教长的功德添枝加叶一番,好像功德只有靠夸大其词才能得到承认似的。因而,我们发现教长们的传记离其生活的时代越近,真实性就越大,夸张成分就越小。

大部分历史学家认为,艾布·哈尼法于伊斯兰历80年生于库法,150年卒于巴格达,活了大约七十岁。他一生约有五十二年是在倭马亚时代度过的,十八年生活在阿拔斯时代。这样看来,艾布·哈尼法生于阿卜杜勒·麦立克·本·麦尔旺[①]哈里发时代。当阿卜杜勒·麦立克死时艾布·哈尼法年仅六岁。艾布·哈尼法是在哈加吉统治伊拉克时长大的,哈加吉死时艾布·哈尼法已经十五岁了。因此,他看到了哈加吉对待起义者的残暴、看到了他所进行的战争、也看到了他在伊拉克的权势。到了欧麦尔·本·阿卜杜勒·阿齐兹[②]时代,艾布·哈尼法已成为一名青年,他知道欧麦尔的清廉、公正,看到了他进行改革的功绩。他也看到了倭马亚人的衰败,目睹了阿拔斯运动的始末。当时,伊拉克各地是这一运动的摇篮,在反对倭马亚人的斗争中做出过贡献。艾布·哈尼法

① 倭马亚王朝的第五任哈里发,公元685—705年在位。——译者

② 倭马亚王朝的第八任哈里发,公元718—720年在位。——译者

还看到过继哈加吉成为伊拉克总督的叶齐德·本·穆海莱布所实行的带有阿拉伯宗派色彩的统治。同时，也看到过哈立德·本·阿卜杜勒·盖斯里和奈斯尔·本·赛亚尔的专横跋扈，看到二人之间的纷争。艾布·哈尼法还看到哈里发的王位依靠他的同胞——波斯人的力量从倭马亚人的手中转到阿拔斯人手里。他还看到了阿里的孙子穆罕默德·本·阿卜杜勒对哈里发曼苏尔发动的叛乱。有人说，艾布·哈尼法同情穆罕默德并站在穆罕默德一边。最后，艾布·哈尼法看到了局势在阿拔斯人手中稳定下来，看到曼苏尔兴建巴格达，看到壮观的华美的景象、世间的文明都转移到了巴格达。艾布·哈尼法死于曼苏尔任哈里发期间。艾布·哈尼法经历了所有这一切，并对这一切进行了思考。这些经历给了他以多方面的影响，但他也做出了自己的贡献。可以说，艾布·哈尼法是这些事件的过来人和见证者。他是在这些事件的怀抱中成长，在这些事件的火的洗礼中成熟的。

艾布·哈尼法是在库法长大的，当时，还有一些直传弟子和著名的再传弟子在世。我们知道很多有关艾布·哈尼法初期成长和如何求学的情况。相传他在十六岁时随父亲到麦加朝圣，见到直传弟子阿卜杜勒·本·哈里斯正对聚集在圣寺里的人讲他亲耳听到的圣训，艾布·哈尼法便学得一段圣训。人们还传说艾布·哈尼法也听过艾奈斯·本·马立克和其他四位直传弟子讲学，但有的学者对此说表示怀疑。

后来，艾布·哈尼法在库法清真寺里向教义学家们学习。当时，教义学家讲授多种课程——除了教法、诗歌、语法以外——还讲授天命与前定、异端和信仰，讲述直传弟子在征战中的业绩等有关教义学的问题。当艾布·哈尼法对教义学的研究已很精深时便转攻教法。相传扎法尔·本·胡宰勒说过:"我听艾布·哈尼法说:我原研究教义学,颇受世人尊崇。我的讲席就在哈马德·本·艾比·苏莱曼的讲席附近。一天,来了一位妇人问我:一男子欲据逊奈休其妻,应休几次?我命妇人去问哈马德,并把结果告我。妇人转来对我讲了哈马德的答复。听罢,我说:教义学不需要我了。我便拿起鞋坐到哈马德的讲圈去了。"①

据说艾布·哈尼法说过:"我原是一个教义学家。有段时间,我迷上了教义学,我用教义学与人辩论,为保卫教义学我挺身而出。辩论的对手多是巴士拉人,我去巴士拉二十余次,有时还住上一年半载。我同哈瓦里吉派中的艾巴德派和苏夫里耶派的很多人较量过。当时,我认为教义学是最好的学问。后来,我才认识到,若教义学果然如此,先辈中的有识之士早就采用了。于是,我就舍弃了教义学。"②

教义学先于其他学科与哲学发生联系,受到哲学的影响。同时,教义学因与其他宗教进行辩论和宣传,也受到各种宗教的影响——见前述——阿慕尔·本·欧拜德和瓦绥勒·本·阿塔等人当时在巴士拉宣传伊斯兰教,驳斥诽谤者的诋毁、中伤,探讨安拉的品德,研究反叛者是异教徒还是信士,等等。他们还了解信奉其他宗教的人的主张,然后用类似哲理的论据进行批驳。显然,艾布·哈尼法由于研究了教义学并取得了可观的成绩,使

① 麦基:《艾布·哈尼法的功绩》,第55页。

② 同上书,第59页及以下。

他获得了辩论的才能和运用逻辑学的能力，掌握了与圣训学家不同的理性思维方法。如果说，圣训学家仅仅满足于对传述者的研究的话，那教义学家则在将圣训作为伊斯兰教的原则和基础的前提下，超出这个范围而进行对外界的批评了。教义学家的领袖——穆阿台及勒派对某些直传弟子的大胆的批评，及对某些传述的圣训的直率的评说是众所周知的。所有这些都对艾布·哈尼法产生了影响。

艾布·哈尼法除了他的学术生涯外，还是一个坐地经营的布商。人们都称他为布商努尔曼·本·萨比特。艾勒阿尔麦什在被问到某个问题时说："布商努尔曼·本·萨比特最善于回答这类问题，我看他在学术上是值得称道的。"[①]经商也使艾布·哈尼法受益匪浅。因为这把他和实际的经济生活连在一起了。他从中能了解到市场上的真实情况，知道人们是如何做买卖的，掌握货币、兑换、借贷和债务等情况。因而，艾布·哈尼法言必有物，言必中的，既表现了他的学识，又显示了他的经验，可谓理论和实践兼而有之。

艾布·哈尼法的教法承袭的是库法派。当时的库法派人才荟萃，很有特点。为说明库法派的著名人物，特制简表如下（表见197页）。

这就是伊拉克派中最著名的人物。每个人都对伊拉克学派的形成做出过自己的贡献。伊本·麦斯欧迪是一位伟大的法学家，欧麦尔·本·赫塔布曾受其精辟见解和自由主张的影响。阿里·

① 伊本·阿卜杜勒·拜尔：《精选》，第126页。

本·艾比·塔利卜为伊拉克人留下了一批被视为宪法的诉讼案例和对教律的解释。阿勒格麦则是伊本·麦斯欧迪最优秀的门生，是伊本·麦斯欧迪的学问和教法的继承人。麦斯鲁格留给伊拉克人的是众多的“法特瓦”。舒莱伊哈在倭马亚时代从事司法工作，长达六十年之久，有着丰富的实践经验，为意见派提供了有力的支持，对意见派的形成有重大影响。谢阿比却与众不同，他给伊拉克人提供的是圣训和名言传说，好像是他在和舒莱伊哈合作，从两个方面来支持意见派。谢阿比对“法特瓦”感到棘手，其畏难程度与传述派人并无二致。而奈赫尔见了“法特瓦”则欢呼雀跃，如同意见派那样舒畅开朗，这与二人的实际生活恰恰相反。谢阿比是一个风趣、健谈、欢快的人，但一见“法特瓦”便神情沮丧，笑意全无。奈赫尔是一个严肃、内向的人，但一见到“意见”便心旷神怡，欣喜异常。后来，哈马德·本·艾比·苏莱曼把上述的一切都收集起来，交给艾布·哈尼法，最终形成哈乃斐教法学派。也许读者已经发现，这个学派里的奈赫尔人特别多，阿勒格麦、艾勒艾斯沃德、易卜拉欣都是奈赫尔人。麦斯鲁格·本·艾吉达阿是哈姆丹人，阿米尔·谢阿比是谢阿比人，而谢阿比人是哈姆丹部落的一个分支。奈赫尔和哈姆丹是也门的两个部落。舒莱伊哈是肯迪人，肯迪地属也门。哈马德·本·艾比·苏莱曼隶属艾什阿里，而艾什阿里是也门的一个部落。大家知道，先知曾派穆阿兹·本·吉拜勒为也门军人的法官，教读《古兰经》，讲授伊斯兰教法律，裁判纠纷并掌管也门官吏交纳的课税。穆阿兹是最通晓合法与非法的直传弟子之一。同时，他是作为意见派人支柱的那条著名圣训的讲述人。据传，穆圣在派穆阿兹去也门时问他：“你靠什么进行裁断啊？”答：

库法学派教法学家一览表

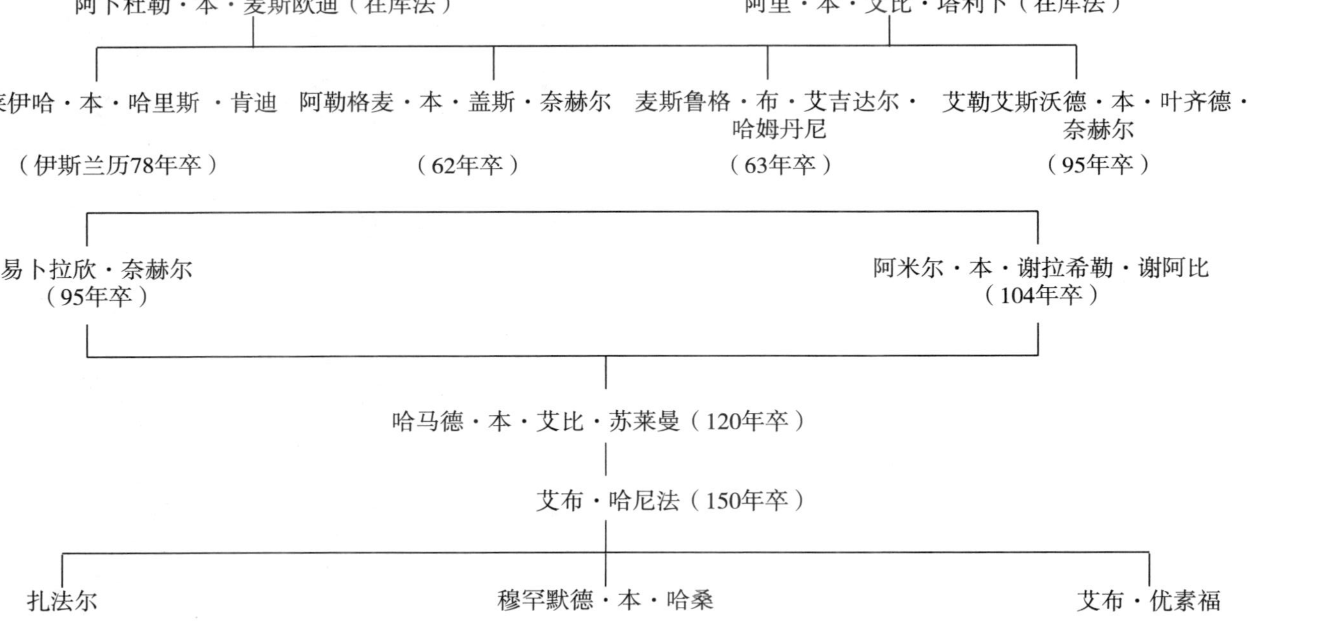

注：连线处，并不都表示师承关系。

“靠《古兰经》。”问：“若经中没有明文呢？”答：“靠穆圣的训示。”问：“若训示中也没有答案呢？”答：“以我的意见做出创制。”——这些也门人也许是受了穆阿兹的法学观点的影响——我们的确发现该教派的一些杰出人物，如艾勒艾斯沃德·本·叶齐德·奈赫尔就是穆阿兹·本·吉拜勒的弟子。

*　　　　*　　　　*

艾布·哈尼法曾向很多人学过教法。他听过阿塔·本·艾比·莱巴哈·希沙姆·本·阿尔瓦和伊本·欧麦尔的释奴纳费尔讲学，但他的大部分学问是从他的老师哈马德·本·艾比·苏莱曼·艾什阿里处学来的。哈马德是一位知识渊博的法学家。尼萨伊曾说过：“哈马德是一个‘展缓派的权威’。”哈马德十分富有，待人宽厚，慷慨好施。他死于伊斯兰历120年。哈马德生前在库法清真寺设座讲学，听者如云。他一面授业，一面答疑。有各种问题的人都来找他，请他裁断。艾布·哈尼法见他有学问，一直追随他十八年。艾布·哈尼法曾说过：“哈马德是我见过的最博学的人。”艾布·哈尼法先与哈马德同掌讲席十载，后哈尼法想自己独设讲坛，但又难于启齿，后来，利用哈马德赴巴士拉的机会，暂在哈马德的讲席上讲学、释疑，先后受理了六十个未曾听他老师断过的案件。哈马德回来后，艾布·哈尼法向之求教，哈马德同意了其中四十件断案，对另外二十件则表示了异议。于是，艾布·哈尼法继续跟随哈马德，直到哈马德去世。[1] 我们知道哈马德卒于伊斯兰历120年。

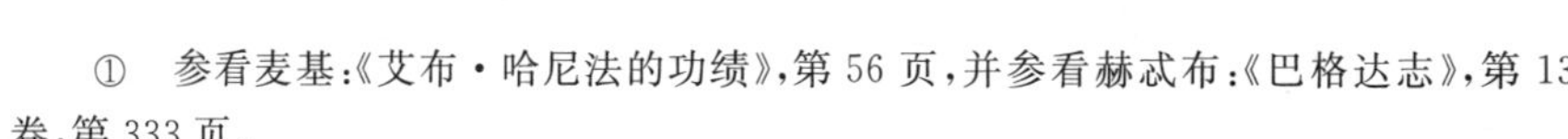

① 参看麦基：《艾布·哈尼法的功绩》，第56页，并参看赫忒布：《巴格达志》，第13卷，第333页。

是年，艾布·哈尼法已经四十岁了。艾布·哈尼法经常同他的老师研讨、争论，追随左右，形影不离。以至传说他自己曾说过这样的话："我不知有谁像我伴随哈马德那样地伴随一个人。我提的问题很多，可能他都有些讨厌我了。他对我说：艾布·哈尼法呀，我真烦极了。"甚至传说哈马德有一天对艾布·哈尼法说"你都把我榨干了"，意思就是：你把我的学问都学去了。这句话是赛德·本·穆赛伊布以前对盖塔戴说的。哈马德死后，他的朋友们商量由谁接替他的首席讲座。最后选中了他的儿子伊斯梅尔·本·哈马德。但伊斯梅尔最喜欢的是诗歌和阿拉伯历史，遂辞去讲席，由穆萨·本·艾比·库雷尔担任。穆萨对教法并不十分精通，幸好他与一些大教长同席授业。后来，穆萨去麦加朝圣，艾布·哈尼法便接其位，填补了哈马德的空缺。从这时起，直到伊斯兰历150年他去世为止，艾布·哈尼法一直在该处讲学、解释教律长达三十年之久。

所有的史料都说明艾布·哈尼法的生活十分优裕，这也许与他经商有关。我们知道他曾是个布商，在阿慕尔·本·侯莱斯家中开一店铺。艾布·哈尼法身材高大，肤棕色，衣着考究，仪表堂堂，好施香料，故有香风之名，真是"未见其面先闻其香"。[①]

相传，两次有人要艾布·哈尼法出任法官，均遭拒绝。一次在倭马亚时代，伊本·胡拜勒——倭马亚人最后一位哈里发麦尔旺·本·穆罕默德的伊拉克总督——要他出任法官，被拒绝了。这使他遭到鞭刑。另一说法是要他负责金库，艾布·哈尼法不干，遂被鞭打。另一次要他做法官是在阿拔斯时代：哈里发艾布·加

① 赫忒布：《巴格达志》，第13卷，第331页。

法尔·曼苏尔将他从库法召到巴格达,要他出任法官。艾布·哈尼法抗命不从,曼苏尔便将他监禁起来,后死在狱中。关于这件事的传说很多。上面讲的是一种说法。另有人讲,曼苏尔曾以鞭刑威胁,艾布·哈尼法被迫从命,数日后便死了。还有人说,艾布·哈尼法是因被控与什叶派的易卜拉欣结党,才被曼苏尔从库法召来的。十五天后,便被曼苏尔毒死了。这种种传说在曼苏尔召见艾布·哈尼法这一点上是一致的,在被召见后不久就死了这一点上也是相同的。艾布·哈尼法死在巴格达,他在巴格达的至今尚存的陵墓便是佐证。我们排除曼苏尔毒死艾布·哈尼法的说法。因为曼苏尔当时大权在握,如果愿意,他完全可以把艾布·哈尼法公开杀掉。在此之前,曼苏尔杀死了握有兵权、不可一世的穆斯里姆·呼拉萨尼。此外,曼苏尔还杀了一些其他显赫人物。我们倾向于第一种说法,即曼苏尔想要艾布·哈尼法出任法官,遭到拒绝。于是,艾布·哈尼法被监禁,受到迫害。但是,这种迫害和监禁并不是因拒绝出任法官而受到的惩罚。因为曼苏尔御前的很多文人都在垂涎这一职位呢。以前,曼苏尔要莱伊斯·本·萨阿德出任法官遭到拒绝时,并未加害莱伊斯。但从艾布·哈尼法的拒绝可以推断出他被指控加入什叶派并对阿拔斯人不满的说法是确实的。对此,也是众说纷纭。如扎法尔·本·胡宰勒说过:艾布·哈尼法在易卜拉欣(即反对曼苏尔的"纯洁的灵魂"的兄弟)在世时曾公开抨击过曼苏尔。为此我对艾布·哈尼法说:真的,你话音未落,绳索就要套在咱们的脖子上了。[1] 又如传说曼苏尔曾以易卜

① 艾勒·赫忒布:《巴格达志》,第13卷,第329页。

拉欣·本·阿卜杜勒·本·哈桑的名义写了两封信,派心腹人分送给艾勒·艾阿麦什和艾布·哈尼法。艾勒·艾阿麦什看完信后,便将信丢给羊吃了。而艾布·哈尼法则吻了来信,并写了回书。曼苏尔对此一直忌恨在心,遂有这次对艾布·哈尼法的迫害。①

在阿里派(什叶派)和阿拔斯人之间的斗争中,艾布·哈尼法很可能是站在穆罕默德·本·阿卜杜勒(纯洁的灵魂)及其兄弟易卜拉欣一边的。他认为穆罕默德最有权继承哈里发的职位。他对阿拔斯人的权势和暴虐十分仇视。当时的很多学者都有这种看法。阿拔斯人对学者文人则诱以官职、禄位,以其是否愿意从政来判断他们的政治倾向。当然,毋庸讳言,当时有些学者认为,做官将会置宗教于危险的境地,甚至有很多圣训学家都不引用那些结交官府的学者所引述的圣训。艾布·优素福就因出任法官而受到人们的谴责,这类传说很多。穆罕默德·本·捷里尔·塔巴里说:"圣训派中有人因艾布·优素福经常使用'意见'、推演律例以及结交官府,出任法官而避免引用他讲述的圣训。"②也许是上述两个原因促使艾布·哈尼法两次做出了拒绝出任法官的决定。在倭马亚时代,他看到的是暴虐专横、动荡不安;看到他的族人——波斯人揭竿而起,号召人们反对倭马亚人的统治。到了阿拔斯时代,暴政依然,哈里发的宝座被阿拔斯人从阿里派手中夺去。此外,秉公执法,绝非易事:如要安拉满意,必然得罪官府;如讨官府欢心,必

① 伊本·阿卜杜勒·拜尔:《精选》,第170页。

② 伊本·赫里康:《人物传记》,第2卷,第451页。

将激怒安拉。有些传说讲，艾布·哈尼法曾对曼苏尔说："你若以不当法官就将我抛进幼发拉底河来威胁的话，我宁愿溺死水中，也难以从命。因为你有一群为了你而要别人恭维、巴结的侍臣，我是不善此道的。"①

还有人讲，艾布·哈尼法在兴建巴格达时曾为曼苏尔掌管砖瓦。艾勒·赫忒布认为这是一般老百姓的说法。

艾布·哈尼法的创制方法：

艾布·哈尼法对《古兰经》的态度与其他教长的态度是一样的。如果说有什么区别的话，那只是对经文的含义和暗示的理解以及推论方法的不同。至于对待圣训，艾布·哈尼法则有自己独特的做法，他对圣训的选用极其严格，对圣训本身及其传述人都要进行考证。有关穆圣的传说，除非符合下列条件，否则概不承认：一些人听另一些人传述的，或者如他们所说的，是众人听众人说的；或者是各地的法学家一致遵循的传说；或者是一圣门弟子当着许多圣门弟子的面传述，而无人反对的。不反对，说明众圣门弟子同意该说法。如有异议的话，他们会予以批驳的。因此，这类圣训与众人传述的圣训并无二致。艾布·优素福说："你应引用为众人所知的圣训。你要谨防假圣训。伊本·艾比·克里麦援引艾布·加法尔的话说：穆圣号召犹太人皈依伊斯兰教，犹太人便同穆圣辩论，甚至还诋毁尔撒。于是，先知登上讲坛，向人们发表演说：我死之后，圣训将会传播开来，今后你们听到任何有关我的训示，凡符合《古兰经》的，便是我说的；凡违背《古兰经》的，就不是我讲

① 艾勒·赫忒布：《巴格达志》，第13卷，第328页。

的。……据我们所知，欧麦尔对传述的圣训，要有两个证人作证才肯接受。而阿里·本·艾比·塔利卜则根本不接受被传述的圣训。传述的圣训日渐增多，有的出处不明，有的连教法学家都没听说过，有的也不符合经训明文，因此，你要谨防假圣训。你应当引用为众人所用、为教法学家知晓的圣训，而且以此作为鉴别圣训真伪的标准。凡违背经义的，即使传述有据，也不是出自穆圣之口。将《古兰经》和众所周知的圣训作为你的教长和首领吧！据此来衡量你遇到的经、训中均未阐明过的一切吧！"①

艾布·优素福在这段话里描述了他和他的老师艾布·哈尼法对待圣训的态度，其要旨是缩小使用圣训的范围，即只使用那些为大部分法学家知晓的著名圣训，对不具备这些条件的圣训拒不使用。据传叶海亚·本·奈苏尔说过："我听艾布·哈尼法说过：我有圣训数箱，但我从中只选用了很少一部分。"②

据说，艾布·优素福说："艾布·哈尼法传述他听后能记住的圣训。"③艾布·优素福还说："我对每个讲述与经文有出入的圣训的人的批驳，不是针对先知，而是针对那些虚妄传述圣训的人的。指控也是对他们提出的。先知所说的一切，我们都愿意相信。我们作证那是先知讲的原话，我们还作证先知没有发布过违背安拉意愿的指令，他没有标新立异、独出心裁，他也没有说过不是安拉讲过的话，他不是作假之人。"④总之，艾布·哈尼法对圣训的选用

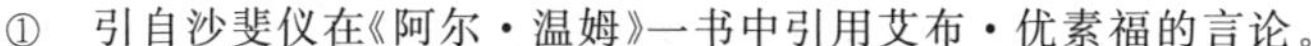

① 引自沙斐仪在《阿尔·温姆》一书中引用艾布·优素福的言论。

② 请看胡朵里：《伊斯兰立法史》，第185页及以下。

③ 麦基：《艾布·哈尼法的功绩》，第95页。

④ 同上书，第99页。

十分严格。毫无疑问，这使他不得不扩大使用“类比”和“抉择”的范围。对法学权威来说，在没有《古兰经》和正确的圣训为依据时，就只好使用“类比”和“抉择”了。

此外，艾布·哈尼法还有一个原则，那就是对圣门弟子有两种以上说法的言论，运用思维进行选择，选用最公正、最近乎基本教义的一种。对于再传弟子的言论，除非与他的创制相吻合，否则是不相信的。据说艾布·哈尼法说过：“如有经文可循，使用之；如没有，就使用穆圣的逊奈和流传在教法学权威手中的穆圣的警句名言。如果既没经文，又无名言，我就随意选用我中意的圣门弟子的言论。一经选用，便不再更换。如果易卜拉欣、谢阿比、艾勒·哈桑·伊本·西林和赛德·本·穆赛伊布能解释教律的话，那我就有作出创制的权力。”[①]这样做的结果是不引用再传弟子的言论，而使用“类比”和“抉择”。

在选用圣训上的严格态度和在衡量圣门弟子及再传弟子的言论上的这种自由，加上我们前面提到过的其他原因，使“类比”成为艾布·哈尼法教法的一个重要的基础。

实际上，艾布·哈尼法是个类比学家。他使用“类比法”超过了所有前人。在这一点上，他的先天素质帮了他的忙，他观察细致，在了解诸事物之间的异同点上敏锐异常，他还能言善辩，以致他——正如人们说的——如要把一根柱子说成是金子，也能办到。更引人注目的是，艾布·哈尼法在解释教律时，没有圣训派人的那种窘迫感。因为他感兴趣的不是问题是否发生过，也不在于问题

---

① 麦基：《艾布·哈尼法的功绩》。

的真伪，而是正如他对盖塔戴所说的："学者们要准备承受灾难，但也要防患于未然。"有一次，有人在他面前提到一句话："说我不知道，就算是有一半学问。"艾布·哈尼法听罢说道："那就让他说两次'我不知道'，以成全他的学问吧。"因此，向艾布·哈尼法求教的人很多，他常常是有问必答，以至于传说他解答了六万个问题，也有人说是八万三千个，其中三万八千个是有关信仰的，四万五千个是关于交际往来的。[①] 不管这些数字如何夸大，它向我们显示了艾布·哈尼法解答的问题、推演的律例是如何之多，传业授道如何之广。除非有一个巨大而灵活的法律头脑，否则无法对如此众多的问题进行准确和精细的回答。艾布·哈尼法对教法四大依据的运用，如同使用四则运算那样得心应手、驾轻就熟。做出决断后，他还要反复推敲，以使其裁决建立在可靠的论据基础上。在有关《艾布·哈尼法的功绩》一类书中，这种例子比比皆是。尽管有夸大失实之处，但基本上是正确的。与艾布·哈尼法同时代的法学家同他交过锋，艾布·哈尼法也同他们较量过，胜券大部都操在艾布·哈尼法的手里。下面给读者举几个例子：

有人问艾布·哈尼法：两人合伙出资三个迪尔汗，其中一个人的股金为一个迪尔汗、另一个人的股金是两个迪尔汗，钱混在一起后，丢了两个迪尔汗，剩下的钱该如何分？

艾布·哈尼法答：将剩下的一个迪尔汗分做三份：三分之一归出资一个迪尔汗的人，三分之二归出资两个迪尔汗的人。

伊本·舒布鲁麦对这个问题却是另一种断法：剩下的一个迪

① 麦基：《艾布·哈尼法的功绩》，第96页。

尔汗，二人应当平分。其理由是：两个丢失的迪尔汗中的一个肯定是出资两个迪尔汗的那个人的钱。另一个迪尔汗则不好断定，二人都有份。因此，第三个迪尔汗应当平分。艾布·哈尼法的理由则是：当三个迪尔汗混在一起时，每个迪尔汗就都成了共同财产。出资一个迪尔汗的人占其中的三分之一，出资两个迪尔汗的人占三分之二。任何一个迪尔汗丢了，都是这个断法。剩下的迪尔汗也是这个断法，即三分之一的迪尔汗归出资一个迪尔汗的人，三分之二的迪尔汗归出资两个迪尔汗的人。

艾布·哈尼法还有一个使用“意见”的例子。有人问艾布·哈尼法：对用镶有银边的茶杯或高脚杯喝水，你有何说法？艾布·哈尼法答：不妨事。那人又道：不是有明文禁止用金银器皿饮水吗？答：某人经过河边，口渴难忍，因无饮具便以手捧水而饮，手上恰好戴着戒指，你说该如何处置？他的对手答：不妨事。艾布·哈尼法说：用镶有金、银边的器皿喝水同样也不妨事呀！

从麦地那来了一伙人，要同艾布·哈尼法就“跟随教长诵读《古兰经》的问题”进行辩论（艾布·哈尼法主张不要跟读），艾布·哈尼法对这些人说，我不能同你们这些人一起辩论，让你们当中最有学问的人发言吧。于是，这些麦地那人指定了一个发言人。艾布·哈尼法说：这是你们当中最有学问的人吗？同他辩论就如同同你们辩论吗？答：是的。问：驳倒了他，就是驳倒了你们，对吗？答：是的。艾布·哈尼法说：假若我同他辩论了，就等于是同你们辩论了。因为你们选了他，他的话就代表你们的话。同样，我们选了教长，所以他念《古兰经》就如同我们念一样。

这类使用“意见”、“类比”和“抉择”的例子多达数百个，在教法书和功绩书中多有提及，这里不能一一列举。甚至有人说艾布·哈尼法在日常生活中也喜欢使用“类比”。传说他命令他的理发师把他头发和胡子中的白发、白胡子拔掉。理发师说：白发可是越拔越多啊！艾布·哈尼法说：那你把黑的拔掉，让它多起来好啦。人们还讲了艾布·哈尼法使用“类比”的趣闻：以前艾布·哈尼法曾研究过语法，他想把“类比”也运用在语法上。他按照心脏一字的复数形式，将狗字的复数变成了苦鲁布。[①]

查希兹曾引用过哈马德·本·赛勒麦说过的一段话：蒙昧时代有一个人，用他的弯把手杖偷盗朝觐者的行李。如有人对他说：你偷了东西。那人便答道：我没偷，是我的手杖偷的。因而哈马德说：如果那个人今天还活着，他一定是艾布·哈尼法的朋友。[②]

总之，艾布·哈尼法精通“类比”并大量使用类比，加之推论的广泛运用及明确解释词义含混的经文，为教法学权威做出法律决断提供了有力的武器，这对伊斯兰教法产生了巨大的影响。从沙斐仪派、马立克派和艾布·哈尼法派的教法著作中，我们也许看不出有多大差别。因此，一些东方学者便得出了各派之间差别不大的结论。但笔者认为，这种不大的差别是在各教长的弟子们的著作中发现的。因为书中引述的圣训是艾布·哈尼法的弟子们选用的，而马立克的门人则扩大了他们使用类比的范围，因而显得各派的观点相互接近了。但是，在艾布·哈尼法和马立克时代教派之间的差别还是很大的。

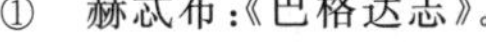

① 赫忒布：《巴格达志》。

② 查希兹：《动物志》，第 3 卷，第 6 页。

艾布·哈尼法同样也以精通圣训学而闻名于世。即他能辨别圣训的真伪，因而能娴熟地从中做出推论，定出律例。艾勒·艾阿麦什（著名的圣训学家）向艾布·哈尼法提了一些问题，艾布·哈尼法都一一作答。艾勒·艾阿麦什问道：你的这些答案从何而来？答：是你告诉我，易卜拉欣说过什么，谢阿比又说过什么。艾阿麦什感慨地说：法学家们啊，你们是医生，我们是药剂师呀！[①]

为此，人们对圣训学家和教法学家有所区别，一个人可能是圣训学家，但不见得是教法学家，但作为教法学家，对圣训必定略知一二。

*　　　*　　　*

艾布·哈尼法教法的一个显著特点是使用合法的计谋。后来，“谋略”成为艾布·哈尼法派和其他教派教法的一个重要内容，这在哈乃斐教派中表现得尤为突出。该派著有论述“谋略”的专著，以至于连逃避义务的计谋、废除先买权的计谋、用遗嘱指定继承人的计谋、推翻偷盗处罚的计谋等都应运而生了。[②] 伊本·盖伊姆在他写的《名人传记》一书中，用了很大的篇幅谈到谋略及其价值，并且指责了那些随意使用计谋的人。[③] 他说：“允许使用计谋是有害法律的。因为立法人总是千方百计地堵塞导致堕落的一切途径，而坏人则用阴谋诡计打开通向犯罪的道路。”他还说：“后

---

① 麦基：《艾布·哈尼法的功绩》，第1卷，第163页。

② 艾布·哈尼法的好友穆罕默德·本·哈桑著有《计谋的出路》一书。优素福·谢赫特教授于1930年将该书出版。学者对该书是否为穆罕默德所著，说法不一。见该书第87页。

③ 穆罕默德·本·哈桑：《计谋的出路》，第三部分。

人把自己炮制的计谋强加给教长们的做法是错误的……凡是了解沙斐仪生平，了解他的功业和他在伊斯兰教中地位的人，都知道他不是一个使用谋略、玩弄诡计的人。他并没有让穆斯林使用计谋。后来的沙斐仪派人提到的大部分计谋都是出自他们自己之手，是他们从东方阿拉伯人处贩来而塞进沙斐仪派的。”[①]伊本·盖依姆不厌其烦地列举了计谋的种类，并指出哪些可用，哪些不可用，如谋财害命、杀人越货、侵吞权利、挑拨离间一类的计谋是禁用的……穆斯林都认为传授这类计谋是非法的，用它来解释教律是非法的，用来作证也是非法的，用计谋断案更是非法的……但为争得自己的权利、反对迫害的计谋是可以使用的。[②] 伊本·盖依姆举了很多这方面的例子。

有关艾布·哈尼法在这方面的传说很多。其中大部分是关于盟誓和休妻的。从这些案例中可以看出伊拉克人在盟誓和休妻问题上搞了不少名堂，可谓五花八门，无奇不有。他们请教长对其签过字的奇特誓言做出裁决。如艾勒·艾阿麦什发誓说：如果他妻子告诉他面粉已用完，或写在纸上，或写信，或让别人转告，或当面暗示此事，他就要将其妻休弃。艾阿麦什的妻子便去请教艾布·哈尼法。艾布·哈尼法给她想出了一个解救办法。对他说：如面粉已尽，你可乘他睡觉时将面袋拴在他的外套或衣服上。待天亮或他起夜时，他就知道袋空面尽了。[③] 另一个人发誓要在斋月的白天同他老婆同房。艾布·哈尼法便断为：该人带着他老婆一起

① 麦基：《艾布·哈尼法的功绩》，第 3 卷，第 218 页。

② 同上书，第 3 卷，第 254 页。

③ 同上书，第 160 页。

去旅行，这样，他俩在斋月的白天也可过性生活了。某人见其妻正站在梯子上，便发誓说：如果你往上走，你就要被休弃；如果你下去，也要被休弃。艾布·哈尼法的裁决是：该妇人站在梯子上不动，命人将梯子放倒，该妇人便回到地上了。[①] 某人请教艾布·哈尼法说：我有一独子，给他娶妻，他就把妻子休掉。为他娶一女奴，他又将其释放为民。今我已计穷，不知你有何妙法？艾布·哈尼法答道：给你自己买下一个你儿子喜欢的女奴，然后将女奴嫁给他。他如将其休弃，你可将你的财产收回。如他将其释放，所释之人非他所属也是枉然。[②] 诸如此类的例子，不胜枚举。从这些例子中可以看出，艾布·哈尼法用以裁决的谋略，不是那种玩弄诡计、侵占权益、鲸吞钱财的不义伎俩，而是在不危害他人生命财产的情况下，用以摆脱困境的一种法律技巧。

由此看来，计谋后来在下述两个方面得到应用：

（1）一旦发生上述事件，就从假设上寻找出路，许多没有发生过或根本不可能发生的假设，特别是有关盟誓和休妻方面的假设被凭空想象出来了，供研究理论的法学家作为断案的练习。

（2）正如伊本·盖伊姆指出的，后人把各教长处理过的少数案例扩大化，以至把计谋塞进了法学的各个领域，而且远远超出了各位教长的使用范围，炮制出一些伤天害理的阴谋诡计。

*　　*　　*

毫无疑问，艾布·哈尼法给人们带来了一个新的学派。在这

① 麦基：《艾布·哈尼法的功绩》，第 166 页。

② 伊本·阿卜杜勒·拜尔：《精选》，第 153 页。

个新学派里，由于大量使用“意见”和“类比”，以及由此而产生的演绎的广泛应用；由于人们做出推论的非同寻常的能力和受理案件，甚至是假设案件并做出裁决的勇气；由于对计谋在审理案件的作用和限度越来越了解，加上为使教法深入人心而做出的种种努力，这一切都给予思想以很大的自由。以至于查希兹说过这样一句话：“也许你看到某人苦学名言经注不辍，并与教法学家同窗五十载，而他既没有成为教法学家，也没有当上法官。但是，他只要研究一下艾布·哈尼法之流的著作，记住进行创制、作出推论的条件，不出一二年，当你路过其家门时，便会把他当成省长总督了。其实，过不了多少时日，他就可以成为某地或某个国家的统治者了。”①

这些主张很自然地引起了一场激烈的思想革命，把人们分成了支持和反对、赞成和诋毁的两大派。当时的伊拉克，在对待艾布·哈尼法的态度上也同样分为相互对立的两个营垒。就连站在艾布·哈尼法派一边，反对麦地那人的伊拉克人也相互攻击、争辩不休。有的支持艾布·哈尼法，讲述他的功业和特点，阐明该派优于其他教派之处。有的则诋毁他，将他视为对宗教的威胁，认为他违背了前人的戒条。每个营垒都给我们留下了艾布·哈尼法的言论及其主张的遗产。艾勒·赫忒布·巴格达迪在其著作《巴格达志》一书中专辟了一大章，用来引述两派的大部分言论。伊本·阿卜杜勒·拜尔在《精选》一书中也引用了双方的观点。

当时，反对艾布·哈尼法的是圣训派，这是很自然的。因为他

① 查希兹：《动物志》，第1卷，第43页。

的做法与圣训派不同。圣训派只是传述圣训，而且只要传述人可信，就认为他传述的圣训是正确的。而艾布·哈尼法对此却十分严格。因此，一旦他对某些著名的圣训弃之不用时，圣训派人便要对他群起而攻之。圣训派的教法学家也同样反对他，因为在他们看来，他在有圣训可依的情况下仍使用"类比"。而实际上，艾布·哈尼法是在无正确圣训可循的时候才使用"类比"的。如果艾布·哈尼法说某圣训未经证实而不能接受的话，圣训派的法学家就要指责他在诋毁圣训了。某人就某事向艾布·哈尼法求教，他给予解答，该人便对他道：此事先知说如何如何。艾布·哈尼法便说：那我们不谈这个吧！艾布·易斯哈格·法扎里给他讲了一段圣训，艾布·哈尼法说：这是神话传说。圣训派的一位法学家对他讲了"买卖双方在分手之前，成交物可以退换"的圣训。艾布·哈尼法问道："倘若买卖双方同在一条船上，或同在狱中，或结伴而行，又该如何裁断呢？"

有人对艾布·哈尼法讲了这样一件事：一犹太人用两块石头把一女奴的头打碎了，因此，先知便用两块石头打碎了该犹太人的头。艾布·哈尼法听罢说：这是胡言乱语。这类传说很多，从中可以看出艾布·哈尼法之所以否定这些圣训，是因为他认为这些圣训不正确，不可信。这就引起圣训学家对他的责难，说他否定穆圣的言论，把自己的意见凌驾于圣训之上。他们说：没见过比艾布·哈尼法对安拉更胆大妄为的人了，他竟把穆圣的言论当成例子来举。他们给艾布·哈尼法做了统计，说他裁决了大约二百个有违圣训的案例。如穆圣云："骑士二，步卒一。"艾布·哈尼法却说：我不让牲畜的份额比信士的多。穆圣云："买卖双方在分手之前，成交物可以退换。”艾布·哈尼法却说：如果已经成交，便不应调换。先知在世时，如欲外出旅行，便命其众妻抽签，中者与先知同行。艾布·哈尼法说：抽签就是赌博。诸如此类，不一而足。这就清楚地表明，在选用圣训的条件上，艾布·哈尼法和圣训学家们是大相径庭的，在圣训学家看来是正确的圣训，艾布·哈尼法却认为是不正确的。如果他因找不到正确的圣训而使用“类比”，圣训学家们便说他把自己的意见凌驾于圣训之上，说他是用自己的意见把圣训改头换面。这类的指责很多。其实，每个教长在他不使用他认为不正确、而别人认为正确的圣训时，都有过这种类似的遭遇，只是，艾布·哈尼法因上述原因而受到的责难更多罢了。

圣训学家和教法学家都因艾布·哈尼法大量使用“意见”和“类比”而责难他，说他这样做是感情用事。感情用事和使用“意见”完全是两码事：感情用事是指为谋取金钱、地位等私利而随便发表的议论，而“意见”则是指经过努力，想方设法达到他认为是真理的目的，这与感情用事毫无共同之处。据说，马立克·本·艾奈斯·奥扎伊和苏福扬·绍里等很多人都曾讲过中伤艾布·哈尼法的话。但奇怪的是，我们找到了他们当中某些人，如苏福扬·绍里、苏福扬·欧耶伊奈、阿卜杜勒·本·穆巴拉克讲的一些自相矛盾的言论。有些是赞扬艾布·哈尼法，承认他的教派和他的功绩的，有些则完全是批评。[①] 这或许是他们改变了原来对他的看法；也许这两种说法当中有一种是杜撰的。当然，要断定哪种说法更正确是困难的。伊本·阿卜杜勒·拜尔说：布哈里就曾中伤过艾

① 这些相互矛盾的言论见艾勒·赫忒布·巴格达迪：《巴格达志》，卷13。

布·哈尼法，并把他列在最差的、不可取的法学家之列。[①] 在《布哈里圣训实录》和《穆斯里姆圣训实录》中都没有提到艾布·哈尼法，也没有引用过他传述的圣训，但尼萨伊和台尔麦齐都引用过。同时，舒阿拜·本·哈加吉、伊本·久莱吉和叶海亚·本·麦因等学者对艾布·哈尼法也抱有偏见。

此外，有人在前面提到的“计谋”问题上也批评艾布·哈尼法。布哈里为此还在他的《圣训实录》中列出一章的篇幅，指责艾布·哈尼法：“有人说，真主的律例是为兴利除弊而制定的。最不可思议的是竟把颠倒是非的‘计谋’列为法律手段。”[②]读者已经看到艾布·哈尼法本人并没有像后人那样随意使用“计谋”，只是用过有限的数例而已。同样，他们还批评了艾布·哈尼法关于“展缓”的说法。我们将在下面再谈这个问题。

综上所述，可以看出，艾布·哈尼法及其教法成了一场激烈的思想运动的根源。这场运动的发起者有时是圣训派人，有时是那些在立法问题上与艾布·哈尼法不同派系的人，有时又是他的敌人和对手。如艾布·莱伊拉，他曾做过倭马亚人和阿拔斯人的库法法官，与艾布·哈尼法是同时代的人。艾布·哈尼法在解释教律时，有时与他的意见相左，并指出他对某些案件处理不当之处。这样一来，艾布·莱伊拉就唆使各省督反对艾布·哈尼法。对此，伊本·阿卜杜勒·拜尔说得好：“由于艾布·哈尼法驳回了许多公正人士个人传述的圣训，很多圣训派人都认为可以诅咒他。因为

① 伊本·阿卜杜勒·拜尔：《精选》，第249页。

② 穆罕默德·本·哈桑：《教法史》，第2卷，第142页。

在这个问题上，艾布·哈尼法主张传述必须与圣训和经文一致，否则，就不能接受，只能算作是奇异的传说。此外，艾布·哈尼法还认为，礼拜之类的顺从不能称为信仰（因为信仰是指心中的信念而言），而逊尼派人说的信仰包括言、行两部分。因此，他们反对艾布·哈尼法的说法，认为这是标新立异，制造异端。除此之外，艾布·哈尼法还因他的聪敏、才智而被人妒忌。”[①]诗人也介入了这场争论，伊本·古太白援引谢基格·拜勒赫的话说，他在木鹿对艾布·哈尼法大加称赞。阿里·本·易斯哈格便对他说：你不要在木鹿称赞他，他们（指圣训派人）对此是受不了的。谢基格答道：诗人穆萨维尔已有诗称赞他：

如果有人让我们对一些有趣的决断发表意见，
我们就要使用艾布·哈尼法式的推理。
教法学家一听哈尼法的大名，
挥笔结案，无不遵从。

阿里听罢，对谢基格说：对此，我们已有人做答：

意见派人谈类比，别出心裁无可取。
我们用的是真主的语言、弟子的圣训，
多少妇人的贞洁，全都毁在哈尼法手中。

诗人在教法上赞库法人，贬麦地那人道：

只有库法的哈尼法才懂得我们的宗教。
莫使麦地那人受窘，他们只知管弦琵琶。

---

① 伊本·阿卜杜勒·拜尔：《精选》，第147页。

麦地那人答道：

怪哉！迷者任命驱，万事皆前定。

谁说麦地那，只有歌舞声。

谎哉！城中有圣陵，人杰葬其中。

不管怎么说，这个强大的运动，这场意见派和圣训派之间的激烈斗争，把当时的教法水平大大提高了一步，解放了人们的思想，打开了人们的心扉，制定出一批律例和教法理论，这是伊斯兰时代结出的最美好的果实。

*　　　*　　　*

我们没有找到艾布·哈尼法的任何法学著作。看来他没有这方面的专著，伊本·奈迪姆传述的他的全部著作是：《教法大全》、《写给阿尔·比斯提的信》、《学者与学生》、《驳反宿命论》。[①] 看来，艾布·哈尼法没有记述他的教法，而是他的弟子背记了他的言论，并替他写成文字，从而使我们在教法的各个领域都能见到艾布·哈尼法的主张。

关于伊本·奈迪姆提到的那本《教法大全》，人们有不同的说法。因为我们有一本谈论信仰的小册子，书名是《教法大全》，只有几页纸。该书连同注释曾在印度出版。对此有好几种说法，有些是不正确的。如说艾布·哈尼法对艾什阿里派[②]，既反对又支持。而艾什阿里是晚于艾布·哈尼法大约两百年的人。有人讲，艾

① 伊本·奈迪姆：《目录大全》，第 202 页。

② 艾什阿里派系指十世纪时伊斯兰教正统派的神学哲学派别，由巴士拉的艾什阿里所创，故名。该派力求把伊斯兰教信条和希腊哲学思想加以调和，既反对穆阿台及勒派的唯理论倾向，又反对正统信仰的极端形式主义。

布・哈尼法的《教法大全》不是我们手中的这本，而是一本包括大约六千个问题的教法巨卷。[①] 我们倾向于认为艾布・哈尼法的教法没有记载下来，因为阿拔斯时代的记载运动兴起时，他已经是一个年迈的老人了。《教法大全》谈的是信仰问题，因这是一封学者之间的通信，故不能算做正式的著作。我们手中的这本《教法大全》尽管有所增添，但基本上还是艾布・哈尼法的手笔，本书后面谈到信仰问题时再加以研究。

艾布・哈尼法死后，他的弟子们努力保存了他的学说，把他的主张记载下来，把他处理的案例做了整理和补充。同时，有的弟子还当上了首席法官，这对加强艾布・哈尼法学说的地位、传播艾布・哈尼法的主张起了一定的作用。最著名的弟子有艾布・优素福、穆罕默德和扎法尔。如果要探讨他们的生平和主张，话就长了，这里只做一简略介绍。

艾布・优素福

阿拉伯人，祖父萨阿德・本・哈卜台是辅士中的一名直传弟子。艾布・优素福的教法继承艾布・哈尼法派，他是艾布・哈尼法最亲近的门生之一。艾布・优素福生于伊斯兰历 113 年，卒于 182 年。他出身贫苦，曾受过艾布・哈尼法的资助。后来一跃成为迈赫迪、哈迪和哈伦・拉希德三位哈里发的法官。拉希德在位时更荣升首席法官，备受恩宠。但他当时的处境是很微妙、尴尬的。因为哈里发周围是些要人去奉承谄媚的王公大臣，即艾布・

① 哈吉威:《教法史》。

哈尼法对曼苏尔说的“你有一批需他人恭维、巴结的侍从”。艾布·优素福能长期稳居高位，说明他有着超人的机智和应变能力。尤其是要将宗教、官职和地位集于一身，那就越发不易了。艾布·优素福下面这句话也许最能表现他的为人了：“恩惠之首有三：一是万恩之本的伊斯兰教，二是美好生活离不了的健康，三是过日子不可或缺的财富。”他确实想同时得到宗教、健康和财富，这是多么精细而又艰难啊！因此，我们看到他在《赋税》（海拉吉）一书的开场白中，以一种最美好、最高尚的态度，坚定地劝诫哈伦·拉希德。此外，还有许多关于他利用计谋使哈里发和将军们摆脱困境的传说，尽管其中有夸大之处，但基本上是正确的。只有像艾布·优素福这样的人，才能将这些特点集于一身，融为一体。

艾布·优素福在下列方面丰富了艾布·哈尼法教法：

第一，艾布·优素福长期担任法官，这对教法大有益处。因为审理案件是对科学理论的检验，它好比一座熔炉使理论得到锤炼。审理案件，要面对很多研究理论的人不知道的实际问题，在诉讼时会遇到诸如谁有证据、谁发过誓言等困难，这些往往是那些解释教律或从事写作的人很少考虑的。因此，可以说，艾布·优素福是艾布·哈尼法教派的组织者，是以实际经验丰富该教派的营养师。哈乃斐派人说：他们是按艾布·优素福的司法主张办事的。此外，艾布·优素福以他特殊的地位，能了解一些别人不知道的国家大事，以及思考和处理问题的方法，知道国家面临的问题及其解决办法。这一切都使艾布·优素福能以新的眼光和见解思考问题，这是那些坐在房间里或在清真寺的讲坛上的人所办不到的。

第二，艾布·优素福担任过巴格达的法官。当时，谁担任这个职务，谁就是首席法官，谁就有了控制其他法官的某种权力，这为艾布·哈尼法教派及其主张得到传播创造了条件。

第三，艾布·优素福同圣训学家有着最广泛的联系，引用他们传述的圣训也最多。塔巴里说："法官艾布·优素福·叶尔孤卜·本·易卜拉欣是一位法学家、学者和背记《古兰经》的人。据说，他还以背记圣训著名。他每去圣训学家处，就能记住五十到六十段圣训，经考证后便口授给众人。他知道的圣训很多，曾与穆罕默德·本·阿卜杜·拉赫曼·本·艾比·莱伊拉同席讲学，后又与艾布·哈尼法同座授业，并为其教法折服，对有些问题又不时与艾布·哈尼法的意见相左。"[①]艾布·优素福去过麦地那，见过马立克并和他辩论过，也向他学习。艾布·优素福放弃了自己的一些看法，接受了马立克和汉志人的某些主张。尽管如此，他也只是得到了伊本·麦因和伊本·罕百里等少数圣训学家的欢心，大部分圣训学家对他仍不满意。如六大《圣训实录》的作者中无一人引用他传述的圣训。伊本·阿卜杜勒·拜尔说："伊本·麦因确曾称赞他、支持他，但其他圣训派人都视艾布·哈尼法及其友人为仇敌。"[②]但不管怎么说，艾布·优素福与圣训派人的联系为用圣训加强艾布·哈尼法教派提供了方便，为用汉志人的某些主张充实该派学说创造了条件。

第四，关于艾布·优素福的法学著作，伊本·奈迪姆列举了下列书目：《礼拜》、《天课》、《斋戒》、《宗教义务》、《买卖》、《法度》、

① 伊本·阿卜杜勒·拜尔：《精选》，第172页。
② 同上书，第173页。

《委任》、《遗嘱》、《狩猎和宰杀》、《强占与开脱》、《地方志异》、《答马立克·本·艾奈斯书》、《给拉希德的上书——〈赋税〉》、为叶海亚·本·哈立德·伯尔麦克撰写的《清真大寺》,全书共四十章。

在这些著作中保留下来的有《赋税》、后来的法学家引用的他的言论和沙斐仪在《阿尔·温姆》一书中引用的章节。

《赋税》

书名虽叫《赋税》,但该书实际上是研究国家最重要的财政问题。艾布·优素福在该书的卷首写道:"至高无上的真主护佑的穆民领袖命我为其撰写一综合全书,用以征收田赋、什一税、施舍和侨民税等需要研究和征收的其他税收。"田赋即土地税,因为被征服的土地仍归原占有者所有,故需缴纳租税,即田赋。什一税即从皈依伊斯兰教的人的土地,如麦地那和也门的土地上征收的税款。施舍即穆斯林应缴纳的天课。侨民税即被保护人的人头税。因而,艾布·优素福接触到土地税和人头税,故不得不对伊斯兰的土地进行研究,弄清哪些土地是用武力征服的,哪些土地是以和平方式占有的。后来研究范围又逐渐扩大,研究穆斯林军队获得的战利品的分配、荒地的处理、海洋中的各种出产,灌溉及其有关问题以及从税收、兴建教堂、修道院和十字架等方面对待被保护人(吉米人)的问题等。

该书证实了我们对艾布·优素福的看法,即他参与了国家财政事务中的一些重大决策,只有像他那样官居高位、那样与哈里发接近并参与国事的人,才能对这些情况了如指掌。加之艾布·优素福精通圣训且博采众家之长,如对"一些库法教长"、"一些麦地

那教长”以及艾布·哈尼法、马立克·本·艾奈斯、莱依斯·本·萨阿德等数十位教长讲述的圣训，他都通通加以引用。此外，他对直传弟子的言行也十分熟悉。如对哈里发欧麦尔的做法知道得一清二楚。因为欧麦尔是当时的财政专家，他在征服波斯和罗马后就曾遇到过这些财政问题，为后人制定了遵循的条律。该书提到欧麦尔的地方多达一百二十三处。

传述派和理性派的影响在书中同时可见。艾布·优素福一方面大量引用了穆圣、直传弟子和再传弟子的言论，一方面却不同意欧麦尔对土地的作价。在回答因此而受到的批评时，艾布·优素福问道：“现在人们为什么不按当年欧麦尔的规定来征收土地、椰林和果树的租税呢？当时人们对税收是满意的，是负担得起的。他说：欧麦尔认为当时规定的税额，土地是可以承受的。欧麦尔在制定土地税时并没有说：耕耘者必须缴纳这些税款，我及以后的哈里发都不得增减。而是当侯扎法和奥斯曼向他报告伊拉克的税收情况时，才对二人说：‘也许你们摊派的租税过重了’，这说明侯扎法和奥斯曼如果如实报告：租税过重，百姓无法承受，欧麦尔一定会减轻原定租税的。因此，当看到欧麦尔规定的租税过重，百姓无力负担，造成弃地逃亡、人口外流时，我们只征收土地能承担的税额。”①

在书中，我们看到艾布·优素福对圣训的使用是有选择的，即选择最著名、最普遍的圣训。他说：“我们选用了穆圣就赫伊拜尔

① 赛拉菲耶版《赋税》，第100页。

的灌溉问题讲的圣训，因为这比其他说法更可靠、使用也更普遍。”[①]艾布·优素福还不同意艾布·哈尼法的某些主张，并用名言典故加以论证。他说：“穆民的领袖啊！你问海洋中出产的珍宝和龙涎香的纳税问题。艾布·哈尼法和伊本·艾布·莱伊拉都说不需纳税，因为它跟鱼一样是海产。但我认为要征收五分之一的税，其余的五分之四归生产者所有。因为我们引用了欧麦尔（愿真主喜爱他）传述并得到阿卜杜勒·本·阿拔斯赞同的一段与此有关的圣训。此外别无他说，故而用之。”[②]等等。

穆罕默德·本·哈桑·谢伊巴尼

有人说，穆罕默德·本·哈桑·谢伊巴尼的原籍是大马士革郊区的哈来斯塔村。也有人说，他的原籍是伊拉克北部的杰济拉。他的父亲曾在叙利亚军中服役。[③] 人们都说他是一个释奴，隶属谢伊巴尼部落。伊斯兰历 132 年生于瓦西特。在库法长大。受业于艾布·哈尼法，但师生在一起的时间不长。艾布·哈尼法去世时，穆罕默德年仅十八岁。穆罕默德也是艾布·优素福的弟子。到过麦地那，听过马立克和奥扎尔等人的讲学。他同艾布·优素福一样，既精通库法意见派的教法，又掌握了麦地那等地的圣训派的精髓。他也如艾布·优素福一样，集语法、语言、诗歌一类的文学和《古兰经》、圣训、教法等宗教学于一身。穆罕默德·本·哈桑

① 赛拉菲耶版《赋税》，第 106 页。

② 同上书，第 83 页。

③ 请看伊本·赫里康、赫忒布·巴格达迪有关穆罕默德·本·哈桑·谢伊巴尼传记。

在麦地那住了三年多，向马立克和麦地那众教长们学习求教。故而他的语言规范，立法知识渊博。他与艾布·优素福不同的是：他是在优裕的环境中长大的。传说他为学习语法、诗歌、圣训和教法耗银三万迪尔汗，还传说他在经济上曾帮助过沙斐仪。穆罕默德生得眉清目秀，衣着华丽，能言善辩，精通教法。沙斐仪说："穆罕默德·本·哈桑令人尊敬、深得人心。"穆罕默德在拉希德哈里发时代，曾出任里盖的法官。有关他的传说都表明他不像艾布·优素福那样会阿谀奉承。赫忒布·巴格达迪说：一日拉希德哈里发驾到，众人都起立恭迎，唯穆罕默德一人端坐不立。侍从传他晋见，其友人均为之捏一把汗。出来后，问及进见情景，穆罕默德说：拉希德问我为何不随众人立而恭迎？我答：我不愿脱离你使我进入的那个阶层、你让我掌握学问，故厌恶奉承人。[①] 还传说拉希德曾向他求计毁约：拉希德曾赦免一阿里派人无罪，并有赦书作证。后拉希德想毁约杀人，便向穆罕默德问计。穆罕默德说：赦书尚存，何以诛之？（此事已有前述）拉希德便罢了他的官，后又命其侍奉左右。伊斯兰历189年，穆罕默德·本·哈桑与拉希德同赴雷伊，[②]死于途中。穆罕默德与其师艾布·优素福之间存有隔隙，至死未平，其原因也许是学派上的分歧。

穆罕默德·本·哈桑从两方面而为艾布·哈尼法的教法做出了贡献。一方面，他与艾布·优素福一起聆听过圣训学家讲述的圣训、聆听过麦地那派的教法，并将其中的一些主张移接到艾布·

① 赫忒布：《巴格达志》，第2卷，第173页。

② 今伊朗北部。——译者

哈尼法教法上；另一个十分重要的方面是：他从教法的基本原理中推论、演绎出对具体案例的裁决。穆罕默德以此并以精通计算遗产等问题而闻名于世。此外，他还写了很多教法著作。这些著作成为后来研究艾布·哈尼法教法的依据。穆罕歇德最著名的著作有六部：《麦卜苏特》、《齐亚达特》、《小加米阿》、《略传》、《大加米阿》、《全传》。哈尼法派将这些著作称为《直接传述丛书》，因为书的内容都是作者引用的教法学权威的言论。哈克姆·谢西德将这六部书集成一册，取名《教法大全》。赛尔赫斯等人给其中著名的《麦卜苏特》一书做了注释。该书共三十卷，流传至今。同时，《大加米阿》一书也被保存下来。[①] 该书在每章的卷首都有"穆罕默德引自叶尔弧卜（艾布·优素福），叶尔孤卜引自艾布·哈尼法"的字样。总之，穆罕默德是联系圣训派和意见派的桥梁。同时，也是联系艾布·哈尼法派和沙斐仪派的媒介。穆罕默德·本·哈桑的最大功绩是将艾布·哈尼法学说用文字记载下来，保存在书中，供后人学用，很多学者都受到穆罕默德及其著作的影响。

扎法尔

扎法尔是阿拉伯人，属于台米姆部落。他是艾布·哈尼法教派中的著名人物之一，也是该派中最精通类比、最能遵循该派主张使用"意见"的人。扎法尔的父亲胡宰勒曾任巴士拉总督。[②] 母亲是一位波斯女奴，他继承了母亲的容貌和父亲的口才。扎法尔口

---

① 即在《赋税》一书的页边上。

② 伊本·奈迪姆说是任艾斯法哈尼的总督。

齿伶俐，能言善辩，为艾布·哈尼法教派中运用类比的佼佼者。扎法尔生于伊斯兰历 110 年，卒于 158 年。

笔者很欣赏沙斐仪的朋友穆兹尼对艾布·优素福、穆罕默德·本·哈桑和扎法尔三人所做的评价。穆兹尼说：有人问他对伊拉克人的看法。问：你对艾布·哈尼法有何评价？答：他是伊拉克人的首领。问：艾布·优素福呢？答：他是伊拉克人中使用圣训最多的一个人。问：穆罕默德·本·哈桑呢？答：他最擅长推论和演绎。问：扎法尔呢？答：他最善用"类比"。[①]

*　　*　　*

总而言之，艾布·哈尼法教法在伊拉克得到了广泛的传播和应用，这是很自然的。因为艾布·哈尼法是在伊拉克长大的，土生土长的学说对当地的案例最了解，也最有能力解决。艾布·哈尼法在无明文可循的情况下，凭借"意见"和"类比"，对需要解决的、不断发生的新问题做出了合乎教法的裁决。此外，命中注定让艾布·优素福担任了首席法官，使他能用其权势为该派教法效劳。同时，教法还得益于将其记载下来的穆罕默德·本·哈桑。伊本·奈迪姆提到穆罕默德·本·谢加阿·赛勒吉（伊斯兰历 256 年卒）也为艾布·哈尼法教法做出了贡献。赛勒吉原为穆阿台及勒派人。"他对艾布·哈尼法教法进行了阐述和论证，用圣训加强了该教法的地位，使该教法深入人心。"[②]同时，我们也应当指出：艾布·哈尼法教法，经艾布·优素福、穆罕默德和赛勒吉等人之

① 赫忒布：《巴格达志》，第 2 卷，第 176 页。

② 伊本·奈迪姆：《目录大全》，第 206 页。

手，比之艾布·哈尼法在世时已有了一些变化。他们放弃了艾布·哈尼法的一些主张而代之以他们认为是正确的圣训，他们还缩小了使用“意见”和“类比”的范围，这是他们与圣训派人和圣训派法学家进行联系、交往以及他们严厉抨击伊拉克人的结果。他们的观点与另一个与之相似的教法派别，即与由一些受到意见派影响的圣训派教法学家组成教派的观点不谋而合了，该派观点在沙斐仪的主张中得到了充分的体现。这样一来，人们在艾布·哈尼法和马立克之间看到的分歧就缩小了。

二、马立克及其教派

马立克即麦地那的马立克·本·艾奈斯·艾斯拜哈。艾斯拜哈意为属于一个名叫齐·艾斯拜哈的也门部落。通常都说他是土著阿拉伯人。其宗谱上的齐·艾斯拜哈为真正的阿拉伯人的宗系。这是瓦基迪的说法。但是，穆罕默德·本·易斯哈格的看法与之相左。他声称马立克和他的祖父以及他的叔叔们都是台米姆·本·麦莱家族的释奴。这就是马立克驳斥穆罕默德·本·易斯哈格并诅咒他的原因。[1] 马立克生于伊斯兰历93年或97年，卒于伊斯兰历179年。马立克的一生都是在麦地那度过的，只是去麦加朝圣时才离开过麦地那。

有些人，如哈乃斐派人对马立克的生平进行编造，胡说什么他母亲怀孕三年才将他生下，还说先知曾说过：“走遍东方和西方，也

① 伊本·阿卜杜勒·拜尔：《精选》，第11页。

找不到一个比麦地那人更博学者。”

关于马立克幼年时代及其学习情况我们知道的不多。人们说，马立克曾向纳菲尔·本·艾比·奈伊姆学习诵读《古兰经》，并听过麦地那很多教长讲述的圣训。最著名的教长是伊本·谢哈布·祖赫里和伊本·欧麦尔的释奴纳菲尔。伊本·谢哈布·祖赫里是一位教法学家和圣训学家，是当时最精通逊奈的人。马立克在《圣训易读》一书中引述了他传述的一百三十二段圣训。纳菲尔原是德邑莱姆人，在一次袭击中被阿卜杜勒·本·欧麦尔虏获，遂皈依了伊斯兰教，并向伊本·欧麦尔学习圣训，后成为麦地那最有名的学者之一。马立克在《圣训易读》中引用了他传述的八十段圣训。同时，马立克也向希沙姆·本·阿尔瓦·本·祖拜尔求教过。在《圣训易读》中引用了他传述的五十六段圣训。这样，马立克见过很多教长，特别是麦地那的教长，并向他们学习求教。

马立克一生中经历的最有名的事件之一，是他在曼苏尔哈里发时代遭受的迫害。当时，正发生了穆罕默德·本·阿卜杜拉·本·哈桑及其兄弟易卜拉欣反对曼苏尔的叛乱。对此有两种说法。一说马立克在为人解释教律时曾说过：对强迫的婚姻不存在离异问题，并向人们宣讲了一段“对被迫成婚者无离异可言”的圣训。马立克的这种解释不能使阿拔斯人满意，因为这会导致凡被迫向阿拔斯人宣誓效忠的人，都有权解除誓言而向麦地那的穆罕默德·本·阿卜杜拉·本·哈桑宣誓效忠的后果。相传，曼苏尔哈里发禁止马立克宣讲这段圣训，并派人监视那些向马立克求教的人。在这种情况下，马立克便当众公开宣讲这一圣训。曼苏尔遂对马立克施以鞭刑。另一种说法是：当马立克在麦地那名声显赫时，嫉妒他的人便向麦地那总督加法尔·本·苏莱曼进谗言，说马立克以萨比特·本·艾哈奈夫主张“被迫的婚姻谈不到离婚”的话为根据，不把对他的宣誓效忠放在眼里[①]。加法尔听后大怒，命人剥去马立克的衣服，将其按倒在地，施以鞭刑，马立克的手被拉拽，以致肩部脱臼。人们说，在遭受毒打后，马立克在人们中间的威望有增无减，好像那些鞭痕成了马立克的珠宝、饰物。[②]

传说，马立克在被问及可否对暴民（即反对哈里发的反叛者）进行讨伐时回答说：如果反对的是像欧麦尔·本·阿卜杜勒[③]那样的哈里发便可讨伐。问：如不是那样的哈里发呢？答：那就让真主去惩罚吧！对暴君和暴民真主都要进行惩罚的。这句话成了马立克遭受迫害的原因之一。

不管怎样，两种传说在马立克受过鞭刑以及受刑的根本原因上是一致的，只是细节略有出入。前面提到艾布·哈尼法也有过类似的遭遇，只是他还有一个拒绝当法官的问题。由此看来，艾布·哈尼法和马立克对阿拔斯王朝的看法有一致之处，曼苏尔哈里发对付他俩的手段也是相同的。

*　　*　　*

正如艾布·哈尼法代表库法学派一样，马立克成了麦地那学派的代表。如果想用表示库法学派的方法来说明麦地那学派的

---

① 意即：宣誓是被迫的，谈不到效忠。——译者

② 伊本·阿卜杜勒·拜尔：《精选》，第 43 页。

③ 倭马亚王朝第八任哈里发，伊斯兰历 99 年至 101 年在位，被认为是倭马亚王朝最虔诚、最廉洁、最善良的一位哈里发，并有第五任正统哈里发的美誉。——译者

话，请看下表（见下页）：

麦地那学派的大部分教法学家都以精通圣训和圣训中的教法而著称。继直传弟子之后，赛义德·本·穆赛伊布成为再传弟子的首领，并被认为是欧麦尔在麦地那的学术继承人。他掌握解释教律的大权，对解释各种教律他无所顾忌，他的很多教律解释和教法主张被人引用。他曾说过这样的话："穆圣断过的案例我无一不知，四大哈里发艾布·伯克尔·欧麦尔、奥斯曼和阿里裁决的案件我无一不晓。"赛义德之后的著名人物有祖赫里和纳菲尔。他二人是麦地那最精通圣训和教法的人。麦地那的教法学家都能背记穆圣的言行。当然，麦地那的圣训比其他任何地方都要多。因为先知制定教法的大部分时日是在麦地那度过的。同时，艾布·伯克尔、欧麦尔和奥斯曼几位正统哈里发执政时都将麦地那作为首都，各种宗教指示和政令都是从那里发出的。此外，麦地那人是实际创制律例的最好见证人。他们对先知及著名直传弟子如何做小净、如何做礼拜、如何纳天课知道得最清楚。正如历代学者都要学习老一辈学者讲述的圣训一样，他们也要仿效前辈的举止行为。因此，麦地那成为圣训派的中心也是顺理成章的事了。但引人注目的是，在麦地那的知名人士中有一位名叫赖比阿·莱俄伊的学者。"莱俄伊"是"意见"的音译，他用此字作为名字，说明他是个意见派人，但同时也是马立克的老师之一。马立克在其《圣训易读》中援引了他传述的十二段圣训。赖比阿原籍波斯。相传，他与赛义德·本·穆赛伊布在"断指的罚金"问题上有过争论。赛义德坚持用逊奈裁断，赖比阿则主张用"意见"处理。赛义德问赖比阿：你是伊拉克人吗？答：不是。我是一个审慎行事的学者，也可以说，

麦地那教法学家一览表

欧麦尔　奥斯曼　阿卜杜拉·本·欧麦尔　阿绮莎　伊本·阿拔斯　宰德·本·萨比特

麦地那的七大法学家

欧拜德拉·本·阿卜杜勒·本·阿太白·本·麦斯欧迪	阿尔瓦·本·祖拜尔	卡塞姆·本·穆罕默德·本·艾比·白克尔	赛义德·本·穆赛伊布	苏来曼·本·叶萨尔	哈里吉·本·宰德·本·萨比特	萨里姆·本·阿卜杜勒·本·欧麦尔
伊斯兰历94年或99年卒	94年卒	106年卒	93年卒	100年卒	100年卒	106年卒①

伊本·谢哈布·祖赫里	纳菲尔（阿卜杜拉·本·欧麦尔的释奴）	艾布·齐纳德·阿卜杜勒·布·宰克旺	赖比阿·莱俄伊	叶海亚·本·赛义德
124年卒	117年卒	131年卒	136年卒	143年卒

阿卜杜拉·本·瓦哈卜	阿卜杜·拉赫曼·本·卡塞姆	艾什哈布·阿卜杜勒·阿齐兹	阿卜杜拉·本·阿卜杜勒·哈克姆	叶海亚·本·叶海亚·莱斯
197年卒	191年卒	204年卒	214年卒	234年卒

注：连线处，并不表示师承关系。——译者

① 有人把卒于伊斯兰历93年的艾布·白克尔·本·阿卜杜·拉赫曼·本·哈里斯·本·希沙姆·麦赫祖米算作七位法学家之一，取代本表中的萨里姆·本·阿卜杜拉·本·欧麦尔的位置。

我是一个求知的愚人。《赖比阿传》一书提到赖比阿在赛发哈[①]执政时在伊拉克,并得到赛发哈的宠信和重用。这样就产生了一个疑问:赖比阿的意见派观点是不是在其与伊拉克人相处过程中学到的?有人认为是,但看来这种看法并不正确。因为赖比阿早在赴伊拉克之前就有这种观点,而且还用该观点与赛义德·本·穆赛伊布(伊斯兰历93年卒)辩论过,这是在赛发哈掌权前很久的事。此外,史学家还说,赖比阿对伊拉克和伊拉克人并无好感,而是讨厌他们。对此赖比阿还请求过艾布·阿拔斯哈里发的宽恕。赖比阿从伊拉克回到麦地那后,有人问他:你对伊拉克和伊拉克人有何看法?赖比阿说:“我看到的是这样一些人,他们颠倒是非:我们认为是合法的,他们认为非法;我们认为非法的,他们认为合法。让那里的四万多人去糟蹋这个宗教吧。”很明显,赖比阿的意见派观点是麦地那自身的产物。当年,麦地那的直传弟子中就有人对无明文规定的问题,就以自己的思维去加以解释,前面在谈到哈里发欧麦尔生平时已有述及。当然,也有的直传弟子,如欧麦尔之子阿卜杜勒·本·欧麦尔不同意使用自己的思维去解释。两派并立,并都有各自的追随者。但是,他们的圣训色彩是异常明显的。赖比阿·莱俄伊的存在则成为另一种色彩的代表人物,其影响将会在马立克教法中看到。[②]

当时,麦地那教法学家受理的案件最少。因为他们不像伊拉克人那样敢于解释教律,而且法律和教法问题与文明的发达程度

---

① 阿拔斯王朝第一任哈里发艾布·阿拔斯的绰号。——译者

② 莱伊斯·本·赛阿德在给马立克的信中称叶海亚·本·赛义德和欧拜德拉·本·欧麦尔等麦地那教法学家为意见派人。

紧密相连，当时麦地那的生活比较简朴，文明也很单纯，故他们掌握的圣训在大多数情况下足能应付所遇到的问题了。

马立克的创制方法：

马立克在选用圣训上不像艾布·哈尼法那样严格、那样注重传述者的名气和声望，而是看圣训本身是否正确，如果圣训是正确的或者是好的，哪怕是一个人传述的，也予以引用。这一原则使马立克掌握的圣训最多。他不问圣训的名气，只求传述线索的正确，但切不要以为马立克不做调查研究、不经过细心推敲，就会轻易接受传述的圣训。不，马立克十分重视调查研究，但不以圣训是否著名、是否通用作为入选的条件。相传，马立克说过："我知道有七十个人说过，穆圣曾在这些柱子（指圣寺）这儿讲过话，但我没有选用他们传述的任何东西。他们当中如果有人管理过国库，该人定会忠实可靠，但他们都没干过这类工作。"马立克还说过："学问不能向下列四种人请教，而应向其他人学习：不向愚蠢之徒学；不向标新立异、离经叛道的狂生学；不向诽谤他人、纵然不是诋毁圣训的谎言家学；不向虽有名望，而且善良、虔诚，但对圣训只是知其然，而不知其所以然的教长学习。"[①]马立克收集了《圣训易读》，并用数年时间进行编辑、整理，不时删去业已证明是不正确的伪圣训。尽管如此，马立克选用圣训的范围仍比艾布·哈尼法选用的范围广。

另一个问题是马立克有他自己的立法基础，即麦地那人的实践。他为麦地那人的实践感到自豪，他认为麦地那人对逊奈、对

① 伊本·阿卜杜勒·拜尔：《精选》，第16页。

《古兰经》的新、旧章节了解得最透彻、知道得最清楚。他在给莱依斯·本·赛阿德的信中说:“人们都是麦地那人的追随者。麦地那是先知迁都[①]之地,是《古兰经》敕降的故乡。”马立克的立法基础概括起来就是:得到麦地那人及其学者赞同的立法实践,其地位应在“类比”之上,甚至比正确的圣训还要强,就是那些只有大部分人认可的处置办法也比个人的传述要可靠。因为法律实践与传述具有同等的法律地位。因此,大部分人的实践与大多数人的传述具有相同的效力。如果个人的传述与众人的意见相左,那传述的内容很可能是被废弃的章节。但是,这里应将传述工作与法律创制区别开来。传述指的是诸如说明先知的讲坛、先知的坟墓的位置、先知做礼拜时站立的地方,先知时代莫德、沙阿和欧基亚[②]等计量单位的大小,以及当时人们做礼拜时念诵祈祷词的次数等;创制则指诸如麦地那人废除贵族会议的做法等。马立克教派的解释家们对传述的论证并无分歧,但对创制却有争论。传述与创制确实不同。如像确定度、量、衡,认可穆圣处理问题的方式等麦地那人一致赞同的做法,很可能是麦地那新一代人原封不动地从上一代照搬过来,如果时代相近就更是如此。在朝觐仪式上,麦地那人更倾向于麦加人的实践,因为他们知道得最清楚。至于创制问题,对于麦地那、库法、叙利亚和埃及的直传弟子和再传弟子中的法学权威来说,都是一样的。

马立克在他的《圣训易读》中收集了麦地那人一致赞同的对四

① 中国穆斯林旧译穆罕默德迁移到麦地那为“至圣迁都”。——译者

② 莫德,容积名,约等于18公升;沙阿,容量单位,等于118.8公升;欧基亚,重量单位,等于37.4克或12个迪尔汗。——译者

十多个问题的处理意见。[①] 莱伊斯·本·萨阿德在写给马立克的信里，沙斐仪在其《阿尔·温姆》一书中，都不同意马立克对麦地那人所作创制的态度，并同他进行了富有价值而又有趣的讨论。

马立克的立法方法的另一个特点是使用直传弟子的言论，如果该言论确实出自直传弟子并且是杰出的直传弟子，如几位正统哈里发、穆阿兹·本·捷拜勒、伊本·欧麦尔等人之口的话。马立克在处理案例时没有引用过先知的一段圣训。为此，人们批评说：直传弟子并非圣贤，他们也可能犯错误。如果将他们的言论作为立法依据，定会矛盾百出。因为常会出现众直传弟子对同一问题的不同看法都正确的情况。[②] 艾布·哈尼法对待直传弟子的言论的态度已有前述。

由此，我们看到麦地那人的立法实践和直传弟子的言论大大丰富了马立克教法的内容，从而缩小了使用"意见"的范围。尽管如此，马立克并没有完全否定"意见"。因为他的教法的一个基本原则是维护公众利益，这已有前述。他曾说过：为使被告承认偷盗，可以动用鞭刑。此外，他传述的一些言论也说明他是使用"抉择"的，如对工匠的担保，对水果交易优先权的肯定等。由此，我们可以看出：意见派和圣训派教长的立法方式几乎是一致的，不同的是使用范围的宽窄。对意见派人来说，援引圣训少，使用"意见"的范围就广了；对圣训派人来说，情况正好相反。至于两派的立法方法则几乎是一样的。

① 参看穆罕默德·本·哈桑：《教法史》，第2卷，第166页。

② 参看阿扎里：《穆斯泰索法》及穆斯里木：《萨布特》，第2卷，第185页及以下。

*　　*　　*

马立克留给我们的最大遗产是《圣训易读》(穆宛脱)[①]和《穆代瓦奈》。

《穆宛脱》是马立克编撰的一部圣训实录,全书分为圣训和教法两部分。圣训中的大部分内容是穆圣、直传弟子和再传弟子的言论。这些言论是马立克向九十五个人学来的。九十五人当中,除六人外都是麦地那人。这六个人分别为:两个巴士拉人,一个麦加人,一个呼罗珊人,一个捷宰里人,一个叙利亚人。他们传述的圣训很少,每人只有一至两段。马立克是在麦地那或麦加遇见这几个人的。[②] 在麦地那人当中,有的向马立克讲述了很多圣训,如伊本·谢哈布·祖海里、纳菲尔、叶海亚·本·赛义德等人。有的则只讲述了一段、两段或三段不等。就连那些向马立克传述圣训的直传弟子,大都也是长期定居麦地那的。以至于传说拉希德哈里发问马立克:在你的著作中为何没提阿里和伊本·阿拔斯的言论?马立克回答说:他俩都不在我的家乡,我也没见到过他俩的弟子。这个传说不大可靠。但不容置疑的是:马立克在其书中引用他俩的言论是很少的。[③]《穆宛脱》所援引的圣训,其传述者的世系有的完整,有的并不完整。如有些传述者的世系能追溯到穆圣,有的则追溯不到;有些圣训是由再传弟子直接传述的,根本找不到

① 《穆宛脱》,学者们对取名《穆宛脱》的原因有各种解释。因"穆宛脱"一词的词根有准备、铺平道路和赞成、同意的含义,故有人说该书是马立克为人们写的普及圣训和教法的通俗读物,因而取名《穆宛脱》,也有人说马立克写成该书后,曾呈送教长们审阅,得到赞同,故称《穆宛脱》。

② 在有的《穆宛脱》的版本中没有提到这六个人传述的圣训。

③ 扎尔高尼:《穆宛脱注释》,第1卷,第9页。

直传弟子的影子；还有的是些所谓听说的圣训，即如马立克所说：我听说的，全然不知传述者是谁。他说：我听说赛义德·本·叶萨尔引证艾布·胡莱尔的话，说穆圣说过……或者说：某权威人士听欧麦尔·本·舒阿伊布说等。马立克收集了大量的圣训，然后再慢慢从中进行筛选。传说马立克在《穆宛脱》中收集了四千多条圣训，经过年复一年的精选，到他死时选出他认为最适合穆斯林使用、最能体现伊斯兰教义的圣训只有一千余条。[①] 据说，马立克为此花费了四十年的心血。至于书中的教法，马立克是按教法的体例编排的。先是《圣洁篇》，依次为《礼拜篇》、《天课篇》、《斋戒篇》等。每篇又分成若干章节。每个章节里汇集的都是同类的问题。如《礼拜篇》里集中了集体礼拜、旅行者礼拜等。马立克有时也在他引述的圣训旁加上他作的教法推论。

马立克的撰写方法是：先列举一些与某个问题有关的圣训，然后对圣训中的词句作些词语解释。有时又以问答的方式，依据经、训或“类比”阐明他的见解。“有人问马立克：‘月经来潮的妇人欲净身而不见水，可以代净[②]吗？’答：‘可以，让其代净吧！’因与之相似的泄精，如无水便可代净”。马立克有时又在圣训之后作出推断并提出对这些推断的裁决。如他在列举了有关偷盗的圣训之后说：“小偷的同伙及其主人不应受到与小偷一样的惩罚。因为他俩与偷东西的人不同，他俩是背叛的问题，对背叛者是不断其手的……”“有这样一种情况，即小偷已将室内的物件聚拢一处，但尚

---

① 扎尔高尼：《穆宛脱注释》，第1卷，第8页。

② 代净系指穆斯林因故，如周围无水，或因战争或急事无暇用水时，不能用水作大、小净时，可用手拍净土、净沙或净石，并摸脸和前额以代替水洗。——译者

未携出室外，该小偷就不应受断手之刑。这就好比一个人手中有酒欲饮，但尚未饮，该人便不应受到制裁。”等等。在书中，马立克有时又不以圣训开篇，而是提出问题、列出裁决，并说明作出该裁决的根据。有时又列举出麦地那学者的裁决，并说：“我们这里有一些与此案并无二致的案例……”等等。综上所述，《穆宛脱》既是一部圣训实录，又是一部教法著作。

《穆宛脱》一书有很多不同的版本。有的是章节编排不一，有的是引述的圣训数量有异。有人作过统计，一说有二十种版本，一说有三十种。[①] 版本的不同是由引用马立克的不同说法造成的，其原因是马立克自己没有一个固定的版本。他对自己的著作不断修改。前面已讲过，他总是不断地审核收集到的圣训，删去不确切的内容。那些聆听过马立克讲解《穆宛脱》的人，因听讲的时间不同，便听到了马立克的不同解释，故而形成了众多的版本。现有的版本有：叶海亚·本·叶海亚·莱斯讲述的版本、扎尔高尼注释的版本和艾布·哈尼法的朋友穆罕默德·本·哈桑·谢伊巴尼讲述的版本。后者有许多叶海亚版本中没有的内容，在引用马立克的原话时糅进了他自己的主张。如他经常用“穆罕默德说”的字样。

据说，阿卜杜勒·阿齐兹、本·阿卜杜拉·本·艾比·赛勒麦·马吉逊在马立克之前写了一本书。书中罗列了麦地那人一致同意的教法主张，但没有圣训。马立克看到这部书时曾说：他真做了一件好事！要是我写的话，就以圣训开头，然后再进行阐述和讨

① 扎尔高尼：《穆宛脱注释》，第1卷，第7页。

论。[1] 看来，马立克将他的想法付诸了行动。他就是按当时的设想编撰《穆宛脱》一书的，即大都以圣训开始，然后写出麦地那人的立法实践，或者是对案例的分析和裁断。

总而言之，《穆宛脱》一书被认为是有关圣训和教法的早期著作之一。马立克的众弟子，如伊拉克的穆罕默德·本·哈桑、安德鲁斯的叶海亚·本·叶海亚·莱斯、埃及的阿卜杜拉·本·瓦哈卜、阿卜杜·拉赫曼·本·卡塞姆、阿卜杜拉·本·阿卜杜勒·哈克姆和艾什哈布，以及凯鲁万的艾赛德·本·法拉特等人将该书传播到各地，对各个时代的宗教学术运动产生过巨大的影响。

《穆代瓦奈》

《穆代瓦奈》是一部涉及三万六千个案例的札记。由原籍内沙布尔、侨居突尼斯的艾赛德·本·法拉特收集整理成书。艾赛德原是马立克的学生，聆听过马立克对《穆宛脱》的讲解，后又去伊拉克。他在伊拉克与穆罕默德·本·哈桑在麦地那一样，也从事将两种不同的教法糅合在一起、使两大学派相互接近的工作。艾赛德在伊拉克见到了艾布·哈尼法的两位朋友：艾布·优素福和穆罕默德，听取了他俩按伊拉克方式处理的案例。后来，艾赛德又到了埃及，见到了马立克在埃及的朋友，特别是伊本·卡塞姆，向他们提出了他在伊拉克听到的案例，并请他们按马立克派教法做出裁断，即依据马立克的言论或按马立克的原则和方法做出的创制进行裁断。艾赛德·本·法拉特把这些裁断辑成一个集子，取

① 扎尔高尼：《穆宛脱注释》，第1卷，第8页。

名《穆代瓦奈》。其后，艾赛德又带着该书来到凯鲁万。马格里布的教法学家赛赫努向他学习了这部书，并于伊斯兰历188年将该书带到埃及，请伊本·卡塞姆过目。赛赫努对该书做了改进：艾赛德当初收集这些案例时并无系统，内容零散而杂乱。赛赫努对案例进行了分类整理，对有的案例还用名言警句做了解释。[①] 后来，赛赫努又把该书带回凯鲁万，并从该地传到安德鲁斯。该书对马立克教派在马格里布和安德鲁斯的传播做出了贡献。

正如读者所看到的，《穆代瓦奈》一书既有伊拉克人推断案例的影响，又有汉志人用马立克教法处理案例的影子。由此可以看出，时间、教法学家以及旅行是如何使各教派相互取长补短，相得益彰的。《穆代瓦奈》不是马立克个人的著作，而是他对案例做出符合教律的解释、他的弟子以及弟子的弟子运用教法原则处理案例时做出的创制的记录大全。

马立克的大部分知名朋友是埃及人，如阿卜杜勒·本·瓦哈卜、伊本·卡塞姆、艾什哈布和阿卜杜勒·本·阿卜杜勒·哈克姆。他的朋友当中还有一个著名的安德鲁斯人：叶海亚·本·叶海亚·莱斯。前四个人是当时埃及宗教界的泰斗，他们在向马立克求教的同时，自己也进行创制。正如艾布·优素福和穆罕默德与艾布·哈尼法有分歧，穆兹尼和布瓦伊退与沙斐仪有矛盾一样，他们与马立克的主张也并不完全一致。关于叶海亚·本·叶海亚·莱斯，他出身于一个名叫麦苏姆戴的柏柏尔人的部落，隶属莱

① 参看伊本·赫里康：《人物传记》，第1卷，第413页和伊本·阿卜杜勒·拜尔：《精选》，第57页。

斯家族。他到过麦地那，听过马立克讲学。后又到麦加。在埃及时听过莱斯·本·赛阿德、伊本·瓦哈布和伊本·卡塞姆等人的讲学。学成后返回安德鲁斯，成为安德鲁斯的学者和名人。他对马立克学派在安德鲁斯的传播做出了贡献。正如伊本·哈兹姆所说：叶海亚“深受国王宠信，在委派法官的问题上，国王对他是言听计从，各地的法官无一不是经他提名选定的。他选的法官都是他的朋友或按他的教法原则行事的人。人都贪图世俗的享乐，对能达到其目的、满足其愿望的事无不欣然接受。但是，叶海亚本人却不同，也从未担任过法官，这更增加了他在人们中间的威望，使人们更愿听从他的意见。”[①]此外，叶海亚曾对安德鲁斯的埃米尔阿卜杜·拉赫曼·本·哈克姆做过著名的裁决。事情是这样的：埃米尔在斋月的白天同他的一个女奴交欢。为此，埃米尔被叶海亚判罚连续把斋两个月。有人问叶海亚，为什么不按马立克的办法裁断？马立克的断法是：肇事者可在释放一个奴隶、供养六十名可怜人和把斋两个月之间任选一项处罚。叶海亚回答说：若将任选的大门打开，他会更加肆无忌惮，随意行乐了，他会释放一个奴隶了事，但我偏要给他以最严厉的处罚，使其不再重犯。——我们手中的这部叶海亚讲述的《穆宛脱》是最正确的一种版本——对有些问题，叶海亚不同意马立克的做法，而采用莱斯·本·赛阿德的主张，如马立克认为只要有一个证人连同誓言，法官就可做出裁决。而叶海亚根据莱斯的意见说：必须有两个男证，或一个男证、两个女证才能做裁决。此外，叶海亚与莱斯一样，主张可用部分产品缴

① 伊本·赫里康：《人物传记》，第 2 卷，第 321 页。

纳地租。

总之，如果说艾布·哈尼法教派靠的是用大量的假设案例和由此而产生的“意见”、“类比”和“抉择”，以及因高度文明和生活在伊拉克的亚述人、迦南人和波斯人等开化民族的后裔造成的复杂问题而发展了教法的话，马立克教派则用麦地那作为伊斯兰教的发源地而拥有大量的圣训和众多的直传弟子，以及麦地那人历代沿袭下来的立法实践而给予教法以影响。麦地那人的立法实践是最可信的。因为他们的先人目睹过先知做小净的姿势，见过先知做礼拜时的情景，知道当时度量衡的标准。他们用讲述或继承的方式将这些遗产代代相传，一直传给了马立克及其教派。除此之外，两大教派中都有人学习对方的长处。如哈乃斐派的穆罕默德·本·哈桑跑到麦地那住了三年，传述了《穆宛脱》，并带着许多直传弟子及再传弟子的言论返回伊拉克。艾赛德·本·法拉特则到伊拉克住了很久，带着许多假设的案例回到开罗和凯鲁万。通过这种方式，两派相互受到影响，其教法原则也相互接近了。

三、沙斐仪及其教派

沙斐仪即穆罕默德·本·易德里斯。其父是古莱氏人，与先知的曾祖父阿卜杜·姆纳夫同族。久尔加尼(哈乃斐派人)曾引证马立克的朋友的话说：沙斐仪的祖父不是古莱氏人，而是艾布·莱海布的释奴，故沙斐仪也为释奴。但这种说法没有得到谱录学家们的认可。显然，这是学术上的宗派主义在作祟。正确的说法是：

沙斐仪是古莱氏人，其母可能是艾兹德人，艾兹德为也门的一个部落。沙斐仪的父亲当年因事出走叙利亚，故沙斐仪于伊斯兰历150年出生在加沙或阿斯格兰。不久，他父亲去世，母亲便把年仅两岁的沙斐仪带回麦加。正如沙斐仪自己所说，他是在贫困中长大的。相传他曾说过："我是母亲怀中的孤儿，家境贫寒，老师答应我母亲在他百年之后由我替补他的空缺。我学会了《古兰经》便进了清真寺，得到了与学者们共事的机会。于是我开始背记圣训和案例。寺址在谢阿布·赫伊夫。那时我在骨片上写字，写后便将骨片放在大罐子里。"沙斐仪还说过："我小时候没钱念书，便向书馆的学者要些皮张，用来写字。"[①]沙斐仪说："我离开麦加，与生活在荒漠中的呼宰勒部落朝夕相处，向他们学习语言。该部落的语言是阿拉伯人中最地道的。"[②]沙斐仪的呼宰勒之行，加上他的古莱氏血统，使他的语言和诗歌受益匪浅，对他理解经、训的含义极有帮助。他考证出《古兰经》中"赛阿伊"一字为"工作"、"致力于……"之意，而在祖海尔的诗中却作"追赶"解释。他还用乌姆鲁·盖斯和捷里尔的诗考证出《古兰经》中"秘密"一字作"交媾"讲："但你们不要向她们以交媾相许"，等等。[③] 此外，呼宰勒之行还加强了沙斐仪的表达能力，使之有一种深沉的阿拉伯风格。同时，还赋予他以很高的鉴赏力。以至有人在他面前朗读而读错时，他能立即指出错在何处。据说，艾斯麦伊曾向他学过呼宰勒人的诗和赛法里的诗。后来，沙斐仪转学圣训和教法。在麦加拜苏福

① 伊本·哈吉里：《台瓦里·台俄西斯》，第5页。

② 沙斐仪：《阿尔·温姆》，第1卷，第174页。

③ 同上书，第5卷，第118页。

扬·本·欧耶奈和穆斯里姆·本·哈立德·赞吉为师，背记了全部《圣训易读》。后来，又到麦地那听马立克本人对该书的讲解，并向他学习教法。从此，沙斐仪一直伴随马立克，直到马立克去世（伊斯兰历179年）后才离开麦地那，来到也门。关于他也门之行的原因有很多种说法。比较可靠的说法是：也门总督在麦加时，一些古莱氏人劝他将沙斐仪带走，委以重任，总督真的这样做了。后来，沙斐仪被指控加入什叶派，历经磨难。关于沙斐仪是在也门，还是在回到汉志后受到指控一事说法不一。按照伊本·阿卜杜勒·拜尔的说法，他是在汉志时被指控参加什叶派，并向阿里派宣誓效忠的。伊本·哈吉里讲的各种传说，都说沙斐仪是在也门受到指控，并将这一罪名一直带到哈伦·拉希德哈里发继位。沙斐仪否认这一指控，并得到拉希德的宽恕。[①] 这件事发生在伊斯兰历184年，沙斐仪当时三十四岁。伊斯兰历195年，沙斐仪到巴格达住了两年，后又回到麦加。伊斯兰历198年，沙斐仪再次赴巴格达小住数月。次年，去埃及。从此，沙斐仪一直住在埃及，直到伊斯兰历204年去世。

沙斐仪在伊拉克期间，同艾布·哈尼法的朋友穆罕默德·本·哈桑有过接触，并向他学习了伊拉克人的教法。伊本·哈吉里说："马立克·本·艾奈斯成为麦地那教法的首领后，沙斐仪便追随马立克，向他学习。当艾布·哈尼法成为伊拉克教法的领袖时，沙斐仪又向艾布·哈尼法的朋友穆罕默德·本·哈桑学习了

① 参看伊本·阿卜杜勒·拜尔：《精选》，第95页及以下，伊本·哈吉里：《台瓦里·台俄西斯》，第69页及以下。

一些他从艾布·哈尼法处听到的言论。这样,沙斐仪就兼备了意见派和圣训派的本领。他参加教法实践,阐明教法基础,制定教法纲要,使支持者和反对者无不叹服。从此,沙斐仪的名声大振,身价倍增,自成一派,独树一帜。”

沙斐仪在其《阿尔·温姆》一书中给我们留下了他去世前一年写的遗嘱,时间是伊斯兰历 203 年 2 月。他在遗嘱中写道:“这是穆罕默德·本·易德里斯·本·阿拔斯·沙斐仪在其神志清醒的情况下自愿写下的遗嘱。真主赐给艾布·哈桑(沙斐仪之子)一笔财产。穆罕默德·本·易德里斯从中取出四百个第纳尔金币为其子享用。”在该遗嘱里,沙斐仪还留给其子三个原属于他的奴隶、一个名叫萨利哈的皮肤洁白红润的阉人侍从、一个名叫比拉尔的努比亚面包师、一个法拉尼奴隶、一个金发女奴。遗嘱中还留下一些首饰,并列有细目。沙斐仪将他在麦加的两幢房子也给了他儿子,并要儿子死后将房子传给孙子、孙女等。①

沙斐仪在同年八月又立了一份遗嘱,将他的财产分成若干份,并写明了对男女奴隶的处置办法及他们应得到的钱财。分给沙斐仪家族中穷人的钱也一一写明。②

这些遗嘱说明沙斐仪在埃及时的经济状况虽算不上富有,但还是不错的。

至于沙斐仪在思维和语言上的特点,历史学家们几乎一致认为他逻辑性强、思维敏捷、表达清晰、具有超人的辩才、善于思考、

① 《阿尔·温姆》,第 6 卷,第 179 页。

② 参看《阿尔·温姆》一书中的遗嘱,第 4 卷,第 48 页。

长于推论。

沙斐仪有着多方面的文化修养：他既有语言和文学上的广博知识，又有对圣训的深刻理解。为学习圣训，他到过很多地方。在教法上，他既了解汉志派的特点，又深知伊拉克意见派的精髓。此外，他有着丰富的社会经历：他体验过荒漠中贝都因人的生活；目睹过汉志、也门的尚处于起步阶段的文明；经历过伊拉克、埃及的多元文明的熏陶；见过穷苦人及圣训学家中的苦行者的生活；同时，也看到像伊拉克的穆罕默德·本·哈桑·谢伊巴尼和埃及的伊本·阿卜杜勒·哈克姆等人对人间富贵的享受。社会和经济生活的不同方式，决定了立法的多样性。如埃及人待人处世的方式就与伊拉克人不同；埃及人和伊拉克人有时能找到某些共同点，但汉志人却与他们都合不来；埃及尼罗河的灌溉体系与伊拉克的底格里斯河和幼发拉底河的灌溉体系不同，因而两地的土地税等就有差异；而埃及和伊拉克的情况又有别于没有河流的地方，如汉志。所有这一切都对沙斐仪教派的形成有很大的影响。

如果想像前面那样用图表来说明沙斐仪学派的话，那很简单：

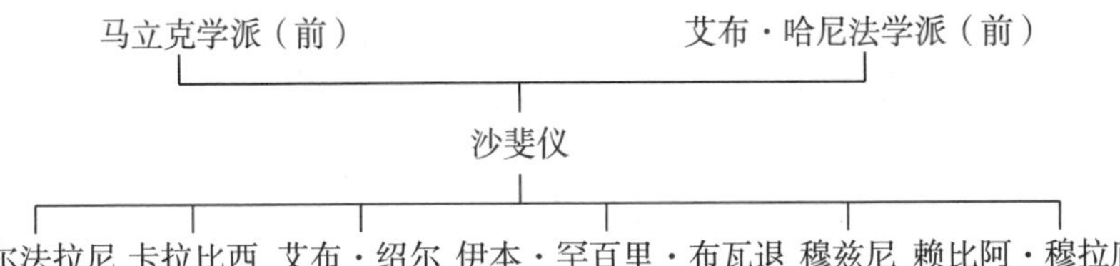

起初，沙斐仪自认为是马立克的学生，是马立克教法和学说的遵循者，是马立克学派的一员。直到他伊斯兰历 195 年第二次赴

巴格达以前都是这样认为的。自那以后，沙斐仪已具备了自立学派、自成一家的能力。显然，对他影响最大的是他首次去巴格达时与艾布·哈尼法的朋友们接触，是他从穆罕默德·本·哈桑的著作及其学问中学到伊拉克人的立法方法。沙斐仪认为，伊拉克人的方法虽不足全取，但也不可全弃。如伊拉克人的"类比"是个正确的方法，但在他看来，不应使"类比"绝对化，而是应该在没有正确的圣训，哪怕是少数人传述的圣训可依的情况下，才可使用"类比"。伊拉克人的推论、根据教法原则演绎案例的方法也是好的。此外，伊拉克人的辩论、靠公正和公益进行推理、用类比法找出事物之间的异同点、提供论据等方法，他认为都是不错的。沙斐仪认为他完全掌握了伊拉克人的教法，并认为他能比伊拉克人做得更好。于是，他吸收了伊拉克教法的精华，并辅之以他的汉志语言和文学修养、麦地那的圣训和公议以及汉志人的推论方法。

沙斐仪吸收了意见派和圣训派的合理成分，形成了自己的独特风格，于伊斯兰历 195 年在伊拉克创建了一个新的学派——沙斐仪学派。沙斐仪的追随者是他的一些巴格达朋友，如艾布·阿里·哈桑·本·阿里·卡拉比西，他是伊拉克的著名学者之一，著作很多，伊斯兰历 256 年卒。又如艾布·绍尔·凯勒比，他曾在巴格达伴随沙斐仪，向他学习。著有《马立克和沙斐仪的分歧》一书，书中多有偏袒沙斐仪的地方，还有艾布·阿里·扎阿法拉尼，在沙斐仪去埃及前就读过他的著作。但是，由于哈乃斐派对沙斐仪的排挤，以及哈乃斐派的声望和权势，沙斐仪学派在伊拉克没有找到多大市场，故沙斐仪转赴埃及。扎阿法拉尼说：当沙斐仪打算离开伊拉克前往埃及时，曾吟诗道：

兄弟呀！我欲赴埃及，途中多荒僻。

主啊！不知是为了胜利，为了财富，还是走向我的坟地。

扎阿法拉尼说：指主发誓，成功和财富，沙斐仪都得到了。[①]沙斐仪在去埃及前曾向赖比阿询问过埃及人的情况，赖比阿告诉他：埃及人分成两大派，一派支持并捍卫马立克，一派支持并捍卫艾布·哈尼法。沙斐仪听后说：托真主的福，希望我此次埃及之行，能给埃及人带去一件使他们抛弃这两家之说的礼物。赖比阿说：沙斐仪到埃及后，真的那样做了。沙斐仪在埃及住了四年，口授了很多著作。

沙斐仪的创制方法

对沙斐仪创制方法的最好概括，也许就是他本人说的：经、训是根本，若无经、训可循，可用类比。哈迪斯的传述系统如果完整且可直溯穆圣，即为逊奈。公议要比个人传述好，要按字面意思理解圣训，如有多种解释，应以最接近字面含义的为佳。如圣训的传述人数相等，以传述系统最完整的为上。至于那些传述系统不完整的圣训，除伊本·穆赛伊布传述的外均不可取。原则和原则之间不能进行类比，对立法原则不能问为什么和怎么样，只有对具体案例才能问为什么。根据立法原则进行的“类比”如果正确，类比即可成立，论据也就站住了脚。

沙斐仪最显著的特点是，在他看到了形形色色的立法，弄清了汉志人和伊拉克人的立法方式及同他们进行了辩论之后，能自觉

① 伊本·阿卜杜勒·拜尔：《精选》，第102页。

地表明自己的态度。当他看到汉志人对待圣训的态度与伊拉克人不同时，便问自己持何立场；当他发现汉志人对"类比"和"抉择"的态度又与伊拉克人不一致时，便想知道自己的看法；当他见到麦地那人的公议和一般学者的公议也有区别时，便想仔细加以研究。这就使沙斐仪从解决具体问题入手，逐渐追溯到立法的根本原则。无疑，这是思想上的一个进步。沙斐仪一旦在某个原则问题上得出结论，持异议者就要受到他的攻击，而不管他是汉志人还是伊拉克人，也不管是他向之求学的老师，还是一个素不相识的人。

让我们举几个例子来说明沙斐仪的上述特点吧。沙斐仪在研究了圣训之后，发现人们对圣训有三种不同的态度：一种是根本否定使用圣训，一种是对使用圣训提出了一大堆先决条件，第三种则是动不动就使用圣训。对此，沙斐仪给自己定了一个原则，其要点是：如果一圣训权威引用了另一权威传述的穆圣的言论，且无其他言论为之佐证，使用之；如传述的圣训内容有异，就要考虑其中是否有讲述时间先后之别，如有的圣训讲的时间靠后一些，如能证明所讲的圣训已将原圣训废弃，则以所讲的训示为准；如果不存在讲述时间的问题，就要看传述的可靠程度了。经严格审查无误的，使用之；如果传述的圣训的条件完全一样，则用经、训的根本原则进行对照，择最符合经意的用之；如果确系出自穆圣之口，任何"类比"、任何"意见"、任何直传弟子或再传弟子的言论概不使用。

沙斐仪定出这一原则后，回顾了汉志人和伊拉克人的做法，发现他们都违背了这一原则，便对他们进行指责，并批评马立克，说他有时因某直传弟子或再传弟子的一句话，或他自己的意见而丢弃一条正确的圣训。他对马立克的最严厉的批评是，说马立克将伊本·阿拔斯对某案的裁决写在了阿克莱麦的名下，尽管马立克说过阿克莱麦的坏话，认为不会有人接受他传述的圣训。沙斐仪批评说："马立克对阿克莱麦的评价真是奇怪。需要用人家的学识来支持自己的观点时才会提到他，不需要时便弃之不顾，不予理睬了。"①

沙斐仪根据这个原则还攻击了伊拉克人，因为伊拉克人对不著名的圣训一概不用。他们宁愿使用类比，也不使用传述系统完整的个人传述的圣训。沙斐仪谴责他们以不是著名的圣训为借口而丢弃了一些圣训，但又以是著名的圣训为由而采用了圣训学家们认为是不正确的圣训。此外，沙斐仪在使用"类比"上持温和态度，他既不像马立克那样严格，也不像艾布·哈尼法那样随便。他说："学问的要旨是经、训、公议和名言，其次是'类比'……只有掌握了类比本领，即精通《古兰经》的律例、义务、礼仪、新旧章节的人，才能使用'类比'；只有对圣训、先人的主张、众人的公议及其歧见了如指掌，并精通阿拉伯语的人，才可使用类比；只有头脑健全、思维清楚、善解疑难、审慎稳重，不轻易下结论，又不拒绝听取不同意见以减少疏忽、增强信心的人，才有资格使用'类比'。为此，使用'类比'的人需鞠躬尽瘁，倾全力秉公执法，方知言出何处、所断何因。"②

在此基础上，沙斐仪否定了"抉择"说，并攻击了持这一说法的人。从沙斐仪的全部言论可以看出，他对"抉择"也是感兴趣的，

① 法赫尔·拉兹：《沙斐仪的功绩》，第 28 页。

② 沙斐仪关于法理学的论文，第 70 页。

但只是把它当成一种意见，而不是作为立法的一个原则。沙斐仪把使用“抉择”的人比喻为不去市场、不知市价而对某物进行估价的商人，其估价当然是没有根据的。同样，教法学家不根据立法原则去搞“抉择”也是不行的。因此，沙斐仪对马立克的“公益说”和哈尼法的“抉择说”都进行了攻击。

沙斐仪就是按照上述模式行事的，根据立法原则确定处理方式的做法是没有先例的。他对麦地那、麦加、也门和伊拉克的多次旅行及旅居埃及扩充了他的圣训宝库。他不像马立克那样，只选用流传在汉志的圣训，而是对流传在各地的圣训也大量选用。这些旅行还使沙斐仪没有染上麦地那人的偏见。他不承认马立克为将麦地那人的公议作为其教法学派的一个原则所提出的理由。在这个问题上，沙斐仪严厉地批评了马立克，说马立克是主张使用公议，但却又讲述反对公议的圣训。马立克说：“尽管有人传说欧麦尔和伊本·欧麦尔在朝觐中都叩头两次，人们还是一致认为只需叩头一次”。[①]

在对待圣训问题上，沙斐仪不免受到某些学者的指责。如伊本·麦因就曾多次攻击过他。伊本·阿卜杜勒·哈克姆还说：沙斐仪引用的圣训是骗子和离经叛道之徒传述的，尽管易卜拉欣·本·叶海亚是个反宿命论者，沙斐仪还是引用了他传述的圣训。虽然沙斐仪诅咒过伊斯梅尔·本·欧勒亚，但还是引用了他的传述。人们说：布哈里和穆斯里姆在其圣训实录中都没有援引沙斐仪传述的圣训。如果不是因其传述太差，他俩是

---

① 法赫尔·拉兹：《沙斐仪的功绩》，第27页。

会援引他的讲述的。人们还说，他讲的某些话是站不住脚的，他的著作中到处都是“权威告诉我们”“我不指责的人告诉我”之类的言词。[①] 沙斐仪的朋友们严厉驳斥了这些指责和攻击。尽管有上述种种责难，沙斐仪还是更接近圣训学家，圣训学家也更中意他。如果说某些圣训学家对圣训及其传述系统和人物的了解比沙斐仪高明的话，沙斐仪对圣训中教法的掌握则比他们更胜一筹。据说，沙斐仪曾对艾哈迈德·本·罕百里说：你们知道的圣训比我们多，如有正确的圣训请告诉我，以便前去学习。[②] 当时的圣训学家对沙斐仪是有所偏爱的，因为他在扩大圣训的使用范围及用圣训进行推论上都比马立克和艾布·哈尼法走得远。此外，他还对“意见”和“类比”的使用作了限制，缩小了二者的权限。因此，沙斐仪的支持者中有艾哈迈德·本·罕百里和易斯哈格·本·拉和威等大圣训学家。与此同时，沙斐仪也能迎合哈乃斐派中的圣训学家和教法学家的心理。因为他并没有全盘否定“类比”，而且他自己也使用“类比”，并制定出使用的原则。以至有些伊拉克的教法学家脱离了艾布·哈尼法学派，而加入了沙斐仪派的行列。也许正是这种使汉志和伊拉克两大学派的观点相互接近，并吸取各家之长的态度，成为沙斐仪学派的一个最显著的特点。拉兹说：“在沙斐仪学派形成以前，人们分成两大派：圣训派和意见派。当时的圣训派人不会进行辩论，也无力与意见派人的手法抗争，故未能给宗教带来活力、给经训带

① 法赫尔·拉兹：《沙斐仪的功绩》，第 148 页。

② 同上。

来帮助。而意见派人则将其全副精力用在按照他们的主张和想法审定和整理教法的推论上了……沙斐仪出现了，他既精通经、训明文，又熟知教法原则和进行推论的条件……他还善于雄辩，因而意见派的大部分支持者和追随者都放弃了意见派的主张。”①

沙斐仪的影响

现存的一部沙斐仪的最重要的著作是他关于教法原则的论文。该论文是由他的埃及弟子赖比阿·本·苏莱曼·穆拉底传述的。论文谈到教法学权威应精通圣训的程度；谈到教法学权威对新、旧圣训的态度；谈到圣训中的分歧和对圣训的选择。此外，还谈到公议，“谁赞同某些穆斯林的主张，谁就要追随他们，谁违背了他们的主张，谁就是反对他们。”沙斐仪还在论文中谈到对“类比”和“创制”的肯定，谈到何时该用类比，何时不该用，以及谁能用、谁不能用的问题；沙斐仪也批评了“抉择说”，批驳了持这一说法的人。这样，沙斐仪首先制定出了研究教法原则的方案，以后各派的学者都是按这个方案进行研究的。拉兹说：“须知沙斐仪与教法学的关系就如亚里士多德与逻辑学，哈利勒·本·艾哈迈德与韵律学的关系一样。”因为在亚里士多德之前虽然已有了一部确定法度和证据的简略法规，但人们只是依靠本能进行推理和辩论，故言语含混、模棱两可。审理案件时如果不借助完整的法律，而只凭本能和直觉，是很难成功的。亚里士多德见此情景，便闭门锁室，潜心

① 法赫尔·拉兹：《沙斐仪的功绩》，第 243 页。

研究，终于创造了逻辑学。他根据逻辑学原理为人类制定了一部有关定罪和验明证据时不可或缺的法律大全。诗人们也是一样，在哈利勒·本·艾哈迈德之前，他们只是靠灵感、气质和性格写诗。哈利勒发明了韵律学，鉴别诗的优劣就有了依据，教法也是如此。早在沙斐仪教长之前，人们就已在谈论教法原则，进行推论和驳诉了，但没有一部阐明法律根据，知道如何进行诉讼和定案的完整法典。沙斐仪（愿真主怜悯他）找到了教法的根本原则，为人类制定了一部了解法律根据的完整法典。业已证明，沙斐仪与立法的关系，也如同亚里士多德与逻辑学的关系一样。"要知道，沙斐仪是在巴格达写成这篇论文的。回到埃及后，他又写了一篇。两篇论文都有很高的学术价值。自那时起，尽管人们对教法原理这门学科做了大量的工作，但都没能超出沙斐仪的研究成果。教法原则这扇大门是沙斐仪打开的，他走在所有人的前面，他是开拓者的先驱。"[①]

是的，伊本·奈迪姆说过，穆罕默德·本·哈桑写了一本有关教法原则的书。[②] 但我们没有找到这部书，无法与沙斐仪的论文进行比较，以断定哪些原则是沙斐仪从穆罕默德处学来的，哪些是他自己的创造。创建法规有两种方法：一种是从立法的四大来源，即《古兰经》、圣训、公议和类比中定出一些帮助教法学权威做出裁断的原则。另一种是先找出教法每个部分的普遍原则，加以研讨并在实践中进行检验，从而制定出交易法、租赁法等，并说明各法

① 《沙斐仪的功绩》，第 100 页及其后。同时参看穆斯塔法·阿卜杜勒·拉齐格教授写的《沙斐仪——教法原理的制定者》一书中有价值的研究。

② 伊本·奈迪姆：《目录大全》，第 204 页。

律的使用方法。用这两种方法得到的结论都可称为教法原则。欧洲人采用的是第一种方法。这在班塔姆及其追随者制定的立法原则中看得很清楚。沙斐仪采用的是第二种方法。这是他从圣训学家和教法学家之间、从伊拉克教法学家和汉志教法学家之间的激烈争论中得到的启示。各派之间的分歧迫使沙斐仪制定了他认为可以排除不同意见的原则。此外，第二种方法多是在靠不受任何约束的思维理论，并根据不断变化的哲学思潮和文明而进行修订的世俗法中使用。然而，后来有些穆斯林也想采用这种方法，正如读者在伊本·奈吉姆所著的《相似与相等》一书中所看到的，尽管他在这方面走得还不算太远。

沙斐仪不只是在他的论文里涉及教法的基础问题，而且在《阿尔·温姆》一书中的很多地方也都谈过这个问题。例如，书中提到了与完全否定用圣训裁决的一派进行讨论一事。[①] 沙斐仪还写了废除"抉择"一章。[②] 看来，沙斐仪遇到的很多具体案例引起了他对一些教法原则的思考，经过深思熟虑定出了一些法规。进而，对这些法规进行归纳、整理和补充。最后，在他的论文中定型。沙斐仪在安排使用公议，确定哪些案例适用公议、为哈乃斐派的类比制定规则、进行分类、阐明缘由、明确使用范围等方面有着特殊的贡献。

沙斐仪制定的教法原则，大大推动了教法的发展，使教法学权威从事创制时有据可循，不会再作出那些自相矛盾、不能自圆其说

---

① 沙斐仪:《阿尔·温姆》,第 7 卷,第 250 页。

② 同上书,第 267 页。

的裁决了，避免了推论上的混乱，统一了教法的流派，使教法走上了健全发展的轨道。

《阿尔·温姆》

《阿尔·温姆》一书是沙斐仪最重要的遗著。这部书的作者究竟是沙斐仪本人，还是布威忒，最近在埃及引起了一场争论。我认为如果弄清楚争论的焦点，问题就容易解决。没有一个人能说我们手中的这部著作是出自沙斐仪的手笔，没有人能说沙斐仪在他的垂暮之年还能埋头于该书的写作。最能说明这一点的是该书许多章节的开头都有“赖比阿告诉我们，沙斐仪说”的字样，作为该书作者的沙斐仪是不会这么写的。我们在书中还发现一些关于沙斐仪放弃某种主张的说法，如书中写道：“赖比阿说：沙斐仪已放弃了梦幻选择说，他说，梦幻是不可选择的。”[①]这类话也是不可能出自沙斐仪之口的。同样，也没有人能否认《阿尔·温姆》一书中有用沙斐仪的语言和他的表达方式所体现的沙斐仪教法。很明显，该书是沙斐仪的弟子在听他讲学时做的记录，并加上了他们自己的评论。众弟子的记录也互有出入，并不完全相同。我们手中的这部书是由赖比阿·穆拉底传述的。

总之，我们手中的这部共有七卷的著作，大部分内容是沙斐仪的弟子引用他说的原话，并加上了一些评论。这些评论自成段落，并有说明，以便不与沙斐仪的原话混淆。这就是被称为《阿尔·温姆》的那部书。正如马立克在《圣训易读》一书中所做的那样，《阿

① 沙斐仪：《阿尔·温姆》，第3卷，第3页。

尔·温姆》一书也是按教法内容分类的，但书中也有一些关于教法原则的章节。此点已有前述。

教法部分的内容都是在埃及口授的。学者们把沙斐仪教法分为新、旧两部分。旧教法系指沙斐仪在伊拉克时的主张和著作；新教法则指沙斐仪在埃及时写的著作和发表的言论。因为沙斐仪到埃及后，改变了他以前的某些说法。其原因是他广泛接触了埃及学者，听到一些他们讲述的正确圣训，并听到莱斯·本·赛阿德的众弟子引用其师的主张和教法。此外，沙斐仪还目睹了一些不同于汉志和伊拉克的社会现象，从而改变了沙斐仪教法中的部分主张，故称之为新法。

《阿尔·温姆》一书是沙斐仪各种特点的真实记录。该书文字洗练、词意畅达，有着贝都因人的雄辩风格和古莱氏人言简意赅的特点。有些评论家批评沙斐仪在用词上有错误，如说他把甜水、咸水的咸字"米勒哈"读成"马利哈"，把"清洁的水"说成是"清洁者"，尽管前者在当夸张名词使用时也有"清洁者"的意思。把"双耳非脸所属，故不必沐净"一句话中应标成开口音符的"沐净"一词写成了合口音符，等等。其实，这都算不上是错误，就连语言学家和语法学家都认为可以这样用。不管怎样，没有人能否认沙斐仪的文笔细腻、表达有力、长于修辞。

该书还显示出沙斐仪的雄辩才能，全书几乎都是辩论体。他甚至自设对象与之辩论。如："倘若某人说……我们就……做答……"、"买卖双方说，只要话音未落，货物即可退换。我说：这办不到，而且文法也不通。问：为什么办不到？文法为何不通？我说……"沙斐仪在很多地方都是用这种苏格拉底式的对话进行辩论的。这是沙斐仪受伊拉克人辩论方式影响的结果，伊拉克人常说："你看见了吗？"[①]

此外，沙斐仪在书中既是一个常用圣训进行推理的圣训学家，又是一个经常使用"类比"的类比学家。他说："我们就这么办，这是大多数汉志人的说法，也是各地先人的主张。"[②]他还说："我们是按穆圣的吩咐对待狗的，[③]猪与狗相差无几，故以猪类比之。"[④]诸如此类，不胜枚举。

在书中，有时也可看到沙斐仪所受的埃及学派的影响。如果他想说明宗教基金问题，就会用埃及弗斯塔特的房产作例子。[⑤]他还谈到均可入药的亚美尼亚陶土和布海依莱陶土，并将其与他在汉志见过的一种陶土进行比较。[⑥] 他还谈到了纸张（埃及纸），[⑦]也谈到了诗人的证言。谁的证言可信，谁的不可信。看来，他谈的都是埃及诗人的情况。[⑧]

总而言之，《阿尔·温姆》一书在解释沙斐仪的创制方法、阐明他的教法原则以及埃及实行教法的结果等方面，有着巨大的参考价值。

*　　　*　　　*

沙斐仪在伊拉克和埃及都有些向他学习、拜他为师、掌握并传

① 沙斐仪：《阿尔·温姆》，第 3 卷，第 5 页。

② 同上书，第 3 页。

③ 伊斯兰都认为狗脏，不得与主同室，并禁吃狗肉。——译者

④ 沙斐仪：《阿尔·温姆》，第 1 卷，第 5 页。

⑤ 同上书，第 3 卷，第 281 页。

⑥ 同上书，第 3 卷，第 103 页。

⑦ 同上书，第 3 卷，第 109 页。

⑧ 同上书，第 6 卷，第 212 页。

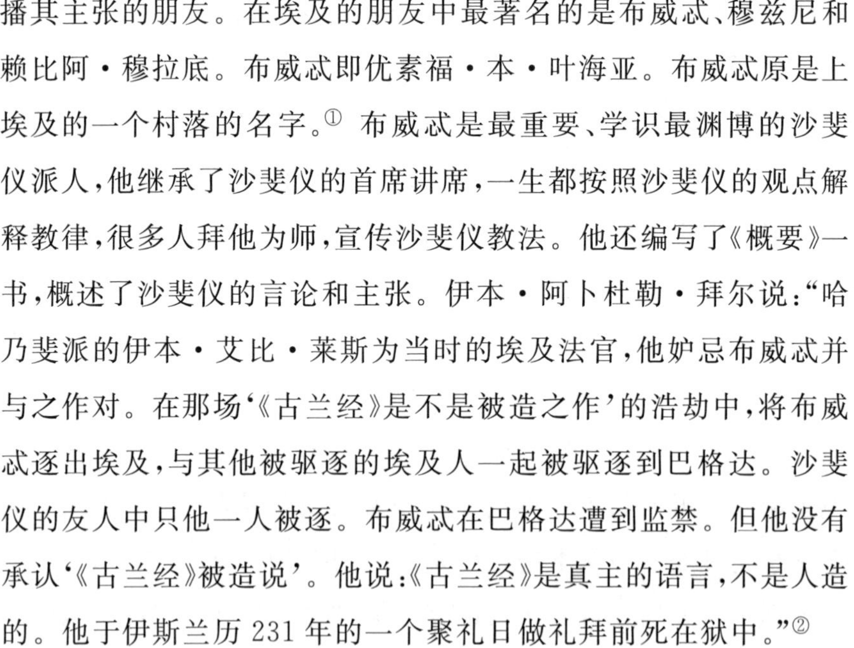

播其主张的朋友。在埃及的朋友中最著名的是布威忒、穆兹尼和赖比阿·穆拉底。布威忒即优素福·本·叶海亚。布威忒原是上埃及的一个村落的名字。[①] 布威忒是最重要、学识最渊博的沙斐仪派人，他继承了沙斐仪的首席讲席，一生都按照沙斐仪的观点解释教律，很多人拜他为师，宣传沙斐仪教法。他还编写了《概要》一书，概述了沙斐仪的言论和主张。伊本·阿卜杜勒·拜尔说："哈乃斐派的伊本·艾比·莱斯为当时的埃及法官，他妒忌布威忒并与之作对。在那场'《古兰经》是不是被造之作'的浩劫中，将布威忒逐出埃及，与其他被驱逐的埃及人一起被驱逐到巴格达。沙斐仪的友人中只他一人被逐。布威忒在巴格达遭到监禁。但他没有承认'《古兰经》被造说'。他说：《古兰经》是真主的语言，不是人造的。他于伊斯兰历 231 年的一个聚礼日做礼拜前死在狱中。"[②]

至于穆兹尼，即伊斯梅尔·本·叶海亚，他是沙斐仪的友人中最能言善辩、最肯潜心推敲词意的人。他不同意沙斐仪的某些说法，在他援引了沙斐仪对某案例的看法后说："我看这没有什么价值。"[③]

看来，穆兹尼也经受过"《古兰经》被造说"的考验，他以一言而免遭迫害，但也因此受到他的埃及对手的指责，致使听他讲学的人数锐减。直到人们对他的不满情绪消失后，他的讲学才又兴旺起来，听众占满了大半个清真寺。穆兹尼记录的沙斐仪教法最多，并

---

① 在上埃及有两个名叫布威忒的村子，一个在艾斯尤特省，另一个在贝尼苏韦夫省。我们的这位学者生于后者。

② 《精选》，第 64 页。

③ 《沙斐仪派人传略》，第 1 卷，第 243 页。

多有著述。其中有印在《阿尔·温姆》一书边注上的《概要》。他的著作连同《概要》一起在各地广为流传，为传播沙斐仪教法做出了贡献。穆兹尼卒于伊斯兰历264年。

作为穆拉底部落释奴的赖比阿·穆拉底，原是弗斯特德阿慕尔清真寺的宣礼员。他可能是沙斐仪众弟子中领会最慢的一个。据说，他心地善良，但理解迟钝。[①] 但是，他的传述却诚实可信。以致当他与穆兹尼的传述不一致时，沙斐仪的朋友们都采用他的说法。沙斐仪的学问很多都是他保存下来的。《阿尔·温姆》一书就是根据他讲述的版本印刷的。赖比阿卒于伊斯兰历270年。

总之，这三个人各有自己的特点：布威忒最精通教法；穆兹尼最富有辩才、最精明、最聪敏：穆拉底最擅长传述。

看来，沙斐仪的友人没有像艾布·哈尼法的友人反对艾布·哈尼法那样反对他。他们与其教长的分歧很少，几乎可以说是屈指可数，而且多不是原则问题。这与艾布·哈尼法的朋友不同。艾布·优素福、穆罕默德和扎法尔，不论是在原则问题还是在具体问题上都与艾布·哈尼法有分歧。笔者认为这里面有两个原因：第一，艾布·哈尼法教法不是他本人记录下来的，而是由他的朋友整理写成的，因为艾布·哈尼法是在记载时代出现前成名的。他是赋予教法以新面貌的先行者和创始人，他把记载的工作留给了他的弟子。这就使他的朋友在对照案例并按教法原则审理案件时，有可能与他产生分歧。第二，我们知道，艾布·哈尼法教法比沙斐仪教法更倾向于意见派的主张，而意见派给予意见派人的自

---

① 《沙斐仪派人传略》，第1卷，第260页；《精选》，第112页。

由是圣训派人及其追随者所望尘莫及的。

*　　　　*　　　　*

如果按照上述方式将十三个教法学派的教长一一加以介绍的话，篇幅就太长了，需单独写一本书。故我们暂介绍这几位代表了立法的不同流派的教长。对那些对教法产生过较大影响或有自己特色的人物不妨做一简略介绍。

艾哈迈德·本·罕百里

即艾哈迈德·本·穆罕默德·本·罕百里。他是谢伊巴尼的阿拉伯人，原籍是木鹿，伊斯兰历164年出生在巴格达，并在该地长大。他曾到库法、巴士拉、麦加、麦地那、叙利亚、也门和捷齐莱等地收集圣训，曾与沙斐仪结交并向他求教。沙斐仪派将他当成沙斐仪派人。但实际上，罕百里是自成体系的。他在"《古兰经》被造说"的灾难中受到迫害，遭毒打、被监禁，但他坚贞不屈，始终坚持"《古兰经》非被造之作"的说法，从而提高了他在人们心中的威望。他遭毒打被监禁发生在伊斯兰历220年瓦西格任哈里发时期。穆台瓦基勒执政后，废止了"《古兰经》被造说"，罕百里始获释放。此事将在以后详述。罕百里于伊斯兰历241年在巴格达去世。

把艾哈迈德·本·罕百里当作大圣训学家是没有异议的，但要把他当作教法学家对待就有不同的看法了。伊本·捷里尔·塔巴里就没把罕百里教法算作一个教派，他说：罕百里只是个圣训学家，不是教法学家。为此，罕百里派人群起反对塔巴里。伊本·古太白在其《百科大全》一书的教法学家条目中也没有提到罕百里。

麦格迪西也是在圣训学家，而不是在教法学家的名下提到他的。伊本·阿卜杜勒·拜尔写的《精选》一书也只提到艾布·哈尼法、马立克和沙斐仪三大教长。但是，其他人，特别是后来的学者都不同意他们的这种看法。

实际上，罕百里教法的大部分是建立在圣训基础上的，即如果他找到一条正确的圣训就不再顾及其他；如果找到圣门弟子的一项裁决，就遵照执行；如果发现圣门弟子对律例有多种解释，就择其最符合经、训者用之；有时圣门弟子对同一案例有两种不同的裁决，就将两种裁决都传述之；如果只有再传弟子传述的圣训或不大可靠的圣训，他也宁肯选用而不使用"类比"。总之，不到万不得已，罕百里是不使用"类比"的。对那些没有引用经、训的裁决，他十分反感。[①] 罕百里没有用他特有的风格写下教法著作，有关他的教法的记载都是些他对向其求教的案例所做的教法解释。罕百里教法是由他的门徒整理、分类和记载的。

如果从法律理论、律例及其发展来看，伊本·罕百里对圣训的影响要比他对教法的影响大得多。

在立法上具有自己特色的人还有一位以达乌德·扎希里闻名于世的达乌德·本·阿里·艾斯拜哈尼。他大约于伊斯兰历 200 年出生在库法，在巴格达长大，于伊斯兰历 270 年在巴格达去世。达乌德研究过沙斐仪教法，对该教法推崇备至，并著书加以赞扬。后来，他自立学派，取名扎希里学派。[②] 在波斯和安德鲁斯有很多

---

① 参看哈吉威：《教法史》，第 3 卷，第 26 页；《名人传记》，第 3 卷，第 136 页。

② 扎希里是阿拉伯文的音译，意为表面、字面，即按《古兰经》字面意义解释教律的学派。——译者

他的追随者。

达乌德对教法的态度与哈乃斐派恰好相反，他否认类比。认为经、训及其普遍规律足以能解释律例。他坚持按经、训的字面意义办事，故以扎希里派得名。他认为使用类比就是运用思维，而宗教是天启的。假如宗教建立在思维的基础上，那律例就会与经、训大相径庭了，故必须遵循经、训，而且是遵循经、训的字面意义。只是在有明文提到禁止或允许并说明其原委的情况下，才可使用"类比"。只有那时，才可以在仲裁中加上一些明文中没有的东西，但情节必须完全一致。如果不一致，教法权威就不能自行其是，不能使用"类比"。至高无上的真主说："你们对某事存有歧见，就请真主裁定。"而没有说让"意见"和"类比"裁决。达乌德攻击类比学家，列举出他们因用"类比"而在律例中出现的错误。他的这种立法方法使其在很多问题上与其他教派不同。

总之，扎希里派人的立法范围比其他学派的人都窄，因为从事创制的最重要的方法——"类比"被他们否定了。

同样不可忽略的是什叶派和哈瓦立及派的教法，我们将在谈到两派的意识形态时再谈。

*　　　*　　　*

在对教法及其各种立法方法做了回顾之后，可以得出下面几个结论：

第一，我们所写的这个时代是伊斯兰各时代中立法最为活跃的时代，是从事创制的教法学家人数最多的时代。教法各个学派的对立和统一使很多教法问题得到澄清和解决。当时的学者在其立法方法、立法观点和从事创制上都是自由的。对于他们之间的分歧和斗争，当局不加干涉。只要不牵扯到哈里发职位一类问题，他们进行创制和思想上的自由也不受限制。他们可以随意进行创制，可以随意从经、训或“类比”中找出律例。对扩大或缩小立法范围无人过问，你可以最大限度地使用“意见”，也可以只靠经、训中的律例做出裁决。政府没有制定一项要全国遵守的法律，也不强行规定各地要按某一派的教法办事。法官是从各教法派别中挑选的，他们享有根据各自的创制做出裁决的自由。因此，同一个案例在两个城市就可能有两种不同的断法。甚至，在同一个地方也可能有两种不同的裁决，如果该地有两名法官的话。对于裁决的分歧和司法问题，即使在首都，政府从不干涉。至于那些不做法官而从事创制的教法学家，他们在立法上的自由就更加明显了。

随着法律问题的增多，教法学家、立法家及其创制也多了起来。律例之多是前所未有的。就连推论、假设都相继问世，并定出了相应的律例。伊拉克、汉志、叙利亚、埃及等地的风土人情和习惯法也都受到教法的检验。教法学家们对那些不与明文抵触的风俗习惯均予承认，并使之法律化。他们还扩大了“公议”和“类比”的使用范围，甚至将伊拉克、叙利亚和埃及的习俗也当成“公议”和“类比”使用。有些习俗保持不变，但如与伊斯兰教教义相悖，则要予以修正。这些习俗也成为伊斯兰教教法的一个组成部分。

教法学家将习惯法当作立法的一个基础，其依据是“凡穆斯林称善者，安拉皆善之”的圣训[①]。《麦卜苏特》一书中有这样一句

① 盖拉伊说：“经过长期研究和多次探索，我在各种圣训实录中都没有找到这段圣训。此话为圣门弟子阿卜杜勒·本·麦斯欧迪所说，被艾哈麦德教长收入他的《圣训实录》里。”

话:“习惯法所确认的,如同明文确认的一样”。教法学家们将习惯法分为两部分:事务习惯和语言习惯。前者如各国通用的货币兑换,后者如赋予某些词以只有他们自己知道的特定含义。教法学家对这两种习惯法都予以承认,在很多交际中都允许按习惯法办事。对于“宗教基金”、“休妻”和“誓言”等词,他们多是按照习惯法进行解释。这样一来,在各地流行的很多习俗就成了教法的组成部分。如“定做”一词系指某人对某工匠说:给我做一件像某某人那样的东西,并讲好价钱。尽管有明文禁止出售不存在的东西,哈乃斐派还是根据习惯法而准其成交。巴里黑的教长则准许人们向织布匠提供纱线为其织布,但需以三分之一的纱线作为工钱。教长们说,这是当地人交往中的正常交易方式。“正常交往方式,可以做‘类比’的根据”[①]。这类例子,举不胜举。教法学家要求教法学权威必须了解人们的风俗习惯,“因为很多律例常因各时期习惯法的不同而有所改变”。克尔德里在《功绩》一书中说“穆罕默德·本·哈桑向染匠了解他们之间相互交往的情况”。各教长之间的分歧在教法书中随处可见,其中一个原因就是各地在各个时期的习惯法不完全一致。笔者在这里想提醒的是:通过习惯法和各地习俗这条途径,各民族的很多风俗习惯都写进了教法。当时,各地的教长都按照伊斯兰教义对本地的习俗进行审查,凡不直接违背明文的,就准其使用,甚至有时还用习惯法代替明文。这类例子有:果园中的果子只要有部分成熟,就可出售,因为习惯法就是这么办的。沙姆斯·埃因麦说:“为了人们之间的交往,赞许此事吧。

① 伊本·阿比丁:《书信集》,第2卷,第116页。

他们就是用这种方法卖葡萄的。这已成为惯例，让人们丢掉业已养成的习惯是困难的。"[①]虽然这种交易与出售不存在的东西属于同一种性质，都是非法的，因为果子不能一下子都成熟啊！于是，他们就用习惯法来代替明文。各地都有自己的习惯法，解释教律时不能生搬硬套。教长们说：梯子在开罗是算在所卖房产之内的，因为开罗的住房是多层的，非用梯子不可，但在只有单层住房的地方，梯子就不算是房产的组成部分，等等。

每个民族，在买卖、语言、词义、婚姻、嫁妆、缴纳什一税等问题上，都有自己的习俗和不成文法。这些习俗都被教长们列入了教法，成为教法的最大来源之一。因为各民族的很多习俗在先知时代尚不被人知，故经、训中均无明文提及。加之让人们放弃世代遵循的习俗绝非易事，因此，大量的习俗得到法学家的承认，并认为它已经伊斯兰化了。这是造成教法膨胀的一个原因。

第二，阿拔斯时代以前和阿拔斯时代初期的穆斯林并无教派倾向。当时的穆斯林只有两种：一种是从事创制的学者，他钻研教法、从事创制，以掌握律例并向弟子传授。一种是普通的老百姓或者是介乎学者与老百姓之间的人，他们如遇到问题，便向遇到的任何教法权威求教，听从他们对教律的解释，按其裁决行事。这些教法权威人数众多、立法方法各异。随着时间的推移，教派逐渐形成，著名的就有十三家。各教派纷纷著书立说，人们开始对教派产生兴趣。有些教派是注定要灭亡的，或因其创始人去世，或因其追随者日渐减少，而有些教派则注定会保存下来并得到发展。最后，

① 《书信集》，第2卷，第140页。

只剩下了哈乃斐、马立克、沙斐仪和罕百里四大教法学派。什叶派和哈瓦立及派不包括在内。这样,人们纷纷依附这四大教法学派。每个教法学派都有各自的势力范围,一个教派控制一个地区,其他教派在该地区的势力就很小(在适当的时候将加以说明)。一个普通的穆斯林如遇有事端,大都去找本派的学者求教,并按该派的法规做礼拜、纳天课、斋戒和朝觐,就连结婚、休妻也唯该派教长之命是从。

第三,如果对意见派和圣训派进行仔细研究,如果从使用"意见"的自由程度来衡量教法学家并用图表加以说明的话,列在首位的是主张不使用圣训、只依靠《古兰经》的一派。该派认为,圣训都是由人传述的,而传述者都会出现差错或遗忘,故不能接受想当然的东西。唯一能够接受的是每个字母都不会令人生疑的《古兰经》。[①] 沙斐仪在《阿尔·温姆》一书中谈到这些人,说他们分成两派:一派主张凡《古兰经》中没有的,任何人都不得做出假设。另一派认为凡含有经文的圣训,便可接受。[②]

如果将这些人的教法解释成:凡《古兰经》中有的律例就遵照执行;凡没有的就按"意见"和"公正"办事,就应将他们列在自由派的榜首。这种解释更符合他们的主张,但如果他们的本意是:只按《古兰经》的规定审理案例的话,其地位只能排在自由派的末尾,甚至还得列在扎希里派的后面。遗憾的是,我们没有找到一条明确支持他们主张的明文。如果他们确实是按照第一种解释做的,毫

① 参看《阿尔·温姆》对该派的叙述,第7卷,第250页及以下。

② 同上书,第252页。

无疑问，他们就是最自由的教法学家了，因为他们在解释教律时只受《古兰经》的约束。除此之外，便可自由地使用“意见”。同样遗憾的是，我们不知宣传该派主张、为该派制定纲领、法规的领袖是谁。就连沙斐仪在《阿尔·温姆》一书中也没有提实行该派主张的人的名字。

排在这些人后面的是——如若他们的主张正如我们解释的那样——艾布·哈尼法学派。该派限制并缩小圣训的使用范围，对“类比”则广泛运用。其次是沙斐仪派，该派广用圣训而少用“类比”。接下去是马立克派，该派使用“类比”的范围比沙斐仪还要窄。再接下去是艾哈迈德·本·罕百里派，除非在万不得已的情况下，该派拒绝使用“类比”，而宁愿使用不太可靠的圣训。最后是达乌德·扎希里派，该派否认“类比”，除非有明文解释才予以考虑。

回顾一下各派的纲领可以看出，曾是艾布·哈尼法派自由驰骋的舞台开始变得狭小了，甚至他的那些弟子，如艾布·优素福和穆罕默德都是促成这种变化的因素。因为他俩从汉志派那里学到了大量的圣训，并用这些圣训修正了艾布·哈尼法的教法原理，从而违背了他们老师的初衷。如果说艾布·哈尼法派在使用“意见”和“类比”上给了其他教派以影响的话，圣训派对艾布·哈尼法派的影响要更大、更广泛。

如果当时有某个思想家面对当时的形势，很可能认为艾布·哈尼法派会取得胜利，会战胜圣训派。因为该派得到阿拔斯政府的某种支持，而且鼓吹思想上的美与丑的穆阿台及勒派得势达五十年之久，直到穆台瓦基勒出任哈里发时才走上了下坡路。此外，在伊拉克还出现了鼓吹思想自由的哲学派别。但实际上，在教法上的这场意见派与圣训派的斗争中，圣训派取得了胜利。其原因是：当时圣训学家的力量比较大，而且得到广大穆斯林群众的支持。而穆阿台及勒运动和哲学运动在当时只是一种贵族运动。在大多数情况下，热衷于该运动的是贵族，而不是广大群众。因此，穆阿台及勒派鼓吹的“《古兰经》是被造之作”的说法受到人民群众的强烈反对，而那些反对“《古兰经》被造说”、不肯趋炎附势、随声附和而受尽迫害以至于被处死的人受到人们的尊敬。哲学也同样受到人民的攻击和反对。阿拔斯政府对艾布·哈尼法派的支持也没收到多大效果。因为政府的最大支持就是委任艾布·优素福出任首席法官的职务，正如我们所看到的，艾布·优素福本人就是一个将圣训引入艾布·哈尼法教法并对该教法进行修正的一个因素。基于上述原因，“意见”和“类比”的地盘缩小了，圣训的范围扩大了。此外，当时的圣训学家十分活跃，他们收集了分散在各地的正确圣训和不完全可靠的圣训，其中很多都是与律例有关的。教法学家慑于这些圣训和圣训学家的威望，不得不向圣训屈服。因此，我们看到的教法书，甚至是哈乃斐派的教法书中的大部分律例都是用圣训引证的，尽管有些圣训并不十分可靠。我们还发现，教法各学派之间的差别缩小了。艾布·哈尼法、沙斐仪和马立克的弟子之间的分歧不像当年马立克与艾布·哈尼法二人之间的分歧那么大了。以至于初看起来会使人觉得各派的立法方法是一致的，但在各学派形成的初期却不是这样。造成这种现象的原因只有一个，即“圣训派人的胜利”。

第六章　语言、文学和语法

阿拉伯人原居住在阿拉伯半岛及其周围。如前所述，他们过的是部落生活，这些部落的语言各不相同。

这种区别可能是单词的不同，如一个部落称小麦为“布尔”，另一个部落把小麦叫做“盖姆哈”。当阿德南人[①]把首领称为“国王”时，希姆叶尔人则用“酋长”表示，等等。

同一个字，各部落却赋予它不同的含义，如“瓦赛布”一词，汉志人当作“战胜”、“起立”的意思用，而也门人的用法正好相反，他们说“西布”（“瓦赛布”一词的命令式），意即“你坐下”。相传，貌艾莱说：阿米尔·本·突法勒来到穆圣面前，放下一个靠垫，想让穆圣坐在靠垫上。“韦萨布”在希姆叶尔语里即“床垫”的意思。希姆叶尔人把国王叫作“貌赛巴尼”，意即久居宝座的意思。传说一位希姆叶尔国王对一个汉志人说“西布”，汉志人便站了起来。而国王原意是令其坐下。于是国王说道：“进入佐法尔，希姆叶尔化。”佐法尔是也门的一个城市，即凡进入佐法尔的人，都要学习希姆叶尔语。[②]

语言的差别也可能表现在单词的符号上。有些部落，如古莱氏部落把现在式动词的第一个字母读成开口音符，把“我们正在请

① 北方阿拉伯人。——译者

② 《萨希比》，第 22 页。

求援助”读成“奈斯泰耳依努”，有的部落，如艾赛德部落则读作齐齿音符“尼斯泰耳依努”。

当然，还有其他各种差别。如有的部落把“那些”读作“乌俩里克”。有的部落把“我害羞”读作“依斯泰哈耶依突”，有的则读作“依斯泰哈依突”。有的部落把“嘲弄者”的复数读作“穆斯泰赫齐乌奈”，有的则读成“穆斯泰赫祖奈”。有的把“完成”、“抛”、“掷”等字的词尾由“艾利夫”写成“亚乌”。有的把类似动词的虚词的述语读成合口音符（主格），有的读成开口音符（宾格）。有的把“快到我们这里来！”这句话用复数形式表达，有的则无论是单数、双数还是复数都只用单数表示。有的把“霹雳”读作“萨耳格”，有的读成“萨格耳”。有的把“公黄牛”和“枣椰林”当成阴性名词，有的则算作阳性。凡此种种，不一而足。

部落之间的这种语言上的差别日趋严重，如汉志的阿德南部落和也门的盖哈坦部落的语言不仅是词义不同，而且词的结构也不完全一样，以至于艾布·阿慕尔·本·阿拉说：“希姆叶尔语和也门最边远地区的语言与我们的语言不同，他们的阿拉伯语也与我们的阿拉伯语不一样。”伊本·精尼说：“希姆叶尔等地的语言与阿德南人和盖哈坦人的语言相差甚远，对此我们毫不怀疑。有一天，我去看艾布·阿里（愿真主怜悯他），他对我说：你到哪里去了，我在找你呢。我说：何事？他说：你对阿拉伯人的‘好里特’一字的词形如何分析？[①] 我与他一起研究良久，终不得要领。艾布·阿

① 词典将“好里特”一词解释为一带着乳婴的母亲的名字。因该字的词形奇特，故艾布·阿里想加以研究。

里便说：这是也门的一种方言，跟盖哈坦人和阿德南人的语言不同，故不必奇怪。”[①]这种语言上的差别也可能很小，如原是同宗的两个相邻部落的语言就没有什么不同。

语言上的这种差别所引起的后果之一，便是对《古兰经》的不同读法，即阿拉伯人根据各自的语音、语调诵读《古兰经》。伊本·阿拔斯说：“《古兰经》以七种语言降世。其中五种是赫瓦齐奈部落的语言，他们均属于上赫瓦齐奈，共有四五个部落，其中有赛阿德·本·白克尔部落、捷什姆·本·白克尔部落、奈苏尔·本·穆阿威亚部落和赛基夫部落。”[②]由此看来，《古兰经》的读法可以从这方面进行研究，即不同的读法表明阿拉伯各部落的语音、语调上的区别。

这种差别也是造成阿拉伯语同义词多的最重要的原因。一个部落给某件物品起了一个名字，另一个部落则给了它另一种叫法，这类例子很多，如“苏凯尔”（糖）这个字，也门话叫做“米卜莱特”。

这样一来，同义词多得惊人。如“蜂蜜”一词有几十种叫法，“剑”有五十个名称，致使有人编写了一部名叫《重名字典》。[③] 大量同义词的出现，带来了利弊参半的结果。它的好处是，使诗人能写出有韵脚的长诗，如没有可供选择的大量同义词就不容易做到这一点。此外，同义词还是作家修辞择句、雄辩家施展口才的得力工具。他们用这些同义词可以写出合辙押韵、优美华丽的诗句，可以找到在不同场合表达各种感情的心声。但从另一方面讲，这么

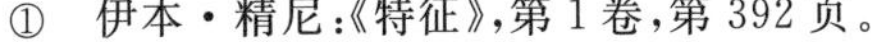

① 伊本·精尼：《特征》，第1卷，第392页。

② 《华枝集》，第1卷，第104页。

③ 参看《华枝集》，第1卷，第194页及以下。

多的同义词又使语言过于庞大，致使精通语言成为可望而不可即之事。众多的同义词挤在一起使人眼花缭乱，不知所云。对于每个部落来讲是无可指责的，因为它只用一两个词来表达一个意思，但收集语言的人则要把各个部落或大部分部落的各种词汇全部汇总起来，供人们使用。要知道，同义词过多与过少都是有害的。

*　　　　*　　　　*

这些阿拉伯部落的语言并不都是很地道的，有些部落的语言就比另外一些部落的语言地道、规范。各部落的语言也不都是很纯正的，有些部落因没有同异族人混同而保持了阿拉伯语的纯正。因此，当学者们收集语言时就要调查研究，进行选择，最终抛弃了希姆叶尔语，因为该语言几乎是唯一与木达尔语[①]不同的语言。加之希姆叶尔人同埃塞俄比亚人、犹太人、波斯人都有交往，其语言十分混杂。学者们也不选用那些居住在边界上，与埃及、叙利亚、波斯和印度为邻的部落的语言，如莱赫米、久扎姆、古达阿、盖萨尼和台赫利布等部落的语言。同样也没选用哈尼发人、叶玛麦人、赛基夫人、塔伊夫人的语言。因为这些人是与在该地居住的也门商人杂居在一起的。此外，学者们也没选用那些语言不纯正的定居人的语言。

学者们说："向之学习、仿效并引用其阿拉伯语的部落有：盖伊斯、台米姆、艾赛德、呼宰勒，以及部分卡拿奈人和部分塔伊夫人。其他部落的语言均未选用。"[②]艾布·阿慕尔·本·阿拉说："语言

---

① 北部阿拉伯人的语言。——译者

② 参看《华枝集》，第1卷，第104—105页。

最地道的阿拉伯人为上赫瓦齐奈部落和下台米姆部落。”①语言学家之所以选用那些保持了阿拉伯语的纯正，并在与其他民族交往中没有使语言受到损害的阿拉伯人所使用的阿拉伯语，伊本·精尼在《不向定居人而向游牧入学习》一章中做了解释，他说：“城市的语言和定居人的语言都受到语言混杂之害。如果有某城市的居民，其语言地道并保持了该地语言的纯正的话，就应像学习游牧人的语言一样学习他们的语言。同样，如果游牧人的语言也像定居人的语言那样因受到语言混杂的影响而变得不地道的话，也应拒绝使用，就连已经学到的也应舍弃。”②

学者们认为，古莱氏人是语言最地道的阿拉伯人。他们说：“我们这些研究阿拉伯人语言、诗歌和历史的学者一致认为古莱氏人是最富有口才、语言最纯正的阿拉伯人。”

但有的学者对此持怀疑态度，因为古莱氏人原定居在麦加及其周围，从事贸易活动，而经商会损害语言的纯正。当年，对也门人也是这样责难的。其次，穆圣是在赛阿德·本·白克尔·本·赫瓦齐奈部落，而不是在古莱氏部落长大的，他喝的是赛阿德人的奶水，他那能言善辩的口才也是从赛阿德人那里学来的。在穆罕

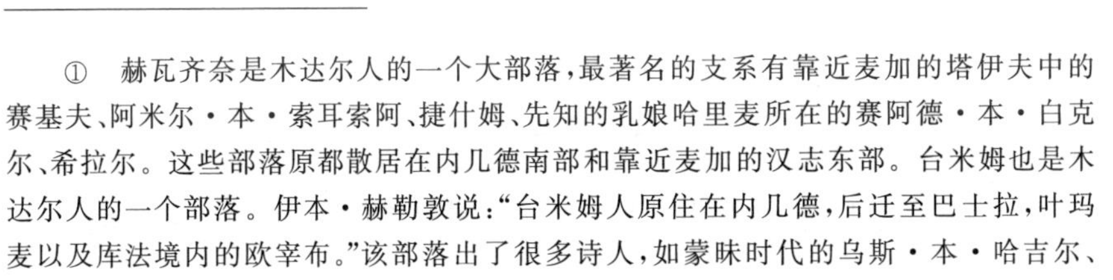

① 赫瓦齐奈是木达尔人的一个大部落，最著名的支系有靠近麦加的塔伊夫中的赛基夫、阿米尔·本·索耳索阿、捷什姆、先知的乳娘哈里麦所在的赛阿德·本·白克尔、希拉尔。这些部落原都散居在内几德南部和靠近麦加的汉志东部。台米姆也是木达尔人的一个部落。伊本·赫勒敦说：“台米姆人原住在内几德，后迁至巴士拉，叶玛麦以及库法境内的欧宰布。”该部落出了很多诗人，如蒙昧时代的乌斯·本·哈吉尔、赛拉麦·本·君达勒和尔代·本·塔比布。伊斯兰时代的捷里尔和法莱兹达格，以及两位著名的短长格诗人欧加吉和他的儿子鲁阿拜。

② 《特征》，第1卷，第405页。

默德时代，很多古莱氏少年都要送到赛阿德人处学习语言和辩才。因此，这些学者认为“古莱氏人的语言最地道”的说法是为抬高古莱氏人在语言中的地位而杜撰的，因为穆圣是古莱氏人。[①]

在笔者看来，保持语言纯正，不受外来语影响与口齿伶俐、能言善辩是两回事。就其语言地道、纯正来说，赛阿德人的语言要比古莱氏人的语言更地道、更纯正。因为他们是游牧人，没有从事过商业性贸易，也没有那种人种混杂现象。而古莱氏人却与此相反，他们是定居人，而且很多古莱氏人都曾在叙利亚、埃及等地经商，与当地人打交道、听当地人讲话。因此，从语言地道、纯正的程度来讲，古莱氏人与其他民族杂居的部落是一样的。但从口才上讲，古莱氏人个个都是雄辩家，人人都有一张利口。我们说的口才，是指表情达意的能力。直到伊斯兰时代，古莱氏人仍以能言善辩著称。此外，古莱氏人还有表达细腻、善择词语的特点。当时，如有外地的阿拉伯人到麦加赶集或朝觐，古莱氏人便向他们学习诗歌和语言。对此，法拉比在他的处女作《词汇与字母》一书中做了最恰切的描述，他说：“古莱氏人是最善于选择最简明、最易上口、最动听而又最能表达内心情感的词句的阿拉伯人。”[②]如果说古莱氏人以能言善辩超群，那赛阿德人则以语言地道、纯正出众，先知集此两大特点于一身。圣训云：“吾乃最善言词的阿拉伯人，但吾是古莱氏人，在赛阿德·本·白克尔部落长大。”

伊斯兰教以前的阿拉伯半岛，特别是半岛中部的居民很少与

① 参看《莱恩字典》绪言。

② 《华枝集》，第1卷，第104页。

外界发生联系。因此，当伊斯兰教问世并向外扩张时，阿拉伯语从两个方面受到了影响。一方面，阿拉伯语流传到了埃及、叙利亚、伊拉克、波斯和信德等被征服的国家。这些国家的人民逐渐开始讲用阿拉伯语，最后，阿拉伯语取代了当地语，成为通用语，从而使讲阿拉伯语的人数倍于阿拉伯半岛上操阿拉伯语的阿拉伯人。

另一方面，阿拉伯语也从其他国家的语言中得到补益，吸取了营养。各国都有一些原不为阿拉伯人所知的词汇，如植物、动物、衣着的名称等，丰富了阿拉伯语。阿拉伯人吸收了这些词汇，并使其符合阿拉伯语的语言规范。早在蒙昧时代，阿拉伯人就采用了将外来语“阿拉伯化”的办法，如艾耳沙用“夏赫沙”一字表示“王中之王”的意思。乌姆鲁·盖斯用“赛坚捷勒”表示“镜子”。此外，阿拉伯商人在带回地毯、家具、衣服、各种蔬菜和各类家用物品的同时，也将这些器物的名称一起带了回来。

《古兰经》降世了。经文中也使用了一些阿拉伯化的单词，如姜、登记簿、甘泉等。圣训中也有一些阿拉伯化的外国词汇，如穆圣说：“你如拒绝，将有‘艾里斯’之罪。”“艾里斯”意为农民、耕者，叙利亚人称之为“艾卡尔”。伊斯兰教产生和进行对外扩张以后，外来语就更多了，阿拉伯征服者从波斯、伊拉克、叙利亚和埃及引进了一些植物、动物及家用物品的名称。动物有：水牛、鸭子、驮马、大象等等。植物有：辣椒、梨、桃、核桃、巴旦杏、水仙、玫瑰、素馨等等。药材有：桂皮、乳香等。香料有：麝香、龙涎香、檀香。服装有：衬衫、裤子、棉布、绸缎、绢、丝毛混纺织物。食品有：蜜制凉粉、粗粒小麦面、糖等。矿产有：铅、水银、石膏等。宝石有：祖母绿、宝石、绿松石等。器具有：弩炮、圆规、竖琴、笛子、琵琶、香水瓶、脸盆、盘子、水罐、杯子和攻击战船的武器"利加姆",等等,其种类、数量之多,无法数计。为此,还有很多专著问世。记录语言的阿拉伯语学者对其他国家的语言不甚精通,故将很多从外来语派生出来的词误认为是阿拉伯字。如"讲坛"一词,大概就是取自埃塞俄比亚语的"吾姆拜尔",意为"椅子"或"座位",但语言学家认为该词出自"奈拜尔"一词,意为"升高"之意。又如"伪善"一词,语言学家说是取自"纳菲高俄",意为"跳鼠的秘窟",但该字在埃塞俄比亚语里为"宗教上的异端"之意。再如"火炬"一词,在象形文字里是"灯"的意思。"先知"一词在象形文字里意为"一家之长"。①

如果要将某个词阿拉伯语化,通常是将该词变成阿拉伯语的某种词形,如"第纳尔"就是"第纳尔尤斯"(denarius)的阿拉伯化。对于那些在阿拉伯语里没有相同词形的外来语,则保持原词形不变,如"呼罗珊"、"易卜拉欣"、"砖"、"象棋"和"绢绸"等词。但也可做某些改变,尽管这种改变与阿拉伯语的词形并不一致,如"王中之王"(夏赫沙)一词的原词形为"沙哈尼·沙赫"。

阿拉伯语学者对这种做法有不同的看法。焦海里说:"阿拉伯化就是阿拉伯人按照阿拉伯语的特点讲外来语。"哈里里赞成这种说法,他在《采珠人的珍珠》一书中说:如果把"象棋"一词的第一个字母读成开口音符就错了。为了保持词形的一致,第一个字母应读成齐齿音符。他俩都认为,如果某个词的读法与阿拉伯语的词形不符,如"呼罗珊"、"砖"等词就不是阿拉伯语,而仍是外来语。

① 请看久尔吉·宰丹的《语言哲学》一书,艾玛尼斯的《区别》一书及马格里比的《派生和阿拉伯化》一书。

但是，西伯威和大多数语言学家则主张：阿拉伯化就是用阿拉伯语讲外国话，即使与阿拉伯语的词形不一致也没有关系。

当时，阿拉伯人如要将某个词变成阿拉伯语，就使该词符合阿拉伯语的规则及各种语法变化。如在名词前加上冠词便成为确指名词，正偏组合的正次、偏次，单数名词变双数、复数，动词变位、派生名词的变化等。如将"不信神的"这个形容词变成动词"不信神"，将"式样"这个名词变成动词"刺绣"、主动名词"刺绣者"和被动名词"刺绣品"，将"诗集"一词变成动词"记录"，将波斯人和埃及科普特人的"元旦"变成动词"过元旦"，将"辔头"变成动词、主动名词和词根等。他们还将货币名称"迪尔汗"一词当动词使用，将名词"弩炮"当成动词使用。

这种把外来语阿拉伯化的工作一直持续到阿拔斯时代，甚至非阿拉伯人也在从事这项工作。如伊本·穆加发在他的《卡里莱和迪木乃》一书中，就把"驯隼者"、"粪便"、"侍从"、"射手"等词阿拉伯化了。

查希兹在他的著作中也把一些外国词如"店铺"阿拉伯化了，而聂斯脱利派的基督教徒则把一些疾病名、植物名、治疗等外来语变成了阿拉伯语。

这就是阿拉伯语发展的一个重要原因。此外，还有另一个原因，即词义的变化，伊斯兰教赋予许多词汇以新的含义，如"信徒"、"穆斯林"、"礼拜"、"天课"、"下跪"、"叩首"等。这些蒙昧时代的词在伊斯兰教中的含义发生了变化。如"礼拜"一词原指"祈祷"，现变成了按照特定方式的动作。再如"天课"原意为"生长"，现变成了在一定情况下按某种方式缴纳钱财，等等。

各种新教派不断出现，如穆阿台及勒派、麦尔吉阿派、哈瓦立及派等。这些教派的名称都有它特定的含义。有些词的使用则是随着时代的发展而变化的，如“侍从”、“诗集”、“书记官”、“大臣”、“宰相”等。其中“维齐尔”一词原是对所有支持者的称谓，后来才专指“大臣”、“宰相”。又如“底瓦奈”一词原指记录士卒名字的花名册，后又指保存名册的机构，最后又赋予它以诗人写的诗的集合体——《诗集》这一新意，如《欧麦尔·本·艾比·赖比阿诗集》等。

有些词是因为某些典故的出现才被赋予新意的，如伊本·杜莱德在他写的《语汇大全》一书中说：“有的语言学家指出，‘加依宰’（奖品、奖金，原意为渡河人）一词是一个伊斯兰教产生后才有的新词。其出处是：‘一将军率兵与敌军隔河对峙。将军说：谁能过河，就给谁某种奖励。有个人真的过了河，便得到了一笔钱。’于是，渡河者就成了奖赏、奖金的代名词了。”

随着各种学术的出现，各个学科的术语也相继问世。大部分术语是学者们用阿拉伯语转意的，如“诗律”、“拜西特韵”、“麦底德韵”、“语法”、“主动名词”、“被动名词”、“逻辑”、“案件”、“主题”、“宾辞”、“教法要指”、“类比”、“抉择”等许多不为古代阿拉伯人所知的词义都成为阿拉伯语的组成部分，并被写入字典。

伊斯兰教的产生和对外扩张及其随之而来的文明是阿拉伯语广泛传播的一个原因。但是，另一方面也不可忽视，即伊斯兰教的对外扩张和文明的进步所带来的危害，如阿拉伯半岛成了外国人的云集之地。因为在正统哈里发时代，伊斯兰教的中心在麦地那，而全体穆斯林的朝觐地在麦加，故外国人蜂拥而至，时而为了朝觐，时而为了在都城办事。阿拉伯半岛上的阿拉伯人，因对外扩张而拥有大批的奴隶。这些奴隶与其主人同住汉志等地。故无论是在家中，在市场上，还是在教堂和清真寺里都出现了外国人与阿拉伯人混杂的现象。这给阿拉伯语带来了不良影响。外国人往往按其讲本族语的习惯讲阿拉伯语，因而发音不准、语法错误百出。其他地方也有这种情况：埃及的阿拉伯人同科普特人、叙利亚的阿拉伯人同叙利亚人、伊拉克的阿拉伯人同波斯人、奈巴特人都有种族混杂的情况，语法错误也开始出现。助长语法错误蔓延的原因之一是，阿拉伯语是一种有语法变化的语言，这种变化使阿拉伯语成为最难学的语言之一，并加速了对语言的损害。这种语法错误自古有之。相传，有人在先知面前就曾犯过语法错误，以至于先知说：教导一下你们的兄弟吧。还传说艾布·穆萨·艾什阿里的文书在写给欧麦尔的信中，把介词后面的名词写成主格（应为属格）。为此，欧麦尔写信给艾布·穆萨：请打你的文书一鞭子。相传，伊本·欧麦尔曾因语法错误而打过他的小儿子，就连沙漠中的游牧人也犯过这种语法错误。查希兹说：在沙漠中听到的第一个语法错误，是将指人的复数的指示代词用成指物的阴性单数。穆罕默德·本·赛阿德·本·艾比·瓦高缨也犯过一个语法错误。哈加吉·本·优素福有时也会犯语法错误。由于各民族的杂居交往，阿拔斯时代的语法错误比以前任何时候都要多。

所有这一切都促使学者们定出了语法规则，以保持阿拉伯语的纯洁性，这就是语法和语言学。

*　　　*　　　*

正如圣训学家收集圣训，教法学家记录直传弟子和再传弟子的言论及对教律的解释一样，也有人在收集语言。他们的任务是收集阿拉伯人讲的词汇并确定其含义。为此，学者们带着纸、笔跑到沙漠中去听、去写，沙漠中的阿拉伯人则来到城市供人们求教。但是，这些到各地或留在城市记录语言的学者们认为，尽管各个部落的语言在词汇、语言结构和语音上都有所不同，但他们的语言仍不失为一个统一的整体。故而，没有一个学者能准确地划出他的行走路线，记下他所到过的部落及他从该部落学到的词汇和方言；也没有学者将游牧人进城后向其学到的词汇和方言，以及该游牧人所属的部落记录在案。虽有人做过记录，但为数甚少，有如凤毛麟角，无法满足我们区分各部落语言的需要。

假若学者们做过记载，我们就能知道各部落使用的词汇和方言的特点，知道各同义词的出处，知道各部落所特有的词汇及其使用这些词汇的原因。研究人员也可以从中得出极有价值的结论。但是，学者们没有这样做，他们不顾各部落的差异，按照阿拉伯语是一个统一的语言的观点收集语言的。

读者也许会说，你的上述要求很容易做到，因为我们有很多诗人，这些诗人所隶属的部落，我们知道得一清二楚。如某某人是台米姆部落的诗人，某某人是古莱氏部落的诗人等。如果把每个部落的诗人的诗都集中起来，并对他们使用的语汇、词义和语言结构进行研究，就能够得出我们想要的结论。笔者要说：这种意见在某种程度上是对的，但也不尽然。因为诗只是语言的一个来源，而不是全部。各部落使用的很多词语并没有包括在诗人们写的诗句里，因为那不是诗的语言。单是诗歌本身，几乎就可以编写一部辞典。

但这给我们引出了另外一个问题，它是最难解决也是最需要研究的问题之一，即阿拉伯人的诗歌和文学使用的几乎是一种语言。但语言学家告诉我们：台米姆人、拜赫拉人、赖比阿人、赫瓦齐奈人等对某些字都有自己独特的发音。语言学家们列举了很多这类例子，并能找出一两句诗加以证明。但是，如果回过头来看看这些部落的诗，却见不到方言的痕迹，如我们读台米姆部落的诗人写的诗，见不到读音上的差别。读赖比阿部落的诗，也不存在读音上的问题。这是为什么呢？蒙昧时代的诗人和伊斯兰时代的诗人写的诗都是这样吗？

有人说，是传述诗的人按照标准的阿拉伯语改变了原诗的发音，如将原来读齐齿音符的字改读成开口音符等，在祖·鲁麦和伊本·豪麦的诗中确实有这种情况。

但是，这种说法并没有把问题解决，因为如果传述者要把诗人用方言写的诗改成普通话，诗的韵律就会受到破坏，如赖比阿部落和赫瓦齐奈部落的音都不好改变。鉴于这种情况，有些东方学者提出了一种假设，认为诗人有一种专门用来作诗的语言，不管各部落的方言如何不同，作诗时必须使用诗的语言。诗人平时讲话可用本部落的方言，但如要作诗，则要使用诗的通用语，就像今天讲阿拉伯语的埃及人、叙利亚人、伊拉克人和其他阿拉伯国家的人民一样，他们都有各自的方言，但在写文学作品和写诗时，用的都是标准的阿拉伯语。这是一种尚需研究的假设。也许伊本·精尼在《特征》一书中的说法更贴切一些："一个人如果能讲两种以上不同的方言，对他讲的话就应进行推敲。如果讲话中有两个字在使用上完全一样，那这两个字在该部落很可能就是一个意思，为的是满足诗人们写诗的需要。"①

总而言之，学者们是将阿拉伯语当成一个统一的语言来收集的。收集的来源很多，首先是《古兰经》，因为经中的词汇及其用法对语言学家来说是最正确的。拉格布·艾斯法哈尼说："《古兰经》的语言是阿拉伯人语言的精髓，是最地道、最纯正、最高尚的语言，是法学家进行裁决、哲学家道出格言的依据，是诗人和演说家吟诗咏文的宝库。除了《古兰经》的语言以及由之而演绎出来的词语之外，其余的阿拉伯语与之相比，就好像是果皮、果核与鲜美的果实，糠粕、草料与麦粒的关系一样。"②

《古兰经》的语言是语言学家确定词义的重要语言材料，是促使他们外出旅行、进行传述，以弄清词义的动力，也是使他们努力收集与之有关的每一个词汇，阐明其派生系列，并从中推演出其他词义的原因所在。比如，他们举出在《古兰经》里有"武加吉"一词："这是很甜的淡水，那是很苦的咸水"，因而确定"武加吉"是"极咸的"意思，并把该词与"艾吉及"（发光的）进行比较，说"公鸵鸟跑起来闪闪发光"等。语言学家还把《古兰经》中属于同一词根的各个词进行对照比较，以确定各词的词义及其相似之处。如对《古兰经》中的"法吉尔"一词进行了考证，发现该词有"开凿、放水、黎明、破晓、荒淫、佚乐、说谎"等意。《古兰经》云："我又使大地上的泉源涌出"、"誓以黎明与十夜"、"晨晓的拜功是值得纪念的"、"恶人们的记录，将在一本恶行簿中"、"不然，人们就会长此放荡下去"，等等。

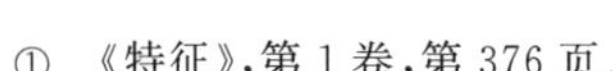

① 《特征》，第 1 卷，第 376 页。

② 拉格布的《词语》，第 3 页。

同时,蒙昧时代和伊斯兰时代的诗也是语言学家收集语言的一个来源。诗中有很多生僻的字,他们都一一加以研究。有时,诗中有些词句为另外一些词义做了注脚。

语言的另一个来源是听阿拉伯游牧人的谈话。为此,语言学家常常在沙漠中一待数载,跟游牧人生活在一起,与他们同吃共饮,把听到的一切都记录下来。听男人、妇女及青年人谈论骆驼、牧场、结婚、休妻等游牧人的各种事情,听后就加以传述和引用。这种做法在倭马亚时代和阿拔斯时代前期都很多,有关传说也很多。如艾斯麦伊说:我听见垛里耶[①]附近的少年在朗诵长短句的诗,便上步聆听忘其所欲,趋步近之录所闻。有一长者迎面走来问道:你在记录众顽童的嬉戏吗?

艾布·宰德说:我对欧尤奈的一百岁游牧老媪说:为何不去街市走走?老媪答:我羞于此。还有人说:我听见一游牧女对其女儿说:用手给我松松头。即用手挠头之意。[②]

用这种方法向阿拉伯人学到的东西虽然有限,但却准确无误。因为阿拉伯人是指着某物而说出该物的名称的,如指着人,说这是人;指着手,说这是手;指着眼睛,说这是眼睛,但有的词义则要靠上下文的关系才能弄清。如某人听到诗人说:"一旦灾难降临,人们争相援救"便知道诗中"宰莱法特"一字为"成群结队"的意思。但如果无限制地有闻必录就会出现问题,甚至连阿拉伯人自己都不知道是什么意思。如一次某游牧人听到"叶兰戴吉"这个词,便

---

① 垛里耶为巴士拉和麦加之间的一个小镇。

② 《华枝集》,第1卷,第68页及以下。

认为是"可纺的织物"，但实际上指的是"染色的皮革"。另一游牧人听到"叶莱布"一词，便以为指的是"最好的铁"，但实际上意为"皮革"。艾布·哈梯姆说：我问温姆·海伊赛姆：什么是愚蠢卑贱？答：弱者。问：你曾说过：卑贱者乃奴仆也。答：谁比奴仆更卑贱呢？如果连阿拉伯游牧人自己都这样词义不分，那对住在游牧人当中的语言学家又该当如何呢？毫无疑问，错误是难免的。很明显，这是语言书籍中对词义有不同解释的一个原因。比如，对"蛋壳"的解释有：蛋顶部的干燥表皮；或是雏鸡的出处；或蛋清所在的部位。又如"平坦广阔的大地"这个短语，有人说"大地"是该短语的名词。而艾布·欧拜德则说成"宽广辽阔的大地"。凡此种种，不一而足。总之，语言学家是根据他们从游牧人处所学到的知识对词义做出各种不同解释的。

《古兰经》、正确可信的阿拉伯诗歌以及阿拉伯人的口头语言是收集语言的主要来源。在首批收集语言的学者过世之后，收集他们的语言就成了语言的另一个来源，即将各种学者从上述来源所传述的材料搜集到一起。如他们说：某人口授我们……法拉说：我听基萨伊说，他听到过"给我一些喝的吧！"，这里指的是水。阿卜杜·拉赫曼传述说，我叔叔艾斯麦伊对我说：我听见一游牧人正为一男子祝福：安拉使你免受最痛苦的两件事（指贫穷和赤身）。学者也可能向书本学习。伊本·安巴里说：我在父亲的书中发现艾哈迈德·本·欧拜德讲艾布·奈斯尔的事。艾斯麦伊说："捷赖勒"一词只与"小的，容易的"连用，而不与"伟大的"并列等。[①]

① 参看《华枝集》，第1卷，第71页及以下。

这就是语言丰富的原因，因为每个学者都把他听到的、知道的收集起来，而每个学者听到的、知道的内容并不一致，继一批学者之后，新一代学者则把分散在老一辈学者手中的材料汇总起来。因此，年轻的一代掌握的知识总比他们的前辈多，其情形与圣训学家并无二致。每个直传弟子都知道一些圣训，再传弟子则听到很多直传弟子的传述，至于三传弟子听到的圣训就更多了。直到有一批人到埃及、叙利亚和伊拉克将当地学者掌握的圣训收集起来。从此，我们才有了大批的圣训书。语言学家也像圣训学家一样，把收集到的语言做了分类。他们说："他口授给我们"比"我听说"好；"我听说"又比"他对我讲"强；而"他对我讲"又比"他告诉我"略好一些。

除此之外，语言都是从图书、典籍中收集的。

学者们在传述语言时，同传述圣训一样，先要提到传述依据。如赛阿莱布在他的《演讲录》（艾玛里）一书中说：艾布·白克尔·本·安巴里对我说，艾布·阿拔斯听伊本·艾阿拉比说：据说，如表示犯语法错误，应当用动词"赖哈奈"，其主动名词为"俩黑奈"。如表示"聪明、了解"之意则应用动词"赖希奈"，其主动名词是"俩希奈"。但是，语言学家没有像圣训学家那样坚持这一原则，故我们没有像《布哈里圣训实录》和《穆斯里姆圣训实录》那样的阐明传述系统的语言辞典，原因是语言比圣训广泛得多。如果对每个字、每个派生名词的传述系统都要弄清楚，辞典根本无法容纳。此外，除了《古兰经》的用语之外，语言不像圣训那样带有神圣的性质。

在对语言地道程度的划分上，也采用了圣训的分类方式。如圣训学家将圣训分成正确的、好的和差的几种。语言学家也将语言分成地道的、最地道的；好的、最好的；差的、被否定的和被淘汰的。他们说：《古兰经》中的语言比其他任何语言都地道、都纯正。如“践约”一字，用由四个字母组成的动词比用由三个字母组成的动词好，因为前者是《古兰经》用语。又如“笕口”（米兹拉布）一词是由“米扎布”变来的，不是规范词。“饥饿”一词本是减尾名词，有人将它改为延尾名词，与缺尾名词“高的”不同。表示“羊屈膝伏下”用“莱多白特”动词不妥，应用“莱白多特”。“我的眼睛流泪了”这句话中“流泪”（达米阿）一词的第二个字母用齐齿音符也不好。看来，语言学家们很重视语言的比较，认为某些表达方式要比另外一些表达方式好，而且对方言的接受也有选择。如语言学家认为各部落共同使用的词比只有一个部落使用的词要好，能按语法和词法变化的词就会被优先选用。某人对艾布·阿慕尔·本·阿拉说：告诉我，你所说的阿拉伯语，把阿拉伯人说的话都包括进去了吗？答：没有。问：你对那些阿拉伯人与你有歧义的词怎么办，他们可是权威啊？答：要看大多数人的意见，我把与我看法相左的字词都视为外来语，很多学者都引用的词比个人传述的词更正确。《词语大全》一书中有这样一句话：“艾斯麦伊说：一大片不毛之地！其中‘不毛’一词只有艾斯麦伊使用。”高里说：“赖哈亚尼说，有人用‘乌尔拜阿’表示‘盘腿而坐’，这种用法也属罕见，除他之外，没有第二个人用过”，等等。

语言学家也像圣训学家一样，对传述人褒贬不一。如对哈利勒·本·艾哈迈德和艾布·阿慕尔·本·阿拉采取褒的态度，而对古突鲁布则贬之。伊本·赛吉特说：我写了很多关于古突鲁布的书。后来才弄清他是个语言骗子，我便再没有提到他。但是，语言学家对传述人的查证不像圣训学家那样缜密、细致。

总之，收集到的语言并不都是同样可信，也不都是同样正确。在下列方面尚有可疑、紊乱、误谬之处：

一、有的语言学家并不是其传述内容的权威。哈利勒·本·艾哈迈德说过："有些阅历丰富的学者为了故弄玄虚，也许加进了一些不是阿拉伯人说的话。"[①]拉希基说："西伯威问我：你能举出半主动名词及物的例子吗？我便写了这句诗做答：'无害之事需警惕，命中注定放宽心'。"

哈利勒说："多赫叶德"（坚毅的人）一词是生造的，规范的语言里没有这个词。语言学家认为"安谢吉"（满脸皱纹、相貌丑陋的人）一词也是生造的。《词语大全》的"法依阿鲁勒"章中就有两个这类的生造词。这种例子很多，显示自己比别人高明、比别人懂得多，被人问住时又强不知以为知的虚荣心，以及在哈里发和王公大臣面前的激烈竞争是使某些学者杜撰新词的原因。

二、有的学者是从书本上学习语言的。当时，除了《古兰经》以外，其他书籍上的文字都是不标符号的，因而就出现了拼写错误。麦阿里说：拼写错误的根源在于人是通过书本、通过目睹，而不是通过听、通过耳闻来学习语言的。这样学就很容易出错。《华枝集》一书中说：很多著名的语言大师和圣训权威都犯过这种错误。以至于艾哈迈德教长说："谁没有错，谁没有犯过拼写错误？"[②]就连哈利勒和艾斯麦伊这样的语言泰斗也犯过拼写错误。

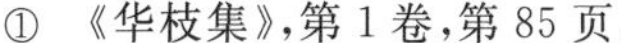

① 《华枝集》，第1卷，第85页。

② 《华枝集》，第2卷，第181页。

例如,"布阿斯之战"指的是发生在奥斯部落和赫兹莱吉部落之间的一场战争,但在《阿依努字典》中却成了"布高斯之战"。该字典因而受到指责,因为"布阿斯之战"是一场著名的战役。哈利勒犯此错误,实不应该。

阿加吉在形容一位贞节的妇人时说:"节妇贞操玉无瑕,难能可贵人人夸。"而艾布·欧拜德在拼写时却写错了其中的一个词。对于巴士拉人传述的艾阿沙的诗句"慷慨如伊拉克老人,端出甜水溢满盆",语言学家的解释是:伊拉克老人因是城里人,不知何处有水,故一旦得到水便将他的水池蓄满。而库法的女传述家、凯勒布部落的温姆·海赛姆则认为"水池"一词应为"河流",池水之所以不枯,因有河水补充。[①]

老百姓将谚语中的"基勒吉勒"(一种坚硬作物的果实)读作"夫勒夫勒(辣椒)"。艾斯麦伊说:"这是拼写错误,应读'基勒吉勒',这是一种果实最坚硬的作物。"

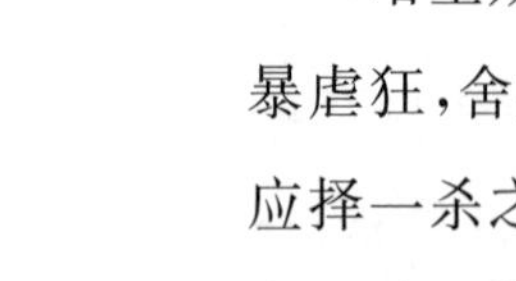

哈里斯·本·希利宰有一句表示"代人受过"的诗:"无端迫害暴虐狂,舍羚救羊理不当。"在蒙昧时代有一种说法:驼群增至百头应择一杀之,但当群羊增至百头后又舍不得宰杀了,便捕杀羚羊代之。哈里斯认为有人暴虐凶残,杀害无辜,如同让羚羊替绵羊送死一样。有人把"被宰杀"一词的最后一个字母读作"拉吾",但艾斯麦伊读成"扎尤"意为用"短矛宰杀"。学者们认为后者系拼写之误。圣训中有一句话:"将你们的孩子搂在怀里,直到黑暗逝去。"艾布·阿慕尔·本·阿拉将"搂抱"一词的读法与尔萨·本·欧麦

① 参看《语音大全》,第一部分。

尔的读法不同。双方都指责对方拼写错了。

语言上的这类错误很多。有的错误已被发现，已为人们所知，有的错误尚不为人知晓，故而使人对有些字词产生怀疑。如《字典》说“盖勒斯”和“阿勒斯”的词义相同，但笔者认为两词当中必有一个字为拼写错误，此为传抄之误。

三、对有些字无法确定字义。正如读者所见，耳闻的字词很多，听者只闻其声，不见其人，不能靠动作判断字义，只能凭语序领会。因此，理解有异，词意难同。如一阿拉伯人说：“今年这里没有下雨”，有人把“雨水”一词解释成“一滴雨水”，有人则解释为“打雷”。诗歌也有这种情况，对一些生僻字词的解释也是各执一词，莫衷一是。有的有自己的见解，有的则靠上下文来猜测。

四、有些字词来自一些佯称为蒙昧时代或伊斯兰时代的诗句。其实，这些诗句都是赫莱夫和哈马德一类诗人杜撰的。

五、语言学家在考证字词的来源，如说某些字词取自波斯或罗马等其他国家的文字时遇到了麻烦。因为他们对周围国家的语言知之甚少。对象形文字、埃塞俄比亚文、古叙利亚文、希腊文、希姆叶尔文和萨巴文均无人精通。故对字源及词的派生系列无法说出中的之语。因此，他们编写的字典错误颇多。声称某词是希伯来文、某词是古叙利亚文、某词是阿拉伯文，实际上全不对。又说某些词是从某词派生的等，其实根本不是那么回事。

六、伊本·安巴里提出字词分为两类：连续使用的字词和少数人使用的字词。前者指《古兰经》的语言，指被连续使用的圣训和阿拉伯人常说的话。这类语言对学术是绝对有益的。后者指的是少数语言学家自己引用的语言，不具备连续使用的条件。与其他字词相比，经训中的语言只是少数，很多字词都不是由那些使用经训语言的人引用的。“充其量只能说是由哈利勒、艾布·阿慕尔和艾斯麦伊等人传述的。毫无疑问，这些人并非圣贤，怎能无过。”[①]因而很多字词都有疑点，不十分可靠。

由此，我们可以看出，有些字词是绝对正确的，如《古兰经》一类的文字；有些是不大正确的，如《古兰经》以外的文字。尽管如此，我们不妨可以这样认为：在语言问题上，只要大家认可，即使是杜撰的字词也可以使用。除经训之外，其他文字并非神圣得不能加以修改，各个民族都有其选择、淘汰、补充以至于创造各自字词的自由。

*　　*　　*

语言的搜集经历了三个阶段：

第一个阶段：广采博纳，见词就收。语言学家到沙漠中去，听到有关雨、有关剑、有关农作物或植物的名称，听到对少年或老人的描述等，均按听到的先后顺序一一记录在案。就像当年圣训学家收集圣训一样，听到一条，记下一条。有关小净、交易和遗产等方面的圣训都杂乱无章地记在一起。这一点可从收集语言的首批学者的传述或对字词的解释中看得出来。

第二个阶段：分类整理，将搜集到的有关某个问题的字词集中在一起。如同圣训学家将有关“礼拜”的圣训收集在一起，称为《礼拜书》，将做买卖的圣训集中在一起，称为《交易书》一样。马立克的《圣训易读》就是按这种方式写的。看来，促使语言学家也这样

---

① 参看法赫里·拉齐的《收获》一书。《华枝集》，第 1 卷，第 57 页及以下。

做的原因是：他们看到很多词义相近的词，便想确定每个词的含义，这就要把这些字词先集中在一起。让我们以艾斯麦伊为例，他说："关于马的声音有马嘶、喷响鼻和喉部痰声。马嘶是从口腔发出的声音；喷响鼻是从两个鼻孔发出的声音：痰声则出自胸腔。"艾斯麦伊还说："海特勒"和"海突勒"都表示雨，但前者的雨量较后者小。此外，有些字词的词意都很相近，语言学家便想准确地确定每个词的含义。如基萨伊说："'啃'用于马，而'嚼'则用于人。"又如"'盖布督'指的是用指尖抓住，'盖拜都'则指用整个手掌握住"；"'盖德'指长度，指人的身材，而'盖突'则指宽度。"等等。有的词具有多种含义，语言学家都一一做出解释，如艾斯麦伊说："'阿依努'意为迪尔汗和第纳尔货币，也有阴雨绵绵的意思，也可解释为'人的眼睛'、'井口'、'秤星'，此外，还有'毒眼'的意思，即甲妒嫉乙，便以毒眼咒之。"这种对字词的解释只是将字词进行分类的初步尝试，所做的工作既不充分，也不彻底，仅是一些断想和零散的例子。

这个阶段的工作以一些专题著作的问世而达到高潮。艾布·宰德写了一本关于"雨"的书、一本关于"奶"的书。艾斯麦伊写了很多小册子，每册一个主题。如《椰树和葡萄》、《羊》、《骆驼》、《兽名录》、《马》、《植物和树》等。

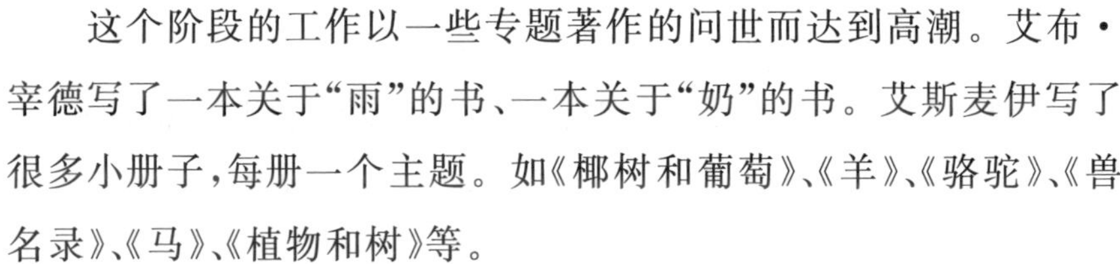

为说明这些书的性质，我们以艾斯麦伊写的《椰树和葡萄》一书为例。他在书中写道："椰树的幼苗有'捷西司'，它是从母树根部长出的第一棵树苗。'捷西司'因长出时间的不同又分别称作'瓦迪尤'、'希拉武'和'法西勒'。幼苗如果长在树干而不是根部则为次苗，阿拉伯人称之为'树上飞'。从母树根部砍下的幼苗叫根苗。移植树苗时需打一口井。树苗移好后,周围要施牲畜肥并灌溉……”①

第三个阶段:按照一定的体例,编纂一部包括阿拉伯语所有词汇的辞典,供人们查找词义时参考。

据我们所知,第一个有此想法的人是哈利勒·本·艾哈迈德。他打算将其所知的阿拉伯人的语汇按顺序搜集在一部书里。这样做有两个困难,一是如何限定词汇的数量,二是如何进行编排。

对第一个问题,哈利勒是这样解决的:他发现阿拉伯语的字词分别由二至五个字母组成,即构成每个词的基本字母不超过五个。哈利勒还发现,由两个字母组成的词的总数可以用下列方法限定:假设第一个字母是“艾利夫”,第二个字母是“巴乌”或“塔乌”等,如用第一字母乘以 27(阿拉伯语共有 28 个字母),就可以知道以第一个字母开头的两个字母可以组成多少个字了。然后再用第二个字母乘以 26,第三个字母乘以 25,依此类推,最后,将所有数字的总和乘以 2,便解决了将两个字母位置颠倒后组成新字的问题,这个数字就是由两个字母组成的字词的总数。

但是,这种计算方法把由两个相同字母组成的字词漏掉了。

哈利勒对由三个字母组成的字词的总数也进行了推算:把前两个字母先当成一个字母看,然后依次与 26、25、24……相乘,再将所得数字的总和乘以 6(三个字母的不同排列组合数),对由四个字母和五个字母组成的字词数也依此法进行推算。

这样,哈利勒就把理论上可能存在的全部字词数都限定出来

① 下面七行皆是有关椰树生长情况的术语,略去未译。——译者

了。然后，再说明哪些词是不用的，哪些词是用的。不用的词系指阿拉伯人没有说过及没有特殊含义的词，如“阿多赫”一词与“赫多阿”（顺从、屈服）同义，但却无人使用。凡不用的词，哈利勒都一一注明；凡有用的词，均阐明其意。

第二个问题：我们看到哈利勒是按照顺序编排字词的，但不是按照众所周知的以“艾利夫”开始，以“呀乌”结束的字母顺序，而是按照字母的发音部位排列的。

哈利勒将他的著作称为《阿因书》，即以该字典的第一个字母“阿依努”命名的。正如艾布·泰玛姆把他的著作称为《坚贞诗集》一样，因为坚贞一词是该诗集的第一章。

字母的这种排列顺序是从字母的发音部位考虑的。先以喉音开始，接着是上颚音，然后是臼齿音、唇音，而将柔弱字母，即半元音字母排在最后。

哈利勒以喉音字母“阿依努”为该字典的第一个字母。他认为该字母是喉音字母中发音部位最靠后的字母。但实际上并非如此，后喉音字母是“海姆宰”，其次是“哈乌”。

据传，哈利勒曾说过：我之所以不以“海姆宰”为本字典的第一个字母，是因为该字母的书写复杂、变化多端。我之所以不以“哈乌”字母为始，因为它是清辅音字母，声音太小，故降至第二发音部位区求之。该区有“阿依努”及其清辅音两个字母，我发现其中的“阿依努”字母的发音部位更深、音色更响亮。

《伊斯兰大百科全书》称哈利勒是遵照梵文语法学家的排列法编排字母顺序的，他们以喉音字母始，以唇音字母终。

很多权威人士对这部字典的作者持有疑问，有人说：该字典是出生在呼罗珊的莱斯·本·穆扎法尔·本·奈斯尔·本·赛亚尔的作品。相传,伊本·穆阿泰齐说过,哈利勒与莱斯交往甚密。哈利勒编纂字典时,莱斯很感兴趣,竟将半部字典背记下来。哈利勒死后,字典被焚,莱斯手中没有第二份手稿,他便将其背记内容口授出来,并聚集了一些学者按照原字典的编排体例,续编了字典的后半部。[①]

根据语言学家艾布·塔伊布的说法,哈利勒已将字典编完,但未来得及加注释便去世了。伊本·拉赫瓦耶却持另一种说法:哈利勒只完成了该字典的一章。莱斯为使哈利勒名留后世,便替他编写了其余部分。莱斯出于对哈利勒的热爱,便以哈利勒自称。如书中写道:哈利勒·本·艾哈迈德说,即指哈利勒本人。如只说"哈利勒说",那就是指他自己。因此,书中凡指"哈利勒"的地方,都是莱斯,而不是哈利勒本人的手笔。

奈瓦威说:记在哈利勒名下的《阿因书》一书,是莱斯替其收集的。

伊本·精尼在《特征》一书中说:《阿因书》一书的体例及书中的错误、缺欠不应算在哈利勒的最小弟子身上。艾布·阿里·高里说:"当《阿因书》在艾布·哈梯姆时代自呼罗珊问世时,艾布·哈梯姆和他的朋友们都极力加以否认。如果该字典确为哈利勒所编,他的朋友定会为他说话的。他们的名气比一个无名之辈大得多。再者,哈利勒死了很久以后,《阿因书》才于伊斯兰历 205 年左右,艾布·哈梯姆在世时问世,而且没有引起学者们的注意。能证

① 雅古特:《文学家辞典》。

明这部字典不是哈利勒的作品的证据是，书中所有的语法都是按库法派的主张解释的，这与西伯威引用的哈利勒的巴士拉学派的观点大相径庭，《阿因书》中的由四个字母和五个字母组成的动词从头到尾都弄混了。”

与此相反，艾布·阿拔斯·穆拜莱德则抬高《阿因书》的身价并加以传述，伊本·达尔斯特威也是如此。而艾布·易斯哈格·宰加吉所讲的阿拉伯语典故几乎都是引自该书。[①]

伊本·奈迪姆在《目录大全》一书中说：“我读了语法学家艾布·法塔赫的手迹……艾布·白克尔·本·杜莱德说，《阿因书》一书于伊斯兰历248年在巴士拉出现。该书是呼罗珊的一位纸商带来的，共四十八卷，以五十第纳尔的价格售出。”

不管怎么说，学者们几乎一致认为：按照上述方式搜集语言的想法是哈利勒·本·艾哈迈德提出的。尽管他们对哈利勒的作用，即该书是由他一人编纂，还是部分编纂，或者仅仅是提出了编书的设想上有不同的评价。

《阿因书》一书的缺点是：

一、因编排体例上的问题使用困难。正如读者所知，哈利勒是按照字母的发音部位编排序列的，实际上很难做到。因为这将三母（字母）叠音词和四母叠音词混淆在一起，扎比迪在该书的简本中列举了很多这类例子。

二、哈利勒每解释一个词，都要将组成该词的字母进行各种排列组合。这样，在查词时很难搞清哪个是本意词，哪个是“组

① 参看《华枝集》第1卷中对《阿因书》一书的评价。

合”词。

三、该书中有很多拼写错误。读者知道，当时的书写是不加点的，加之阿拉伯语字母的形状很相似，好几个字母的写法也很近似，这就使阿拉伯语及阿拉伯文著作经常会出现字母混淆的情况。在各种字典的编者中，《辞海》的作者费依鲁扎巴迪注意了这个问题，他不仅用笔来标写符号，而且还用文字加以说明。

总而言之，语言学家们列举出《阿因书》一书中的很多拼写错误，许多学者还著书加以纠正或补充。[①]

编纂字典的人一直沿用哈利勒的编排体例，直到伊斯兰历四世纪时，焦海里才发明了一种后来为《辞海》和《阿拉伯大辞书》等字典所采用的形式。对此，我们将在以后加以说明。

这就是收集语言的三个自然阶段：收集一切遇到的词汇；收集近义词，进行分类整理；编纂字典。这三个阶段相互自然衔接。只是编字典的想法是哈利勒提出的，他比对同义词进行分类整理的艾布·宰德和艾斯麦伊的年龄都大。但他们三个人还是同代了很长时间，其生卒年代分别为：哈利勒（伊斯兰历100—175年）、艾斯麦伊（伊斯兰历122—213年）、艾布·宰德卒于伊斯兰历215年，享年九十多岁。也许艾斯麦伊和艾布·宰德是最先编辑词汇的。根据大多数考证家的意见，哈利勒只是提出了编字典的设想，与其年代相近的艾斯麦伊和艾布·宰德都没能将该设想付诸实践。因为哈利勒的设想是当时认识上的一次

---

① 书中所列举的七个例子及其他多处出现的阿文字词，由于印刷上的困难，均略去未译。——译者

飞跃，是带有预见性的。故只有在他之后，在艾斯麦伊和艾布·宰德之后的人才能实践这一设想。这也说明循序渐进的思想是正确的、合乎情理的。

尽管如此，不论是哈利勒，还是后来的字典学家都无法将阿拉伯语的所有字词都收集起来，也不能对收集到的字词的词义进行仔细考证。蒙昧时代和伊斯兰时代的诗歌中的很多字词的用法与字典中的解释就不尽一致，便是证明。

*　　*　　*

我们讲的有关语言的一切都适用于文学。语言与文学是密不可分的，就像每个部落都有自己的语言一样，每个部落也有自己的文学。各个部落的演说家和诗人都是用本部落的语言发表演说、朗诵诗歌的。后也是通过文学作品铭记先辈们的业绩的。

那些到沙漠中向游牧人求教，或者是游牧人主动找上门来向其传授语言知识的学者们，正如他们向阿拉伯人学习语言那样，也向阿拉伯人学习文学，有时也从文学作品中学习语言。艾斯麦伊说："我在希玛·朵里耶时，一个衣衫褴褛的艾赛德少年站在我面前。我看他识不了几个字，便问道：你叫什么名字？答：侯莱依格苏（意为小跳蚤）。问：怎么，你家人叫你'哈尔古索'（跳蚤之类的小虫）还不成吗？为什么还要这样作践自己，叫什么小跳蚤？答：不要看它小，一个火星儿还可以烧毁整个树林呢！问：你能朗诵一些你们部落的诗吗？答：可以。给你朗诵我们麦拉里的诗吧。我说：朗诵吧。于是少年开始吟诗。"

先住舒柏萨，又住艾哈萨，如今在那里只有祖布亚纳。

如果有人问，他们来了怎不走，就连马匹也宰杀，可知慷慨人，脱下死人身上衣，用来补起穷人褂。

艾斯麦伊还说，有一次，一个来自穆哈利比娅土生土长的女人，她是一个风趣幽默的半老徐娘，给我吟诵道：

我想追寻爱，身后众情郎，亏得腿脚快，逃回匆匆忙。

情郎未曾娶，仍着旧衣装。咂咂口中水，从未把爱尝。

学者们到各部落去学习诗歌。据说，沙斐仪在沙漠中背记了胡宰勒部落的上万句诗，而且对诗句能进行语法分析，对诗意及生涩的词句能作出解释。沙斐仪还传授沙法里的诗。包括艾斯麦伊在内的很多学者都曾向他学习过。学者们还传述了游牧人的故事、神话和历史。艾斯麦伊在这方面最为突出，他在文学书籍中塞满了游牧人讲述的东西。在高里的《口授录》里也有很多这类内容。总之，老一辈的学者都曾学过文学，有的是为自己，有的则出于对语言的考虑，因为文学是由语言组成的，文学是语言珍品的宝库。

正如语言有正确和杜撰的一样，文学作品也有真伪之分。穆罕默德·本·赛拉姆·久麦希在《诗人传记》一书中说："诗中的赝品很多，这些作品既不引人入胜，又无谚语可学；没有精彩的赞词，也无辛辣的讽刺；没有令人钦羡的荣耀，也无动人心弦的恋歌，有的只是些从书本上抄来抄去的陈词滥调。他们既不向游牧人学习，也不向学者请教。如果学者和正确的传述内容都站出来说话，都去戳穿那些杜撰者们的把戏，就没有人会去读那些伪作了，更没有人会去传述它了。正如对任何事情都有不同的看法一样，学者们对有些诗也有不同的评价。凡学者们一致肯定的诗，就没有人反对。如同其他学科和技艺一样，诗歌也有自己的特点和技巧。”①

除了经训之外，其他传述的文学作品都有些疑点，其原因在谈语言问题时大都提到了。

正如语言有拼写、读音上的错误一样，文学也有这类问题。如艾斯麦伊就把侯忒埃的一句诗写错了，将原诗的“有牛奶的人”写成了“不慢怠”、将“在夏天”写成“对客人”、将“有椰枣的人”写成“你命令”，结果使原诗的面目皆非。原诗为：你骗我，说什么夏天时你的牛奶多，椰枣也多。错写的诗是：你骗我，说什么你不慢怠客人，你命人速速款待。

艾赫法什将诗中的“他的脊背”读成了“头皮”，这类例子很多。

此外，有很多诗句在传述时走了样。如艾布·阿慕尔传述了这样一句诗：

心儿在呼唤，心儿让我爱她。
我听从这心声的呼喊，
但不知这样做是否理智？

而艾斯麦伊却传述为：

心儿让我不要爱她，
我遵命，
但不知这样做是否合乎理性？

当你读伊本·安巴里对《穆方达理诗集》的解释时，就会发现

① 这段话的开头部分是《华枝集》，第1卷，第85页引用的伊本·赛拉姆的原话。但我们手中的伊本·赛拉姆的版本却以“诗歌也有它的技巧……”开始的。

几乎没有一首诗不是有多种传述的：不是增删词句，就是字词移位，或者干脆改词换句。让我们来举例说明，有这样一句诗：

祖乃白割断密友之情，

忠诚、信义陷在痛苦中。

有人却传述为"忠诚并不痛苦"，有的传述为"痛在忠诚中"。

泰艾拜特·沙兰的一句由十个字词组成的诗，竟有六处被人作了不同的传述。如将"好指责的人"传述为"好争辩的人"，将"遗弃朋友的人"传述为"欢快的人"，将"好挑剔的人"传述为"粘住"。有人用"被燃烧"代替"使燃烧"、还有人将夸张名词的"申斥者"传述为主动名词"女申斥人"、有人将"使燃烧"传述为"撕破"[①]等。只要你一打开书，每一页上都有这种错误。

造成这种状况的原因很多，最主要的是：蒙昧时代和伊斯兰时代的文学长期以来都是靠传述者口头相传的。只凭记忆而无文字记载，记错及张冠李戴的现象便时有发生。如有的传述者在传述时更改了一个字；另一个传述者在传述时更改的是另外一个字；而有的则是原文照传，无一更改，而学者们则将这些传述者传述的内容都一一引用，这样矛盾和分歧就出现了。另一个原因已有前述，即学者们有时是向书本学习的，当时书本上的文字没有标符号，甚至字母也没有用不同位置的点加以区分。于是，每人只好根据自己的能力和理解去读了，进而又根据自己的读法解释词义，这样一来，对同一句诗，因传述依据不同，学者之间的争论便时有发生。

*　　　*　　　*

① 伊本·安巴里对《穆方达理诗集》的注释，第 18 页。

学者们在记录文学时，采取了一种不同于收集语言的做法。对语言的做法是：收集、考证，最后编纂一部完整的字典。对文学采用的则是选择法。他们不想把每个部落的文学作品都记录成册，也不打算像编纂字典那样创出一种收集文学作品的新路。其原因也许是即使想去收集，又谈何容易，因为一个人或几个人是无法胜任这一工作的。如果真的去收集，那非达数百卷之巨不可。如果只收集一个诗人的作品还比较好办，但要把所有的诗和散文都收集起来，就不是一件轻而易举的事了。鉴于文学是一种艺术，而艺术家通常都喜欢最精美的画面，无须一一罗列展现。据传，哈利勒曾想用他收集语言的做法去收集诗歌。伊本·安巴里说："哈利勒是第一个限定阿拉伯诗歌范围的人。"[①]但我们没有这方面的材料。笔者不认为一个人能把所有的诗都收集起来，在笔者看来，伊本·安巴里的话是被人曲解了。伊本·奈迪姆说得对："哈利勒是第一个发明了诗词格律，并用之保护了阿拉伯诗歌的人。"[②]伊本·安巴里的说法只有按伊本·奈迪姆的解释才能成立，因为他说"哈利勒是第一个限定阿拉伯诗歌范围的人，他说过二行诗、三行诗等。"这后半段话便是我们结论的佐证。

总而言之，文学家们走的是编辑选集的道路。现有的最早诗集是：《穆方达理诗集》、《艾斯麦伊诗集》和《阿拉伯人诗歌集》。

《穆方达理诗集》是一部诗歌集。伊本·奈迪姆说："该诗集是为迈赫迪哈里发编辑的，共一百二十八首长诗。因传述来源不同，

① 伊本·安巴里的《文学家传记》。

② 伊本·奈迪姆：《目录大全》，第2卷。

篇数多少不一，编排顺序有异。正确的版本为伊本·艾耳拉比传述。”[1]现存的《穆方达理诗集》收集了六十七位诗人的一百二十六首诗。其中有六位诗人是伊斯兰时代的诗人，十四位是跨时代诗人，即他们的前半生是在蒙昧时代度过的，后来皈依了伊斯兰教，四十七位是蒙昧时代的诗人。

穆方达理传述的诗都是完整的，不是片断。艾布·泰玛姆收集的《坚贞诗集》也是如此，选的都是最优秀的长诗。不同的是，穆方达理的选材范围更广，他是从所有的诗歌里筛选出最优秀的长篇。这些诗都保留至今，艾布·穆罕默德·本·穆罕默德·本·拜沙尔·安巴里对这些诗的很有价值的注释也一并被保存下来。拉尔教授将该诗集译成了英文，并在前言中写下了他对该诗集的评论和研究成果。

《艾斯麦阿特》也是一部诗集。是由艾斯麦伊收集整理的。全集共收有七十七首长诗。有人说，艾斯麦伊本想以该诗集作为对《穆方达理诗集》的完善和补充。但也有人认为，我们手中的这部《穆方达理诗集》是经过艾斯麦伊的增补之后才成为这样的巨卷的。相传，穆罕默德·本·莱斯·艾斯巴哈尼说过：“艾布·阿克莱麦·朵比为我们口授了一部《穆方达理诗集》，共三十首诗。该诗集是为信士们的长官迈赫迪收集的。后来，这些诗被艾斯麦伊听到，遂将其增至一百二十首。”艾赫鲁尔特教授发表了这部诗集，并加有他对该诗集的评论和研究。

至于《阿拉伯人诗歌集》，则是由古莱氏人艾布·宰德·穆罕

---

① 伊本·奈迪姆：《目录大全》，第68页。

默德·本·艾比·赫塔布搜集成册的。此人是一个不知名的人物，卒于伊斯兰历170年，但其生平和身份不详。只是诗集中有这样的话：穆方达理·本·穆罕默德·朵比对我们谈过。如果此话属实，他应是穆方达理的学生。

《诗歌集》选的是蒙昧时代和跨时代的作品。诗集共分七个品级，每个品级有七种诗体：悬诗、格律诗，即格律考究、结构严谨的诗；精品诗，即精选诗；金诗，即值得用金字书写的诗；哀悼诗；杂诗，即多神教与伊斯兰教相杂其间的诗；史诗。编者想以这些名称来表示各种诗体的特点。[①] 这些名称的区别，正如读者所见是不确切、不严密的。用这种方式来划分诗歌的体裁，在当时，即在朵比和他的学生时代是没有先例的；加之对诗集的编者不甚了了，故尽管书中不乏有价值的东西，仍使我们对该书存有疑虑。

我们现有的最早的诗歌和散文集还有：查希兹的《修辞与阐释》、穆拜莱德的《诗文大全》。这两部书在《阿拉伯伊斯兰文化史》（黎明时期）里已有介绍。

在对语言和文学的收集工作进行到一定程度的时候，语法和词法学家也开始行动了。像法学家对经训中的律例、对直传弟子和再传弟子对教法的解释做出哲学上的说明，像教义学家对信仰做出哲学阐述一样，他们对语言也进行哲学探讨。笔者很欣赏阿卜杜·赖忒夫·巴格达迪的论断："须知，语言学家只是把阿拉伯人讲的话原封不动地照搬过来。语法学家的任务则是在这些话上

① 参看《伊利亚特长诗》前言。

作文章，进行对照、比较。圣训学家和教法学家也是如此。圣训学家的工作是抄写全部圣训。而教法学家则要掌握这些圣训，在圣训上作文章，阐明圣训产生的原委、并用圣训对类似的案例进行类比。”①

实际上，语法学家，他们同时也是语言学家和文学家。因为当时这些学科尚未自成体系，每个学者只专一门学科是阿拔斯王朝前期以后的事。他们想总结出一些带有规律性的东西。如他们研究了“穆罕默德来了”、“阿里走了”、“他的容貌好看”等句子，就想把穆罕默德、阿里和容貌等字的最后一个字母的合口音符称为主格，把这些词叫做“主语”。这样，“主语为主格”的规则就产生了。词法也是这样制定的，他们在研究明文、开动脑筋、寻找规律、制定法则上做出了不寻常的努力。没有人知道，当时为总结出一条连今天的小学生都知道的语法规则要付出多少心血。

正如语言的搜集和记载起于伊拉克，教法（以其特殊的含义）也源于伊拉克一样，对语法和词法的研究也是从伊拉克开始的。与伊拉克相比，汉志和其他地区对语言和语法的贡献就不值一提了。艾斯麦伊说：“我在麦地那住了一段时间。除了有错误的和被篡改的诗之外没见到一首正确的诗歌。麦地那有一个叫伊本·达艾布的人，他经常杜撰诗歌、编造夜谈和阿拉伯人的谈话。他死后，其学问也随之而去，其传述也消失了。”“麦加有一个名叫伊

① 《华枝集》，第1卷，第30页。

本·君士坦丁的释奴，他懂得一些语法，写过一本一钱不值的书。”①

确实，与其他地方相比，伊拉克在创造学问和记载学术上是独占鳌头的。其原因是，伊拉克的居民是各开化民族的后裔，这些民族都有自己的学术和记载。当他们皈依伊斯兰教后，便按其祖先的模式从事阿拉伯学术活动、解决伊斯兰时代遇到的问题。这是指整个学术而言。至于语法学、词法学和语言学，异族人聚居的地区比阿拉伯人聚居的地区更需要。因为沙漠中的阿拉伯人和汉志人不需要语法，他们了解自己的语言，不用学习就能讲一口地道的阿拉伯语。如果说语法错误的出现是推动语法研究的动力，那错误的发源地自然该是非阿拉伯人聚居的地区。没有一个地区比伊拉克更具备这一条件，因为伊拉克除了有外国人聚居这一特点外，本身还有着广博、丰富的文化遗产。

不管怎样，类比，即教法中的类比，艾布·哈尼法在伊拉克的老师们所从事，并被艾布·哈尼法完善而又发展了的“类比”，对伊拉克的语言和语法的发展也起了很大的作用。但对“类比”在语言和语法上的运用，学者们分成赞成和反对两大派。如同艾布·哈尼法精通教法中的“类比”一样，哈利勒·本·艾哈迈德是一位精通语言和语法上的“类比”，并大量使用“类比”的类比学家。而艾斯麦伊则像圣训学家的大师们一样，是一个严守语言明文、不喜欢甚至反对使用“类比”的反对派。伊本·精尼对他俩的评价便是证明。他说：“哈利勒是该民族的首领，是揭开其学科中类比面纱的

① 《华枝集》，第2卷，第210页。

人。”他说：“艾斯麦伊是一个不热心于类比的人。”“他是一个以少思考、多传述、善记忆而知名的人。”[①]有件事可以印证伊本·精尼的评价，即哈利勒曾教过艾斯麦伊诗律。艾斯麦伊感到诗律太难学，哈利勒对他很失望，曾用“如果你无所作为，就干你力所能及的事吧”的诗来暗示他。

早在哈利勒之前，学者们就喜欢使用“类比”，就像在艾布·哈尼法之前就有人在教法上使用“类比”一样。人们说，伊本·艾比·易斯哈格·哈都莱米“是一个极力主张使用‘类比’的人”。[②]

正是这个为哈利勒所精通的“类比”创造了语法，并从几个方面发展了语言：

一、语法学家们制定的一些规则是用不完整的归纳法派生出来的。如他们听到一些动词，就定出如果过去式如何，那它的现在式和命令式就如何、它的主动名词和被动名词就如何的规则，但他们并没有听过所有的动词、所有的主动名词和被动名词。他们还说，“法阿勒”式的名词的破碎式复数为“艾夫阿勒”。更有甚者，连他们没有听过阿拉伯人讲过的词也要按照其规定的词形变。所有语言的复数都不是一个模式，故阿拉伯人将单数名词变复数的词形也是不同的。伊本·精尼说：“即使你没听过，难道也没见过单数名词变为不规则复数的例子吗？当你听到一个单数名词时，还不好意思按类似的例子将其变为复数吗？”他还说：“如果你听到‘瘦小’一字的过去式，而没听到过它的现在式，那你就可以毫不犹

① 《特征》，第 1 卷，第 366 页及以下。

② 伊本·安巴里：《文学家传记》，第 22 页。

豫地说出它的现在式。因为如果确实需要，人们早就会将各种过去式、现在式、主动名词、被动名词、词根、时空名词、单数、双数、复数以及张大名词和指小名词都演变出来了。”[①]

这是很重要的一点。因为它能使语法学家定出一般的规则，并可将不符合其规则的语法现象都视为例外。同时，它还大大地扩大了语言范围。我们并没有听过阿拉伯人把每个字的派生词都讲出来，我们是根据从这种不完整的归纳法得出的规则找出各个派生名词的。这样，语言就膨胀起来了，不完备的地方也得到了补救。请读者还是看看伊本·精尼的主张吧！他收集各种过去式动词，说出这些动词的现在式、张大名词、指小名词等。没有人敢说这些词的意思是阿拉伯人定的。实际上，很多词义都是用类比法归纳、演绎出来的。

二、语法学家们可以从一个词类推出许多同类的词来。[②] 很明显，这些词并不都是阿拉伯人讲的，只是语言学家们按照阿拉伯人的用法类推出来并加以运用而已。

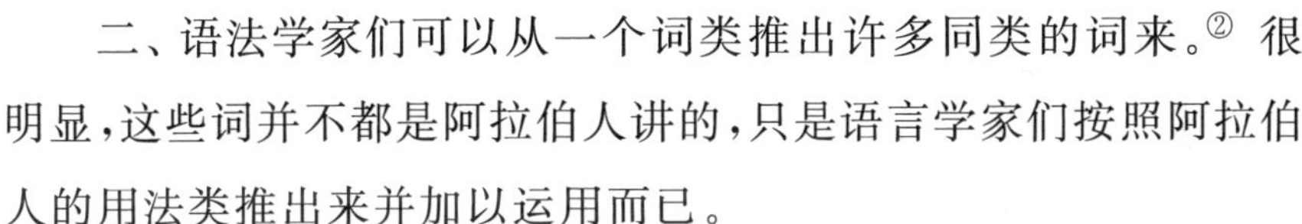

三、此外，语法学家和词法学家的教育方法使他们在使用“类比”的道路上走得更远。伊本·精尼说：“假如有人问你：这些人讲的是什么语言？你只能说讲的是阿拉伯语。”[③]又如他们问：假若你把一个人称作“阿拉”或“伊俩”，你如何将其变为双数、复数及指小名词？这类例子很多。这样一来，他们便从解决语言的实际问题、走向在假设上做文章了。这与艾布·哈尼法派人提出假设，以

① 《特征》，第1卷，第441页。

② 同上书，第283页。——作者。下面有两行词形举例，略去未译。——译者

③ 同上书，第365页。

求裁决的做法如出一辙。

四、语法学家们还制造一些为其做法进行辩解的理由，然后再以此进行类推。[①] 总之，他们把语法规则运用到没有听见过，但却是在实践中遇到的语法现象上。“类比”的例子在语法书中比比皆是。后来的人，特别是艾布·阿里·法里斯和伊本·精尼，在此基础上又加以扩展和补充。后者在他的《特征》一书中写了几个类似教法原理的章节，如《准许类比》、《听和类比的矛盾》、《抉择》、《原委》、《阿拉伯人的公议何时成为论据》等。这说明语法学家受到了教法学家的影响。尽管伊本·精尼曾著书称语法学家的理论更接近于教义学家的教义，而不是教法学家的教法原理。

是的，那些循规蹈矩的人，在语言靠类比能否站得住脚的问题上分为两派。但不管他们的分歧如何，“类比”确实是存在的，并对语言和语法都产生了巨大影响。语法学家的遭遇与教法学家是一样的。当年，很多人都反对使用“类比”，对使用“类比”的人横加指责。但是，“类比”已成为一个立法工具而加以运用了。伊本·安巴里说：“须知，否认语法中的‘类比’是行不通的。因为整个语法就是‘类比’。因此，谁否认‘类比’，谁就否认了语法。不知有哪位学者能否认这一点。”基萨伊也讲过这样的话：

> 语法就是人人遵循的“类比”，
>
> 靠它能解百疑，事事受益。

*　　　*　　　*

① 解释字母互变的例子两行，未译。——译者

语法学家借以发明创造语法大纲的“类比”，对阿拉伯语有着极大的影响。笔者担心我们今天和以前所使用的语言是语法和语言的共同产物，而不仅仅是语言的独生子。因为，一般来讲，语言是不听命于某一个一成不变的公式的。如四母动词的过去式是“艾夫阿莱”词形，其现在式就应是“尤夫伊鲁”，但是“使忧伤”一词也是四母动词，它的现在式却是“叶夫欧鲁”形。如《古兰经》云：“你不要让他们的胡言乱语使你忧伤。”又如四母动词“尊敬”的被动名词是“穆夫阿鲁”形，“重视”的被动名词也是“穆夫阿鲁”词形，但是，四母动词《热爱》的被动名词却是“麦夫欧鲁”形。还有，强调虚词的名词应标开口音符，但也有读成合口音符的情况。又如：“今天我读书、写字”这句话中的“读”和“写”的最后一个字母都读合口音符(在没有导致读宾格和切格的因素时读主格)，但在乌姆鲁·盖斯的诗句中却读作切格：

今朝痛饮非作孽，未曾过量醉醺醺。

诸如此类的例子不胜枚举。

语法学家们用类比的办法将阿拉伯人的许多习惯用法都变成语法规则了，并且十分尊重这些习惯用法，众人也都接受。因为语法学家控制着教育，把凡不符合他们规则的语法现象都称为例外，或者是做出些风马牛不相及的解释，以符合他们的观点。实际上，正如阿拉伯人讲的话五花八门，语法学家的解释各种各样一样，语言之间的差别也是很大的，而语言本身又不总是按照语法规则一成不变的。对此，笔者很佩服艾布·阿里·法里斯的观点，他在分析游牧人犯的语法错误时说：“语法进入了他们的语言。因为他们没有可以遵循的依据，也无可供使用的规则。他们有的只是气质，只是天性。他们的话脱口而出，他们的诗句信手拈来。一时心血来潮，或触景生情，便会在无意中说出不合语法规范的话语。”①艾布·阿里等人将阿拉伯人的这些用法看作是“例外”或“谬误”，理由是不符合他们的语法规则。实际上，这些用法既不是“例外”，也不是“谬误”。所有的语言都不会完全按照语法行事。阿拉伯人不知道语法学家们搞了些什么名堂。纵然他们对语法有所领悟，但对词法仍是一窍不通。一游牧人出席了基萨伊举办的集会，对与会者谈论的语法感到惊讶，对他们在“动词变位”上的争论莫名其妙。只好离席而去。并吟诗道：

语法争论我称奇，仿佛说的是外语。
一词变来又变去，乌鸦、夜猫呱呱啼。②

曾因一句诗而受到语法学家指责的阿马尔·凯勒比说：

可叹新新阿族人，语法类比大发明。
自然吟出一句诗，硬说违背啥规定。
这个主格那个宾，属格不能读高声。
阿卜杜拉和宰德，一头雾水弄不清。
我本说的自家话，他却杜撰语言经。
懂啥说啥一边去，我的话儿你不懂。
我的土地长我苗，不燃他火拜神灵。

为此，语法学家们开始对不符合其规则的语法现象做出解释，并不惜代价地找出答案，甚至有时还编造一些诗句为其观点

① 《华枝集》，第 2 卷，第 248 页。
② 《文学家辞典》，第 5 卷，第 195 页。

辩护。

*　　　*　　　*

语言、语法上的巴士拉和库法两大学派：

前面已经说过，语言和语法是融会贯通密不可分的，语法学家也是语言学家，尽管有的学者的语言更为出色，有的学者的语法更为精通。我们还提到，伊拉克是最早记载语言、最先制定语法的地方。对此，巴士拉人、库法人和巴格达人都做出了自己的贡献。

巴士拉是最先注重语法和语言、最早记载语言并率先创立语法的城市。大约在一百年之后，库法才建立起自己的学派，与巴士拉学派抗争。两派学者的派系观念都很强。伊本·奈迪姆说："我们将巴士拉人放在首位，因为阿拉伯语这门学问是向他们学来的。"下面这张表介绍了巴士拉和库法的最著名的学者，并说明了巴士拉的领先地位。（见下页）

这张表清楚地说明，在艾布·加法尔·鲁瓦西成名之前，巴士拉学派在语法等方面一直独占鳌头，遥遥领先。鲁瓦西是库法人中第一个编写语法的人，是他首先创建了库法学派。他的两个弟子——基萨伊和法拉巩固、加强了库法学派，他俩是巴士拉派首领西伯威的对手。

语法产生的历史含糊不清。因为我们突然见到一部成熟的巨著，即西伯威语法。在此之前，没见过能说明语法产生、发展过程的实质性资料。语法学家们提供的资料都说明不了问题。

他们说，语法的制定者是艾布·艾斯瓦德·杜艾里。也有人说是阿里·本·艾比·塔利卜，说阿里交给艾布·艾斯瓦德一块

巴士拉、库法学者一览表

艾布·艾斯瓦德·杜艾里（巴士拉人）伊斯兰历（下同）67年卒[①]

安拜赛·费勒（巴士拉人） | 奈斯尔·本·阿绥姆·莱斯（巴士拉人）89年卒 | 叶海亚·本·叶耳姆尔（巴士拉人）129年卒

艾布·阿慕尔·本·阿俩（巴士拉人）70—154年 | 伊本·易斯哈格·哈都莱米（巴士拉人）117年卒 | 耳萨·本·欧麦尔·赛格菲

艾布·宰德 | 优努斯 | 艾布·加法尔·鲁瓦西 | 艾赫法什（巴士拉人）177年卒 | 耳萨·本·欣麦尔·赛格菲（巴士拉人）149年卒

西伯威 | 艾布·宰德 | 基萨伊 | 优努斯（巴士拉人）90—182年 | 西伯威 | 艾布·宰德 | 哈利勒·本·艾哈迈德（巴士拉人）100—175年 | 艾布·加法尔·鲁瓦西（库法人）

法拉 | 西伯威 | 艾布·宰德（巴士拉人）215年卒 | 基萨伊 | 西伯威（巴士拉人）180年卒 | 基萨伊 | 法拉 | 基萨伊（库法人）189年卒

西伯威 | 法拉（库法人）144—207年

注：有连线者为师承关系。西伯威、基萨伊、艾布·宰德、法拉等人的名字多处出现，均指同一人，系多处拜师所致。——译者

① 本表选自*Arabie Grammar by Houell*一书，笔者增加了一部分内容，并对部分年代做了更正。表中人名有的提到多次，说明他的老师多。

写有如下字样的布片:“语言分为名词、动词和虚词。名词是说明事物名称的词。动词是说明动作的词。虚词则是与别的词连用才有意义的词。须知名词有三种:明显的、内含的和既不明显也不内含的。人们都喜欢用第三种……”后来,艾布·艾斯瓦德先后写了“‘连接词’、‘形容词’、‘惊叹词’和‘疑问词’等章节。最后写了‘印奈及其姊妹词’一章,但他没将‘但是’一词包括在内。在送交阿里审阅时,阿里命他将‘但是’包括在内”。艾布·艾斯瓦德每写完一章,都要送交阿里过目。[①]

这些都是以讹传讹,在阿里和艾布·艾斯瓦德时代是不可能对语言作出这种定义,也不可能对语言进行这种哲学分类的。因为当时的各种学问尚处于自然状态,既无定义,也没分类,就连经训的搜集也不是分门别类地进行的。因此,将对语言下定义和进行逻辑分类一事说成是在阿里和艾布·艾斯瓦德时代发生的事情是不对的。这种说法是那些想把一切功劳都归于阿里·本·艾比·塔利卜及其追随者的什叶派人编造的。对于编造的原因有许多相互矛盾的传说,这就更加证实了笔者的担心。幸运的是,这并不是学者们的一致看法。有的学者说:语法的编纂者是阿卜杜·拉赫曼·本·霍尔姆兹(伊斯兰历 117 年卒于希沙姆哈里发时代)。有的说是奈斯尔·本·阿绥姆(89 年卒)。持这种说法的人,无疑就否认了阿里和艾布·艾斯瓦德为编纂者的主张。

在笔者看来,语法系为艾布·艾斯瓦德所编的说法是有其可靠的根据的。因为传述者几乎一致认为,艾布·艾斯瓦德在这方

① 伊本·安巴里:《反义词》,第 5 页。

面做了某些工作。如给《古兰经》经文标写符号就是他发明的：他用一种与书写经文颜色不同的染料，在开口音符字母上标一个点，在齐齿音符字母下面标一个点，在合口音符字母左右标一个点，鼻音字母就标两个点，静音符字母则不标。艾布·艾斯瓦德制订了标写经文的计划，让书记官们将经文全都标上符号。显然，这是迈出了制定语法的第一步，这也是符合事物的发展规律的，在当时也是完全可以做到的。[①] 这样便引起了人们对语法的注意。因为，艾布·艾斯瓦德的做法使人想到了语法分析，想到要制定语法。还有一点要指出的是，最初的语法概念不像现在这样准确，甚至伊本·精尼本人——他算是后来人了——对语法下的定义也只是：语法即"遵循阿拉伯人讲话中的组词造句法"。因此，那些说艾布·艾斯瓦德制定了语法的人，指的就是这个意思，即艾布·艾斯瓦德通过给经文标符号而奠定了语法的基础。这样就使应该标开口符的地方不至标成齐齿符，应该标合口符的地方不至标成开口符。直到后来才有人想对语法进行更准确的解释，便发明了将词分为名词、动词和虚词三种，名词又有明显的、内含的和既不明显又不内含之分，发明了"惊叹句"和"印奈"的用法。

古代的著作家们对艾布·艾斯瓦德的贡献有不同的评价。有的说：艾布·艾斯瓦德是第一个制定语法的人。有的则表达得更

① 看来，在艾布·艾斯瓦德时代，阿拉伯语字母还没有点的标志。伊本·赫里康说："当抄写错误日多，遍及伊拉克时，哈加吉·本·优素福让他的书记官们想办法为一些相似的字母加上标记。据说，奈斯尔·本·阿绥姆承担了这项工作，他在字母的不同部位上加上一个或两个点。此后有段时间，人们就只写点而不写字母了。当时，字母虽然加了点，但抄写错误仍时有发生，于是便发明了符号。"见伊本·赫里康：《名人传记》，第1卷，第175页。

准确些，如伊本·古太白在他的《百科大全》一书中说："第一个为阿拉伯语制定标记的人是艾布·艾斯瓦德。"伊本·哈吉里在《知识》一书中说："第一个给《古兰经》经文加标符号和首先为阿拉伯语制定标记的是艾布·艾斯瓦德。"

看来，他们所说的阿拉伯语，指的是那些区别主格、宾格、属格、切格和开口符、合口符、齐齿符、静符以及艾布·艾斯瓦德在经文中使用的标记和符号。后来，当学者们扩大了研究范围，把他们说的话称为"语法"之后便取消了艾布·艾斯瓦德以前所说的语法概念。他们说：他制定的语法与他们所说的语法从根本上说是很相似的，艾布·艾斯瓦德也许根本不知道"语法"这个名字。类似的说法还有，伊本·赛拉姆在他的《诗人传记》里提到的原文中说：巴士拉人是研究阿拉伯语的先驱，他们对阿拉伯语的语法、阿拉伯人的方言和外来语颇感兴趣，首先建立阿拉伯语标记、打开阿拉伯语语法大门、定出类比原则和方法的是艾布·艾斯瓦德·杜艾里……他是巴士拉人，持有阿里派人观点……他是在阿拉伯语处于混乱状态，连上层人说话都信口开河、错误百出的时候，制定出"主语"、"宾语"、"正次"、"介词"及"主格"、"宾格"和"切格"等规则的。同样明显的是：艾布·艾斯瓦德最初的做法是幼稚而简单的，即他只制定了"主格"、"宾格"等标记，如此而已。当后来的学者们把主格的韵脚称为"主语"，把宾格的韵脚叫做"宾语"时，他们说：纵然艾布·艾斯瓦德本人，当时对"主语"和"宾语"的含义并不十分清楚，甚至连"主格"和"宾格"指的是什么也不知道，但他还是制定出了"主语"和"宾语"的规则。他们说：艾布·艾斯瓦德曾对他的书记官说："如你见我张开嘴读一个字母，你就在该字母上加一

个点；如见我将嘴合拢，就在字母前面加一个点；如见我将嘴咧开，就在字母的下面加一点。”这种幼稚的描述是符合当时情况的，直到后来才有人把选种描述改成了专门的术语。

在笔者看来，语法就是在艾布·艾斯瓦德制定的规则的基础上发展起来的。因为他的做法引起了关于“主格”、“宾格”、“属格”及“鼻音”的讨论。诸如像奈斯尔·本·阿绥姆、叶海亚·本·叶耳姆尔这些学者提出了很多这方面的问题，不是某段经文，就是某句不合常例的诗句引起了他们的兴趣：见到一个标主格的词就要问为什么标主格？见到一个标宾格的词，就要考虑为什么标宾格？阿卜杜勒·本·艾比·易斯哈格·哈都莱米听见倭马亚诗人法莱兹达格说过这样一句诗：

麦尔旺人啊，岁月无情，
让你们穷困潦倒，所剩无几。

阿卜杜拉认为文中“穷困潦倒”和“所剩无几”都是宾语，法莱兹达格将其中一个读作主格是不对的。法莱兹达格贬损他道：

假若他是释奴，我便回上几句，
可他是释奴之主，只能随他去。

伊本·艾比·易斯哈格又不同意法莱兹达格对“释奴的释奴”一词的写法。诸如此类的问题都引起了学者们的注意，使他们考虑每个词应读什么格。于是便采用了“或者”这类的工具词，后来又发现了“和”、“接着”等词，便给这类词起了名字，如“连接词”。他们最初的研究也许是不全面的，后来的人使其逐渐完备起来。学者们听纳比埃说过“在它的牙齿里有剧毒”这样一句话。耳萨·本·欧麦尔说：纳比埃用词不当，“剧毒”的“剧”字应读宾格。他们还听见法莱兹达格说过下面的诗句：

逆迎沙姆北风狂，飞沙走石从天降，

头脸遭打石无数，驼队举足难辨向。

伊本·易斯哈格认为，难辨向的"向"字应读成主格。而优努斯则认为法莱兹达格的用法是对的，是可以的。当他们一再要法莱兹达格更正时，法莱兹达格便将最后两个字做了修改，读作主格，[①]同样，学者们对《古兰经》中一些章节的读法也有分歧。如对经文中的"但愿我们能重返人世，我们不再否认我们的主的迹象，我们要成为信士了"。这句话，耳萨·本·欧麦尔和伊本·艾比·易斯哈格认为"我们不否认"和"我们将要成为"应读作宾格，而哈桑·艾布·阿慕尔·本·阿拉和优努斯则主张读作主格，[②]对此争论不休。就这样，在不同场合遇到的一些不同内容的问题使某些学者制定了一些零散的规则，其他学者则进行补充，使其完善起来。

此外，继阿里和艾布·艾斯瓦德之后，还有一些释奴也从事语法研究。其中有波斯人、信德人以及与古叙利亚人有联系的人。他们的语法有时也为人效法，详见下述。

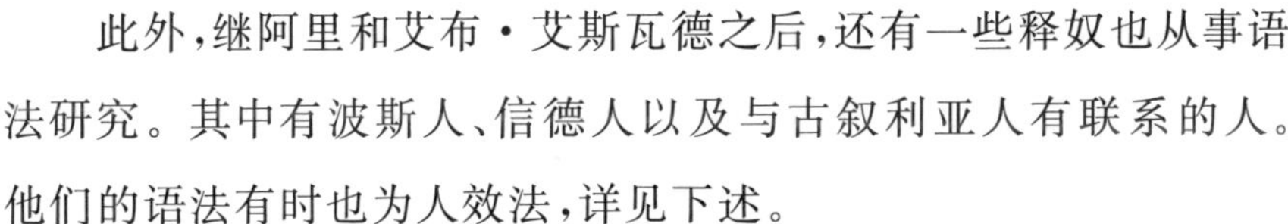

巴士拉人开始使用类比，并用类比来扩大语法的研究范围。他们仿照艾斯麦伊在收集语言时写的《驼书》、《羊书》的模式，对一些语法问题也写成专著，如写出了关于《海姆宰》和《俩姆》用法的小册子。率先这样做的是伊本·艾比·易斯哈格·哈都莱米（伊

---

① 伊本·赛拉姆：《诗人传记》，第7页。

② 同上书，第8页。

斯兰历 117 年卒)。人们说:“他是巴士拉人中最有学问的人。他演绎出语法并进行检验,他讲过‘海姆宰’的问题,后来就按其所述写成一本书。”[①]尽管如此,我们并不认为伊本・艾比・易斯哈格・哈都莱米博学到知道很多在西伯威时代才为人知的语法的程度。据传,有人问优努斯:艾比・易斯哈格的学问与人们今天(优努斯时代)的学问如何比较?优努斯回答说:“倘若谁现在只知道艾比・易斯哈格的那点学向,谁就定会受到人们的耻笑。”[②]

接之而来的是第二步工作,即将已成的语法搜集成册。语法学家们说,耳萨・本・欧麦尔・赛格菲(伊斯兰历 149 年卒)完成了这项工作。他写了两本书,一本叫《语法大全》,一本叫《语法补遗》。传说,哈利勒・本・艾哈迈德说过这样的话:

《耳萨语法》问世,众家学说消遁;

《大全》、《补遗》各一部,犹如日月在人间。

伊本・安巴里说:“这两部书我们都没见过,也没见任何人见过。”穆罕默德・本・叶齐德说:“耳萨・本・欧麦尔的书,我读过几页,谈的好像是一些语法要则。”叶齐德的说法证明这两部书是搜集语法的初次尝试。

在搜集语法上贡献最大的要算是哈利勒・本・艾哈迈德了。在当时的学者中,他是一个鲜有对手的、具有巨大的创造性头脑的人。他潜心钻研,埋头治学,以前无古人的方法创新辟路,从个别现象推演出一般规律。他对生活上要求甚少,思想上的满足与乐

① 《华枝集》,第 2 卷,第 200 页。

② 伊本・赛拉姆:《诗人传记》,第 7 页。

趣弥补了他在其他方面的损失。正如读者所知，哈利勒·本·艾哈迈德是阿拉伯语字典的创始人，是首创阿拉伯语诗律的发明家，是开创阿拉伯音乐学的先驱。他对语法也做出了至今仍被人们称道的贡献。哈利勒的另一个高明之处是，他不断进行创造发明，但从不埋头写作。他每创建一个学科，就将记载的任务交给他的弟子。他在语言上就是这样做的：他提出了编纂字典的想法，具体的工作交给他的弟子莱斯·本·奈斯尔去完成。对语法也是如此，“他对语法做了全面的论述，阐明了语法的含义，并进行了精辟的论证。但他，字，不愿写一个；画，不愿画一张……而是满足于让西伯威从他的学识中得到启示，满足于将他的精辟见解、他的思想成果、他的智慧的精华传授给西伯威。于是，西伯威便替哈利勒担起了编写语法的重担，写出了那部空前绝后的语法著作。”[1]

但是，西伯威在其著作中并没有只用哈利勒一家之言，而是博采百家之长。他援引了很多优努斯的言论，甚至整章照搬。如他引用了优努斯写的关于《指小名词》的两个章节。他说：“我在本章和下面一章里所提到的一切，都是优努斯的原话。”[2]西伯威还传述了艾布·阿慕尔·本·阿拉的看法，并将该看法与哈利勒和优努斯的说法进行对照比较。他说：“我问过哈利勒关于‘法官’一字在召唤句中的用法。哈利勒说：我愿用齐齿长音表示，因为该字的字尾不带鼻音。正如它在主格时的用法一样。”但优努斯主张用静音符表示。笔者认为后者的说法更为有力。[3] 西伯威也引用过艾

① 祖拜迪：《阿因书简本》。

② 西伯威：《语法》，第2卷，第109页。

③ 同上书，第289页。

布·赫塔布·艾赫法什的话。他还说:一个我对他的阿拉伯语信得过的人对我说,这里指的是“艾布·宰德”。有时,西伯威还直接引用阿拉伯人的话,如他说:“这句诗是一位语言最地道的游牧人念给我们听的,该人称这是他父亲写的诗。”[1]西伯威常说:这是我们从阿拉伯人那里听到的,是从可信赖的阿拉伯人那里听来的,等等。

总之,西伯威把以前的学者们零散的言论搜集起来,进行整理和分类,并把学者们引用的诗或他亲自听到的诗进行编辑整理,这说明西伯威的学识十分渊博。全书共有一千零五十行阿拉伯人的诗,其中约有一千行诗能找到作者。书中还有很多阿拉伯人的谚语。西伯威不仅仅是一位收集家,一位集大成者,而且他语言优美,在阐述及说理上有着鲜明的个性。如果我们知道,他是祖籍波斯、在巴士拉受教育的阿拉伯人,死时年仅三十几岁,就知道他的天赋有多高了。西伯威传述的内容是可靠的。他的著作曾送给优努斯过目,优努斯审查了西伯威引用的他的话,发现句句属实。西伯威的语法著作得到了学者们的信任,纷纷为该书注释。如果他们提到《书》,指的就是西伯威的著作,后来所有的语法著作都是以该书为基础的,都是该书的延续和引申。

该书通篇都是类比和分析,西伯威对类比运用自如,驾轻就熟。他能举一反三、说理论证。西伯威的做法使我们想起了哈乃斐教派的演绎法、解析法和类比法。如对“指小名词”,西伯威要研究什么词可以变为指小名词以及如何变。此外,他还做出种种假

① 西伯威:《语法》,第2卷,第52页。

设以求解。如问:如果你用“眼睛”或“耳朵”来称呼一个男人,如何变成指小名词? 如果你用“马”来称呼一位女子,又如何变? 这类例子很多,几乎每个章节里都有。西伯威经常说:类比如何,类比拒绝这样做之类的话。他说:“我问过哈利勒关于阿拉伯人说的动词变‘指小(缩小)名词’的事,哈利勒说:这不应算作类比,因为动词没有大小的含义,只有名词才有贬义的变化云云。”[①]

该书还证实了语法学家对阿拉伯语的发展做出了巨大贡献的说法,他们创造并普及了许多不为阿拉伯人所知的字词,对此,西伯威在书中有专题论述,题为“这是语法学家们因其不雅而不愿使用的章节,其中,他们杜撰了一些不为阿拉伯人所说的话”。[②] 西伯威的语法著作需要进行很好的研究,这对我们来说有些离题了。穆邦莱德指责西伯威有很多错误,但是学者们只是做了部分修正。

另外一个问题是:语法是纯粹的阿拉伯学问呢? 还是从其他民族的语法学引借来的?

利特曼教授在他的演讲中说:“欧洲的学者对此各执一词,有的说:语法学是从希腊传到阿拉伯国家的。”有的说:“并非如此,正如树是生长在土地上一样,阿拉伯语的语法学就产生在阿拉伯人中间。这种观点在阿拉伯人的著作中早有述及。对这个问题,我们持折中态度,我们认为:正如一位名叫优素福[③]的学者在今年证实的那样,最初的语法是阿拉伯人发明的。在西伯威的著作中谈到的语法都是他本人及其前人创造的。但是,当阿拉伯人在伊拉

① 西伯威:《语法》,第 2 卷,第 135 页。

② 同上书,第 1 卷,第 167 页。

③ 原文为 Joseph la Blanc。——译者

克向古叙利亚人学习希腊哲学时，也学到了一些语法，即哲学家亚里士多德写的那部语法。其证据是对词的分类有不同的看法。西伯威认为'词分为名词、动词和既不是名词又不是动词的虚词'，这是对词的最早分类法。至于哲学，则将词分为名词、字和联系纽带三类。名词即名称，'字'指动词，在欧洲语言里叫'Verb'（动词），'联系纽带'系指虚词，即欧洲语言里的'Conjunction'（连接词）。名词、字和联系纽带这些词是从希腊文译成古叙利亚文，再从古叙利亚文译成阿拉伯文的。因而这种叫法只能在哲学著作，而不是在语法书中找到。至于名词、动词和虚词的叫法，则是未经翻译、未经转用的阿拉伯术语。"①

据笔者看，在制定语法的初期，希腊和古叙利亚的影响是很小的。即使有，充其量也是间接的，如对类比的运用及类比在制定语法规则上所起的作用。当希腊哲学被介绍给阿拉伯人时，首先使用的是教义学家，其次是哲学家。他们还懂得了逻辑学，这对语法学的形成都有影响。例如，他们说："艾布·哈桑·罗马尼（伊斯兰历296—384年）是一位多才多艺的学者，他既精通语法学和语言学，又精通教法学和穆阿台及勒派的教义学。他的语言富有逻辑性，以致艾布·阿里·法里斯说：如果语法就是艾布·哈桑·罗马尼所说的那个样子，我们对语法是一无所知的。但如果语法正如我们所理解的那样，他对语法也是一窍不通的。"②

总而言之，巴士拉的语法成就以西伯威及其著作达到了顶峰。

① 利特曼教授演讲。

② 伊本·安巴里：《文学家传记》，第390页。

在库法，则出现了一个以艾布·加法尔·鲁瓦西及其两个弟子——基萨伊和法拉为首的学派。

鲁瓦西建立了语法的库法学派。他写了一部语法著作，但没有流传下来。语法学家们说：哈利勒曾看过这部书，并从中受到启发。从此，库法学派与巴士拉学派展开了一场旷日持久的辩论。起初，表现在库法的鲁瓦西和巴士拉的哈利勒之间的分歧是平静的。后来，分歧越来越严重。库法的基萨伊和巴士拉的西伯威自成一派，各树旗帜。看来，这种学术上的宗派主义是建立在政治上的宗派主义基础上的，对此已有前述。同时，它也受到刚刚取代种族主义的地方主义的影响。不管怎么说，库法派和巴士拉派之间有着根本的原则分歧。

两派之间最主要的根本分歧是：巴士拉派认为最重要的目的是为语言制定出主格、宾格、属格和切格等普遍规则，并要认真、坚定地遵守这些规则。鉴于语言往往有不合乎语法甚至不能用语法去解释的现象，阿拉伯语尤其是这样。因为它是很多部落的语言，而各部落之间的语言差别又很大，巴士拉人便想将那些不合语法规则的表达方式去掉，有些特殊用法如果证明是正确的，他们则可以保留，但不能作为范例，不能用来“类比”。更有甚者，他们竟将阿拉伯人讲的一些不合语法的话说成是错误的，如伊本·艾比·易斯哈格说法莱兹达格的某些诗句有误。尽管法莱兹达格是一个地道的阿拉伯人，学者们都引用他的诗句而不怀疑。

巴士拉人如果见到“要求慷慨的恩赐”、“请求增加”、“乞求灵感”、“借”等这类词形的词，并见到大部分这类词都是这种词形，他们就认为“认可、赞成”、“据有、战胜”等一类词形是不规则的，认为听听说说还可以，但不能作为类比的依据。在大多数情况下，强调虚词“印奈”会使它的名词标宾格、述语标主格，但有时也有例外的情况，如“这两个人是魔术师”这句话的名词并没有标宾格，而是主格。尽管这样表达是正确的，巴士拉人也硬要人们遵循常规的用法，因为他们喜欢使用类比，他们相信类比的力量，一切都按常规办事，把不符合常规的表达方式弃之不用。如果有两种语言：一种可以进行类比，有规则可循；一种不能进行类比，无规律可依，巴士拉人便会选择前者，贬低后者。巴士拉人——实际上——是想把语言条理化、公式化。为达到这个目的，即使摒弃部分表达方式也在所不惜。他们甚至有意想使从阿拉伯人处听到的表达方式违反他们的语法公式，以便将其淘汰。对于那些他们无法做出合乎语法解释，哪怕是牵强附会的解释的个别的语言现象，还是持比较宽容的态度的，但不许模仿，不许进行类比，以便不致扩散，不破坏语法规则。

库法人则不这样，他们主张尊重阿拉伯人讲述的一切，允许人们使用阿拉伯人的用法，即使该用法不符合语法规则也没关系。他们甚至将这些不合语法的例子作为制定某一规则的基础。苏郁退在他的《智者的愿望》一书中说：“基萨伊听到一些只有在必要时才使用的特殊表达方式，便把它当成规则加以类比，这就损害了语法。”安德鲁斯说：“库法人如果听到一句诗，诗中有些地方与语法略有出入，他们便会将这句诗的表达方式当成一条规则加以使用。”总之，库法人对什么都采取变通的态度，对各种表达方式一概兼收并蓄。比如，他们听到这样一句诗：“啊！但愿年年均为七月天”，尽管这句诗在语法上不能成立，因为诗中的“年”用的是泛指名词，而强调语却是确指（名词），但库法人却为此定出一条语法规则："如果是暂时的，用另外一个词来强调泛指名词是可以的。"[①]库法人允许你用"我整整把了一个月的斋"、"我熬了整整一夜"这样的表达方式。但是，巴士拉人的看法是：第一，诗的作者不明。第二，其表达方式即使正确，也属例外，不足为据。此外，库法人传述的诗，杜撰的诗都比巴士拉人多，由此便可知道巴士拉人和库法人的做法是多么不同了。

起初，这两种观点在巴士拉都有。人们说：伊本·艾比·易斯哈格·哈都莱米及其弟子耳萨·本·欧麦尔是极力主张使用类比的人。对那些不规范的语言不加理睬，但对阿拉伯人在语言上的错误却能大胆指出，毫无难色。而艾布·阿慕尔·本·阿拉及其门生优努斯·本·哈比卜却恰恰相反，这两个巴士拉人对阿拉伯人讲的话倍加称赞，对他们的错误却难于启齿。第一种观点战胜了后来的巴士拉人。第二种观点则征服了后来的库法人，特别是库法的基萨伊。

从这两种观点中可以看出，巴士拉人享有更大的自由，也更理智，他们的做法也更有条理，对语言也更有权威。库法人的自由则要少些，他们对阿拉伯人讲述的一切，哪怕是杜撰伪造的，也是毕恭毕敬，深信不疑。巴士拉人想创建一种有组织、有逻辑的语言，杜绝一切因不可靠或杜撰的传说，或因不合逻辑的说法而引起的语言紊乱。而库法人则想为现存的一切，其中包括那些不规范的，甚至是生编硬造的语言现象，都制定出规则。他们所做的一切，就

① 《公平对待巴士拉人和库法人之间的分歧》，第 186 页及以下。

是要给所有的语言现象都做出相应的解释，找到适当的依据。如果一种语言现象有多种表达方式，他们就会为每种表达方式都定出相应的规则。

以前提到的“语法辩论（黄蜂）问题”就是一个很能说明问题的例子，西伯威只许用主格独立代名词来表示黄蜂和蝎子。因为这样符合逻辑，一个是起语，一个是谓语，都是主格。而基萨伊则主张谓语应用宾格接尾代词。他坚持说，他是听阿拉伯人讲的。尽管这种用法不规范，他仍允许这样用，而且可以进行类比。至于西伯威，他就不允许。因为他对不规范的语言一概不相信，哪怕确实听到有人用也不相信。不仅如此，他也不许别人用，更不许依此类推。

由于在根本原则上存在分歧，对具体语法问题的解释也就各行其是了。伊本·安巴里写了一本书，题为《公平对待巴士拉人和库法人之间的分歧》。[①] 他在书中列举了巴士拉人和库法人相互分歧的102个问题。如：“名词”一词，巴士拉人认为是从“崇高、高尚”一词派生的，而库法人则认为是从“打烙印、做标志”一词变来的。如：动词是由词根派生的，还是词根是由动词派生的？又如：有阴性标志的人名，其复数可不可以按照完整式复数名词的变化规则变？再如：除外工具词“哈沙”，是介词呢，还是过去式动词？等。两派对每个有分歧的问题，都有自己的论点、论据。有些论据是合乎理性的，有些则靠传述、靠引证。两派的分歧越来越明显。

① 艾布·拜高·阿克拜里也写了一本书，名为《对巴士拉人与库法人之间分歧的说明》。

伊本·安巴里站在巴士拉人一边，批驳库法人的论点。

当时的巴士拉人非常刚愎自用，对其传述的一切深信不疑，而对库法人的传述则疑虑再三。故库法人能向巴士拉人学习，而巴士拉人则很难向库法人求教。以致人们说："巴士拉的语言和语法学者中，除艾布·宰德外，无人引用库法学者的言论。艾布·宰德传述过穆方达里·朵比的诗。"①

这种状况一直持续到巴格达城的建立。当时政治稳定，社会安宁，一派太平景象。哈里发和王公大臣们开始注重学术，鼓励文人，纷纷邀请学者教育他们的子女，使学者们竞相争赴巴格达。由于前述的原因，库法人比巴士拉人更受哈里发和王公大臣的恩宠。如库法派首领基萨伊在哈里发拉希德面前有着特殊的地位，他是艾敏和麦蒙的老师，而他的弟子法拉又是麦蒙孩子们的老师。法拉的学生伊本·斯基特又是穆基瓦台勒的儿子们的老师。不错，宫廷中也有巴士拉人的竞争，如叶齐德就是麦蒙的老师之一。库法的赛阿赖卜和巴士拉的穆拜莱德同是阿卜杜勒·本·穆阿泰齐的老师。但库法人的权势更大，人数更多。那些在宫中受宠的巴士拉人，都是有些背景的。如前面提到的叶齐德，曾做过哈里发迈赫迪的舅舅叶齐德·本·曼苏尔·哈米里的老师，隶属叶齐德家族，故名叶齐德。这是巴士拉人和库法人的分歧激化之前的情况。所以，尽管叶齐德是巴士拉人，仍能保住在宫中的地位。他与基萨伊和平相处，并承认他的权威。

尽管如此，库法人和巴士拉人在巴格达的相遇，为双方陈述各

① 伊本·安巴里：《公平对待巴士拉人和库法人之间的分歧》，第175页。

自的观点、开展批评、进行比较创造了条件，为发现更好的学派提供了机会。伊本·古太白就是这一新学派的代表。伊本·奈迪姆说："伊本·古太白是巴士拉学派中的佼佼者，但他将两派的观点融为一体。在他的著作中，同样引述库法人的言论。"[①]艾布·哈尼法·迪奈沃里也是这样，对于两派的学者，他都同样求教。

*　　　*　　　*

巴士拉在语言和文学方面也比其他地区发达。在传述语言和文学上最得力的几个人物都是巴士拉人，就足以证明这一点。这里介绍一下其中最著名的三个人物，他们是：艾斯麦伊、艾布·宰德和艾布·欧拜德。

艾斯麦伊是巴希莱部族的阿拉伯人。全名为阿卜杜勒·麦立克·本·古莱布。其祖父艾斯麦伊，故名艾斯麦伊。艾斯麦伊在巴士拉长大，向巴士拉的学者们求教。他去过沙漠，记下了游牧人的语言和文学。艾斯麦伊相貌丑陋。一位王公赏给他一个女奴，女奴因其貌丑而惧怕。但艾斯麦伊生性活泼、风趣，善讲阿拉伯人的奇闻逸事，他知道如何讨听众的喜欢，如何能引得听众发笑。他有两个使他成名的特长：一个是记忆力强，以致一首长诗，他只要听上一遍，就能记住。传说他能背诵一万六千首诗，阿拉伯人的诗集还不包括在内。这些数字虽然有些水分，但基本属实。艾斯麦伊的学术天赋不如他的记忆力，故哈利勒无法教他掌握诗律。艾斯麦伊在语法上的成就也不大，因为当时的语法需要类比等方面的技巧。因此，见过他与西伯威辩论的人说："真理在西伯威一边，

① 伊本·奈迪姆：《目录大全》，第77页。

艾斯麦伊是以口才取胜的。”艾斯麦伊的第二个特长是善于演讲，以至于艾布·努瓦斯说：“艾斯麦伊是一只以其悦耳歌声使人倾倒的夜莺。”沙斐仪说：“在表达阿拉伯人的思想感情方面，没有人比得上艾斯麦伊。”艾斯麦伊讲话时使用的语言，他讲话时的语音语调与阿拉伯游牧人一模一样，这使城市人惊讶不已。艾斯麦伊的这两个特长使他得以接近宫廷；他讲述的阿拉伯人的奇闻逸事使他成了拉希德哈里发的酒友和清客。艾斯麦伊讲述的有关阿拉伯人和游牧人的社会生活的故事、他传述的语言和文学、他在宫廷中与学者们的辩论以及他在王公大臣们面前、在学者集会上的讲话，在文学作品中比比皆是。艾斯麦伊与拉希德的关系是他名声显赫，同时也是使他富有的重要原因。

艾斯麦伊对语言和词汇、对词义的确定及词汇的演变有着广博的知识。对于词汇，他不满足于一般的了解，而是只要可能，就与实物进行对照。如艾布·欧贝德收集的有关马和马的各个部位以及与之有关的词汇数倍于艾斯麦伊收集的。但如果牵来一匹马，让艾布·欧贝德说说各个部位的名称时，他就答不出来了。而艾斯麦伊却知道得清清楚楚。这是他长期与阿拉伯人交往、听他们讲述、接触他们生活的结果。而艾布·欧贝德的大部分学问则是理论性的，没有经过实践检验的。

对于阿拉伯人的诗和诗集，艾斯麦伊无所不记。艾赫法什说：“没有人比艾斯麦伊和赫勒夫对诗歌知道得更多了。”伊本·艾耳拉比也说：“我见艾斯麦伊吟诵了大约二百句诗，其中没有一句是我们知道的。”阿拉伯各部落的很多诗都是经艾斯麦伊传述的。

同时，由于艾斯麦伊住在宫里，生活在王公大臣之间，他们要他讲故事、聊趣闻。为此,艾斯麦伊要很好地进行准备。这使他讲了很多阿拉伯游牧人的恋爱、婚姻以及他们的喜怒哀乐等。致使伊拉克到处都有这类故事,后又陆续传到其他地方。

但是,艾斯麦伊讲述的内容真实可信吗?对此,人们有不同的评价。有人说:“艾斯麦伊属于放荡、淫逸型。在语言上他以无中生有、添枝加叶著称。”[①]相传,有人见到了艾斯麦伊的侄子阿卜杜·拉赫曼,便问他:你叔父在干什么呢?答:他正坐在太阳底下,说游牧人的坏话呢。[②] 据说伊本·艾耳拉比说过这样一件事:艾布·穆哈赖姆同一个游牧人见到我,便说:我把这个游牧人带来了,让你们向他领教一下艾斯麦伊是如何骗人的吧,他不是讲过安泰拉的诗句吗?诗中提到了“达伊莱姆水池”。他解释说“达伊莱姆”系指敌人,因为他们是波斯人,是非阿拉伯人。以前,阿拉伯人把所有非阿拉伯人都视为敌人。那你们问问这个游牧人,“达伊莱姆”是什么意思吧!我们问他,他说:“达伊莱姆”是一片很深的池塘,我曾在该处不止一次地饮过我的骆驼!

有人对艾布·欧拜德说:艾斯麦伊说过“当我父亲骑在他的马上与赛勒姆·本·古太白竞技时”这样的话。艾布·欧拜德说:“赞美真主,赞美真主,真主至大……真的,艾斯麦伊的父亲绝没有马,他只有一身衣服而已。”[③]

赛阿莱卜说:“我听到伊本·艾耳拉比说过一个由艾斯麦伊传

---

① 《华枝集》,第1卷,第59页。

② 同上书,第2卷,第204页。

③ 伊本·奈迪姆:《目录大全》,第55页。

述的字，它与我从上千个游牧人听来的意思都不一样。”[①]

也有人很信任艾斯麦伊。如伊本·麦因和艾哈迈德·本·罕百里对他传述的圣训就深信不疑，艾布·达乌德也说他诚实不欺，有的语言学家也信任他。如艾布·塔伊卜就说过这样一段话：“人们找不到比艾斯麦伊更善记忆、更会回答问题而且语气更加真挚的人了。他笃信真主，他对《古兰经》的文字，对类似经文的语言都不做解释。他对待圣训也极其慎重，他不解释谩骂性诗句。他只使用那些简明的圣训。对逊尼派人来说，从各方面讲，他都是诚实可信的。至于有些人把普通老百姓和某些堕落之徒讲的有关游牧人的奇闻逸事硬说成是他编造的，那是无稽之谈。他侄子讲的那些东西更不值一驳。如果没有他叔叔，有谁会知道阿卜杜·拉赫曼呢……像艾斯麦伊那样一个对学者们一致赞同的事情才肯发表意见，对与之不同的地方缄口不语，而且只许使用最地道的语言，除此之外都极力排斥的人，怎么会那样做呢。”

从这些相互矛盾的说法中，可以得出这样的结论：艾斯麦伊在传述圣训上是极其认真、注重调查的，因而受到圣训学家的信任。在语言上，多数也是可靠的，只是在解释生僻古怪的字词时有些错误。至于那些海外奇谈，逸事趣闻，以及有关游牧人的故事，他可以随心所欲，信口开河。必要时，他能妙语连珠，也可随意杜撰、编造。艾斯麦伊并不认为这样做会触犯宗教，或使他成为不虔诚的人。因此，我们对他讲的某些逸事表示怀疑，如那个被恋爱弄得精

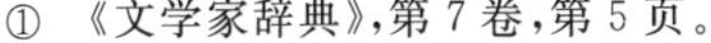

① 《文学家辞典》，第 7 卷，第 5 页。

疲力竭的九十六岁的老游牧人的故事。故事是艾斯麦伊讲给哈里发拉希德听的。拉希德对他说:愿你吃苦头,阿卜杜勒·麦立克!"九十六岁的人还恋爱?!"这类故事很多。当人们熟悉了艾斯麦伊的风格和手法,艾斯麦伊也因此成名后,人们便将自己编的一些趣闻记在了他的名下。艾斯麦伊写了很多著作,留给我们的只是其中一部分。文学作品有《艾斯麦伊诗集》,前面已做过介绍,还有一些有关语言的论文。

艾布·宰德·安萨里,即赛伊德·本·奥斯,他是赫兹莱吉部落的阿拉伯人,是一名辅士。他也生长在巴士拉,曾向艾布·阿慕尔·本·阿拉等巴士拉学者学习过。在迈赫迪哈里发当政时去过巴格达,但他与哈里发的关系没有艾斯麦伊和艾布·欧拜德那样密切。看来,他生性不善此道。他是一个咬文嚼字的学究,就连同老百姓谈话,也是古板地死抠语法。

艾布·宰德比艾斯麦伊和艾布·欧拜德都更诚实。他可以对他俩说三道四,而他俩却抓不到他的什么把柄。赫忒布·巴格达迪说:当艾布·宰德被问及对艾布·欧拜德和艾斯麦伊的看法时说:他俩都是骗子。当艾布·欧拜德和艾斯麦伊被问到对艾布·宰德的看法时说:"就其廉洁、虔诚和笃信伊斯兰教来说,你对他怎么想象都不过分。"[①]当学者们对这三个人进行比较时,都认为艾布·宰德的最大特点是诚实。伊本·穆纳齐尔说:"艾斯麦伊的记忆力最好,艾布·欧拜德最能积累材料。而艾布·宰德最可信

① 《巴格达志》,第9卷,第79页。

赖。”[①]西伯威也说:“信任告诉我,应选择艾布·宰德。同时,他的语法知识也比另外两个人丰富,他对语法做出过很大的贡献,他为语法提供了许多阿拉伯人讲的例证。”

艾布·宰德的另一个特点是,他的地域观念比较淡薄,他不像其他巴士拉学者那样不好意思向库法的学者学习,而是向他所信赖的库法人,如穆方达理·朵比求教,向他学了很多诗歌。而且公开提到他的名字,对引用他的传述也是直言不讳。

艾布·宰德是这三人中向阿拉伯游牧人学习最多的一个,他的学习方法也与艾斯麦伊不同。后者的学习范围很窄,只学一些最地道的语言,而且要求十分严格。而艾布·宰德——尽管他考证严谨,人们对他也更加信任——并不限制自己的学习范围,而是传述他所听到的一切,哪怕是些生僻罕见的内容也罢。因此,他有很多独到之处。在语言上,人们引述他的东西比引述艾斯麦伊的要多。

艾布·宰德长寿,活了将近一百岁。晚年他的记忆力不行了,但神志却很清醒。里亚什想把他写的关于《树木和水草》的书念给他听,艾布·宰德说:“不要给我念了,我已经把它忘记了。”艾布·宰德卒于伊斯兰历215年。

他留给我们的著作有:《珍闻集》、《雨》、《初乳与奶》。

他在《珍闻集》的卷首说:“书中的诗都是听穆方达理·朵比说的。书中的语言和各种短长格的诗都是听阿拉伯人讲的。”他的写作方法是:先引述两三句,或三四句诗,然后对诗中生僻的字句加

① 伊本·赫里康:《人物传记》,第1卷,第293页。

以解释。看来,他是有意选些带有生僻字词的诗句的,比如他说,盖塔法尼部族中的一个男人说:

> 孩子母亲知我睡眼矇眬起身去迎客,
>
> 急忙俯身乳儿,颈上露出双痣。
>
> 我切生肉下锅,熟后切碎忙待客。

然后对诗文中生僻的单词一一加以解释。

显然,后来的语言大师给该书加了许多眉批。如艾布·哈梯姆·赛吉斯塔尼、里亚什和穆拜莱德等艾布·宰德的弟子,以及其他学者都曾为该书作注。

至于《雨》和《初乳与奶》两书的写法,则与艾斯麦伊写的《椰树与葡萄》的文章相似。例如,艾布·宰德在《初乳与奶》一书中写道:"据说,可饮用的奶有掺水的奶、水多于奶的奶和混合奶之分。混合奶系由山羊奶和绵羊奶,或由骆驼奶与羊奶混合而成。如果鲜奶变酸了,也叫做混合奶。"等。全书只有两页纸的篇幅。

至于艾布·欧拜德·麦阿麦尔·本·穆赛纳,他的原籍是波斯,祖先为犹太人,隶属泰伊米部落。他是巴士拉三大学者中最博学多才的一个。他的出身、经历使他掌握了犹太、波斯和阿拉伯等多种文化。他的学问不像另两个人那样只局限在语言、语法和趣闻轶事上,而是涉猎多种学科。他对阿拉伯人的历史很了解,并能与波斯历史进行对照比较。他虽受过阿拉伯教育,但他是波斯人,故他的阿拉伯语表达能力赶不上艾斯麦伊和艾尔·宰德。艾布·努瓦斯对他做了最好的形容,他说:"艾布·欧拜德是一个虽有著作但不可读的学者",即一个没有口才、不善辞令的学者。他在写作能力和知识渊博上超过他的两个对手,而他的对手则在措辞造句上胜他一筹。他的波斯血统使他摆脱了阿拉伯人的偏见，他是一个多民族主义者。有时也骂骂阿拉伯人，写书攻击他们的短处。但尽管如此，艾布·欧拜德在阿拉伯语上的造诣并不亚于艾斯麦伊和艾布·宰德。伊本·穆纳齐尔说过这样一句话："对于语言上的疑难，艾斯麦伊能解答三分之一；艾布·欧拜德能解答二分之一；艾布·宰德能解答三分之二。"有人把这句话解释成：这不是一个学识渊博与否的问题，而是涉猎的知识面宽窄的问题。如艾斯麦伊的学术面最窄，而"艾布·欧拜德则是三人当中对阿拉伯历史最了解、掌握资料最丰富的人"。相传他曾说过："不管是在蒙昧时代，还是在伊斯兰时代，只要有两匹马相遇，我就知道是那两匹马，并知道骑手是谁。"这虽然有些夸大其词，但却说明艾布·欧拜德有着广博的历史知识。易斯哈格·本·易卜拉欣·穆苏里把艾布·欧拜德请到巴格达，并引见给哈里发拉希德。当时，易斯哈格和某些波斯人，如伯尔麦克家族都把艾布·欧拜德摆在艾斯麦伊的前面，并用艾布·欧拜德排挤艾斯麦伊。实际上，艾布·欧拜德也确实比艾斯麦伊更有学问。他的波斯血统使他挣脱了阿拉伯偏见的束缚，对经、训的解释不像艾斯麦伊那样严格，在理解经文时能毫无难色地说出自己的创见。

艾布·欧拜德也是个老寿星，活了将近一百岁，于伊斯兰历213年去世。

艾布·欧拜德留下了很多著作。最主要的有《捷里尔和法莱兹达格的对立》。书的卷首有这样的字句："哈桑·本·侯赛因·苏凯里说：穆罕默德·本·哈比卜说，'根据艾布·欧拜德·穆阿麦尔·本·穆赛纳·泰伊米的传述'，云云。"书中列举了捷里尔和法莱兹达格的相互对立的诗句，对诗中的生僻的字词做了一些解释，对有关阿拉伯人的历史及其重大事件做了详尽的说明，从而为《罕世璎珞》和伊本·艾西尔的历史提供了大量素材，成为这些著作的基础。《对立》一书，有力地证明了艾布·欧拜德在文学、诗歌、阿拉伯历史、阿拉伯部落及其宗系等方面具有广博的知识。贝文(Bevan)教授于1905—1912年，先后发表了这部著作，共三卷，第一、二卷是诗及其解释，第三卷为目录。无疑，这是我们手中能说明艾布·欧拜德的写作方法、他的语言及其风格的最重要的遗产。

艾斯麦伊、艾布·宰德和艾布·欧拜德这三个人是巴士拉的三颗巨星，是我们向之学得大部分语言和文学的学者。在有关语言的书籍中，如将他们的作品去掉，那就所剩无几了。

当时，在与他们抗衡的库法学者中也有三颗巨星，他们是：基萨伊、法拉和穆方达理·朵比。这三个人都曾住在哈里发的宫中，都做过王储的业师。

穆方达理·朵比是朵拜部落的阿拉伯人，是最著名的库法学者之一。据说，他曾与易卜拉欣·本·阿卜杜勒·本·哈桑反对过哈里发曼苏尔。曼苏尔胜利后赦免了他，还让他教育他的儿子迈赫迪。

穆方达理·朵比以精通语法、谙熟宗系和阿拉伯历史以及传述诗歌著称，并以忠实于讲述内容而闻名于世。关于他去世的年代，有伊斯兰历164年、168年或170年三种说法。

穆方达理·朵比留给我们的最重要的著作是《穆方达理诗集》和《谚语集》。该诗集前面已做过介绍。

基萨伊与巴士拉的西伯威一样，也是波斯籍人。他在库法长大，曾拜艾布·加法尔·鲁瓦西为师。后去巴士拉向哈利勒·本·艾哈迈德学习。此外，他还到过汉志、内几德及帖哈麦等地。当他返回库法时，除去记在脑子里的东西之外，他已用掉十五瓶墨水用来写作。从我们手中掌握的材料来看，他的语法成就不如西伯威。但就语言和语法而言，他在拉希德宫中的地位可与艾布·优素福在教法上的地位相比。[①] 拉希德还让基萨伊做了他的两个儿子——艾敏和麦蒙的老师。“基萨伊受到哈里发的赏识，从家庭教师的地位一下成为哈里发的座上客和知己。”[②]

基萨伊以精通语法、语言和诵读《古兰经》著称。但“对诗歌却不擅长，以至于有人说，在阿拉伯语学者当中没有人比基萨伊对诗歌更一窍不通了”。[③]

巴士拉人攻击基萨伊，说他的语法是从巴士拉人那里学来的。后来又去巴格达，遇到侯脱米耶的游牧人[④]，向他们学的都是些谬误。从而将在巴士拉学到的语法也弄乱了，成了不伦不类的大杂烩。他们说：“基萨伊听到一些难免有错误的特殊表达方式和自身语言不规范、不地道的人传述的诗句，他把这些都当成规则，加以运用、类比。从而破坏了语法的规范性。”前面已讲过，这是库法人在语法上的做法。从基萨伊传述的例子来看，他大量使用类比，大

① 参看雅古特:《文学家辞典》，第 5 卷，第 188 页。

② 同上书，第 5 卷，第 183 页。

③ 《名人传记》，第 1 卷，第 469 页。

④ 侯脱米耶——根据雅古特的《地理辞书》介绍——是位于巴格达东部法尔赛赫的一个村庄，属赛里布·哈脱姆管辖。

段地进行解释，经常用一些牵强附会的说法，为属格、主格、宾格以及开口符、合口符和齐齿符的使用放行。[①] 基萨伊的说理论证不如西伯威。

人们对基萨伊传述的可靠性，正如对待艾斯麦伊等人的态度一样，有各种不同的看法。艾布·宰德·安萨里说："基萨伊绝无欺骗的经历。"而伊本·艾耳拉比则用最尖刻的语言批评了这一说法，他说："如果艾布·宰德真的说过这样的话，那地球上就没有比他更神志不清的人了。"[②]请注意：艾布·宰德是巴士拉人，而伊本·艾耳拉比是库法人，而且还是基萨伊的弟子。赫忒布·巴格达迪所描绘的形象说明基萨伊还是诚实、完美、博学的。不管怎么说，大部分人对基萨伊的评价还是公正的，对他还是信赖的。特别要指出的一点是，基萨伊还是一个著名的诵经家。

基萨伊卒于伊斯兰历189年。

基萨伊的著作，只保留下一篇有关一般人所犯语法错误的论文。

继基萨伊之后的巨星是他的弟子法拉，即叶海亚·本·齐亚德，原籍德邑莱姆，隶属艾赛德部落。毋庸置疑，法拉是库法人中最有学问的人。他集库法和巴士拉两地的学问于一身，他既向库法的基萨伊学习，也向巴士拉的优努斯请教。他除了具有渊博的学识之外，还才智过人。他在语言上的造诣极深，在语法上的成就无与伦比，以至于被冠以语法上的穆民领袖的雅号。此外，他还是

① 参看雅古特：《文学家辞典》，第5卷，第192页；《巴格达志》，第11卷，第411页。

② 《文学家辞典》，第5卷"基萨伊传"。

一位精通各派教法的法学家、星相学的高手和医学专家。他对阿拉伯人的战争及其诗歌也颇有研究，他还是一位“倾向穆阿台及勒派”的教义学家，“他使用哲学语言，并以哲学观点从事写作”。[①]

哈里发麦蒙让法拉做他孩子的老师。法拉和基萨伊之间的区别，就如同麦蒙和拉希德的不一致；如同思想开化的麦蒙和较为守旧的拉希德之间的差异；如同拉希德时代刚刚兴起的学术运动和麦蒙时代的繁荣昌盛之间的区别一样。法拉对《古兰经》注释、对语言和语法有着广泛的影响。麦蒙要他把语法规则归纳一下，把从阿拉伯人那里听到的东西集中起来。为此，给他在宫中专门开辟一个房间，并派人服侍。麦蒙的藏书供他使用，还派文书为他抄写。于是，法拉便埋头写作，著书立说。他校订了语法，并使之哲学化，他写了《限度》一书，书名就说明他受了逻辑学的影响。他所说的《限度》，就是定义，如名词的确指和泛指的定义、呼唤词的定义，以及词尾省略的规则等。这些都是西伯威在其著作中没太重视的问题，也是他受到哲学和逻辑学影响的结果。法拉在使语法大众化方面做出了贡献，他的语法连小孩子都能懂。这与西伯威语法的深奥难懂恰成对照。同时，法拉还做了语言的搜集和校订工作。赛阿莱卜说：“没有法拉，就没有语言，因为语言是经他搜集和校订的。”法拉在为《古兰经》作注释上的贡献已有前述。

总而言之，法拉在使语言和语法正规化、在制定规则、正本清源方面向前迈进了一大步。这在后人的著作中看得很清楚，因为法拉的大部分著作没有流传下来。

---

① 雅古特：《文学家辞典》，第 7 卷，第 276 页。

法拉卒于伊斯兰历 207 年。

库法人中与法拉齐名的还有以伊本·艾耳拉比的名字著称的穆罕默德·本·齐亚德。他的父亲并不像字面上表示的那样是游牧的阿拉伯人，而是一名信德奴隶，艾耳拉比是他的别号。“因为人们认为，一个人尽管不是阿拉伯人，但只要是贝都因人，就可算作是游牧的阿拉伯人。”

伊本·艾耳拉比以精通语法著称，被认为是最著名的语言大师之一。他还是一位传述阿拉伯各部落诗歌的传述家。他具有艾斯麦伊那惊人的记忆力。他就是凭记忆力向人们传授知识的，如将他口授的内容收集起来，会写成很多本书。

因他对学者的评价极其严格，看来他的传述是可信的。艾斯麦伊、艾布·欧拜德和基萨伊等人，他都批评过，指责他们在传述中有欺骗和虚构的行为。

伊本·艾耳拉比卒于伊斯兰历 231 年，享年约八十岁。

当时，还有一种别具风格的独特艺术，即讲述诗歌、历史，讲述阿拉伯人的战争和重大事件的说书艺术。前面已提到一些人，他们对这门艺术多少都做出过贡献，但有一批人却胜过他们的前辈，以讲故事名扬天下。其首领也是命中注定：一为库法人，一为巴士拉人。库法人是说书人罕玛德，巴士拉人为赫勒夫·艾哈麦伊。他俩都不是真正的阿拉伯人。前者是达伊莱姆人，后者是法尔加尼人。[①] 罕玛德和赫勒夫的知识都很渊博，都精通诗歌，熟

① 法尔加尼是一河谷名，位于现在的乌兹别克、塔吉克和吉尔吉斯境内的赛尔达里亚河流域。——译者

知各种诗歌艺术及各时代诗歌的特点。他俩对历史、对战争、对重大事件都知道得清清楚楚。库法人和巴士拉人都向他俩请教过。他俩又都是说谎、编造的老手，是杜撰、虚构的大王。伊本·艾耳拉比说："我听穆方达理·朵比说过：诗一旦到了罕玛德的口中就不可救药了。有人问：为什么？他把诗传述错了吗？或者是他传述中有语法错误？答：如果是那样就好了。因为有学问的人可以把这些错误订正过来。但罕玛德是一个通晓阿拉伯人各种语言和诗歌、知道诗人所属的派别及其用词含义的人。他总是说：诗如其人，诗人总是把自己的观点写进诗里，他自己也是这样做的。古人的诗良莠不齐，只有那些有批评眼光的学者才能区分出好坏来。这样的学者上哪里去找呢？"①

《诗歌集》讲了这样一件事：哈里发迈赫迪对穆方达理说："我见祖海尔·本·艾比·苏勒马在他的诗的开头就说：莫管它！还是说说海拉米吧——句前并没有别的话，是什么让他丢下废墟呢？穆方达理回答说：穆民的领袖呀！我没听过这首诗，但我猜想他在想一句他说过的话，或者想叙述一首诗，但没想起来。便改成赞美海拉米了。于是，说了句莫管它。后来，迈赫迪又把罕玛德召来问这个问题，罕玛德说：穆民的领袖呀！祖海尔不是这么说的吗？问：怎么说的？罕玛德吟诗道：

谁家皑皑高山顶，
历经岁月静无声，
风云剥蚀似刻刀，

① 雅古特：《文学家辞典》，第7卷，第171页。

面目模糊难辨清。

莫误废墟唱恩主，

海拉米当世一英雄。

迈赫迪听罢沉思良久。接着，便让罕玛德对他吟的诗句起誓，以明他言属实。迈赫迪要求每句誓言都要刻骨铭心。到了这个时候罕玛德才承认上述诗句出自他的口。”①

相传，一游牧人来到罕玛德处，为他朗诵了一首未曾听过，也不知其作者的诗。罕玛德命人将诗文抄录下来。录毕，游牧人起身告辞，罕玛德开口道：你们看让谁当这首诗的作者呀？众人七嘴八舌，提了好几个人的名字。罕玛德说：这首诗就给塔尔法吧。②

罕玛德收集整理了七首《悬诗》。艾斯麦伊说：“我们手中有关乌姆鲁·盖斯的诗，除了有些是听艾布·阿塞尔·阿拉说的以外，其余都是罕玛德传述的。”③此外，罕玛德还传述过一些倭马亚人讲的类似一千零一夜故事中的奇闻逸事。④

罕玛德在使伊斯兰世界到处都充斥着他编造的传述之后，于伊斯兰历 155 年去世。他留给我们的是他的弟子和像他一样的传述家，即海赛姆·本·阿迪。以后将会提到这个人。

这就是库法的罕玛德。他的对手是巴士拉的赫勒夫。赫勒夫也是当时精通诗歌井极善杜撰伪诗的人物之一。“他编造了很多阿卜杜勒·盖斯等部落的诗人的诗。这些诗被巴士拉人和库法人

---

① 《诗歌集》，第 5 卷，第 173 页。其中错误之处已经改正。

② 《华枝集》，第 2 卷，第 205 页。

③ 同上。

④ 参看伊本·安巴里：《文学家传记》，第 44 页。

学去了……赫勒夫成了写诗的典范。他都是以别人的名义写诗。他说的每首诗总要与他掌握的诗进行对照。后来，赫勒夫隐居修行，日夜诵读《古兰经》……经过修身养性，便跑到库法人那里，告诉人们哪些诗句是他加在别人诗中的。对此，人们回答说：你以前在这里讲的比现在讲的更可信，他杜撰的诗句至今还保留在库法人的诗集里。”①

赫勒夫大约卒于伊斯兰历 180 年前后。

赫勒夫在说谎骗人上不如罕玛德那样肆无忌惮，那样无所顾忌。学者们对赫勒夫是否诚实有不同的看法，但对罕玛德的行骗却是众口一词。赫勒夫的弟子、《诗人传记》一书的作者穆罕默德·本·赛拉姆·久姆哈对他很相信。他说：“我的朋友都一致认为艾哈麦尔（赫勒夫）最善于发现好诗，他的传述也最可靠。如果我们引用他讲述的史料或诗句，就不要管它是不是听本人说的。”②这可能是造成库法的诗多，而相信这些诗的学者少的一个原因。艾布·塔伊卜说：“库法的诗比巴士拉的诗多而且全，但其中大部分是杜撰的，张冠李戴的现象比比皆是，这在库法人的诗集中十分明显。”③

当然，鉴于巴士拉人和库法人之间的敌对状态，两地的学者中会有人在攻击对方上大做文章，这也是毫无疑义的。

总之，当时巴士拉人所取得的成就更大一些，他们传述的内容也更可靠一些。其原因是：到巴士拉来的语言地道的游牧的阿拉

① 《华枝集》，第 2 卷，第 203 页。

② 雅古特：《文学家传记》，第 4 卷，第 179 页。

③ 《华枝集》，第 1 卷，第 206 页。

伯人比去库法的多，学者们向这些游牧人学到很多语言和文学。当时，学者们的做法是到沙漠中向游牧人学习，游牧人也同样到内地来。学者们都愿向巴士拉附近的游牧人学习，而不愿向库法附近的游牧人求教。因为前者的游牧生活更加古朴，而后者则受到当地文明的腐蚀。另一个原因是——正如读者所知——巴士拉学派的出现比库法学派大约早一百年，故巴士拉的语法和语言自然要比库法更加成熟，更加纯正。此外，库法人与巴格达的哈里发及王公贵族的联系比巴士拉人密切。为了争宠，库法人之间的竞争十分激烈，他们在讲故事时或在酒宴上各展所长，各逞其能，对大家感兴趣的题目随意发挥，对有关游牧人的题材更要大做文章。但另一方面，因库法人接近哈里发，并担负教育哈里发及王公贵族的孩子的重任，故他们使用的语言、他们所讲述的学问，与巴士拉人比较起来，更加通俗易懂。读者已经看到，哈里发麦蒙之子的老师——库法的法拉就将语法变成能为孩子们接受的知识。但相传，"如果有人想在穆拜莱德面前读西伯威(巴士拉人)的语法著作，穆拜莱德就对该人说：'你是涉海求艺啊！'以示对西伯威语法的推崇，并说明该书的难度。"

不管怎样，巴士拉和库法两派在学术上的合作、辩论、竞争，以至相互炫耀、攻击一直持续到伊斯兰纪元第三世纪末期。两个学派都有自己的个性、特点和代表人物，直到两派融合于巴格达学派之中时，分歧才开始消失。自那以后，语法和语言学家对两派的分歧就当成历史问题来研究了。两派最后的代表人物，也许要算是库法的赛阿莱卜(伊斯兰历 285 年卒)和巴士拉的穆拜莱德(伊斯兰历 291 年卒)了。他俩曾进行过很多辩论和竞争，后来，争辩逐渐平息。

*　　　　*　　　　*

回顾前述，可以看到：阿拔斯时代的前期是搜集语言的时代，是语言从口耳相传到记载成书，从口头到笔头转化的时代。而从事语言搜集和记载工作的是前面提到的那些学者和其他一些语言学家，但不管这些学者如何勤奋，如何努力，也无法将阿拉伯人各个部落的语言都记载下来。因为那需要有一个严密的最高权力机构，制定一项类似“国家统计局”制订的周密计划，以确定应向其求教的部落，指派学者，并规定搜集和记载的方法。如果那样，搜集的范围就会更广，对词义的确定就会更准。同时，也不会出现个人或几个人杜撰、编造词义的现象。但是，这种想法当时没有，也不可能有。因为那时的政府——不管是倭马亚王朝，还是阿拔斯王朝，都没有采取任何步骤来管理学术活动。语言学是如此，宗教学也是一样，就连用来统治百姓的法律都没有官方条文，国家也不管。——正如读者在教法章所见——当时的学术运动是民族自身的努力，学者们只是随着自己的意愿进行学习，从事教学。个人的愿望是学习的动机，个人的才华使学者具备在清真寺里设座讲学的能力。上述的语言学家是靠他们自己的努力来搜集语言、记载语言的。其做法不是到沙漠中去向游牧人求教，就是听找上门来的游牧人讲述。这种没有一定计划的方式自然会漏掉很多词汇，这就是蒙昧时代诗人和伊斯兰时代诗人的诗句中很多优美的字词在我们手中的字典里找不到的原因，也是诗中很多词义与字典解释不符的脚注。

这种个人的创造性劳动也是造成一语言学家与另一语言学家

对同一词义的理解不同的原因。如一语言学家在与阿拉伯人打交道时，是从特定的语言环境中理解词义的，对同一个词，另一语言学家是在另外一种语言环境中，在另外的场合听到的，故对同一个词的理解就有很大的差别。这就解释了词典里对词义有各种不同解释的现象。此外，可能还有另外一个原因，即同一个词，在一个部落里当一种意思用，在另一个部落里却当成另一种意思用。加之上面提到的无组织情况，使传述者在大多数情况下无法确定每个词的来源和出处，他们确有自己的苦衷。传述者如果按部落传述语言，字典就会成为多卷本了。

另一方面，当时阿拉伯语的书写还不够健全，对字母上的点和符号的标写不大注意，而阿拉伯语的字母又很近似，很多字母就靠有无点及点的位置来区分，故极易发生书写错误。如有的字母只有一点之差，有的字母在字头和字中写法的区别也只是点的多少和上下而已，这是造成字典中对一个字母有不同写法，并指责他人谬误的原因。笔者偶然翻开《阿拉伯语大辞典》，在"盖拜朵"栏目下见到如下字样：莱斯说："古拜依朵"意为"矮小的女人"。艾兹海里说：该字抄写有误，正确的写法是"拱布朵"。类似的错误在该栏目下还有两处，共出现了三种抄写错误，在整个阿拉伯语中该有多少个错误啊?!

最有趣的是：相传，有些学者对某诗人的名字各持己见，便写信向其他四位学者请教，结果四位学者的答复竟四种样子。[①] 语言学家已指出了一些书写错误，但还有很多字，只要推敲一下，也会找出这类错误。

① 《华枝集》，第 2 卷，第 188 页。

此外，有的语言学家并不是语言权威，他们在哈里发或王公贵族面前，或者在公共聚会上被问到某个不知道的字，答不上来，面子上过不去，便用生编硬造的办法摆脱窘境。例如，有一伙人编造了一个字，问穆拜莱德该字是什么意思，穆拜莱德回答说："意为棉花"。诗云："其驼峰恰似一堆棉花。"[①]就这样，穆拜莱德不仅为那个生造的字创造了词义，而且连例证都杜撰出来了。

尽管学者们费了很大的气力，对书写错误和杜撰的字词进行了考证，但书中的错误仍然不少。遗憾的是，这些气力几乎都用在了阿拔斯时代前期和后期出现的错误上。后来的学者只是做些收集前人的言论或对收集的内容加以摘录、选辑的工作。对那些业已证明是不正确或不需要的字词并未处以"极刑"，对那些确实正确而又需要的字词也没有给予充分肯定。

文学的情况也是一样。文学作品也是在阿拔斯时代搜集起来的。以前，诗歌和散文都是经阿拉伯人口耳相传的。正如读者所见，对同一首诗有不同的传述。因为记忆力并不可靠，张冠李戴、词句移位、丢三落四等现象时有发生。罕玛德和赫勒夫·艾哈麦尔等人问世后，视杜撰、滥造为乐趣，他们利用人们的好奇心，利用人们想从奇闻轶事或别出心裁的诗歌中寻找刺激的心理，纷纷摇唇鼓舌、肆意编造。这使穆方达理·朵比认识到：被这些骗人高手做过手脚的作品，再想弄清真伪就很难了，甚至是不可能的。

艾斯麦伊写道：有的传述家对我说：我问谢尔格·本·古塔米，阿拉伯人给死者做礼拜时说些什么？答：不知道。我说：那你

① 伊本·安巴里：《公平对待巴士拉人和库法人之间的分歧》，第282页。

就骗骗他们吧！于是古塔米说:他们会说:你慢慢就会复活的。如果是在聚礼日,就在清真寺的小房间里讲。伊本·达厄卜也杜撰诗歌,编造故事,把他自己讲的话说成是阿拉伯人说的。[①] 传述家们在先知经历的事件和参加的圣战中也塞满了诗歌,穆罕默德·本·易斯哈格将这些诗都写进了穆圣传记。尽管如此,像穆罕默德·本·赛拉姆·久麦希那样的学者并没有失望,没有灰心。他们将诗放在伊斯兰教的熔炉里进行检验和批判,去伪存真,以辨真假。

在语法和词法上我们也是深受这个时代的恩泽的。由哈利勒发明创造、经西伯威记录整理、被法拉等人补充完善的语法和词法是我们现有语法和词法的基础。如果说后来有些新东西,那只不过是些分类、注释、简化和小小的补充而已,没有新的发明、没有新的成果。如果说,在这漫长的岁月中,我们吃的就是这些人准备的语言、文学、语法和词法的宴席,而我们没有为它添加一道新菜,甚至连烹饪的方法都没做多少改变的话,那是不过分的。

笔者还发现只有伊拉克人参加了为语言和语法奠定基础的工作。埃及人和叙利亚人的贡献在《古兰经》的读法、圣训、历史和教法上。在这些方面,他们有着可同伊拉克人媲美的人才,这在谈及思想生活中心时已有述及。但是,根据已掌握的材料,没有发现一个埃及人或叙利亚人像艾布·阿慕尔·本·阿拉、哈利勒、艾斯麦伊等人那样勤奋、认真地搜集和记载语言。虽然在埃及也有地道的阿拉伯人,埃及人完全可以将从他们那里听到

---

① 《华枝集》,第2卷,第210页。

的言语记录下来，以做出自己的贡献，或许能给我们带来一种有别于伊拉克人风格的色彩。叙利亚的情况也是一样。那里也有真正的阿拉伯人，而且离沙漠很近，完全可以到沙漠中听游牧人讲述，并将听到的内容记载下来，正如艾斯麦伊和基萨伊等人做的那样。那也许会给我们的语言又增加一种新的格调。但是，他们都没有那样做。不知道埃及人和叙利亚人中有谁像哈利勒、西伯威和法拉那样曾为创建语法奠过基石。在教法上，埃及曾有莱斯·本·赛阿德、叙利亚曾有奥扎仪那样能同伊拉克法学家较量的学者，但在语言和语法上就没有他们自己的艾斯麦伊和西伯威了。其原因可能是多方面的，如：阿拉伯语在埃及不像在伊拉克那样普及。在埃及的阿拉伯人自己不需要搜集语言，也不需要制定语法。而当地的埃及人自倭马亚时代才开始学习阿拉伯语，根本无法从事这项工作。当他们掌握或快要掌握阿拉伯语时，语法已经成形，语言的搜集也已结束。至于对圣训、历史、教法等学科的研究，其宗教动机远在语言或语法考虑之上。在埃及的阿拉伯人需要的是圣训和与之有关的历史和教法，而不是语法和语言。当他们从事圣训，而不是语言和语法的研究时，释奴便仿效他们，钻研起圣训来了。叙利亚人的情况也大体如此，尽管他们与阿拉伯人的联系比埃及人密切。另一个原因是，前面指出的特定的历史条件使语法先在巴士拉草创，后又传到库法，经两派共同努力，作为语言产儿的语法才告诞生。因距离远，巴士拉语法没有传到埃及和叙利亚。再一个原因是，伊拉克是孕育各种文明的地方，伊拉克人在被阿拉伯化之前曾从事过大量的学术研究。有的民族早就有自己的语言和语法，

当被阿拉伯人同化后，就有了要在阿拉伯语上建立起他们曾在其他领域上建立过的成就的设想。除此之外，阿拔斯王朝的哈里发和王公贵族对语言和语法的兴趣，他们对语言和语法运动的支持和鼓励，也是一个重要原因。倭马亚人仅从传述的角度，而不是从学术高度来鼓励阿拉伯文学的发展的，所有这一切，便造成了上述的结果。

*　　　*　　　*

不管怎么说，真正引人注目的是当时的学者在搜集语言、创建语法上的严谨、认真态度。这是以后的伊斯兰各个时代所没有过的。诸如承受在沙漠中与游牧人交往的艰辛，历经长途跋涉之苦，饱尝生活上的万种磨难，他们深谋远虑，克勤克俭，高瞻远瞩，一往直前，哈利勒·本·艾哈迈德的经历就是一个最好的写照，这一切都令人钦佩不已。艾斯麦伊写道：耳萨·本·欧麦尔说："我深夜抄书，直至腰折。"艾斯麦伊的侄子艾布·阿拔斯因孤身深入沙漠，备受惊恐，加之思念亲人，遂欲归。后见一阿拉伯人，便恳请其帮助寻找游牧人，阿拉伯人应其求，同去游寻。最终听到一游牧人吟诗，句首为：

妇人呀！相会之期何其远，见你一面何其难，

你比北斗星中的帝星和太子星离我还远。

艾布·阿拔斯说："凭真主起誓，听了那诗，我已把亲人忘记，背井离乡，生活之苦都算不了什么。"传说，艾布·穆哈莱姆给优努斯·本·哈比卜念了几句短长格的诗，后者因找不到纸而将诗写在胳膊上。

诸如此类的例子很多，这说明学者们在学术上经受的磨难和困苦，比起战场上的战士还有过之而无不及。

第七章　历史和历史学家

前面已经讲过，最先受到重视的伊斯兰历史是先知的生平及其圣战，这类历史有两个依据：一是流传在阿拉伯人中间的有关蒙昧时代的历史，如久尔胡木部落及填埋渗渗泉的历史，古索·本·基拉布控制麦加，统一古莱氏部落，以及古达阿部落援助古索的历史、有关马里卜水坝的故事等。二是圣门弟子、再传弟子及其后人讲述的有关先知的生平。从先知出世、成长，到传播伊斯兰教和对多神教徒发动的圣战。总之，是有关先知从生到死的历史。除了这些史实之外，历史学家们还传述了有关的诗歌。据权威人士讲，其中有些诗是原作，而有些诗则是杜撰的假货。

传记中对伊斯兰教产生以前的历史事件的传述受到讲述发生在蒙昧时代的阿拉伯战事的影响，而对伊斯兰时代历史事件的记述则受到传述圣训方式的影响。

先知的历史已写入圣训。当年圣训学家收集圣训时，见到什么就收集什么，并无条理，故有关先知生平的圣训也是分散的，无系统的。当圣训按专题分类后，先知的生平便被集中在一起。其中，最著名的章节是《征伐与生平》[①]。后来，这些章节又从圣训中

① “征伐”原为“袭击、侵略、进攻”之意。后来，历史学家又将征服者的业绩及其征战统称为“征伐”，后又泛指先知的生平，以至于成为先知传记的代名词。

分离出来，单独成册。但是，圣训学家仍将先知的生平列入他们编纂的圣训实录里。如在《布哈里圣训实录》中就有《征伐》一章。在《穆斯里姆圣训实录》中有《圣战与传记》的章节。在《艾哈迈德圣训实录》中也有《征伐》的段落，其他圣训书中也有与先知历史有关的内容。为说明先知传记的成书过程，请看下页表：

最早以写作圣战著名的有四个人：哈里发奥斯曼的儿子艾巴奈（伊斯兰历105年卒）。他曾为阿卜杜·麦立克·本·麦尔旺做了七年的麦地那总督，以精通圣训和教法著称。他收集到的传记材料只是些有关穆圣生平的只言片语。从伊本·赛阿德对穆黑莱·本·阿卜杜·拉赫曼的评价中也可以看出这一点："穆黑莱是个圣训权威，除了从艾巴奈·本·奥斯曼那里学来的有关穆圣亲自参加的征伐战役之外，他传述的圣训很少。这些战史多是读给他听的，他也让我们去讲授这些战史[①]。"但奇怪的是：最早的传记作者，如伊本·赛阿德和伊本·希沙姆在他们的著作中都没有引用艾巴奈的传述。

第二位圣战史的作者是阿尔瓦·本·祖拜尔，他出身于显赫的名门望族。他是阿卜杜勒·本·祖拜尔和穆斯阿卜·本·祖拜尔的兄弟，父亲是祖拜尔·本·阿瓦姆，母亲也是阿卜杜勒的母亲即艾布·白克尔的女儿艾思玛。阿尔瓦生于伊斯兰历23年，在麦地那长大。曾跟很多圣门弟子，如他的父亲祖拜尔、宰德·本·萨比特、艾布·胡赖莱、阿卜杜勒·本·欧麦尔、阿卜杜拉·本·阿拔斯等人学过圣训和历史。阿尔瓦对倭马亚人没有好感，他常

① 伊本·赛阿德：《圣门弟子传》，第5卷，第156页。

编写先知传记的历史学家一览表

第一批

- 艾巴奈·本·欧斯曼·本·阿番（麦地那人）伊斯兰历（下同）105年卒
- 阿尔瓦·本·祖拜尔·本·阿瓦姆（麦地那人）92年卒
- 舒莱赫比勒·本·赛阿德（麦地那人）123年卒
- 瓦哈布·本·穆奈比海（也门人）110年卒

第二批

- 阿卜杜拉·本·艾比·白克尔·本·哈兹姆（麦地那人）135年卒
- 阿绥姆·本·阿慕尔·本·盖塔戴（麦地那人）120年卒？
- 伊本·谢哈布·扎赫里（麦加人）124年卒

第三批

- 穆萨·本·阿格拜（麦地那人）141年卒
- 麦阿麦尔·本·拉希德（巴士拉人）150年卒？
- 穆罕默德·本·易斯哈格（麦地那人）152年卒？
  - 扎亚特·布卡伊（库法人）183年卒
    - 伊本·希沙姆——先知传记的作者 218年卒
- 瓦基迪（麦地那人）207年卒？
  - 穆罕默德·本·赛阿德（巴士拉人）230年卒

与阿里・本・哈桑・本・阿里坐在麦地那的清真寺里谈论倭马亚人的暴政,但他俩无力改变现状,只好以议论暴政来逃避真主的惩罚。[①] 阿尔瓦传述的圣训很多,而且所述可信。他还将他的学问作了记载。其子希沙姆说:"吾父在黑石战役中将他有关教法的书烧毁了。他事后说:对于我来说,书比亲人、儿子还要珍贵。"[②]阿尔瓦曾离开麦地那,在埃及住了七载。白拉祖里引述阿尔瓦的话说:"我在埃及待了七年,在埃及结了婚。亲见埃及人负担过重,无力承受。当年阿慕尔以和平方式征服埃及,许以诺言、课以捐税。"[③]伊本・赛拉姆在《历代诗人传》一书中提到:当阿卜杜勒・本・祖拜尔宣布脱离与叶齐德・本・穆阿威叶的臣属关系时,阿尔瓦・本・祖拜尔正在埃及。[④] 阿卜杜勒被杀后,阿卜杜勒・麦立克对阿尔瓦尊崇备至。《诗歌集》有这样的记载:"阿尔瓦来到阿卜杜勒・麦立克・本・麦尔旺处,后者命他与之同登宝座。后进来一伙人大骂阿卜杜勒・本・祖拜尔。阿尔瓦离座对侍从长说:阿卜杜勒・本・祖拜尔乃我父母之子,你们如要对他进行诽谤,就不要想得到我的原谅。"[⑤]阿尔瓦是欧麦尔・本・阿卜杜勒・阿齐兹任麦地那总督时(伊斯兰历 87—93 年)所借助的十大法学家之一,而且被认为是最能代表麦地那学问的七大法学家之一。阿尔瓦的出身使他能讲述很多有关先知的历史和传说,以及有关伊斯

① 伊本・赛阿德:《圣门弟子传》,第 5 卷,第 135 页。
② 同上书,第 133 页。
③ 《对各国的征服》,欧洲版,第 317 页;埃及版,第 225 页。
④ 《历代诗人传》,欧洲版,第 35 页。
⑤ 《诗歌集》,第 16 卷,第 45 页。

兰教初期的社会生活。他引用了其父祖拜尔、其母艾思玛，以及他舅母阿绮莎讲的话。

引用阿尔瓦言论最多的传述家是他的儿子希沙姆和伊本·谢哈布·祖海里。在伊本·易斯哈格、瓦基迪和塔巴里的著作中也引用了很多阿尔瓦的传述，如有关穆斯林出走埃塞俄比亚和迁移麦地那的历史、汪得尔战役的史料等。其中很多都是阿尔瓦对阿卜杜勒·麦立克·本·麦尔旺和瓦立德等人提问的答复，这些答复证明阿尔瓦是根据他收集到的圣训回答有关圣战之事的。

总之，现有的有关穆圣传记的早期著作，如伊本·希沙姆、伊本·赛阿德和塔巴里等人的著作，有很大一部分是以阿尔瓦提供的材料为依据的。

第三位作者是舒莱赫比勒·本·赛阿德。他是一位辅士的释奴，活了一百多岁，于伊斯兰历 123 年卒。他传述了很多宰德·本·萨比特、艾布·赛义德·胡得里、艾布·胡里莱的言论。据传，他写了《考证》一书。书中对从麦加迁移到麦地那的人名，以及参加过“白德尔战役”和“伍侯德战役”的人名做了考证。苏福扬·本·欧叶奈说：“对圣战和伍侯德战役的了解，没有人赶得上他，但他的传述不如艾巴奈和阿尔瓦那么可靠。”伊本·赛阿德说：“他晚年生活十分贫困，而且神志不清。他掌握的圣训无人肯用。”[①]据说，人们都躲避他，不愿理睬他。因为他所到之处，如主人不给他馈赠，他便说：你父亲没有参加白德尔战役。因此，伊本·易斯哈格和瓦基迪都没有引用他的传述，但伊本·赛阿德援引了他讲述

① 伊本·赛阿德：《圣门弟子传》，第 5 卷，第 228 页。

的先知从固巴迁往麦地那的说法。[①]

圣战史的第四位作者是瓦哈布·本·穆奈比海。对他已讲过很多,现在谈的是他对传记的贡献。《古籍释疑》一书的作者在谈到圣战和传记学时提到:"据说,第一个编辑、整理圣战史的是阿尔瓦·本·祖拜尔,瓦哈布·本·穆奈比海也参加了收集史料的工作。"早期的传记作者在他们的著作中并没有引用瓦哈布的传述,但他写的《圣战史》的某些章节已被发现,被保存在德国的海德堡市。这些章节写于伊斯兰历228年,传述人是穆罕默德·本·白克尔,他是听艾布·塔勒哈传述阿卜杜勒·穆奈阿姆从他父亲那里听来的内容,他父亲则是传述艾比·伊利亚斯从瓦哈布处听到的话。在这些章节里没有提到事件的历史线索,这是瓦哈布的习惯。书中提到了"第二次阿盖白誓约"、古莱氏部落的贵族会议及先知的迁徙等。尽管瓦哈布通晓犹太教和基督教的教义,并且在他的《圣战史》中加进了一些这方面的内容,但在已发现的章节中却看不到这一点。

这四个人是最早撰写《圣战史》的主要人物。其中三人是麦地那人,即艾巴奈、阿尔瓦和舒莱赫比勒。艾巴奈和阿尔瓦都出身于古莱氏部落的名门望族,舒莱赫比勒则是辅士的释奴。麦地那成为《圣战史》史料的最主要来源是很自然的事,因为大部分事件是在麦地那人的眼皮底下发生的。至于瓦哈布,人们说他原是一个有经典的人,后来才皈依了伊斯兰教,他是波斯籍的也门人。瓦哈布对他引证阿拔斯、加比尔、艾布·赛德·胡得里等人的传述,以

① 伊本·赛阿德:《圣门弟子传》,第1卷,第160页。

及他从犹太教徒和基督教徒的著作中读到的东西是很自信的。

继这四个人之后，又有一批对《圣战史》感兴趣的人。其中著名的有：阿卜杜勒·本·艾比·白克尔·本·穆罕默德·本·阿慕尔·本·哈兹姆·安萨里、阿绥姆·本·欧麦尔·盖塔戴和祖赫里。其中阿卜杜勒的曾祖父阿慕尔·本·哈兹姆是重要的圣门弟子之一。穆圣曾派他去也门，给也门人讲解伊斯兰教教义，并征收什一税。阿卜杜勒的祖父穆罕默德·本·阿慕尔是有名的虔诚教徒，死于"黑石战役"。阿卜杜勒的父亲艾布·白克尔在欧麦尔·本·阿卜杜勒·阿齐兹[①]任麦地那总督时，担任麦地那的法官。后来，苏莱曼[②]又命艾布·白克尔兼任麦地那总督。欧麦尔任哈里发时仍然留任。据传，马立克说过："有关司法的学问，麦地那没有人能与艾布·白克尔·本·哈兹姆相比。"欧默尔·本·阿卜杜勒·阿齐兹曾写信要艾布·白克尔收集圣训。艾布·白克尔有两个儿子：穆罕默德和下面就要介绍的阿卜杜勒。穆罕默德曾任麦地那的法官，他在断案时，有时会抛开圣训而使用麦地那人的公议，但他兄弟阿卜杜勒则是非圣训不用。

很多史料都是引用阿卜杜勒的传述。伊本·易斯哈格、瓦基迪、伊本·赛阿德和塔巴里都引用过他的史料，如有关先知早期的生平、各部落派代表团会见穆圣，以及有关叛教战争的史料等。在伊本·希沙姆写的《穆圣传记》中有这样一段话："伊本·易斯哈格说：阿卜杜勒·本·艾布·白克尔告诉我，他听他女人法蒂玛——

① 倭马亚王朝第八任哈里发，公元717—720年在位。——译者

② 倭马亚王朝第七任哈里发，公元715—717年在位。——译者

阿姆莱的女儿讲，法蒂玛又听阿卜杜·拉赫曼·本·赛阿德·祖拉莱的女儿阿姆莱说，阿姆莱又听阿绮莎讲……”塔巴里的著作中引用了穆罕默德·本·易斯哈格的一段话：“穆罕默德去见阿卜杜勒·本·艾布·白克尔，阿卜杜勒便对他女人法蒂玛说：把你从阿卜杜·拉赫曼的女儿阿姆莱那里听到的讲给穆罕默德听。于是，法蒂玛便说：我听阿姆莱说，我听阿绮莎讲，等等”。塔巴里引证穆罕默德·本·易斯哈格传述阿卜杜勒·本·艾比·白克尔说过的话：穆圣亲自参加的征战共二十六次，第一次是瓦达战役，其次是布瓦脱战役……总之，阿卜杜勒·本·艾比·白克尔对圣战和传记的写作产生过很大的影响。他的家庭在辅士中的显赫地位，以及娶了能通过阿姆莱传述阿绮莎言论的法蒂玛做妻子，为他收集有关圣战的史料提供了方便。

阿绥姆·本·欧麦尔·本·盖塔戴·佐法里[①]是出身辅士的麦地那人。他的祖父盖塔戴是一名曾与穆圣一起参加过白德尔战役的辅士。盖塔戴的儿子欧麦尔·本·盖塔戴传述了他父亲掌握的史料，并将这些史料传给了他的儿子阿绥姆。阿绥姆曾与欧麦尔·本·阿卜杜勒·阿齐兹有过交往。伊本·赛阿德说他是“一个传述学问的人，通晓圣战和传记。欧麦尔·本·阿卜杜勒·阿齐兹命他在大马士革清真寺讲学，讲授圣战史和圣门弟子的功业，阿绥姆遵命照办了”。关于阿绥姆去世的年代，有人说是伊斯兰历120年，有人说是129年。阿绥姆提供的史料是伊本·易斯哈格和瓦基迪写征战和传记所依据的来源之一。

① 佐法尔人是辅士中的一个部族。

伊本·谢哈布·祖赫里是麦加人，他的名字说明他是祖赫莱人。他的全名是穆罕默德·本·穆斯里木·本·欧拜德拉·本·阿卜杜勒·本·谢哈布。他的祖父阿卜杜勒·本·谢哈布在白德尔战役中曾与多神教徒并肩战斗，在伍侯德战役时，"他是商定如看到穆圣，就将他杀死，否则，就在他面前战死的几个人当中最认真的一个。"[①]"他就是打破穆圣额头的那个人。"[②]他的父亲穆斯里木"曾与伊本·祖拜尔一起反对过倭马亚人"。而穆罕默德·本·谢哈布·祖赫里后来却与阿卜杜勒·麦立克、希沙姆、欧麦尔·本·阿卜杜勒·阿齐兹等倭马亚人交往。他住在叙利亚，伴随哈里发，也不时返回汉志，以致麦克侯勒感叹道："如果不是因陪伴君王而自毁名声，祖赫里该是多好的人啊！"

伊本·谢哈布·祖赫里是最早记录自己学问的人之一，与他同时代的学者常常不好意思这样做。祖赫里说："没人像我这样发表学问，也没人像我这样尽力。"他收集和记载圣训都很勤奋。他说："在古莱氏人中，我认识四位大师：赛义德·本·穆赛伊布、阿尔瓦·本·祖拜尔、艾布·赛勒麦·本·阿卜杜·拉赫曼和欧拜德拉·本·阿卜杜勒·本·阿太白。"人们说："在集会上，祖赫里总是从前面入席，而不从后面就座。对与会者，不管是青年，或中年人，或老人，或中年女子，都要一一问过，向之求教，他甚至还想与新婚主妇交谈。"祖赫里还将谈话内容记录在案。索利哈·本·基萨奈说："当时我同祖赫里一起求学，他说：来，咱们写逊奈吧！

① 伊本·古太白:《百科大全》。

② 伊本·希沙姆:《穆圣传》。

于是，我们便写出了先知讲过的言论。然后，他又说：来！咱们将圣门弟子的言行也写下来吧！祖赫里写了，我没有写。结果，他获得了成功，我却坐失良机。”尽管祖赫里与倭马亚王朝的哈里发们有来往，但他们如要做有损学术的事，他是不会随波逐流的。如希沙姆·本·阿卜杜勒·麦立克[①]想将《古兰经》中的“他们之中的骄横跋扈之徒必受大苦”这句话里的“骄横跋扈之徒”说成是阿里·本·艾比·塔利卜。对此，祖赫里表示不能同意，他说：骄横跋扈之徒指的是阿卜杜勒·本·乌拜依·本·赛鲁勒。希沙姆对他说：“你说谎，指的是阿里。”祖赫里说：“我说谎？凭真主起誓，纵然上天有人对我说，真主允许说谎，我也不会说谎。赛义德·本·穆赛伊布、阿尔瓦、阿卜杜勒和阿勒盖麦·本·瓦葛斯都援引阿绮莎的话，对我说：骄横跋扈之徒是指阿卜杜勒·本·乌拜依。”《诗歌集》引证伊本·谢哈布·祖赫里的话说：“哈立德·本·阿卜杜勒·盖斯里对我说：你给我写宗谱吧！我便从穆朵尔部落写起，还没写完，哈立德便对我说：别写了！真主早让我们断子绝孙了。你给我写传记吧！我对他说：我有些关于阿里传记的史料，便说给他听。他说：不，别说了！你到地狱里去见他吧！”[②]

我们从祖赫里传述的有关圣训的书里找到了一些史料。伊本·赛阿德在他的《人物传记》里有关圣战的史料很多都是引用他的。祖赫里死于伊斯兰历124年。

这些传记作者中很多人都喜欢听诗歌，而且视传述诗歌为一

---

① 倭马亚王朝第十任哈里发，公元724—743年在位。——译者

② 《诗歌集》，第19卷，第59页。

种享受。如伊本·艾比·白克尔·本·哈兹姆在一个长篇故事[①]里就喜欢用汉萨·本·萨比特·安萨里的诗，而不用法莱兹达格的诗。伊本·谢哈布·祖赫里“讲过话后便说：把你们的诗拿来！尽管未必全听懂，仍愿恭听妙语佳句”。对诗的这种嗜好也许是这些首批传记作家在其作品中加进诗句的原因。

继这些人之后，便是生活在阿拔斯时代的另一批史学家了。最著名的是穆萨·本·欧格白、麦阿麦尔·本·拉希德、伊本·易斯哈格和瓦基迪。

穆萨·本·欧格白是祖拜里家族的释奴，这种关系也许使他得到了学术上的好处。前面已经看到阿尔瓦·本·祖拜尔和他的儿子希沙姆都是最著名的圣战史学者之一。穆萨和他的两个哥哥易卜拉欣和穆罕默德对麦地那清真寺的教学都感兴趣。三人都以精通教法和圣训著称，年纪最小的穆萨对圣战史的研究更加出色。以至于马立克·本·艾奈斯说：“你们应选用伊本·欧格白的圣战史料，那是最正确的史料。”[②]正如传述家所说的，穆萨写的传记都是简写本。我们得到的只是些片断，伊本·赛阿德引用了他的部分史料，塔巴里也引用了有关穆圣传记、四大正统哈里发及倭马亚人的部分史料。《诗歌集》还引用了他写的有关早在蒙昧时代就信仰安拉的宰德·本·阿慕尔的材料。[③] 穆萨·本·欧格白说，阿卜杜勒·本·阿拔斯的释奴库莱布·本·艾布·穆斯里姆将一驼

① 《诗歌集》，第 19 卷，第 38 页。

② 伊本·哈吉里：《教育之教育》。

③ 《诗歌集》，第 5 卷，第 16 页。

担[1]伊本·阿拔斯的书放在他那里。[2] 穆萨卒于伊斯兰历 141 年。

麦阿麦尔·本·拉希德也是一位释奴，他是艾兹迪的释奴。麦阿麦尔生在巴士拉，并在该地长大，后来去也门。从此，往来于也门和巴士拉之间。麦阿麦尔是个品德高尚的人。伊本·赛阿德形容他说："麦阿麦尔是个宽宏大度、具有大丈夫气概、心胸坦荡的人。"同时，麦阿麦尔还精通圣训和传记。伊本·奈迪姆在《目录大全》一书中提到：麦阿麦尔写有《圣战史》一书，但该书没能流传下来。只是从瓦基迪、伊本·赛阿德、塔巴里和白拉祖里等人的著作中找到些该书的片断。麦阿麦尔讲述的大部分内容，多出自他的老师祖赫里之口。麦阿麦尔于斯伊兰历 150 年或 152 年死于萨那。

现在该谈谈伊本·易斯哈格和瓦基迪了，他们二位是阿拔斯时代前期最伟大的历史学家，也是后来的大部分史学家所仰赖的历史权威。

伊本·易斯哈格，即穆罕默德·本·易斯哈格·本·叶萨尔，他也是一位释奴，祖籍波斯。他的祖父叶萨尔在伊拉克的椰枣泉被俘，被送到麦地那，成了盖斯·本·麦赫莱麦·本·穆塔里卜·本·阿卜杜·麦纳夫的释奴。[3]

穆罕默德生长在麦地那，大约生于伊斯兰历 85 年，年轻时曾被控调戏妇女，案子呈给总督审理。"总督命人带被告，被告面目

---

① 驼担，重量单位，一驼担等于 249.6 公斤。——译者

② 伊本·赛德：《人物传记》，第 5 卷，第 216 页。

③ 《巴格达志》，第 1 卷，第 215 页。

俊秀，被施以鞭刑，并禁止在清真寺后面就座。”[①]

伊本·易斯哈格见过很多麦地那学者，并向他们学习圣训，如听过卡塞姆·本·穆罕默德、伊本·艾比·白克尔、艾巴奈·本·奥斯曼、穆罕默德·本·阿里·本·侯赛因·本·阿里、阿卜杜·拉赫曼·本·霍尔姆兹、阿卜杜勒·本·欧麦尔的释奴纳菲尔以及伊本·谢哈布·祖赫里等人的讲学，于伊斯兰历115年到亚历山大听叶齐德·本·艾比·哈比卜讲学，后又返回麦地那。伊本·易斯哈格先后收集了大量圣训，尤其是有关《圣战史》的圣训，并以此出了名。据说，沙斐仪说过：“谁想研究圣战史，谁就得依赖穆罕默德·本·易斯哈格。”[②]麦地那的两位大学者希沙姆·本·阿尔瓦·本·祖拜里和马立克·本·艾奈斯与伊本·易斯哈格结有仇怨。希沙姆与他敌对的原因是：伊本·易斯哈格引用了他的一些史料。这些史料是穆扎尔的女儿法蒂玛从艾布·白克尔的女儿艾思玛那里听来的，而法蒂玛是希沙姆的妻子。当希沙姆得知此事时，矢口否认道：“这个欺骗真主的骗子怎能引用我妻子的话？他在什么地方见过她？”[③]有些学者为伊本·易斯哈格辩护，如相传艾哈迈德·本·罕百里说过：“希沙姆否认什么呢？也许是伊本·易斯哈格求见法蒂玛，法蒂玛应允了，而希沙姆不知道罢了。”[④]当时，男子引证妇女说的话是常有的事。如前面说过阿卜杜勒·本·艾比·白克尔就引证过他的女人、阿姆莱的女儿法

① 伊本·奈迪姆：《目录大全》，第92页。

② 《巴格达志》（原文如此。——译者）。

③ 《巴格达志》，第1卷，第222页。

④ 同上。

蒂玛讲的话，而且还让她给伊本·易斯哈格讲述一件史料呢。除此之外，穆扎尔的女儿法蒂玛当时的年纪已经很大了，她生于伊斯兰历 48 年，比伊本·易斯哈格约大三十七岁。

至于与马立克的敌对，则有两个原因：一是前面讲过的，即伊本·易斯哈格曾诅咒过马立克的出身，说马立克及其家人都是台伊姆·本·穆莱家族的释奴。[①] 二是伊本·易斯哈格诋毁过马立克的学问，说什么："把马立克的书拿来，我来指出他的缺点，我是诊治他书中疾病的医生。"[②]因此，马立克说："伊本·易斯哈格是个骗子。"并说过："我们将他逐出了麦地那。穆罕默德·本·易斯哈格是个说谎者。"总之，麦地那的学者对伊本·易斯哈格褒贬不一：希沙姆和马立克诋毁他、中伤他；而伊本·谢哈布·祖赫里等人则称赞他，说他的好话。伊本·易斯哈格还被指控为什叶派人，说他有反宿命论的言论。

阿拔斯王朝建立后，伊本·易斯哈格来到伊拉克，先后在库法、捷齐莱、雷伊和巴格达居住过，并与哈里发曼苏尔有过交往。曼苏尔要他为其子迈赫迪写一部历史书，上起真主创造亚当，下至曼苏尔盛世。伊本·易斯哈格遵命照办了，但曼苏尔嫌该书太长，伊本·易斯哈格做了删减，写成简本，而将原书存放在曼苏尔的书库里。[③]

伊本·易斯哈格的《圣战史》，是根据他从麦地那和埃及听到的圣训和史料写成的。从我们手中这部书的内容来看，伊本·易

① 伊本·阿卜杜勒·拜尔：《精选》，第 11 页。

② 《巴格达志》，第 1 卷，第 224 页。

③ 同上书，第 221 页。

斯哈格在去伊拉克之前已将该书写完，因为书中没有受到伊拉克影响的痕迹。有些东方学者对伊本·易斯哈格受阿拔斯人影响的可能性进行了研究，提出了阿拔斯人的始祖阿拔斯在“白德尔战役”中的立场问题。伊本·易斯哈格说阿拔斯在战役中与多神教徒站在一起，但却又轻描淡写地说阿拔斯当时的所作所为并非出于自愿，而是迫不得已才那样做的。为此，伊本·易斯哈格还引用了伊本·阿拔斯传述穆圣说过的一句话：“谁见到阿拔斯·本·阿卜杜勒·穆塔里布，都不要杀他，他是被迫叛逆的。”对这个问题，有人反驳说：伊本·易斯哈格在麦地那的弟子易卜拉欣·本·赛阿德，早在其师与阿拔斯人接触之前就引用过这一说法了。[①]

伊本·易斯哈格的《圣战史》尽管是在伊本·希沙姆(伊斯兰历 218 年卒)写的《穆圣传》中见到的概要，却是我们从最早的传记作家中得到的第一部书。伊本·希沙姆的《穆圣传》是根据齐亚德·本·阿卜杜勒·拜卡伊(伊斯兰历 183 年卒)从伊本·易斯哈格那里得到的材料写成的。[②]

伊本·易斯哈格的《圣战史》分为三个部分：《序幕》、《起因》、《圣战》。《序幕》部分研究的是伊斯兰教产生之前的天启历史；《起因》讲的是先知在麦加的生活；《圣战》则叙述了先知在麦地那的经历。伊本·希沙姆对此书做了删节，对此，他做了如下规定：“如蒙天佑，本书以易司马仪·本·易卜拉欣为开篇，将涉及上自易司马仪下至穆圣的直系宗系的历史。为了概括起见，对易司马仪的其

---

① 伊本·赛德：《人物传记》。

② 笔者得到消息说：在摩洛哥发现了一份伊本·易斯哈格写的《穆圣传》的原本，但尚未得到证实。

他子孙一概不提。关于穆圣的生平，伊本·易斯哈格虽有记载，但穆圣没有提及，或《古兰经》中没有提到，或与本书无关的注释、证据，或那些不为诗人所知的诗以及一些有争议的事或未经拜卡伊证实的传述等一概弃之不用。除此之外，我将详加传述或引用。"[①]根据上述规定，伊本·希沙姆从伊本·易斯哈格的《圣战史》的第一部分中删去了自亚当至易卜拉欣的众先知的历史，删去了易司马仪世系中与先知不是直系宗系的氏族的历史，同时，还删去了其他部落的历史及其信仰等。

被伊本·希沙姆删去的这些史料有些可在塔巴里等人的历史著作中找到。伊本·易斯哈格在《圣战史》的第一部分很少使用传述世系，但在后两部分，特别是最后一部分却大量使用。如他引证了阿绥姆·本·欧麦尔和阿卜杜勒·本·艾比·白克尔的史料，并且大量引用祖赫里的传述。他与很多祖拜里人及其释奴交往，向他们学习阿尔瓦·本·祖拜里和希沙姆·本·阿尔瓦的学问。

伊本·易斯哈格也同非穆斯林的犹太人、基督教人及袄教人来往，并引用他们掌握的史料。如他引用了"部分犹太人学者"和"了解波斯人历史的人"传述的史料。在这方面，他步了瓦哈布·本·穆奈比海的后尘。有时，他也引用瓦哈布的史料。伊本·易斯哈格很可能是第一个逐字逐句翻译《旧约》和《新约》的人。为此，有人指责他，如伊本·奈迪姆说："他对犹太人和基督教徒宽大为怀，在他的书中称他们为掌握原始学问的人。""有人拿些诗，让

① 伊本·希沙姆:《穆圣传》，第1，第3页。

他写进书里，他也照办了。这对诗歌传述家是一种耻辱。”[1]塔巴里和伊本·希沙姆都引用过这种诗。伊本·希沙姆在提到伊本·易斯哈格的传述时常说：“懂诗歌的人对这些诗大都持否定态度。”《历代诗人传》的作者穆罕默德·本·赛拉姆·久麦希也批评过他的做法。总之，伊本·易斯哈格主张，在史料中尽量使用诗，至于对诗的评价，留给诗人们去做。

在对历史事件进行分类整理上，伊本·易斯哈格是有贡献的。可能他是最早做这项工作的人，后来的人纷纷仿效他。

伊本·易斯哈格有一批传述他的著作的弟子，其中有麦地那的易卜拉欣·本·赛阿德、伊本·希沙姆的老师拜卡伊以及赛勒麦·本·法都勒。塔巴里引用赛勒麦的史料比引用伊本·易斯哈格的史料还多。赫忒布·巴格达迪说：“穆罕默德·本·易斯哈格将书写在纸上。后来，这些纸成了赛勒麦·本·法都勒的作品，因为赛勒麦的传述比其他传述更受欢迎。”[2]

伊拉克的学者，如同麦地那的学者一样，对伊本·易斯哈格有着不同的评价，说好说坏的都有，褒贬不一。赫忒布·巴格达迪将支持和反对的言论收集起来，写了长长的一章，但他一反常态，对这些大相径庭的意见没作评论。有些人则持不偏不倚的中间态度，认为伊本·易斯哈格的博学是不能否认的，他也不是骗子，但他是一个反宿命论者，是一个什叶派人。在选用圣训上，他不受那些圣训学权威所遵循的种种限制的束缚。故伊本·罕百里说他

① 《目录大全》，第 92 页。

② 《巴格达志》，第 1 卷，第 221 页。

“是一个极慕圣训的人，将别人书中的圣训放到他的著作里”。圣训学家对此很不满意，他们对听来的圣训是有种种限制的。“对很多人传述的同一段圣训，伊本·易斯哈格不加区别地引用。”圣训学家对这一点很反感，他们对圣训的每一部分都要严格地按照传述系统追溯到讲述人。很明显，伊本·易斯哈格没有遵循这些规定，他广泛引用各种史料，因而引起某些人的不满和指责。

伊本·易斯哈格于伊斯兰历152年或153年在巴格达去世。

瓦基迪

他是继伊本·易斯哈格之后，对圣战史、传记和历史最有研究、学问最渊博的人。他与伊本·易斯哈格是同时代的人，但比他年纪小。与伊本·易斯哈格一样，瓦基迪也是个释奴，隶属哈希姆部落中的赛赫姆·本·艾斯莱姆家族。他的全名是：穆罕默德·本·欧麦尔·本·瓦基迪。瓦基迪遇到很多老师，并向他们求教，如麦阿麦尔·本·拉希德、马立克·本·艾奈斯、苏福扬·绍里。最有名的历史老师是当时麦地那的一位学者艾布·麦阿什尔·奈吉哈·信德。当哈里发迈赫迪来到麦地那时，迈赫迪要艾布·麦阿什尔与他同去巴格达，并赏金一千第纳尔，还对他说：“你就留在我们身边，教化周围的人吧！”艾布·麦阿什尔于伊斯兰教历170年死在巴格达。他的历史和圣训知识非常渊博，但很多圣训学家贬低他在圣训上取得的成绩，说他晚年神志不清，临死前两年，因传述中的错误过多而不知所云。布哈里说他“否认圣训”，但圣训学家并不否认他在圣战史方面的学识。艾哈迈德·本·罕百里说：艾布·麦阿什尔精通圣战史，有很高的鉴别力。他写了一本有关圣战史的书，伊本·奈迪姆在《目录大全》一书中提到过。伊本·赛阿德在他的《名人传记》中引用过他的史料，塔巴里也引用过。

瓦基迪显然从艾布·麦阿什尔处受益匪浅，学到很多有关圣战及历史的知识。他在麦地那时曾为艾布·麦阿什尔的门生。

瓦基迪于伊斯兰历130年出生在麦地那，时值麦尔旺·本·穆罕默德[①]当政。瓦基迪听过很多麦地那学者的讲学。拉希德哈里发到麦加朝圣时(约于伊斯兰历170年)，访问了麦地那，并对叶海亚·本·哈立德说："给我物色一个了解麦地那历史及其名胜古迹的人，让他讲讲天使伽百利是如何出现在先知面前的、是从哪个方向来的、殉教者的墓地在哪里。"叶海亚便四处打听。瓦基迪自己说："他们都向叶海亚推荐我。于是，叶海亚便派人把我找去，这是傍晚以后的事。叶海亚对我说：先生，穆民领袖想请你在清真寺作宵礼，并带我们参观一下这里的名胜古迹。我照办了。每处名胜、每个古迹，都让他俩(即拉希德和叶海亚)一一参观过了。"[②]拉希德和叶海亚赏给瓦基迪很多钱。叶海亚要他把家安顿好之后到伊拉克去，瓦基迪到伊拉克后与叶海亚·本·哈立德·伯尔麦克交往甚密，叶海亚使他很快成为巨富。瓦基迪对叶海亚忠心不二，叶海亚惨遭横祸之后，每当提起叶海亚的名字，瓦基迪都祈求真主怜悯他。

瓦基迪去过叙利亚和莱盖，后又回到巴格达。直到哈里发麦

① 倭马亚王朝第十四任，也是最后一任哈里发。——译者

② 伊本·赛德:《人物传记》，第5卷，第315页。

蒙任命他为迈赫迪营地的法官之前，一直待在巴格达。[①]“麦蒙对他关怀备至、十分尊崇。直到他于伊斯兰历207年或209年在巴格达去世，一直担任法官。”

瓦基迪对圣战、传记和伊斯兰历史都很精通。巴格达迪说他是“一个名震四方的人，凡懂得历史的人都知道他的大名。他的各种著作：《圣战史》、圣门弟子和再传弟子的传记、先知的生平及先知在世时和去世后的重大历史事件的史料，以及教法、各派的圣训等，随着驼队传播到各地”。[②] 瓦基迪在谈到他自己时说：“每找到一个直传弟子或殉教者的后人，或他们的释奴，我都要问：你听过你的亲人告诉你先人殉教的地方吗？葬在何处？如果告诉我在什么地方，我就要到现场亲自察看。我曾到过穆莱伊西阿参加过圣战的直传弟子的墓地，凡是我知道的，都去过了。”[③]瓦基迪专门研究伊斯兰历史，以至于对蒙昧时代的历史不甚了了。易卜拉欣·哈尔比说：“瓦基迪是最精通伊斯兰历史的人，但对蒙昧时代的历史却没有什么建树。”[④]瓦基迪的藏书很多，他的著作也不少。据说“他有图书六百箱”。在巴格达搬家时，光他的书就装了满满的一百二十担。[⑤] 伊本·奈迪姆对他的著做曾做过统计，其中大部分是历史，少部分为教法。

瓦基迪的著作是后来历史学家引用史料的依据。如伊本·侯

① 迈赫迪营地即巴格达东部著名的鲁索发。——译者

② 《巴格达志》，第3卷，第1页。

③ 同上书，第6页。

④ 同上书，第5页。

⑤ 同上书，第6页。

拜什的《圣战史》，其中很多史料都是引用瓦基迪的《叛教》一书[1]。

瓦基迪有一部按年代编写的《通史》，塔巴里在其著作中就引用了该书的很多史料，最晚是伊斯兰历179年的史料。

瓦基迪还写有《圣门弟子传》一书。该书是按入门先后记述直传弟子和再传弟子的事迹的。看来，他的书记官伊本·赛德的《人物传记》就是仿照这种体例写的。

瓦基迪只给我们留下了《圣战史》一书。他在书的开头列举了他向之求教的老师达二十五位，他们几乎都是麦地那人或麦地那居民。其中有些人前面已经提过，他们有关先知传记的知识都很渊博，如祖赫里、麦阿麦尔·本·拉希德和艾布·麦阿什尔等。但瓦基迪却没提伊本·易斯哈格的名字，尽管在他的著作里使用了伊本·易斯哈格的史料。瓦基迪的《圣战史》，大部分谈的是先知在麦地那的活动。他的史料比伊本·易斯哈格更注重教法和圣训，有时要从书本和零散的记载中寻找材料，或是从目击者口中觅得支持。伊本·赛阿德说：瓦基迪说过这样的话：阿卜杜勒·本·加法尔·祖赫里对我说，他在艾布·白克尔·本·阿卜杜·拉赫曼·本·穆赛瓦尔的书中找到了材料。我说，我抄录了"艾兹鲁哈"人著作中的一些素材。瓦基迪的另一个特点是，对历史事件年代的确定比以前的历史学家都要精确。

正如我们所见，瓦基迪与阿拔斯人来往密切。在他的著作中可以看到这种关系的影响，如他将阿拔斯的名字从"白德尔战役"中被穆斯林俘虏的名单上抹掉了，有时又不肯直呼其名，而用别名

① 伊本·侯拜什的著作，未发表的手抄本。

代替,等等。

圣训学家对瓦基迪的态度像对伊本·易斯哈格一样,褒贬不一,对此,赫忒布·巴格达迪都有记述。如马立克就信任他,而不信任伊本·易斯哈格。哈乃斐派的穆罕默德·本·哈桑相信他,还有人称他是有关圣训的穆民领袖。沙斐仪派的语言学家伊本·欧拜德·卡塞姆·本·赛拉姆也信任他,说“瓦基迪是个圣训权威”。同样,也有人攻击他。如阿里·麦迪尼说:“瓦基迪有两万条人们从未听说过的圣训。”叶海亚·本·麦因说:“瓦基迪莫名其妙地把两万条圣训强加给穆圣。”艾哈迈德·本·罕百里说:“瓦基迪是在编造传述世系。”沙斐仪说:“瓦基迪把两段不相干的圣训连在一起。”

看来,圣训学家对瓦基迪的攻击与对伊本·易斯哈格的攻击一样,因为他有两点没有遵从他们的原则:一是他从零散的纸片和书本上选用圣训,而圣训学权威们非常讨厌这种做法。他们认为:圣训学家只能讲述他亲耳听别人传述的圣训。二是瓦基迪对不同的传述世系采取兼收并蓄的态度,将各个传述家传述的内容拼凑在一起。圣训学家认为这样做不妥,为此,曾批评过祖赫里和伊本·易斯哈格。瓦基迪的解释是:不这样做,文章就太长了。相传,瓦基迪的弟子要求他列出每段圣训的传述世系,他照办了,仅“伍侯德战役”就写了二十张羊皮纸。他的弟子们也觉得这样做太冗长了,便说:“还是按原来的办法讲吧。”①

不管怎么说,瓦基迪是当时最精通圣战史和传记的人之一。

---

① 《巴格达志》,第3卷,第7页。

同时，他对圣训、经注和教法也有广博的知识，这些都是塔巴里在其历史著作中依据的最主要的来源之一。

伊本·赛阿德

穆罕默德·本·赛阿德是瓦基迪的化身，他是瓦基迪的弟子兼书记官，他记下了瓦基迪的著作、谈话和指示，故有“瓦基迪的书记官”之称。伊本·赛阿德为我们留下了他那引人入胜的著作《人物传记》。全书共八卷。

伊本·赛阿德于伊斯兰历168年出生在巴士拉。他原是一名释奴，其先人曾依附于侯赛因·本·阿卜杜勒·本·欧拜德拉·本·阿拔斯。伊本·赛阿德到过麦地那和巴格达。在巴格达与瓦基迪结识，他用瓦基迪的学识写出了自己的著作。他的贡献是对材料的整理、编排，有时也做些增添、补充。如增补了瓦基迪所欠缺的有关蒙昧时代的史料，在大多数情况下，伊本·赛阿德使用希沙姆·卡勒比的材料，但有时也使用伊本·易斯哈格、艾布·麦阿什尔和穆萨·本·欧格白等学者的素材。伊本·赛阿德的《人物传记》中的第一、二卷专门叙述穆圣的生平和战史，其余六卷则按地区如麦加、麦地那、巴士拉、库法等介绍直传弟子和再传弟子们的事迹。然后，对各地的学者再按其声望和年代进行编排。

很多圣训学家都赞扬伊本·赛阿德。如赫忒布说：“我们的穆罕默德·本·赛阿德是一个正直的人，他传述的圣训证明了他的诚实，因为他对传述做过大量的查证。”[①]伊本·赛阿德于伊斯兰

① 《巴格达志》，第5卷，第321页。

历230年在巴格达去世，他是大历史学家白拉祖里的老师之一。

这几位就是从编撰传记和战史之日起，到阿拔斯时代前期结束这一时期最著名的传记和圣战史学家。[①] 从中我们可以得出如下结论：

一、最早的传记作者大部分是麦地那人。因为民事立法和圣战等大部分事件都是先知在麦地那时发生的。先知周围的圣门弟子对这些史料最了解，故他们能谈论和使用这些史料。再传弟子及其后人再从他们那里传述，直到记载成文字为止。这些史料的记载始自麦地那，止于伊拉克。

二、传记和圣战史原是圣门弟子讲述的圣训的一部分，就如他们讲述有关礼拜和斋戒的圣训一样。后来，人们传述这些圣训，就如传述有关信仰和人际交往、处世的圣训一样。这些圣训都混杂在一起。有的学者对历史感兴趣，有的学者则关心律例。这样，圣训就逐渐分门别类、各自成书了。此外，蒙昧时代的一些史料及人们手中的诗歌也成为圣训的组成部分。

三、最早的传记作者与首批圣训学家的做法一样，有的注重传述世系、历史线索，有的则不注重。伊本·易斯哈格和瓦基迪等人，考虑到历史事件的进程及相互关系，不得不将传述世系和传述内容写在一起，而不将每句话的传述世系都一一列出。这一点受到圣训学家们的攻击。但历史学家却为他们辩护，说他们关心的是以简练的语言叙述出事件的全貌，给书记官和读者提供方便。

---

① 本章从优素福·呼鲁盖特兹教授用德文写的生动而又有价值的研究中受益匪浅。该书被译成英文，题为《先知传及其作者们》。

四、前面提到的伪造圣训及根据可靠程度将圣训分类的情况，同样也适于传记和圣战史。传述人有的诚实无欺，有的态度随便，史料多有出入。有的则随意编造、杜撰。此点可见前述。

*　　　*　　　*

历史学家除了注重传记之外，对伊斯兰重要事件的历史也很感兴趣。诸如穆斯林之间的战争——骆驼之役、绥芬之役，穆斯林和波斯、罗马及印度人等其他民族之间进行的战争，以及对外扩张中的重大事件。笔者以为，促使历史学家记述这些事件的原因是：

一、这些事件是立法的原则和内容之一。如欧麦尔·本·赫塔卜在对外扩张中的业绩和做法成了后来法学家制定有关圣战、对待被保护人以及土地税、什一税等立法的基础和指南。为了弄清被占领国家的征服方式——武力还是和平？以确定不同的人头税和地租等，历史学家不得不对扩张史进行研究。他们在书的开头都要用很大的篇幅来说明该国被征服的情况：和平占领，还是武力征服？如在麦格里齐的著作中就能见到最早的历史学家的叙述。这类内容在赫忒布·巴格达迪的《巴格达志》一书中也可见到。这就促使白拉祖里单独写了一本书，即著名的《各国的征服》。圣训中有很大一部分内容涉及这些史实。毫无疑问，圣训是立法的来源之一。因此，在圣训实录中就有关于征战的章节，有关于赦免、停战的规定，有关于人头税的缴纳，以及战利品的分配等内容。

二、与此相连的另一个原因是穆斯林之间分歧的出现。如先知去世以后，发生在迁士和辅士之间关于谁应继承哈里发职位的分歧、奥斯曼和杀害他的凶手之间的分歧、阿里和阿绮莎之间的分歧、阿里和穆阿威叶之间的分歧、倭马亚人和伊本·祖拜尔之间的

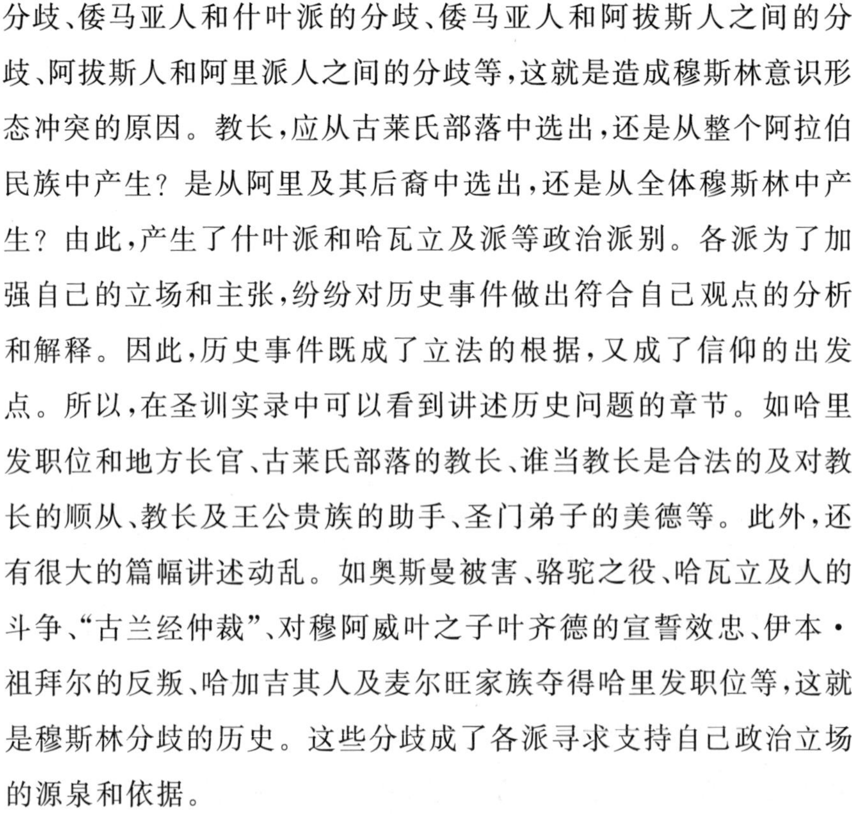

分歧、倭马亚人和什叶派的分歧、倭马亚人和阿拔斯人之间的分歧、阿拔斯人和阿里派人之间的分歧等，这就是造成穆斯林意识形态冲突的原因。教长，应从古莱氏部落中选出，还是从整个阿拉伯民族中产生？是从阿里及其后裔中选出，还是从全体穆斯林中产生？由此，产生了什叶派和哈瓦立及派等政治派别。各派为了加强自己的立场和主张，纷纷对历史事件做出符合自己观点的分析和解释。因此，历史事件既成了立法的根据，又成了信仰的出发点。所以，在圣训实录中可以看到讲述历史问题的章节。如哈里发职位和地方长官、古莱氏部落的教长、谁当教长是合法的及对教长的顺从、教长及王公贵族的助手、圣门弟子的美德等。此外，还有很大的篇幅讲述动乱。如奥斯曼被害、骆驼之役、哈瓦立及人的斗争、“古兰经仲裁”、对穆阿威叶之子叶齐德的宣誓效忠、伊本·祖拜尔的反叛、哈加吉其人及麦尔旺家族夺得哈里发职位等，这就是穆斯林分歧的历史。这些分歧成了各派寻求支持自己政治立场的源泉和依据。

三、传述对各国征服的史料，除了宗教原因之外，还有部族主义的因素。参加远征的人分属各个部落、各部落都有自己的参战地点和战旗，都要像为保卫伊斯兰教而战斗那样保卫自己部落的战旗，每个部落都为自己的胜利而自豪，如台米姆部落在某次战役中骁勇善战，别的部落则在其他战斗中战功显赫，这都成了使各部落感到光荣和骄傲的资本。每个部落都喜欢讲述自己参加过的战役，有时还要随意发挥，生编硬造。讲述的内容世代相传，诗人们也极尽炫耀本部落业绩、攻击对手弱点之能事，写下了大量的诗篇。这些传述和诗歌使丰富的史料得以保存下来。

当部族主义被地方主义取代时，史料的传述也染上了地域色彩，如巴士拉和库法都以发生在该地的历史事件而自诩。尽管是同一血统，巴士拉的台米姆人硬是觉得自己比库法的台米姆人尊贵，而巴士拉的非台米姆人也认为自己比库法的台米姆人高明。

四、人们生性喜欢聊天，喜欢夜谈。讲故事、讲述历史上的人和事、讲述人们之间的厮杀、争斗便是最引人入胜的夜谈内容。讲故事，就是讲述历史。

正如各种学问都是始于口头传说一样，历史也是以口头传述开始的。最早是参加或目睹事件的人进行讲述，后辈人口耳相传，个别人作些零星记载。到伊斯兰纪元二世纪时才有人按照事件收集史料，记载成书，有些人因此而出名。最早记述历史的人有：

（1）艾布·米赫奈夫·鲁突·本·叶海亚。他的祖父米赫奈夫是位圣门弟子，他传述过一些圣训。伊本·哈吉里在《圣门弟子考》一书中对他做过介绍。伊本·奈迪姆说："这个米赫奈夫原是阿里的朋友。"看来，他的孙子，即我们介绍的米赫奈夫从其祖父那里继承了什叶派的观点。大辞书的作者说："艾布·米赫奈夫是个不可救药的什叶派史料学家。"艾布·米赫奈夫写了很多著作，一本书写一个伊斯兰历史专题，《鲁斯突格巴德》一书除外。伊本·奈迪姆和《名人简历续编》的作者曾做过统计，米赫奈夫共写了三十三本书，其中有《反叛》、《征服叙利亚》、《征服伊拉克》、《骆驼之役》、《绥芬之役》、《阿里遇难》、《侯吉尔·本·阿迪之死》、《侯赛因之死》、《穆阿威叶亡故》、《内几戴·哈鲁里》、《艾扎里格》、《哈立德·本·阿卜杜勒·盖斯里》等。每本书讲述一个主题，犹如一本巨著中的一章。艾布·米赫奈夫关心哈瓦立及派人，注意有关阿里的一切。他的大部分著作写的是发生在倭马亚时代的事情。从他的写作中可以看出，他对倭马亚人没有好感。他的著作没有流传下来，我们只能从塔巴里的《先知与帝王史》中找到一些他写的史料。研究艾布·米赫奈夫的人只能借助塔巴里引用的史料来得出自己的结论，如同韦尔豪森（Wellhausen）教授做的那样。可以看得出来，艾布·米赫奈夫同著书立说初期的尝试一样，对历史事件的编排、组织没有给予足够的重视。

很多圣训学家都诅咒他，如大辞书作者对他的评价。艾布·哈梯姆说："他传述的圣训都是不能用的。"达尔·古突尼说："他是一个专讲被舍弃圣训的史学家。"圣训学家们说："艾布·米赫奈夫传述了一批无名之辈讲述的史料。"艾布·米赫奈夫卒于伊斯兰历157年。

伊本·奈迪姆说："学者们认为，艾布·米赫奈夫最精通伊拉克的事务和历史，麦达因尼对呼罗珊、印度、波斯的历史最了解；而瓦基迪则是汉志和传记专家。他们三人的共同点是都熟悉征服叙利亚的历史。"[①]艾布·米赫奈夫的文笔通俗、优美。

（2）几乎与艾布·米赫奈夫同时代的是赛义夫·本·欧麦尔·库非。伊本·奈迪姆说：赛义夫·本·欧麦尔的著作有《各国征服史与反叛》、《骆驼之役》、《阿绮莎和阿里的历程》等。流传至今的也只是塔巴里在其著作中引用的一些有关《反叛》和对外扩张初期的史料。赛义夫的老师中有一位是什叶派的大学者加比尔·久耳菲·库非。加比尔曾跟谢阿比等人学习过。韦尔豪森和

① 伊本·奈迪姆：《目录大全》，第93页。

卡耶塔尼等人很重视研究塔巴里引用的赛义夫的史料。他们将塔巴里引用的史料与其他历史权威引用的史料做了比较，发现赛义夫的史料尽管详尽，但最不准确。圣训学家对他也不大信任。伊本·哈吉尔在《教育》一书中说，圣训学家都贬低赛义夫，说他的坏话。只有泰尔米齐"引用过他传述的一段圣训"。赛义夫的文笔雄劲感人。一提到他所在的台米姆部落更是激动不已。伊本·哈吉尔说：赛义夫卒于伊斯兰历170年以后。

(3) 继艾布·米赫奈夫和赛义夫之后的是麦达因尼——即阿卜杜·拉赫曼·本·赛姆莱的释奴阿里·本·穆罕默德·麦达因尼。他是巴士拉人，住在麦达因，故名。麦达因尼生于阿拔斯王朝初期——伊斯兰历135年，活了大约九十岁，于225年去世。"麦达因尼与伊斯哈格·本·易卜拉欣·摩苏里交往甚密，住在他的家中，最后，死在他的家里。一天傍晚，麦达因尼骑着活蹦乱跳的毛驴、身穿漂亮耀眼的衣服在路上行走。叶海亚·本·麦因见了问道：艾布·哈桑何处去？答：到将我的袖子从上到下都装满了第纳尔和迪尔汗的慷慨施主那里去。问：此人是谁？答：艾布·穆罕默德·本·易斯哈格·本·易卜拉欣·摩苏里"。[①] 麦达因尼原是一位教义学家，曾拜麦阿麦尔·本·艾什阿卜为师，学习教义学，但麦达因尼却以文学和历史成名。他的著述很多。《目录》的作者为他做过统计，达二百三十九部书。雅古特在《文学家辞典》中列举的数字比这个还多。按照伊本·奈迪姆的分类法，计有有关先知史料的书、有关古莱氏部落历史的书、有关贵族妻室和妇女

① 雅古特：《文学家辞典》，第5卷，第301页。

的书、有关哈里发的书、有关“奥斯曼被害”、“骆驼之役”及“反叛”等重大历史事件的书、有关对外扩张的书、有关马、赌及何人随母亲姓氏等史料的书、有关诗人的历史等各种题目的著作。

由此可以看出，麦达因尼对伊斯兰历史有着超乎常人的渊博知识，以至于他的著作目录在雅古特的《文学家辞典》中就足足占了六整页的篇幅，遗憾的是这些书全都丢失了。尽管阿卜杜勒·高迪尔·巴格达迪（公元 1621—1682 年）的《文学宝库》一书是借助麦达因尼的著作写成的。麦达因尼留给我们的只是塔巴里、麦斯欧迪在其著作中引述的内容，在《罕世瓔珞》、《诗歌集》、《修辞学》（伊本·艾比·哈迪得著）、《词语大全》（穆拜莱德著）以及哈瓦立及派的贵族谱系中也可找到麦达因尼记述的史料。

语法学家赛阿莱卜是这样评价麦达因尼的，他说：“谁要了解蒙昧时代的历史，谁就应看艾布·欧拜德的著作；谁想知道伊斯兰的历史，谁就应从麦达因尼的著作中去寻找。”赫忒布·巴格达迪则认为：“麦达因尼是一位精通战史、阿拉伯历史和阿拉伯谱系的学者，是一位通晓圣战史和对外征服史、善于传述诗歌的专家，他的传述均真实可信。”[①]

总之，圣训学家没有像攻击前两位学者那样攻击他。如最著名的圣训批评家叶海亚·本·麦因说：“麦达因尼是可以信赖的。”麦达因尼与哈里发麦蒙有过交往，并对麦蒙谈过倭马亚人对阿里及其后人的迫害，麦蒙则说：“真主定会命人诅咒他们的生者和死

① 《巴格达志》，第 12 卷，第 55 页。

者，诅咒他们的子孙，即什叶派人。”[1]从援引麦达因尼有关阿拔斯王朝的史料可以看出，他是支持阿拔斯王朝的。

（4）麦达因尼最得意的门生之一是阿卜杜勒·本·祖拜尔家族的后裔祖拜尔·本·贝卡尔，他以学识渊博、精通传记而著称。他是阿拔斯时代著名的学者和文学家之一，是麦达因尼历史学的旗手。他也有自己的著作，如《古莱氏人谱系》。伊本·奈迪姆的统计表明，他共写了31本书，历史书、文学书都有。祖拜尔还当过穆罕默德·本·阿卜杜勒·本·塔希尔儿子的业师。伊斯兰历256年，祖拜尔在任麦加法官时去世，享年84岁。

上述这批史学家，即艾布·米赫奈夫、赛义夫·本·欧麦尔和麦达因尼等人的著作，一般都缺乏条理，史料不系统、不全面，论证也不够充分。这可从引述他们的史料中得到证明。对史料的归纳、整理是从他们以后的那代人，即拜拉祖里和塔巴里等人开始的。塔巴里对史料组织得最好，他将历史事件按年代顺序进行编排。他的贡献在于他吸收了以前历史著作中的精华，如《古兰经注释》一书就是集前人注释之大成的作品。关于他及其同代人的情况，在讲到阿拔斯时代后期情况时再谈。塔巴里是一颗闪闪发光的星。

我们注意到，上面提到的那些撰写伊斯兰历史的人，大都是伊拉克人。如艾布·米赫奈夫是库法人，赛义夫·本·欧麦尔也是库法人，麦达因尼是先后在麦达因和巴格达居住过的巴士拉人。祖拜尔·本·贝卡尔虽说是麦地那人，但他长期生活在伊拉克。

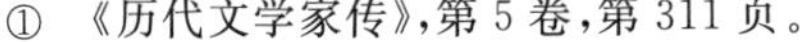

① 《历代文学家传》，第5卷，第311页。

与此相反，传记和圣战史的作者大部分是麦地那人，其原因已有前述，至于征服各国的历史著作大多出自伊拉克人之手的奥秘，则在于很多亲身参加过征战的人在伊拉克定居下来，他们谈论这些历史，并讲给他们的子孙听。因此，尽管倭马亚王朝建立在叙利亚人中间，伊拉克人还是更有能力记述这些历史。阿拔斯人执政后，历史学家多为伊拉克人更是顺理成章的事了。

*　　　*　　　*

穆斯林历史学家所关心的第三件事是宗谱世系。因为阿拉伯人原来过的是部落生活，部落像家庭一样被当成一个整体，这就大大抹杀了个人的特性。个人的业绩为整个部落所有，个人的耻辱就是部落的耻辱。诗人为部落写诗，演说家为部落演讲，代表团更是以部落的名义出访。这样，部落就占据了人们的身心和思想，成为一切的主宰。伊斯兰教问世以后，便想用宗教上的兄弟情谊来替代部落联系，宗教的纽带确实出现了，并且非常牢固。但部族主义却没有消逝，如在战争中，穆斯林仍分属各个部落，一切仍以部落为单位。欧麦尔实行田赋制对参加圣战的人登记造册时，仍按世系排列，以先知的叔父阿拔斯开始，接着是哈希姆家族，依次排列，对皈依伊斯兰教的先后和部落谱系同样重视。各部落都为其在与波斯人和罗马人的战斗中的表现感到骄傲，也为其在穆斯林相互厮杀中的立场感到自豪。我们看到，倭马亚诗人捷里尔、法莱兹达格和艾赫塔勒三人便以部落的名义相互攻击：捷里尔以自己出身于台米姆和盖斯部落及该部落的功业而傲视泰阿莱卜部落出身的艾赫塔勒；而艾赫塔勒又因自己所在的部落而看不起台米姆人；捷里尔又以其台米姆部落支系的身份向法莱兹达格炫耀；而法

莱兹达格则以自己是正统台米姆部落的成员而对捷里尔反唇相讥。三人相互揭短、攻讦，他们的做法与蒙昧时代的人并无二致。倭马亚政权是阿拉伯政权，倭马亚人以部族主义为武器，靠部族主义维持政权。这一切，无疑引起了人们对宗谱的兴趣。此外，当波斯人和罗马人向阿拉伯人屈服后，人们分成了阿拉伯人和释奴两大部分，这使阿拉伯人的民族主义情绪更加高涨。

阿拔斯王朝建立后，出现了反阿拉伯的多民族主义。多民族主义者开始收集并夸大阿拉伯人及各阿拉伯部落的弱点和缺陷。这种做法反而激起了阿拉伯人历数各部落功业、收罗非阿拉伯民族短处的新动力。因此，人们对宗谱更加重视，立谱成风。从而，宗谱学成了除传记、圣战史和伊斯兰史之外的另一项历史内容。

早在伊斯兰时代初期，就有人以精通宗谱学而闻名于世。哈里发艾布·伯克尔就是有名的宗谱学家，他掌握的史料和他与别人进行的辩论，证明他对阿拉伯各部落及其支系有着广博的知识。[①]

达厄法勒·本·汉佐莱·谢伊巴尼也是著名的宗谱学家。但他是否是圣门弟子，圣训学家有不同的看法。大部分圣训学家认为他是先知时代的人，但没见过先知。他与艾布·伯克尔辩论过宗谱学的问题。《罕世璎珞》的作者提到过这场辩论。在与哈瓦立及人的战斗中，达厄法勒不幸于伊斯兰历70年溺水身亡。

历史学家一致认为他对宗谱学博识多闻。伊本·西林说："达

① 参看伊本·阿卜杜·莱比：《罕世璎珞》，第2卷，第51页。

厄法勒是位学者，以宗谱学见长。”伊本·赛德说：“达厄法勒懂得宗谱学，并有传述在世。”历史学家还说他与穆阿威叶有过交往，后者很佩服他的才学，对他说：你去教化叶齐德吧。历史学家把他当成巴士拉人。他掌握着大量的宗谱史料，但正如伊本·奈迪姆所说：“未能著书成文”，在当时，这也是很自然的事。

再传弟子中的赛伊德·本·穆赛伊布也是一位有名的宗谱学家。相传，有人对他说：教我些宗谱学的知识吧！他回答说：“学它，是要遭人骂的。”

倭马亚时代的宗谱学家拜克里也很有名。“他是一个基督教徒。鲁阿拜·本·阿加吉引用过他的传述。”[①]

当时，每个部落都有了解该部落谱系的人。记载时代开始后，有人跑去向那些熟知谱系的人求教，并写成著作，如同在语言和文学上的做法一样。有些人以此出了名，最著名的有：

穆罕默德·本·萨伊布·凯勒比及其儿子希沙姆·凯勒比。穆罕默德出身于凯勒比部落，他原是库法的一名学者，后被苏莱曼·本·阿里·阿拔斯请到巴士拉。

凯勒比在倭马亚时代生活了很长时间，他与阿卜杜·拉赫曼·本·艾什阿斯一起参加了达伊尔·贾马吉姆[②]战役，这说明他是反对倭马亚人的，他的父亲和祖父也反对过倭马亚人。他父亲萨伊布同穆斯阿卜·本·祖拜尔一起被杀害，他的祖父拜什尔在“骆驼战役”和“绥芬战役”中都与阿里站在一起。

---

① 伊本·奈迪姆：《目录大全》，第89页。

② 地名，位于库法附近。——译者

穆罕默德·本·萨伊布的宗谱学知识十分渊博,凡具有这方面知识的人,他都前去请教,伊本·奈迪姆说:“穆罕默德向艾布·索利哈学习了古莱氏部落的宗谱,而艾布·索利哈的学问又是从欧盖勒·本·艾比·塔列布那里学来的,穆罕默德又向艾布·卡纳斯·肯迪学习了肯迪部落的宗谱,向奈加尔·本·奥斯·阿德瓦尼学习了穆阿德·本·阿德纳家族的谱系,等等。”穆罕默德·本·萨伊布卒于伊斯兰历 146 年。

穆罕默德·本·萨伊布的儿子希沙姆·凯勒比,完成了其父的未竟事业,“他是一位精通宗谱学、精通阿拉伯历史和阿拉伯各次战役,以及了解阿拉伯人弱点的学者。”他的著作很多、伊本·奈迪姆作了如下的分类:有关盟约——即部落间的联盟的书、有关氏族、功业、冲突及活埋女婴的书、有关阿拉伯人古代历史的书、有关伊斯兰教产生前的蒙昧时代的历史、有关伊斯兰历史、各国的历史、阿拉伯人的战争史,以及诗人传记、传说、奇闻、也门各部落的谱系等各种各样的书,共计一百四十余部。除了塔巴里、雅古特在其著作中、伊本·安巴里在对《穆方达理诗集》所做的注释中以及《罕世璎珞》和《诗歌集》等作品中引用的史料外,还有下列几本书被保存下来:《宗谱大全》、《蒙昧时代和伊斯兰时代良马谱系考》和在埃及出版的《偶像》。其中,《宗谱大全》的手抄本可在几个图书馆里找到。

圣训学家对希沙姆和他的父亲提出了指责。艾布·哈梯姆在谈到穆罕默德·本·萨伊布时说:“大家一致决定不选用他讲述的圣训,有些人还指控他伪造圣训。”艾哈迈德·本·罕百里对希沙姆的评价是:“谁用他的材料?他只懂些宗谱和奇闻罢了,我不认为有人会引述他讲的史料。”①

就连《诗歌集》都在好几个地方指责希沙姆传述不实。该书的作者在引用了他传述的有关杜莱德·本·绥麦的情况后说:“伊本·凯勒比(希沙姆)传述的内容都是杜撰的,与原诗对照,其斧凿之痕清晰可见。其他版本的杜莱德诗集均无这种提法……这是伊本·凯勒比的骗术之一,我之所以引用他的说法,是为了使那些曾在人们中间广为流传的东西不至失传。”②类似的情况该书曾多次提及。

伊本·赫勒敦也引用过希沙姆的一句显然是杜撰的话。③

希沙姆与哈里发麦蒙有过交往,并为麦蒙编写了《宗谱奇例》一书。希沙姆与伯尔麦克家族的加法尔·本·叶海亚也有联系,并为他写了《王室谱系》一书。希沙姆·凯勒比卒于伊斯兰历204年。

其他著名的宗谱学家有:艾布·叶格扎尼,原名苏海姆。他写了很多宗谱著作,如《台米姆宗谱》、《汉戴夫宗谱》等。他还当过麦达因尼的老师,卒于伊斯兰历190年。

与此同时,对阿拉伯人怀有敌意的多民族主义者也写了一些有关谱系的书,因为他们的反阿拉伯人的立场,这些书专门搜罗了阿拉伯人的缺点和短处,甚至对阿拉伯人进行诽谤、中伤。如艾布·欧拜德写了《疵瑕》、《巴希莱部落的丑闻》、《阿拉伯人的私生子》等书。阿兰·舒欧比写了《缺陷》一书,书中一一列举了古莱氏

---

① 《巴格达志》,第14卷,第46页。

② 《诗歌集》,第9卷,第19页。

③ 伊本·赫里康:《人物传记》,第2卷。

部落、台米姆·本·穆莱部落，以及艾赛德家族、阿迪家族等阿拉伯家族的缺点、隐私。海伊赛姆·本·阿迪写了一本《缺点大全》，将阿拉伯人的种种弱点及不足之处集于一书。

*　　　*　　　*

在阿拔斯王朝以前就出现了第四种历史，即波斯、罗马等民族的历史和犹太教、基督教等其他宗教的历史。产生这类历史有如下几个原因：

一、有些哈里发在征服各国后，想了解那些被征服民族的历史，一方面是为了消遣、享受，一方面也是为了从中吸取治国的经验。此外，了解对手，是为消灭对手做好准备，如果觉得有必要的话。麦斯欧迪在《穆阿威叶传》中提到：穆阿威叶每天晚上都抽出一段时间听人讲述有关"阿拉伯历史及其战役、波斯帝国的历史、波斯的国王、波斯对待其臣民的政策，以及其他开化民族的国王、战争、谋略、对待百姓的政策等"[①]。麦斯欧迪在《赛发哈传》[②]中说：艾布·伯克尔·胡扎里"曾给赛发哈讲了一天有关科斯洛埃斯一世[③]在东方与一些国王打仗的史实"等[④]，这类例子很多。不能设想，一个掌握着像倭马亚王朝和阿拔斯王朝这样庞大政权的国君，对其邻国的情况会不了解。那么多的国事，如战争、和平、国事往来、条约的签订或废除都需要国王作出决断。毫无疑问，这会迫使哈里发去了解邻国的历史及其君王的情况。

① 《黄金草原》，第 2 卷，第 56 页。

② 赛发哈为阿拔斯王朝第一任哈里发艾布·阿拔斯的绰号。——译者

③ 科斯洛埃斯一世为波斯萨珊王朝国王（公元 531—579 年在位）。——译者

④ 《黄金草原》，第 2 卷，第 56 页。

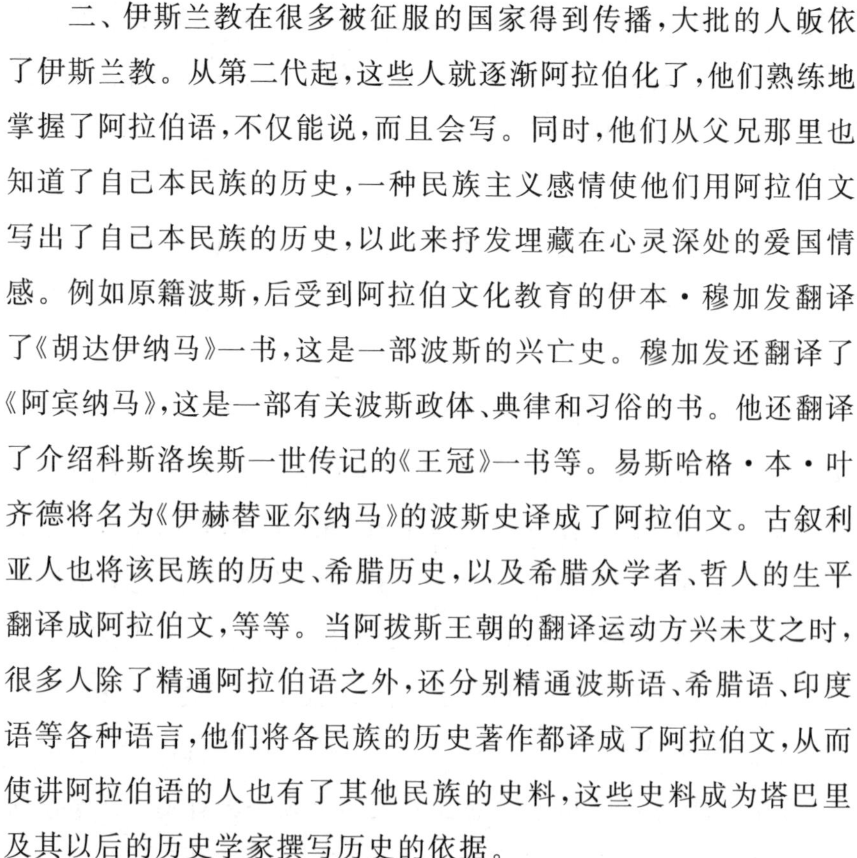

二、伊斯兰教在很多被征服的国家得到传播，大批的人皈依了伊斯兰教。从第二代起，这些人就逐渐阿拉伯化了，他们熟练地掌握了阿拉伯语，不仅能说，而且会写。同时，他们从父兄那里也知道了自己本民族的历史，一种民族主义感情使他们用阿拉伯文写出了自己本民族的历史，以此来抒发埋藏在心灵深处的爱国情感。例如原籍波斯，后受到阿拉伯文化教育的伊本·穆加发翻译了《胡达伊纳马》一书，这是一部波斯的兴亡史。穆加发还翻译了《阿宾纳马》，这是一部有关波斯政体、典律和习俗的书。他还翻译了介绍科斯洛埃斯一世传记的《王冠》一书等。易斯哈格·本·叶齐德将名为《伊赫替亚尔纳马》的波斯史译成了阿拉伯文。古叙利亚人也将该民族的历史、希腊历史，以及希腊众学者、哲人的生平翻译成阿拉伯文，等等。当阿拔斯王朝的翻译运动方兴未艾之时，很多人除了精通阿拉伯语之外，还分别精通波斯语、希腊语、印度语等各种语言，他们将各民族的历史著作都译成了阿拉伯文，从而使讲阿拉伯语的人也有了其他民族的史料，这些史料成为塔巴里及其以后的历史学家撰写历史的依据。

三、《古兰经》和圣训中有很多有关犹太人、拿撒勒人、萨比教徒和祆教徒的传说。犹太人和拿撒勒人的史料多属于训诫、箴言的性质，故注释家便想做些解释的工作，其范围不外是《旧约》、《新约》及其注释中提到的内容，伊本·奈迪姆对大量被译成阿拉伯文的、为穆斯林所知的犹太人和拿撒勒人的史书做过统计。这些注释家在皈依伊斯兰教之前就有着渊博的知识，《古兰经》说他们是“具有天启知识的人”。他们及其后人的学问成了历史学家撰写犹太人和拿撒勒人等民族历史的材料来源，历史学家将这些史料写进了他们的著作。前面提到的伊本·易斯哈格便整段地引用《摩西五经》中的原文。

如果回顾一下塔巴里的《先知与帝王历史》一书，就能知道各民族历史的传述人是谁，并能弄清他们的传述世系。例如，塔巴里引用了很多瓦哈布·本·穆奈比海传述的有关创世纪的史料。同时，他还引用了伊本·久莱吉·鲁米传述的有关创世及基督教的大量史料。此外，也弄清了很多传述家的国籍，知道了谁是犹太人，谁是拿撒勒人。在有些地方，传述世系几乎是同一个，如“阿慕尔听艾斯巴特说，艾斯巴特听苏迪说”，等等。

如果把塔巴里提到的每个民族的历史都做一回顾，把历代传述者的世系及其生平都逐一介绍的话，篇幅就会太长了，我们还是就此打住，其余问题留在谈到塔巴里时再说吧。

通过这些途径和渠道，穆斯林写出了犹太人、拿撒勒人、古叙利亚人，以及巴比伦国王的历史，写出了波斯、希腊和罗马等国的历史。

可以看出，这部分历史的神话色彩最浓，杜撰臆想的成分最多。这是因为：一、时代久远；二、传述不够准确；三、各民族对自己的历史难免有夸大不实之处。

*　　　*　　　*

历史的第五项内容是《人物传记》，穆斯林对传记的兴趣要比同时代的其他民族大得多。一个人一旦有了学识——哪怕是传述了一段圣训或讲述了一件史实——众学者便会蜂拥而上，向其讨教。他们把找到这样一位没被别人发现的男人或女子看成是巨大的胜利，于是便录其所学、述其所闻。如果这个人死了，历史学家又会争相为其作传，将其籍贯、族系、家谱，以及他所周游的国家、他向之求学的业师、他一生经历的事件以及卒逝年月，都要逐一记述。

这种做法也许源于伊斯兰教初期对一些圣门弟子，如艾布·伯克尔、欧麦尔、奥斯曼、阿里、塔勒哈、祖拜尔、赛阿德·本·艾比·瓦高绥、阿卜杜·拉赫曼·本·奥夫、欧拜德·本·吉拉哈等人功业的记述。这些人的业绩在记录圣训的著作中到处可见。这便促使历史学家仿效这种做法，为其他圣门弟子、再传弟子及三传弟子作传。

当学术范围逐渐扩大、对圣训的传述日渐增多、学者们发现传述者并不都诚实可信时，他们就要对传述人的可信程度做出判断和评价了。读者前面已经看到，圣门弟子之间也有相互赞佩、悦服，或互相嫌憎、中伤的现象。如阿卜杜勒·本·欧麦尔和阿绮莎对艾布·呼里莱的议论就是一例。到了再传弟子、三传弟子时，相互褒贬、誉毁之事就更多了。如关于马立克·本·艾奈斯就有很多他攻击别人及别人诅咒他的传说。当各地都有了自己的文化中心后，情况更加严重，如汉志人和伊拉克人就彼此交恶，相互攻讦。

这样一来，使人们把目光都盯在了知名人物身上，并引起了学者们的兴趣。例如，瓦基迪写了《名人传记》一书。他的弟子和书记官伊本·赛阿德仿效他，也写了一本《人物传记》。很明显，促使他俩写传记的动机，除了颂扬名人、领袖的生平之外，主要是为了圣训，即弄清应选用谁讲述的圣训。圣训学家在这方面做出了令人钦佩的贡献，他们对传述者逐一进行调查、分析。布哈里为此写了三本传述者传，后来的人纷纷起而仿效。

这些学者和圣训学家的做法成了语言学家和文学家仿效圣训学家的原因。正如对圣训学家所做的分析一样，艾斯麦伊、基萨伊、艾布·欧拜德、古突鲁卜、罕玛德和赫勒夫·艾哈麦伊等人的功过得失也有人加以评论，褒贬不一，各执一词。

圣训学家对传述人不仅进行批评，而且对他的历史及授业的老师还要做一番调查，以便做出中肯的评价。语言学家和文学家也是如此。他们步圣训学家的后尘，为诗人编写了传记。如伊本·赛拉姆按照《圣训学家传》的格式写了一部《历代诗人传》。后来，伊本·古太白也写了一部《诗人传》，对历代诗人都做了扼要的介绍。

说明文学家仿效圣训学家的证据是，圣训学家是最早从事传记写作的。例如，在倭马亚时代，对圣训的传述者就有了评论。在阿拔斯王朝初期，舒阿白·本·哈加吉和叶海亚·本·赛义德·盖塔奈就著书考证圣训学家的真伪了。但在当时，却找不到一部能称得上是文学家传记的书。

最有说服力的证据是，文学家传记中的圣训色彩比文学色彩更浓。这种特点在圣训学家处于鼎盛时写出的作品中更加明显。例如《诗歌集》中对诗歌出处的追溯与圣训学家对圣训传述世系的考证如出一辙，就连表达方式也多是圣训式的。比如，书中有这样一段话：侯赛因·本·叶海亚告诉我，他听罕玛德说，罕玛德听他父亲说，他父亲又听艾布·欧拜德说：他告诉我“善行永为真主及凡人所知”这句诗出自《旧约》。易斯哈格说：阿卜杜勒·本·麦尔旺听大马士革人艾尤布·本·奥斯曼说，艾尤布又听奥斯曼·本·阿绮莎说：卡阿卜·哈伯尔听见有人在吟诵哈忒艾的一句诗：

行善之人有好报，善行永存真主、凡人心。

阿卜杜勒·本·麦尔旺说：以我在你手中的生命起誓，这句诗肯定是写在《旧约》里的。易斯哈格说："阿姆里说：凭真主起誓，《旧约》上的正确说法应当是：'善行在真主与其奴仆之间永存'。"①

读者读到这里，可能与笔者一样，认为自己是在读一段布哈里传述的圣训。

文学家传记受到圣训学家著作影响的最突出的表现是作者的个性、特点不见了。在读《诗歌集》时，看到的都是有关诗人的传说、言论、诗人经历的事件和作品，绝少能见到作者对某首诗或某件事的评论或批评。这也是受圣训学家模式影响的结果。作者把自己束缚在传述的狭小天地里，传述所闻，传述所见，仅此而已。这样做，在圣训中如果因其涉及的面较窄尚能行得通的话，因为圣训学家关心的只是传述人是否诚实、是否正直。但对文学就不行了，因为文学涉及的面很广，而且文学家在评论文学作品时的个性和特点，他对好坏、善恶的态度对文学艺术有着很大的价值。对圣训学家一味仿效的结果，使文学失去了应有的光彩。不仅传记文学如此，就连在当时成书的一些文学经典著作也一样。如果读者读过查希兹的《修辞与阐释》，或者是伊本·古太白的《知识篇》，就会发现，尽管他俩博学多闻、才气超人，但书中却见不到这突出的个性和特点。如果对《修辞与阐释》一书做一统计，就会发现真正出于查希兹手笔的不足全书的四分之一，甚至连五分之一都不到。

① 《诗歌集》，第2卷，第51页。

他作的全是些收集、选编的工作——与圣训学家编纂圣训的做法并无二致。

不管怎样，随着岁月的推移，这类历史得到了发展和提高，逐步做到了按字母顺序排列或按时代先后成书。各学科也有了本学科学者的传记，如语法学家传、沙斐仪派、哈乃斐派、马立克派在各个时期的代表人物传略、什叶派和穆阿台及勒派的人物传略等。各国、各地区的学者们的传记也相继问世，如巴格达迪便为巴格达的学者们写了传记，这里无暇详述。

*　　*　　*

历史的第六个内容既不是小说，因为不能把它看成是虚构的，又不是真正的历史，因为战事无法核查、传述无法证实。这是小说和历史的混合物。事实中掺有想象，现实附以梦幻。讲述人讲述一件真实的史实，但要加上许多虚构的材料。讲起来，好像确有其事，就像在叙述历史。但却不如历史学家那样准确、那样精细。这些人被称为“史料学家”，这比历史学家的称呼略逊一筹。史料学家给人以事实和想象并存的印象，而历史学家讲的只是史实。赛姆阿尼在其《宗谱学》一书中说：“史料学家从其字母组成来看，意为‘新闻、消息’，系指讲故事、说轶事的人。”①

促成这类历史发展的最大原因是引人入胜的夜谈。夜谈中最能引起人们兴趣的是奇闻轶事。史料学家如能从史实中找到能满足人们好奇心的材料，便如实叙述。如找不到，便要进行虚构了。也许历史上确有其事，但却平淡无奇。在这种情况下，史料学家就

① 《宗谱学》，第 21 页。

要用其丰富的想象力对“原始材料”进行加工，用适合人们情趣的方式把故事编得像真的一样，当时有些人以此出了名，其中最著名的有：

库法的海赛姆·本·阿迪·塔伊：他是一位有着塔依部落血统的阿拉伯人，他父亲出生在瓦绥脱，母亲为曼拜吉[①]战役的俘虏。人们攻击他，就攻击他的出身，说他不是阿拉伯人。底阿拜勒·胡扎尔说：

何谓定居与游牧？
不懂求知问老父。
问，海赛姆可属阿迪？
答，正如艾哈迈德属其父。
假若此话确是真，
艾氏族归伊亚德，
伊亚德人一称雄，
主怒降罪众奴仆。

海赛姆原为希沙姆·本·阿尔瓦和穆罕默德·本·易斯哈格的弟子。《人物传记》的作者穆罕默德·本·赛阿德又是他的门生。

海赛姆的著作很多，伊本·奈迪姆做过统计，多是些有关宗谱、阿拉伯人的缺点、历史和文学方面的著作。他被控诬蔑阿拔斯·本·阿卜杜勒·穆塔里卜而遭到数年监禁。这是阿拔斯人干涉学术，并对历史编纂施加影响的另一例证。几年的监禁生活使他与阿拔斯人反而接近了，成了曼苏尔、迈赫迪、哈迪和拉希德众

① 叙利亚的一座城市，罗马时代的古战场。——译者

哈里发的酒友和清客,为他们讲杜撰的奇谈轶事。一天,哈里发迈赫迪问他:你要听好,有人说游牧人吝啬、小气,但也有人讲他们慷慨、大方,其说不一。你做何解释?海赛姆说:我骑着一匹骆驼离家远行……骆驼惊跑起来,我紧追不舍,直到夜幕降临才追上它。举目望去,只见前面有一游牧人的帐篷,便上前求宿。说到这里,海赛姆便描绘帐篷里的女主人如何吝啬小气,而男主人又如何慷慨大方。然后又说,次日他继续前行。晚上,在另一处安歇,发现帐篷里的女主人十分慷慨,而男主人却非常吝啬,便不觉笑了起来。男主人问他为何发笑?海赛姆便将在第一座帐篷里遇到的事讲给他听。男主人听了以后说:我的女人是那个男子的妹妹,而那个女人则是我的妹妹。[①] 就这样,海赛姆信口编了个故事,说明游牧人有的慷慨,有的吝啬。虚构这类故事,为的是说明阿拉伯各部落的缺点和短处。[②]

总之,在历史和文学书中有很多海赛姆杜撰的故事和趣闻。海伊赛姆在埃及很有影响,他到了那里,并定居下来,讲述那里发生的一切。海赛姆于伊斯兰历 206 年在法姆·绥勒哈去世。

人们说,海伊赛姆是最早按编年体编写历史事件的历史学家之一。这种体例后来成为塔巴里仿效的榜样。

圣训学家对海赛姆进行了猛烈的攻击。叶海亚·本·麦因说他"不可信"、说他"什么也不是",还说他"骗人"。还有人说海赛姆是个"堕落的人,其假面具已被戳穿"。他们还引述海赛姆的女奴

---

① 该故事见伊本·赫里康:《人物传记》,第 2 卷,第 302 页。

② 参看麦斯欧迪:《黄金草原》,第 2 卷,第 175 页。

的话:“我的主人经常是晚上跪而礼拜,清晨起来骗人。”艾布·达乌德说他“是个骗子”。尼萨伊则说他“传述的圣训不能用”。[①]

甚至连艾布·努瓦斯都攻击他:

海赛姆斯真善变,每日出引踏草原。

时而休憩时而走,今日称主明改番。

滔滔不绝莲花吐,蹄间三寻坐驼鞍。

艾布·努瓦斯对海赛姆的攻击是事出有因的,而圣训学家对大部分历史学家都持批评态度。因为历史学家传述圣训不像圣训学家那样严谨、认真,故圣训学家攻击的不是历史或部落宗系,而是历史学家传述的圣训。因此,有些圣训学家说海赛姆“熟知人间事,圣训却不精”。尽管如此,海赛姆对待历史的态度和史料的运用还是比较随便,不够严谨,批评家说他是史料学家还是有道理的。[②]

当时,除海赛姆之外,艾布·伯克尔·阿亚什和叶姆特·本·穆宰莱阿等人也是著名的史料学家。他们的情况就介绍这些。

*　　　*　　　*

就这样,历史学家们——当时还不是大多数——涉猎了历史的各个领域,他们着手整理、记录史料,将记述各种历史事件的小册子汇成专著,将零散的题目汇成系统的论述,将对历史事件的陈述变成一部完整的编年史。

---

① 《巴格达志》,第4卷,第52页及以下。

② 应该指出,“史料学家”一词并不是人人都这样用的。有时称某人为“故事大王”,意指该人是个会讲故事及奇闻逸事的说书人,尽管该人讲的都是史实,并无半点虚构。

对历史，如果也问一个曾向语法提过的问题，即伊斯兰历史是一门独立的伊斯兰学问，还是受到了其他民族的影响？我们回答说：穆圣传和发生在伊斯兰教初期的伊斯兰历史，是纯粹的伊斯兰历史，它没有受到外来的影响。是的，希腊人当时已有了自己的通史，也写出了其他国家的历史及名人传记；波斯人也有了自己各种编年史。但没有迹象表明，穆斯林在其史学发展的初期受过他们的影响。但后来的历史学家和祖籍是波斯、罗马，以及信奉犹太教、基督教的首批历史学家们所写的历史，受了希腊和波斯历史的影响是显而易见的。

这些历史学家的努力，也有一些不足的地方：如将历史染上了各种不同的色彩，有时是意识形态，有时是部族偏见，有时又是哈里发的意志；又如他们写的历史是哈里发的历史，而不是人民的历史；此外，他们又很忽视对社会生活的描述，对一些重大历史事件的态度往往是唯宗教是从，批评无力，过分简单甚至幼稚等。但如果与他们的长处和优点相比，上述的缺点就算不了什么了。特别是，在批评他们的时候，应考虑到他们所处的时代和环境，不能用今天的标准去苛求古人，也不能用今天的标准去评判他们的功过。只有这样，批评才会中肯，判断才能准确。在当时的历史学家中，除他们之外有谁是逐月，甚至逐日记载历史的？有些欧洲历史学家说，这种书写历史的方式，直到公元1597年以前在欧洲还没有人知道；其次，有谁像他们那样重视历史线索？为了求本溯源，甚至对老婆、对女奴也要追问。为了掌握第一手材料，为了验证所见所闻，不惜到人家帐篷里或家中做客；还有，当时有哪位历史学家像他们那样，对听到的东西，对传述的内容要求那么严格？有哪位历史学家像他们那样不顾路遥艰险，不怕饥苦折磨，去追求真理，甚至不惜倾家荡产也要买来昂贵的纸张把听到的一切记载下来？

这些历史学家尽管有缺点和不足，但他们的工作确实是孜孜不倦、不遗余力。

结 束 语

如果回顾一下前面谈到的各种学问，如宗教学的《古兰经注释》、圣训和教法，语言学的语言、语法和文学，其他学科如历史的发展史，会发现它们有一些共同的表现形式，并且都遵循着一些共同的规律，可概括如下：

一、这些学问开始时都是口头的，都靠口耳相传。只有极少数人曾以幼稚的形式做过一些记载。

后来，文字记载逐渐增多，但并无系统，因为各种学问在他们看来都是一样的，学者也没有分工，他们把经注、历史、文学、立法等都当成是毫无区别的学问，研究这些问题时，并无隔行如隔山的感觉。

以后学问开始相对集中，当研究范围逐渐扩大、具体问题日益增多时，大多数学者就无力样样精通了。在这种情况下，出现了偏爱各种专长的倾向，如有人喜欢立法，有人钻研历史，等等。随着时间的推移，随着学者专业方向的确定，各类问题开始集中，形成了各学科的雏形。

各学科虽然有了自己的特点，但仍无系统，如教法上的问题散见各处，历史上的问题七零八落，其他学科也是如此。后来的学者一点一点地加以整理，把同类的问题归纳到一起，组成专门的章节。直到阿拔斯时代前期的末叶，各学科才成为我们见到的这个样子。

学问成书的过程也是循序渐进的。社会生活造成了许多亟待解决的问题,如立法、语言错误以及追逐权势、地位等各种各样的问题。而对这些问题,有头脑的人便想办法加以解决。每解决一个问题,解法就记录在案,成为陈迹。每代人除了自身遇到的问题及其解决办法之外,还要从上一代人那里承继一大堆解决问题的办法。当时的问题尚无系统,因为它常常是偶然的产物。如某人漫不经心地说了一句誓言,法莱兹达格吟诵了一句不合常例的诗,某节《古兰经》吟诵时如何断句,按意思断,还是按形式断等。对此,学者们都有争论,并留下了有价值的意见。问题日益增多,学者的专业倾向也逐渐形成,于是,将问题分类整理按学科著书立说的想法便产生了。以后经过不断完善补充,终于出现了各种专题著作,如圣训上的《圣训易读》(穆宛脱)、教法上艾布·优素福、穆罕默德和沙斐仪的著作、语言上的大字典《词源》、语法上的《西伯威语法》,以及伊本、易斯哈格和瓦基迪写的《穆圣传记》等。

对具体问题的写法也有了一定的格式,即一个专题一个专题地写,例如语法中的《海姆宰》和《俩姆》,历史上的《骆驼战役》、《绥芬战役》、《奥斯曼被害》,语言上的《椰树和葡萄》、《初乳与奶》等,起初都是单独成册,自立为书。后来,才将各专题按章节写在同一本书中。

二、搜集圣训是一切宗教学科的基础,开始时,经注、教法、穆圣生平、对外扩张和名人传记都是圣训的组成部分。后来,各学科才逐渐分离出去,才有了自己的名称和著作。

语言学产生的根源也是宗教,因为制定语法的最主要原因是保护《古兰经》免受语法错误的损害，搜集语言的最主要动机是了解《古兰经》语言，并对生僻字词进行解释。后来，逐渐变成对语言本身的研究。

这就使我们在本卷里提到的各种学问都染上了宗教色彩，在研究方向及研究方式上都受到宗教及其教义的极大影响。

三、学术的种子尽管在倭马亚时代的后期就已播下，但学术的真正繁荣却是在阿拔斯人手中实现的。阿拔斯时代的著作囊括了学术的各个领域，著作家和作品均数以百计。翻开伊本·奈迪姆为阿拔斯时代前期的著作写的目录使我们惊讶不已：不仅著作的数量多，而且对待学术的态度，阿拔斯时代和倭马亚时代的学者也有很大的不同。这是科学发展的自然规律，科学上的每一次进步都为以后的发展铺平了道路。除了书中列举的其他原因之外，阿拔斯人与学者的密切交往、对学者的大力支持和鼓励也是学术繁荣的一个重要因素。

*　　*　　*

各学科的学问都已提到，至于其他民族的学问在《阿拉伯伊斯兰文化史》（近午时期）的第一册里已做了介绍。其结果如何，这是大家都关心的，我们将在谈及“教义学家”专题时再讲。下册将专门讲述阿拔斯时代前期的穆阿台及勒派、什叶派、麦尔吉阿派、哈瓦立及派及苏菲派等信仰问题。

愿真主助我们完成下册的写作。